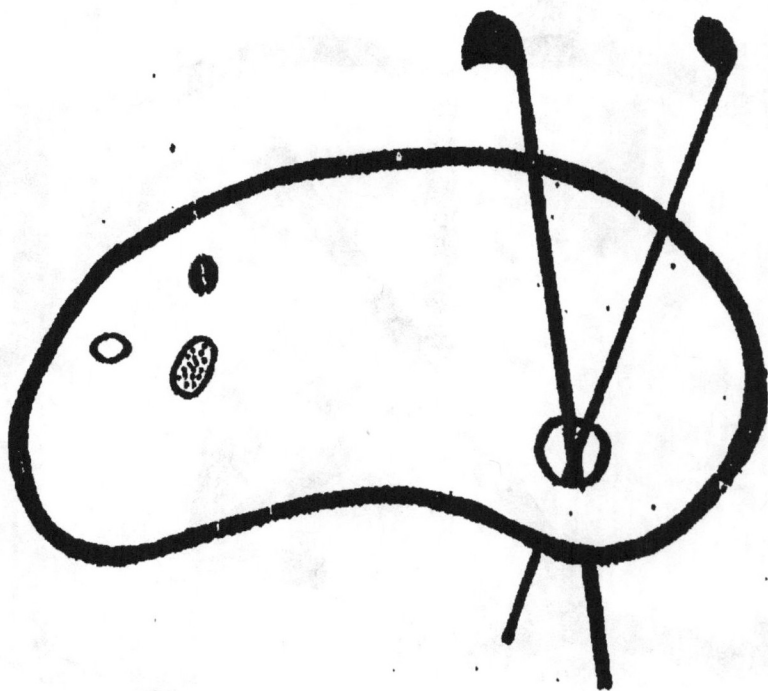

DEBUT D'UNE SERIE DE DOCUMENTS
EN COULEUR

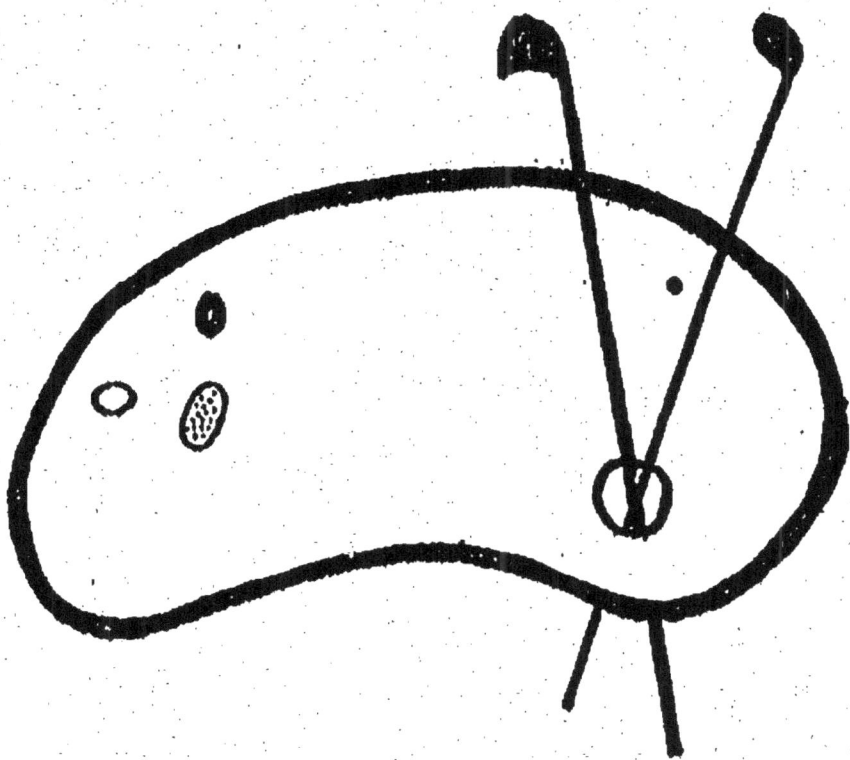

FIN D'UNE SÉRIE DE DOCUMENTS
EN COULEUR

LA

CAISSE D'ÉPARGNE

ET DE PRÉVOYANCE

DE PARIS

COULOMMIERS
Imprimerie Paul BRODARD.

LA
CAISSE D'ÉPARGNE

ET DE PRÉVOYANCE

DE PARIS

ORIGINE — HISTOIRE — LÉGISLATION

1818-1890

PAR

E. BAYARD

AGENT GÉNÉRAL DE LA CAISSE D'ÉPARGNE DE PARIS

ANCIEN MAÎTRE DES REQUÊTES AU CONSEIL D'ÉTAT

PARIS

LIBRAIRIE HACHETTE ET Cⁱᵉ

70, BOULEVARD SAINT-GERMAIN, 70

—

1892

CE LIVRE ÉCRIT

POUR HONORER LA MÉMOIRE

DES FONDATEURS

DE LA CAISSE D'ÉPARGNE ET DE PRÉVOYANCE DE PARIS

ET

DE LEURS SUCCESSEURS

EST DÉDIÉ

AU CONSEIL DES DIRECTEURS

25 Juin 1891.

LA
CAISSE D'ÉPARGNE
ET DE PRÉVOYANCE
DE
PARIS

[CHAPITRE I

Préliminaires. — La question de l'épargne devant l'Assemblée nationale en 1791. — Discours de Mirabeau. — Décret des 19-24 mars 1793. — La Banque de France; article 5 de ses statuts. — Décret impérial du 26 mai 1813. — Ordonnance royale du 25 juin 1817. — Origine de l'Institution. — Caisse d'épargne de Hambourg. — Caisse des domestiques de Berne. — Petite banque de Tottenham. — Développement des caisses d'épargne en Suisse et en Angleterre.

En 1789, la France était dotée de nombreux établissements de charité. Les pauvres, les malades, les infirmes, les vieillards, les orphelins trouvaient partout des secours, des consolations et les monuments qui, sous l'inspiration de la foi chrétienne, s'étaient successivement élevés dans les grandes villes, particulièrement à Paris, pour soulager l'humanité souffrante, étaient l'œuvre de plusieurs siècles.

Mais l'attention publique ne s'était pas encore portée sur les moyens de prévenir la misère, de diminuer le nombre des pauvres, de relever enfin à leurs propres yeux les humbles qui n'avaient d'autres moyens d'existence que le maigre produit de leurs pénibles travaux.

A la fin du XVIIᵉ siècle, comme pendant le siècle suivant,

1

dans ces temps où la détresse du Trésor public poussait le gouvernement aux expédients financiers les plus regrettables, aux mesures les plus arbitraires et les plus violentes, aux expériences et aux systèmes les plus funestes pour le crédit d'un État, on ne pouvait guère penser à créer une institution qui aurait eu la prétention de développer au sein des populations laborieuses, l'esprit de prévoyance et d'économie.

Entraînés par l'exemple qui leur venait d'en haut, les petits bourgeois, les artisans, même les ouvriers, donnaient dans toutes les spéculations les plus chimériques; ils risquaient à la loterie royale leurs modestes épargnes et souvent tout leur avoir. L'amour du jeu et l'espoir d'un gain facile déshabituaient du travail, et ainsi allait s'aggravant la misère publique.

Louis XVI voulut certainement l'atténuer lorsque, par des lettres patentes du 9 décembre 1777, il fondait le mont-de-piété de Paris.

C'était se montrer secourable aux pauvres et aux malheureux que de les mettre à même de trouver, fût-ce à un taux élevé, en empruntant sur gages, un secours pour subvenir aux besoins pressants de l'existence en temps de disette, de chômage ou de maladie. Mais si le travail ne fournit pas peu à peu les ressources nécessaires qui donneront à l'emprunteur le moyen de rentrer en possession des objets engagés, l'institution nouvelle ne remédiera que bien imparfaitement aux maux qu'elle se proposait de soulager. L'épargne à prélever sur le salaire quotidien, pour faciliter la libération, n'est-elle pas soumise à bien des tentations, si l'on ne peut la remettre à un dépositaire dont la fidélité soit à l'abri du soupçon et qui servira des intérêts au capital confié à sa garde, comme en paye l'emprunteur lui-même à l'établissement qui lui a prêté sur gages?

Mais on était loin encore de concevoir l'idée d'offrir aux petites économies du travailleur cet asile sacré de la prévoyance. La compagnie d'assurances sur la vie, autorisée à Paris en 1787, avait bien ouvert un bureau d'économie, un spéculateur du temps avait bien créé une chambre d'accumulation de capitaux et d'intérêts composés, mais ces entreprises privées, dont le but était de recueillir les épargnes, n'eurent qu'une durée éphémère, car on s'aperçut bientôt qu'elles ne présentaient pas une garantie bien solide et que les bénéfices qu'elles pouvaient procurer ne profitaient guère qu'à ceux qui les avaient fondées.

Trop minimes pour entrer alors dans les entreprises commerciales ou financières offertes aux gros placements, les petites économies étaient surtout attirées par les tontines qui, importées d'Italie comme la loterie, comme elle, reposaient sur un jeu de probabilités et de hasard et devenaient, entre les mains de ceux qui les offraient au public, un moyen de spéculation. Aussi, quand elles tombèrent, les tontines avaient-elles absorbé beaucoup de petits capitaux, déçu bien des espérances, sans avoir jamais donné que des résultats dérisoires !

Un jour, en 1791, la cause de l'épargne eut en Mirabeau un éloquent apôtre, et il semble que l'orateur, devançant la marche du temps, traitait déjà la question de l'institution de la Caisse d'Épargne.

Un plan de tontine viagère et d'amortissement avait été proposé par un sieur Lafarge et les comités de finances et de mendicité, à l'examen desquels il avait été renvoyé, en proposaient l'adoption à l'Assemblée nationale. Ne s'arrêtant pas aux objections tirées du principe même sur lequel reposaient les combinaisons de M. Lafarge, ne se préoccupant pas de la similitude qui pouvait exister entre les tontines et la loterie qui était condamnée comme immorale, mais qui était maintenue à cause des ressources qu'elle procurait au gouvernement, Mirabeau ne voyait dans le projet qu'un moyen offert à la classe indigente de s'assurer des ressources pour l'avenir au prix d'un léger sacrifice dans le présent, et il disait :

« Vos comités trouvent une foule d'avantages dans l'adoption du projet de M. Lafarge. Il en est un dont ils ne vous parlent point, c'est qu'un pareil établissement, rappelant sans cesse à la classe indigente de la société les ressources de l'économie, lui en inspirera le goût, lui en fera connaître les bienfaits et, en quelque sorte, les miracles. J'appellerais volontiers l'économie la seconde providence du genre humain. La nature se perpétue par des reproductions, elle se détruit par les jouissances. Faites que la subsistance même du pauvre ne se consomme pas tout entière ; obtenez de lui, non par des lois, mais par la toute-puissance de l'exemple, qu'il dérobe une très petite portion de son travail pour la confier à la reproduction du temps, et, par cela seul, vous donnerez les ressources de l'espèce humaine.

« Et qui doute que la mendicité, ce redoutable ennemi des mœurs et des lois, ne fût détruite par de simples règles de police économique? qui doute que le travail de l'homme dans sa vigueur ne pût le nourrir dans sa vieillesse?

« Puisque la mendicité est presque la même chez les peuples les plus riches et parmi les nations les plus pauvres, ce n'est donc pas dans l'inégalité des fortunes qu'il faut en chercher la véritable cause, elle est tout entière dans l'imprévoyance de l'avenir, dans la corruption des mœurs et surtout dans cette consommation continuelle sans remplacement qui changerait toutes les terres en désert, si la nature n'était pas plus sage que l'homme.

« M. Lafarge appelle son projet : tontine viagère et d'amortissement; je voudrais qu'il l'eût appelé : caisse des épargnes, caisse des pauvres ou caisse de bienfaisance ; ce titre aurait mieux fait connaître au pauvre ses besoins et au riche ses devoirs. Assez de fortunes ont été amoncelées par l'avarice, en accumulant des intérêts, en échangeant des privations pour des richesses; il faut aussi apprendre à la classe indigente ce moyen de se préparer un plus doux avenir.

« Partout le peuple est à portée de faire quelques épargnes, mais il n'a presque nulle part la possibilité de les faire fructifier. Qui voudrait se charger chaque jour du denier de la veuve? Supposons même qu'un fils pour son père ou qu'un père pour son fils voulussent retrancher six deniers par jour du travail que cette économie leur rendrait plus doux; dans quelles mains déposeraient-ils la modique somme de neuf livres à la fin de chaque année? L'esprit d'économie jusqu'aujourd'hui était donc presque impossible dans les classes indigentes; il n'en sera plus de même lorsqu'une caisse des épargnes aura réalisé les vœux des bons citoyens.

« En vous parlant des avantages de l'économie, comment passer sous silence les bonnes mœurs qui en sont le premier bienfait? La pauvreté se concilie avec toutes les vertus; mais à la pauvreté succède l'indigence, la mendicité, et combien cet état cruel n'est-il pas voisin de la plus dangereuse corruption! Tout se tient dans l'ordre moral. Le travail est le pain

nourricier des grandes nations. L'économie, jointe au travail,
leur donne des mœurs; les fruits de cette économie les rendent
heureuses, et n'est-ce point là le but de toutes les lois?

« Vous craindrez peut-être de diminuer la subsistance du
pauvre par des sacrifices même volontaires que son état
semble ne pouvoir pas supporter. Que vous connaîtriez mal les
effets de l'esprit d'économie! Il double le travail parce qu'il
en fait mieux sentir le prix; il augmente les forces avec le courage; mais comptez-vous pour rien l'invitation que vous allez
faire aux riches; et lorsque vous autorisez une caisse des
pauvres, à qui donc prescrivez-vous de la remplir? Non, j'en
atteste tous ceux qui ont vu de près les ravages de la misère,
les pauvres ne seront pas les seuls à s'intéresser à cette caisse
bienfaisante qui ne va recéler des épargnes ou des aumônes
que pour les multiplier. Une nouvelle carrière s'ouvre à la
bienfaisance comme une nouvelle chance s'ouvre à la pauvreté.
En est-il de plus douce? Elle embrasse l'avenir, elle est accordée
au malheur; elle a pour base l'espérance! »

Pouvait-on faire une plus belle harangue pour vanter les
avantages de l'épargne, pour inspirer la prévoyance aux classes
laborieuses, pour entraîner après soi vers le bien une Assemblée
qui n'avait en vue que le bonheur de l'humanité? On peut se
demander comment, à cette heure, la Caisse d'Épargne et de
Prévoyance ne fut pas fondée?

La majorité de l'Assemblée nationale ne trouva pas que le
projet présenté répondît aux hautes aspirations de Mirabeau;
elle ne vit, non sans raison, dans le plan du sieur Lafarge
qu'une sorte de loterie qui, sous des apparences trompeuses,
séduirait les malheureux et les exposerait fatalement à une
ruine complète, car ils perdaient la totalité de leurs mises si,
pendant l'une des dix années que devait durer le contrat, leurs
ressources ne leur permettaient pas de tenir l'engagement
souscrit. Le projet fut repoussé. Mais les paroles de Mirabeau
contenaient un enseignement que des législateurs soucieux des
intérêts du peuple auraient dû méditer.

Il est vrai que deux ans plus tard, en décrétant une nouvelle
organisation des secours publics, la Convention déclare que
« pour aider aux vues de prévoyance des citoyens qui voudraient se préparer des ressources à quelque époque que ce

soit, il sera fait un établissement public sous le nom de Caisse nationale de prévoyance, sur le plan et d'après l'organisation qui seront déterminés ».

La promesse solennellement donnée ne fut pas tenue et l'article 13 du décret des 19-24 mars 1793 resta lettre morte. On ne trouve trace nulle part que la disposition légale qui traduisait une idée nouvelle et vraiment philanthropique ait été l'objet même d'un commencement d'étude, après l'instant où elle avait été votée.

C'est que s'il est facile à l'État de déclarer qu'il se charge de pourvoir à tous les besoins des citoyens, il lui est plus difficile, le plus souvent même il lui est impossible de créer certaines entreprises et de leur donner une organisation qui en assure la durée. L'initiative privée, avec ses ressources inépuisables de dévouement et de désintéressement, peut seule affronter certains problèmes sociaux ; car, pour les résoudre, il faut que l'on soit animé d'une conviction ardente, dépouillée de tout esprit de spéculation et servie par une persévérance que rien ne décourage. Cette aspiration continuelle vers le bien, sans autre contentement recherché que celui d'une conscience satisfaite, améliore sans cesse la condition de l'humanité, mais elle est le propre de certaines individualités ; l'État peut en recueillir les bons résultats, il est incapable de les provoquer, même par l'intermédiaire de sociétés financières qui, bien que placées sous son haut patronage, doivent, avant de s'occuper d'œuvres philanthropiques, satisfaire aux lourdes charges qui leur sont imposées.

Ainsi, l'idée que l'État s'était senti impuissant à réaliser, un établissement de crédit qui s'était fondé en 1796 sous la forme de société en commandite et sous le nom de Caisse de comptes courants, tenta de la mettre en œuvre au lendemain du jour où le gouvernement, en lui conférant certains privilèges, venait de lui donner le titre de Banque de France.

Par les services qu'il avait, dès les premiers jours, rendus aux négociants en facilitant leurs payements et leurs recouvrements, en escomptant les effets de commerce à un taux inférieur à celui auquel étaient alors soumises les meilleures signatures, cet établissement n'avait pas tardé à attirer l'attention du gouvernement qui avait besoin de voir le crédit se raffermir et les affaires s'étendre et se développer. Aussi, fut-il bientôt désigné pour aider à la reconstitution des finances et pour prêter au Trésor public l'appui de son autorité et de son influence.

Par un premier arrêté des Consuls du 28 ventôse an VIII, « la maison nationale dite de l'Oratoire et la ci-devant église qui en faisait partie, rues Honoré et de l'Oratoire à Paris » étaient mises à la disposition du ministre des finances, pour servir à l'établissement de la Banque de France à laquelle était passé un bail d'une durée de vingt-sept ans.

Par un autre arrêté en date du même jour, tous les fonds que recevait la Caisse d'amortissement devaient être versés par elle à la Banque de France.

Cependant, cet établissement qui était reconnu avant d'être régulièrement reconstitué, avait besoin, pour que ses opérations reprissent leurs cours, de recevoir une organisation nouvelle et, le 28 pluviôse an VIII, les actionnaires réunis en assemblée générale arrêtaient les statuts fondamentaux qui devaient le régir.

Les opérations permises à la Banque de France étaient énumérées dans l'article 5, et l'une d'elles consistait « à ouvrir une Caisse de placements et d'épargnes dans laquelle toute somme au-dessus de cinquante francs y serait reçue pour être remboursée aux époques convenues. La Banque paierait l'intérêt de ces sommes; elle en fournirait des reconnaissances au porteur ou à ordre. »

Les grands intérêts auxquels devait pourvoir l'institution, les engagements importants qui résultaient pour elle du présent qu'elle avait reçu de l'État, en devenant dépositaire des fonds de la Caisse d'amortissement, lui firent négliger la promesse, bien modeste cependant, qu'elle avait faite à l'épargne et cette promesse, elle n'avait même pas encore tenté de la réaliser, lorsque la loi du 24 germinal an XI, en donnant à la Banque de France le privilège exclusif d'émettre des billets de banque au porteur et à vue, vint consacrer son existence d'une manière définitive.

Malgré le peu d'importance qu'on semblait y attacher, les deux paragraphes relatifs à l'ouverture d'une Caisse de placements et d'épargnes furent néanmoins reproduits dans les nouvelles dispositions organiques qui devinrent, avec la loi du 24 germinal an XI, les statuts fondamentaux de la Banque de France. Mais ils retombèrent encore une fois dans l'oubli.

Obligée, afin de satisfaire aux nécessités du Trésor qui exigeait des avances considérables, de restreindre les facilités que la loi de son origine lui faisait un devoir rigoureux de procurer au commerce et à l'industrie, la Banque de France, en présence des difficultés qui se renouvelaient chaque jour, perdit de vue la disposition insérée à deux reprises différentes dans ses statuts. Elle dut considérer comme un embarras, l'engagement qu'elle avait souscrit d'ouvrir une Caisse et de payer des intérêts aux placements de sommes supérieures à cinquante francs et, en en effaçant la trace dans les statuts nouveaux, qu'un décret impérial approuvait le 16 janvier 1808, elle abandonnait, comme l'État, l'œuvre un instant entrevue et qu'il était réservé à de simples particuliers de faire sortir du néant.

L'heure n'était pas encore venue où devait se dégager des obscurités qui l'enveloppaient la pensée, plusieurs fois manifestée déjà, de doter la France d'une institution d'épargne.

Sans doute, le sort des ouvriers et les moyens de leur venir en aide fixaient continuellement l'attention du gouvernement et le décret signé le 20 mai 1813 au quartier impérial de Buntzlau, qui autorisait en faveur des ouvriers houilleurs du département de l'Ourthe, la formation, à Liége, d'une société de prévoyance, est une preuve, entre toutes, de la sollicitude de l'Empereur pour la classe laborieuse. Ce décret avait une haute portée, car il indiquait aux grands établissements qui employaient un nombre considérable de bras, la voie dans laquelle ils pouvaient entrer pour relever le travailleur, pour améliorer sa condition, pour l'arracher à la misère, au découragement, suite inévitable des maladies, des blessures, des infirmités contractées dans des travaux toujours pénibles et entourés de périls sans cesse renaissants. Mais cette société n'avait pas pour objet de recueillir les épargnes de chacun pour les rendre, augmentées des intérêts, le jour où elles seraient réclamées; le décret qui la constituait ne faisait qu'organiser une association de secours mutuels dont le fonds commun, formé par une subvention de l'État, une retenue sur les salaires et une redevance consentie par les propriétaires, était administré par une commission où les ouvriers avaient leurs représentants, et à laquelle il appartenait de déterminer le montant des secours à accorder et la quotité des pensions à servir.

Il ne faudrait pas davantage voir l'origine des caisses d'épargne en France dans l'ordonnance royale du 25 juin 1817, qui, pareille au décret du 26 mai 1813, autorisait à Rive-de-Gier une caisse de prévoyance en faveur des ouvriers travaillant à l'exploitation des mines de la région. Cette caisse, dont l'organisation et l'administration étaient établies sur les mêmes bases que celles qui avaient été données à la société des ouvriers houilleurs du département de l'Ourthe, reposait sur les mêmes principes et ne représentait toujours qu'une association destinée à secourir les malades, les blessés, les infirmes, ainsi que les veuves et les orphelins. Mais, pas plus dans cette ordonnance que dans le décret de 1813, on ne saisit l'idée qui avait été entrevue en 1793 et en l'an VIII; on ne trouve dans aucune des dispositions qui y sont insérées, ce qui fait le caractère d'une institution d'épargne, c'est-à-dire la faculté donnée au plus humble citoyen de mettre en réserve les économies prélevées sur son gain pour les faire fructifier jusqu'à l'heure où il les retire en partie ou en totalité.

Après l'an VIII, aucune tentative n'avait donc plus été faite pour doter la France d'une institution qui prenait peu à peu naissance dans certaines contrées de l'Europe.

Ce serait une tâche ingrate et qui présenterait des résultats d'un bien mince intérêt, que de rechercher ici ce que pouvaient être à l'origine et comment fonctionnaient les établissements qui les premiers auraient recueilli de petites économies pour les restituer, augmentées d'un certain intérêt.

Mais ce qui est remarquable et ce qu'il importe de signaler, c'est que, partout où l'on saisit la première trace d'une institution d'épargne, on reconnaît que l'œuvre est due à l'initiative privée. Les citoyens qui se préoccupent des difficultés de la vie pour les malheureux et qui cherchent le remède à appliquer, n'agissent que sous leur propre impulsion, avec leurs ressources personnelles. Nulle part on ne voit apparaître l'intervention de l'État. Si elle doit se faire sentir, ce sera plus tard, quand se seront réalisés les premiers progrès et qu'il sera manifeste que la question est d'un haut intérêt pour la prospérité publique.

On croit pouvoir attribuer à une maison de charité de la ville libre de Hambourg ouverte par une société philanthropique, le mérite d'avoir été, en 1778, la première à offrir un asile sûr et productif aux épargnes des ouvriers. L'expérience avait été lente sans doute à réussir, car ce n'est qu'assez longtemps après, que l'exemple donné à Hambourg est suivi à Kiel d'abord en 1796 et, peu après, à Altona et à Gœttingue. Vers 1810, il commence à se propager dans tous les pays allemands.

Si, à Hambourg, ville maritime dont le commerce et l'industrie occupaient une population considérable, on avait eu en vue d'adoucir le sort des ouvriers, à Berne, des cœurs charitables cherchaient, quelques années plus tard, en 1787, à améliorer la condition d'une classe intéressante, en fondant la caisse des domestiques.

Dans plusieurs villes de la Confédération suisse, on imita bientôt l'établissement créé à Berne, en cherchant à lui donner des limites plus larges et à faire appel à une clientèle moins restreinte.

En 1816, la création de la caisse d'épargne de Genève réalisa un progrès remarquable. Fondée par le descendant du célèbre Tronchin, qui consacra une partie de sa fortune à doter sa patrie d'une institution dont les bienfaits lui paraissaient encore trop peu répandus, la caisse d'épargne de Genève est certainement la première qui, sur le continent, ait eu une organisation appropriée au dessein poursuivi et ait offert à la classe laborieuse des garanties sérieuses d'existence et de durée.

L'ingénieuse sollicitude d'une femme donna naissance en Angleterre à la première caisse d'épargne. En 1798, Mme Wakefield fondait, dans une paroisse voisine de Londres, à Tottenham, une institution pour venir en aide aux femmes et aux enfants de cette localité. En leur demandant une faible cotisation prélevée chaque mois sur leurs modiques salaires et en leur assurant, après un certain temps, un petit revenu, elle inspirait à ses clients le goût du travail et avait l'espérance d'arrêter ainsi, au moins autour d'elle, les progrès de la misère. Vers 1804, la petite banque de Tottenham recevait une certaine réglementation, et c'est à cette date que l'Angleterre semble faire remonter l'origine de ses caisses d'épargne. Des esprits ardents et convaincus ne tardèrent pas à propager puissamment

par leurs paroles comme par leurs écrits, l'idée d'une institution
qui leur offrait un moyen salutaire de combattre le développement de la mendicité; plusieurs joignirent l'exemple aux préceptes qu'ils cherchaient à faire prévaloir; c'est ainsi que l'on
vit des caisses d'épargne se créer assez rapidement dans toutes
les parties du Royaume-Uni et, livrées à elles-mêmes, présenter des résultats qui devaient attirer l'attention des pouvoirs
publics. Le Parlement, envisageant avec confiance le mouvement humanitaire qui se produisait, n'hésita pas à prescrire
les mesures qui pouvaient en assurer le développement.

Un bill de 1817 déterminait les règles auxquelles devaient se
conformer ces institutions nouvelles : il limitait le maximum
de dépôt que pouvaient atteindre les livrets, il fixait le taux
de l'intérêt à servir aux déposants, enfin, il leur donnait un
sérieux encouragement en les autorisant à déposer les fonds qui
leur étaient confiés à la Banque d'Angleterre, pour le compte
de la Commission instituée pour la réduction de la dette nationale.

Voilà comment se trouvaient réalisées à Genève en 1816, en
Angleterre en 1817, les idées généreuses qui, sur plusieurs
points bien différents de l'Europe et presque à la même heure,
s'étaient éveillées à la fin du siècle précédent en faveur de l'ouvrier de Hambourg, du domestique de Berne, de l'enfant pauvre
de Tottenham. Peu à peu, confondues et emportées par le même
courant plus large et plus fécond, elles donnèrent naissance à
cette Institution qui, en aidant et en moralisant la classe laborieuse et souffrante, devait, sous l'influence de l'esprit moderne,
prendre une si vigoureuse et si rapide extension.

La France ne pouvait rester longtemps sans être touchée de
cette ardeur qui animait les nations voisines de ses frontières
et bientôt la Caisse d'Épargne de Paris allait être fondée.

CHAPITRE II

Si la France s'est trouvée devancée par la Suisse et par l'Angleterre dans cette voie que la philanthropie ouvrait au génie de ces deux nations, plus propre à saisir le côté pratique des choses qu'à se complaire dans des discussions et des promesses stériles, ce n'est certes pas qu'elle fût indifférente aux souffrances dont sa population n'était pas plus exempte que les habitants des autres contrées. Mais si, dans tous les temps, les maux peuvent être soulagés, l'heure n'est pas toujours propice aux âmes charitables pour trouver les moyens de les prévenir.

Pendant les jours rapides du Consulat et de l'Empire, les esprits étaient peu portés vers l'examen et l'étude des questions économiques; la France remplissait le monde de l'éclat de ses armes et le moment n'était pas aux expériences qui, pour être tentées et menées à bonne fin, ont besoin que la paix ait repris ses droits et qu'elle assure, si faiblement que ce soit, l'avenir de la patrie.

Pour doter la France de cette Institution des caisses d'épargne, il fallait qu'il se rencontrât un homme doué d'un grand cœur et d'une volonté énergique, qui, dans le cours d'une vie tout entière consacrée au travail, ait vu de près les ouvriers, se soit pénétré de leurs besoins, les ait secourus dans la maladie, soutenus dans les jours de détresse, qui se soit intéressé au sort de leurs femmes et de leurs enfants, dont l'esprit fût assez haut placé pour comprendre l'étendue des devoirs qu'une pareille entreprise allait lui imposer, et un caractère assez indépendant pour que rien ne l'arrêtât dans l'accomplissement d'une tâche que sa piété devait lui rendre douce.

Benjamin Delessert fut cet homme.

Jeune encore, bien que la carrière qu'il avait déjà parcourue eût été si largement remplie qu'elle aurait suffi à sa renommée, Benjamin Delessert puisait dans les traditions de sa famille une force d'âme peu commune. A la révocation de l'Édit de Nantes, ses ancêtres, fidèles à leur foi, s'étaient expatriés et ne revenaient sur le sol natal qu'un demi-siècle plus tard.

Il était né à Lyon, en 1773. Son père dirigeait alors, dans cette ville, une importante maison de commerce qu'il transportait bientôt à Paris où il continua, par ses conceptions intelligentes autant que par ses capitaux, à rendre à l'industrie, à l'agriculture, au crédit public, des services qui honorèrent son nom et l'entourèrent de respect.

Benjamin Delessert, bien jeune encore, allait en Écosse, recevoir à Édimbourg les leçons des maîtres les plus éminents qui sont restés parmi les plus célèbres. En Angleterre, dans les centres manufacturiers, particulièrement à Birmingham, il acquérait cette intelligence des arts mécaniques qui devait plus tard le seconder si puissamment dans les grandes conceptions de son génie industriel. Cependant une autre destinée semblait l'attendre quand il rentrait en France, à seize ans, avec une éducation virile qui se rencontre rarement à cet âge. La révolution venait d'éclater. Dès que les frontières sont menacées, il entre, en 1793, comme volontaire à l'École d'artillerie de Meulan ; il en sort l'année suivante avec le grade de capitaine, il se distingue par son courage dans la campagne de Belgique et, après la prise d'Anvers, il est nommé au commandement de la citadelle. Il avait alors vingt-deux ans. Mais la carrière militaire, qui paraissait lui offrir un brillant avenir, devait être pour lui de courte durée. Bientôt, la maison Delessert réclama sa présence; elle avait besoin d'un chef, lui seul pouvait en prendre la direction et, dès lors, comme le rappelait si bien, en 1850, le Secrétaire perpétuel de l'Académie des sciences, en prononçant son éloge, « il commença cette carrière commerciale et industrielle que le génie des affaires et le secours des sciences ont entourée de tant d'éclat et à laquelle la vertu a donné une véritable grandeur [1] ».

Mettant à profit la science qu'il avait acquise à un degré supérieur, Benjamin Delessert avait appliqué de bonne heure ses facultés à des entreprises industrielles de nature bien différente et qui le mettaient à la tête de nombreux ouvriers. Vivant au milieu d'eux, porté par les dispositions de son caractère à étudier leurs habitudes, à se rendre compte de leurs besoins, témoin des entraînements auxquels ils étaient exposés, de la misère à laquelle ils succombaient trop souvent, il vivait, l'âme remplie d'une généreuse pitié pour cette classe laborieuse qui semblait condamnée à une perpétuelle infortune. Toutes les observations qu'il recueillait chaque jour s'amassaient dans son esprit et l'amélioration du sort des travailleurs devenait peu à peu sa pensée dominante.

Le centre de ses grandes affaires était à Passy où il avait établi, au commencement du siècle, une raffinerie dans laquelle il appliquait de nombreux perfectionnements qui firent faire à l'industrie du raffinage des progrès considérables. Il s'y livrait à de patientes études pour réaliser le problème posé par Napoléon et, en 1812, il présentait à l'empereur les procédés au moyen desquels on pourra désormais extraire de la betterave un sucre cristallisé qui suffira à la consommation générale. Là, sur ce champ de bataille industriel où la science venait d'arracher à la nature un de ses plus précieux secrets, Napoléon lui remettait les insignes de la Légion d'honneur et lui conférait le titre de baron.

C'est encore Benjamin Delessert qui, en 1803, après la rupture du traité d'Amiens, avait monté la première filature et prouvé ainsi à ses compatriotes comment ils pouvaient s'affranchir du tribut qu'ils payaient à l'Angleterre pour s'approvisionner de

1. Éloge historique de Benjamin Delessert, académicien libre, par M. Flourens, secrétaire perpétuel de l'Académie des sciences.

fils de coton et des tissus fins des Indes anglaises. Son exemple n'avait pas tardé à être suivi et c'est ainsi que, grâce à son initiative hardie, la France fut dotée d'une industrie nouvelle, qui, en donnant du travail et des salaires à une nombreuse population, a jeté dans le monde entier des produits d'une admirable perfection.

La haute estime où on le tenait dans le monde des affaires, lui avait de bonne heure. imposé des charges importantes. Il avait sa place marquée à la Chambre de commerce; son esprit droit et ferme, sa science juridique, le désignaient pour le Tribunal consulaire; à vingt-neuf ans, il était élu régent de la Banque de France et pendant près d'un demi-siècle il devait prendre une part considérable à l'administration de ce grand établissement.

Mais Benjamin Delessert ne se donnait pas tout entier aux études, aux travaux qui devaient procurer à son pays des richesses nouvelles, non plus qu'aux fonctions publiques auxquelles il ne pouvait se soustraire; il conservait la meilleure part de lui-même pour ceux qui souffraient et on peut dire qu'il n'y eut pas une infortune que sa bonté n'ait contribué à soulager.

Faisant partie à vingt-trois ans du bureau de bienfaisance de son arrondissement, il cherchait à soutenir les malheureux d'une manière plus efficace et il devenait un des membres les plus actifs d'une réunion d'hommes bienfaisants qui, pour assurer la subsistance du pauvre pendant la saison rigoureuse, présidaient à la distribution de soupes économiques dans tous les quartiers de Paris.

C'est du Conseil général de cette œuvre que devait renaître la Société philanthropique qui, fondée en 1780, et dispersée par les fureurs révolutionnaires, a recommencé et continue depuis un siècle bientôt à répandre ses bienfaits sur la population pauvre de Paris.

Il était naturellement désigné pour faire partie du Conseil des hospices qui était créé en 1801 et où il trouvait une occasion nouvelle de faire le bien; les services hospitaliers n'obéissaient plus à aucune loi; tout était à organiser et ce fut à Benjamin Delessert qu'échut la tâche de fixer les règles auxquelles devait être soumise la comptabilité de cette vaste adminis-

tration. Mais il ne considérait pas qu'il fût suffisant de rechercher et de réaliser des améliorations matérielles, on le voyait
au chevet des malades dont il relevait le moral et ranimait le
courage; il faisait de fréquentes visites aux enfants malades et
aux enfants trouvés auxquels il prodiguait avec un amour tout
paternel les soins les plus touchants, et la voix autorisée qui,
devant l'Institut, racontait sa belle vie, lui rendait un hommage
bien mérité en disant : « Au Conseil, il portait les lumières du
grand administrateur, dans ses visites aux hospices, il portait
l'âme de Fénelon [1] ».

Tel était l'homme qui, lorsque la France commençait à se
relever, entreprit l'œuvre qu'il considéra comme la plus importante de sa carrière et à laquelle il se consacra, jusqu'à sa dernière heure, avec toute la persévérance et toute l'énergie dont
nous avons vu qu'il était capable.

Ingénieux et prodigue dans les moyens de soulager l'infortune, Benjamin Delessert pensait néanmoins qu'il y avait mieux
à faire que de distribuer des secours et des aumônes. Il voyait
l'ouvrier voué à la misère dont ne le préservait pas son travail,
car, insouciant du lendemain, le malheureux vivait au jour le
jour et le moindre découragement le réduisait à la mendicité.
Il voulait au contraire que, par son travail, l'ouvrier fût conduit
à l'économie qui seule pouvait lui assurer de meilleures conditions d'existence. Il fallait donc lui inspirer des habitudes
d'ordre et de prévoyance en lui offrant pour ses épargnes,
quelque légères qu'elles fussent, un placement sûr et productif.

Mais l'idée qui surtout le dominait et qu'il devait poursuivre
avec opiniâtreté, c'était de moraliser l'ouvrier en l'éloignant

---

1. Le Secrétaire perpétuel citait un trait que Benjamin Delessert n'avait
pu cacher et qui mérite d'être rappelé ici :
« Un jour qu'il avait consacré une de ses visites aux enfants malades
et aux enfants trouvés, il revenait, s'acheminant à pied. Ce jour était
un 1er janvier. A peine avait-il fait quelques pas, qu'il rencontre des
groupes d'enfants, joyeux comme ils le sont tous ce jour-là, et dont les
petits bras pliaient sous le poids des cadeaux dont on les avait comblés.
Cette vue rappelle à l'excellent homme les enfants qu'il vient de quitter,
pauvres créatures abandonnées qui ne connaîtront jamais ces joies.
M. Delessert ne peut supporter cette idée. Avant de rentrer chez lui, il
avait expédié aux deux hospices une cargaison très capable d'y apporter
un bonheur aussi vif qu'inattendu. Depuis ce moment, les enfants malades
et les enfants trouvés ont eu, chaque 1er janvier, leurs cadeaux et leurs
joies du jour de l'an. »

de la loterie et des maisons de jeu où allait se perdre le fruit de son labeur et dont les tentations tous les jours renaissantes entraînaient la ruine et la misère de trop de familles.

Benjamin Delessert n'ignorait pas ce qui venait de se passer à Londres, mais il sentait qu'il ne trouverait pas en France auprès des pouvoirs publics, l'appui qu'en Angleterre les caisses d'épargne avaient reçu du Parlement et il comprit qu'une société privée, agissant dans son indépendance et sous sa propre responsabilité, pouvait seule tenter d'accomplir le dessein qui était devenu pour lui l'objet d'une préoccupation constante.

Il était alors administrateur de la Compagnie royale d'assurances maritimes qui s'était constituée en 1816. Là, il avait pour collègues des hommes qui, dans la banque, dans le commerce, occupaient de grandes situations. Il les entretint de ses idées, de ses études, de ses vœux pour la réalisation du projet qu'il méditait. Il s'adressait à des hommes dignes de l'écouter et de le comprendre; leur résolution fut prise aussitôt.

Au nom de la Compagnie royale, ils s'engagèrent à doter l'Institution nouvelle qui, par eux et par leurs successeurs, serait administrée gratuitement, et le 22 mai 1818, ils signaient l'acte qui contenait les statuts de la société anonyme qu'ils avaient résolu de former à Paris sous le nom de « Caisse d'épargne et de prévoyance ».

Les collaborateurs de Benjamin Delessert, qui furent avec lui les premiers directeurs de la Caisse d'épargne, étaient Jacques Laffitte, alors gouverneur provisoire de la Banque de France dont il était l'un des régents; Boucherot, banquier; Scipion Périer, banquier, régent de la Banque; Claude-Georges Barillon, de l'Ile de France, banquier; Henri Flory, régent de la Banque; Louis Goupy, banquier; Guérin de Foncin, négociant; Jacques Lefebvre, banquier, régent de la Banque; Caccia, négociant; François Cottier, banquier; Luc Callaghan, banquier; Barthélemy Guiton, négociant, régent de la Banque; Hottinguer, banquier, régent de la Banque; le baron Jean-Charles Davillier, banquier, régent de la Banque; Honorat Lainé, administrateur de la loterie; Michel-Frédéric Pillet-Will, banquier; de Lapanouze, banquier; Henri Hentsch, négociant; Vital Roux, régent de la Banque, agent général de la Compagnie royale d'assurances.

Ne pouvant exister qu'avec l'autorisation royale, l'acte social qui constituait la Caisse d'épargne et de prévoyance devait être soumis à l'approbation du gouvernement, et le 29 juillet 1818, le roi, sur le rapport de M. Lainé, ministre de l'intérieur, signait une ordonnance dont le préambule mérite d'être rapporté ici, parce qu'en même temps qu'un hommage rendu aux fondateurs de la société, on y trouve une approbation complète et sans réserve de leur projet.

Après avoir dit : « Quelques personnes animées par une intention bienfaisante, nous ayant demandé d'être autorisées à ouvrir une Caisse d'épargne et de prévoyance qui sera exclusivement consacrée à recevoir les économies journalières que les particuliers voudront y verser et qui seront placées immédiatement dans les fonds publics, dont les produits seront ménagés de manière à procurer, par une accumulation d'intérêts comptés de mois en mois, l'accroissement du capital au profit de chaque propriétaire, jusqu'à ce que sa créance se trouve convertie en une inscription en sa faveur, de cinquante francs de rente perpétuelle sur le grand-livre de la dette publique ;

« Les souscripteurs présentant, pour la première garantie des dépositaires, une mise de fonds de mille francs de rente perpétuelle dont ils font gratuitement l'abandon au profit de l'établissement et ayant invité les personnes bienfaisantes à suivre leur exemple ;

« La Compagnie royale d'assurances, à laquelle appartiennent les premiers fondateurs, offrant de fournir gratuitement le local des bureaux de la Caisse ;

« Les souscripteurs, pour assurer d'autant mieux la confiance, ayant voulu que leur association fût soumise aux formes des sociétés anonymes commerciales, quoique toute idée de profit pour eux en soit écartée ;

« Et ce projet nous ayant paru réunir le double mérite d'encourager le particulier à l'économie, en lui rendant utiles pour l'avenir ses moindres épargnes, et de mettre à la portée de tous, les avantages que le taux de l'intérêt dans la dette nationale offre aux capitalistes » ;

Le Pouvoir royal autorisait la société anonyme formée à

Paris sous le nom de Caisse d'épargne et de prévoyance pour une durée de trente années, conformément à l'acte social qui la constituait.

Cet acte social posait des principes dont la netteté et la précision devaient frapper l'attention publique autant que le sentiment élevé qui les avait inspirés. Sans doute, il reçut certaines modifications que l'expérience indiquait ou qui étaient dictées par des dispositions législatives nouvelles, mais quels qu'aient été les changements imposés par le temps auquel rien ne résiste, la base est restée immuable et c'est à cela qu'on reconnaît la grandeur de l'œuvre!

L'article premier des statuts indique le but de la Caisse d'épargne et de prévoyance :

« Elle est destinée à recevoir en dépôt les petites sommes qui lui seront confiées par les cultivateurs, ouvriers, artisans, domestiques et autres personnes économes et industrieuses. Chaque dépôt devra être d'un franc au moins et sans fraction de franc.

L'article 2 prescrit l'emploi en achats de rentes sur l'État de toutes les sommes versées à la Caisse; ces rentes sont inscrites au nom de la Caisse d'épargne et de prévoyance et ne peuvent être valablement transférées que par la signature de trois des directeurs de la Caisse.

Les arrérages de ces rentes assurent le service des intérêts qui sont garantis aux déposants, suivant les règles fixées par les articles 9, 10, 11 et 12.

Les dépôts, dès qu'ils atteignent la somme de douze francs, ou qu'ils représentent des multiples de cette somme, sont productifs d'intérêt (art. 10); cet intérêt est dû à compter du premier jour du mois qui suit l'époque où a été versée ou complétée chaque somme de douze francs (art. 11).

L'intérêt, dont le taux est fixé chaque année au mois de décembre par le Conseil des directeurs pour tout le cours de l'année suivante (art. 9), est réglé à la fin de chaque mois; il est ajouté au capital et produit des intérêts pour le mois suivant (art. 12).

Les conditions auxquelles étaient soumis les retraits d'espèces sont déterminées par les articles 13 et 14 : La Caisse a un délai de huit jours pour restituer les dépôts qui lui sont demandés; néanmoins elle peut toujours, si elle le juge conve-

nable, rembourser avant l'expiration de la huitaine (art. 13).
Les sommes retirées cessent de produire des intérêts le premier
jour du mois dans lequel a lieu le retrait (art. 14).

Mais quand les sommes versées par une même personne ont
atteint un certain maximum déterminé par l'article 15, il en est
fait emploi dans les conditions suivantes :

Aussitôt que le compte d'un déposant permet d'acheter, au
cours moyen du jour, cinquante francs de rente sur l'État, ce
qui était alors la plus petite coupure délivrée par le Trésor,
la Caisse d'épargne détache de ses inscriptions une rente de
pareille somme qu'elle transfère au nom du déposant; celui-ci
en devient propriétaire et la valeur en est déduite de son avoir.

S'il ne retire pas l'inscription établie à son nom, l'article 16
impose à la Caisse d'en rester dépositaire pour en percevoir les
arrérages au crédit du titulaire.

Pour la garantie des opérations qu'elle allait entreprendre,
la Caisse d'épargne et de prévoyance avait besoin d'une première mise de fonds et ce point essentiel est réglé par les
articles 3, 4, 5 et 20.

Comme toute idée de lucre était écartée, il n'y avait pas à
faire appel aux capitaux que la spéculation attire, que les gros
bénéfices retiennent; on ne devait compter que sur le concours
de personnes animées d'un véritable esprit de bienfaisance. Les
vingt signataires de l'acte social donnent l'exemple et, se
substituant à la Compagnie royale, à qui l'article 3 donnait
acte de ses engagements, ils constituaient à la Caisse d'épargne
une dotation de mille francs de rente perpétuelle qui était
réalisée par le transfert que chacun d'eux effectuait d'une
somme de cinquante francs de rente (art. 20).

Ce fonds s'accroîtra des sommes qui pourront être données à
la Caisse par les personnes désireuses de concourir au succès de
l'établissement; chacune de ces personnes pourra, par délibération du Conseil des directeurs, être inscrite au nombre des fondateurs de la Caisse (art. 4).

Sur le produit annuel de ces dotations et subsidiairement sur
les bénéfices de la Caisse, seront prélevés les frais inhérents aux
opérations que l'on va entreprendre (art. 5).

Les conditions dans lesquelles il est pourvu à l'administration de la Caisse d'épargne sont fixées par les articles 6, 7 et 8.

La Caisse est administrée gratuitement par vingt-cinq directeurs dont les fonctions durent cinq ans, qui sont renouvelés par cinquième chaque année et qui sont indéfiniment rééligibles. Les directeurs sortants sont élus par les vingt autres directeurs (art. 6).

Les vingt signataires de l'acte social sont directeurs de la Caisse; ils éliront les membres nécessaires pour compléter le nombre des vingt-cinq directeurs et les choisiront de préférence parmi les fondateurs ou les administrateurs de la Caisse (art. 7).

Enfin, le Conseil des directeurs est autorisé à s'adjoindre pour l'administration de la Caisse un nombre indéterminé d'administrateurs choisis de préférence parmi les fondateurs (art. 8).

L'article 17 prescrit au Conseil des directeurs d'arrêter chaque année le bilan de la Caisse qui sera rendu public après avoir été communiqué à l'assemblée générale des fondateurs et administrateurs.

Aux termes de l'article 18, les bénéfices de la Caisse sont employés soit à accroître son fonds capital, soit à augmenter le taux de l'intérêt annuel en faveur des déposants.

Si la dissolution de la Caisse arrivait par quelque cause que ce fût, l'article 19 dispose que les valeurs qui resteraient libres après le remboursement de tous les dépôts et le paiement de toutes les dettes, seraient réparties, d'après délibération du Conseil des directeurs, entre les déposants et les titulaires d'inscriptions dont la Caisse serait dépositaire. »

Les directeurs se réunirent pour la première fois en Conseil le 14 septembre sous la présidence de M. Henri Flory, doyen d'âge, M. Pillet-Will remplissant les fonctions de secrétaire, pour entendre la lecture de l'acte de société et de l'ordonnance royale approbative.

Mais, avant de se constituer d'une manière définitive, par la formation du bureau et l'élection des directeurs qui restent à nommer pour compléter le nombre de membres fixé par les statuts, le Conseil doit arrêter les conditions de son organisation intérieure. Son premier soin est donc de désigner par l'élection, trois directeurs auxquels est confiée la préparation du règlement pour le service de l'établissement. Les suffrages se portent sur Benjamin Delessert, Jacques Lefebvre et Vital Roux. On décide ensuite que dans une prochaine séance il sera procédé à l'élection des cinq directeurs qui devront compléter le Conseil.

Préparé avec la même clairvoyance, avec la même maturité que les statuts, le règlement qui en est le complément, fixe tous les détails de la nouvelle administration ; les devoirs des directeurs, les obligations que contractent les administrateurs qui consentiront à prêter leur concours au Conseil, les garanties données aux déposants, les règles auxquelles ceux-ci doivent eux-mêmes se conformer sont tracés de façon à jeter un jour éclatant sur les opérations auxquelles on va convier le' public.

Le Conseil des directeurs prouve qu'il entend justifier le titre que lui ont attribué les statuts.

Il se réunit une fois par mois et peut être convoqué extraordinairement.

Il règle la composition des bureaux, nomme et révoque les agents et employés et fixe leurs traitements.

Il ordonne et arrête toutes les dépenses.

La correspondance est signée par un président et un secrétaire.

Les titres et pièces comptables, les acquits sont signés par le caissier et visés par un directeur.

Deux directeurs sont de service chaque semaine aux bureaux de la Caisse. L'un d'eux assiste à tous les versements et les vise sur les états et sur les livrets de dépôt.

Par leurs soins et sur leurs ordres, les fonds reçus sont employés en rente sur l'État et les transferts sont effectués au nom des déposants dont les versements atteignent la somme suffisante pour acheter cinquante francs de rente.

Le Conseil des directeurs nomme parmi ses membres, à la majorité des suffrages, un président, quatre vice-présidents, un secrétaire, quatre secrétaires adjoints. Toutes les nominations que fait le Conseil ont lieu au scrutin secret. Le Conseil des directeurs convoque l'assemblée générale ; elle est présidée par le président du Conseil des directeurs.

Le Conseil nomme, sur la présentation de trois de ses membres, les administrateurs qu'il est autorisé à s'adjoindre, et le règlement détermine les obligations qu'auront à remplir ceux des administrateurs chargés de recevoir, dans leurs arrondissements respectifs, les sommes destinées à être versées à la Caisse.

Le Conseil ne pouvait oublier les personnes qui avaient contribué à former la dotation de la Caisse et celles qui pourraient l'augmenter par la suite. Les fondateurs étaient nommés sur la présentation de trois directeurs, mais une exception était faite pour les actionnaires nominatifs de la Compagnie royale d'assurances qui étaient admis parmi les fondateurs sans formalités de présentation et sans délibération.

Après avoir ainsi pourvu à l'organisation administrative de la Caisse d'épargne, le règlement détermine les conditions dans lesquelles se feront les opérations de versements, de remboursements, d'achats de rentes.

Les dépôts sont reçus le dimanche de 9 heures du matin à midi, soit à la Caisse centrale, soit chez les administrateurs d'arrondissement désignés à cet effet. Ils ne peuvent être effectués par correspondance, mais les déposants non domiciliés à Paris peuvent se faire représenter à la Caisse par une autorisation sous seing privé.

Les statuts se bornaient à indiquer le minimum de dépôt qui ne pouvait être inférieur à un franc; le maximum que pouvait atteindre chaque compte était limité par la disposition qui prescrivait d'acheter cinquante francs de rente pour tout déposant dont le compte présentait un capital suffisant à cette opération.

Mais le maximum que pouvait atteindre chaque dépôt n'avait pas encore été déterminé; il est fixé par le règlement qui interdit de verser à la fois sur un compte plus de six cents francs; aucun dépôt reçu par les administrateurs d'arrondissement ne pourra dépasser cent francs.

Chaque somme versée est inscrite à sa date avec le numéro du livret et le nom du titulaire, sur un bordereau de recette, en présence du déposant; celui-ci, lorsqu'il fait son premier versement, appose sa signature sur un registre où sont indiqués, en même temps que son nom et ses prénoms, sa profession et son domicile. S'il ne sait signer, il en est fait mention. Le livret qui lui est remis est numéroté et contresigné par un directeur et un secrétaire.

Ce livret est nominatif; il énonce les obligations respectives de la Caisse et du déposant, la date du dépôt et la somme versée qui est inscrite en toutes lettres et en chiffres. Chaque dépôt est signé par le caissier et par un directeur ou un administrateur.

L'intérêt réglé chaque mois, conformément aux statuts, est inscrit sur les livrets aussitôt que ceux-ci sont présentés à la Caisse centrale et on invite les déposants à les présenter au moins une fois par an.

Les remboursements sont effectués à la caisse centrale le dimanche aux heures fixées pour recevoir les versements. Ils doivent être demandés le dimanche précédent. Le déposant souscrit une quittance et la mention du retrait inscrite à sa date au livret, est signée par le caissier.

Le livret est remis immédiatement au déposant après chaque opération. Il n'est retenu qu'après le remboursement définitif qui a pour conséquence d'éteindre le compte.

Quand la Caisse d'épargne sera mise en mouvement, quand son action s'étendra et se développera, on pourra bien reconnaître la nécessité de modifier quelques-unes des dispositions qui viennent d'être énumérées, soit pour assurer d'une manière plus efficace la surveillance et le contrôle des opérations, soit pour empêcher que la nouvelle Institution créée en vue d'attirer et d'encourager l'épargne ne se trouve détournée de son véritable but; mais ce règlement trace, dès le premier jour, les lignes principales que l'on n'aura plus qu'à suivre désormais pour assurer, dans toutes les parties de l'administration, l'ordre et la régularité sans lesquels il n'y a rien de durable; les prescriptions qu'il renferme serviront de base plus tard aux ministres du commerce et des finances pour déterminer les devoirs des caisses d'épargne et imprimer partout à l'Institution la même marche uniforme et régulière.

Le Conseil n'avait plus pour terminer son organisation qu'à se compléter par l'élection de cinq directeurs et à constituer son bureau.

Il semble que la première place appartiendra à Benjamin Delessert et que le premier, il dirigera l'Institution qui réalise sa plus chère pensée; mais, dans son esprit aussi élevé que modeste, il avait réservé l'honneur de cette présidence à un homme dont les sentiments généreux répondaient aux siens et avec lequel il s'était lié d'une étroite amitié dans les heures où leurs cœurs se confondaient pour soulager l'humanité souffrante.

Le duc de la Rochefoucauld-Liancourt, depuis que le 18 brumaire lui avait rouvert les portes de sa patrie, consacrait sa vie à faire le bien. La grande situation à laquelle l'illustration de sa race l'avait appelé sous la monarchie, ne l'avait pas empêché, très jeune encore, de s'occuper de questions économiques et humanitaires dont il n'hésitait pas à poursuivre personnellement la solution. C'est ainsi qu'en 1780, il fondait, dans son domaine de Liancourt, pour les fils de soldats qu'il voulait préparer à devenir de bons ouvriers, une école spéciale qui fut plus tard l'École des arts et métiers établie à Compiègne et transférée ensuite à Châlons-sur-Marne.

Pendant les années d'exil qu'il avait passées aux États-Unis, il avait étudié de près les institutions de ce nouvel État. Son expérience s'était fortifiée au contact de cette nation où la philanthropie s'était, pour ainsi dire, développée spontanément et il était revenu dans ses foyers sans ambition politique, n'ayant d'autre souci que d'être utile à ses concitoyens.

Il marquait sa rentrée en France par une ardeur infatigable à propager la vaccine; bientôt sa place était marquée partout où l'on se préoccupait du sort des classes malheureuses, partout où l'on cherchait à réaliser de nouveaux progrès pour soulager les souffrances physiques et pour développer l'intelligence humaine. Son âme élevée s'occupait avec le même zèle, avec la même activité, de l'enseignement élémentaire à donner à l'enfance et des perfectionnements à apporter au Conservatoire des arts et métiers, de l'administration des hospices et des hôpitaux et des améliorations que réclamait l'état des prisons. Sa sollicitude éclairée et généreuse s'étendait sur de nombreuses œuvres charitables, dont la plupart étaient sa création.

Le duc de la Rochefoucauld-Liancourt avait été le confident des idées, des projets de Benjamin Delessert. Jeune encore, et d'esprit et de cœur, bien que d'un âge déjà avancé, il saisit avec ardeur les communications qui lui étaient faites et il encouragea son ami dans la poursuite d'une entreprise qui répondait si bien à ses propres aspirations. Il voulut être l'un

des premiers fondateurs de l'Institution nouvelle et quand le
Conseil, dans sa séance du 6 octobre, pourvut aux sièges qui
étaient restés vacants, il fut le premier directeur élu.

L'union intime de ces deux hommes de bien devait avoir sur
les destinées de la Caisse d'épargne et de prévoyance la plus
heureuse influence.

Dans la même séance, le Conseil choisissait le duc de la
Rochefoucauld-Liancourt pour présider à ses délibérations.

Les quatre directeurs élus en même temps que lui furent le
baron de Staël, héritier d'un nom qu'il savait noblement porter,
Ducos, receveur général et régent de la Banque, de Rothschild,
banquier, et Roiset, receveur général.

Le Conseil nomma vice-présidents MM. Benjamin Delessert,
Jacques Laffitte, Flory, Hottinguer et il compléta son bureau en
appelant aux fonctions de secrétaire M. Vital Roux, à celles
de secrétaires adjoints MM. Jacques Lefèbvre, Pillet-Will, Cottier, de Staël.

Dans le monde des affaires auquel appartenaient ces premiers fondateurs, on comprit vite le but et la portée de la
Société qui venait de se former et les adhésions arrivèrent dès
les premiers jours. Mais ce qui présentait une difficulté bien
autrement grande que toutes celles qui avaient pu être sur-
montées jusqu'alors, c'était de répandre dans la classe ouvrière
l'idée qui éveillait en sa faveur une aussi vive sollicitude, c'était
de faire comprendre et accepter par cette population laborieuse,
mais encore trop peu éclairée, qu'on peut, avec le plus mince
salaire, s'élever au-dessus de la pauvreté quand on sait économiser si peu que ce soit, sur son gain de chaque jour. Des
journaux pouvaient bien publier sur la Caisse d'épargne et de
prévoyance des articles empreints des meilleurs sentiments,
remplis d'enseignements utiles, d'aperçus ingénieux, mais alors
les journaux n'avaient qu'un nombre bien restreint de lecteurs
et ce n'était pas par la classe que l'on conviait à l'épargne
qu'ils étaient recherchés.

Ce fut sur les moyens de vulgariser l'Institution et d'y accoutumer les esprits, qu'en prenant possession de la présidence à
laquelle il venait d'être appelé, le duc de la Rochefoucauld
attirait l'attention de ses collègues.

Pour lui, l'établissement de la Caisse d'épargne était un

bienfait, non pas seulement pour les individus qui en profiteraient, mais aussi pour la société tout entière, qui s'enrichit par l'ordre et par le travail de chacun de ses membres et il y avait un intérêt supérieur à en propager la connaissance.

Il voulait que de petits écrits, répandus gratuitement, portassent partout la conviction dans les consciences en faisant sentir, toucher du doigt pour ainsi dire, le bien-être matériel, les améliorations morales que la pratique de l'économie doit nécessairement procurer.

Il fut le premier à donner l'exemple et des notices qui ne portaient pas son nom, mais qui traduisaient ses pensées, initiaient les ouvriers au moyen de mettre leurs économies en sûreté et de les rendre productives.

Un peu plus tard, un petit ouvrage dû à la plume d'un membre de l'Académie française, M. Lemontey, qui s'était pénétré des vérités que ces hommes de bien cherchaient à faire prévaloir, produisit alors dans Paris une certaine sensation.

Dans « les Trois visites de M. Bruno » les bons effets de la Caisse d'épargne étaient traduits en un style simple et touchant. Le Conseil en manifesta sa reconnaissance à l'auteur en le nommant directeur honoraire.

Les preuves de dévouement et de désintéressement que donnaient les directeurs, leur persévérance, la foi qu'ils avaient dans leur œuvre, devaient leur attirer des sympathies qui se manifestèrent soit par des donations en rentes ou en argent, dont le fonds de garantie se trouva ainsi peu à peu augmenté, soit par des offres de concours qui allégèrent les premières dépenses de l'établissement. Les opérations n'étaient pas encore commencées que déjà plusieurs agents de change se proposaient pour effectuer sans frais les achats et les transferts de rentes; les employés de la Compagnie royale demandaient à faire gratuitement le service des bureaux et à leur tête le caissier que l'on nomma caissier provisoire de la Caisse d'épargne et de prévoyance qui était prête maintenant à entreprendre sa mission.

CHAPITRE III

L'ouverture de la Caisse d'épargne eut lieu le dimanche 15 novembre 1818, dans le local que la Compagnie royale d'assurances, alors installée au numéro 104 de la rue de Richelieu, avait mis à la disposition de la Société qui s'était formée sous ses auspices.

Les premières séances donnèrent des résultats qui peuvent paraître modestes, mais l'Institution était encore à peine connue ;

elle ne cherchait pas à flatter l'esprit de jeu et de spéculation, elle s'adressait uniquement à la raison. Or, la raison est difficile à se laisser pénétrer quand elle est obscurcie par les préventions et les défiances qu'entretiennent trop souvent l'infortune et la pauvreté à l'égard des dévouements les plus purs et les plus désintéressés. Les fondateurs savaient que la confiance qui se gagne lentement crée les liens les plus durables.

Cependant, au 31 décembre, il avait été ouvert 352 livrets et la Caisse d'épargne avait reçu 54,687 francs. Ces chiffres n'acquièrent une réelle importance que si l'on met en regard le nombre et la somme de remboursements effectués dans le même espace de temps, et quand on voit qu'un seul déposant a demandé un retrait, que ce retrait s'élevait à 36 francs, on doit reconnaître que l'établissement ne devait pas tarder à éveiller l'attention publique.

Dès le commencement de l'année 1819, les opérations augmentèrent, le personnel de la Compagnie royale ne suffisait plus et les employés attachés aux maisons des directeurs s'inscrivirent en grand nombre pour faire alternativement le service gratuit de la Caisse, en dehors des heures de leurs travaux ordinaires. De plus, les détails déjà considérables de l'établissement rendaient nécessaire la présence d'un commis auquel on dut allouer un traitement qui fut fixé à 1,200 francs ; les directeurs furent heureux dans le choix qu'ils firent. Ce premier employé était M. Agathon Prévost, qui grandit peu à peu dans l'estime du Conseil, qui devenait douze ans plus tard agent général et dont la vie entière a été consacrée à la Caisse d'épargne. Pendant plus d'un demi-siècle, par ses efforts, par ses travaux, par l'intelligence qu'il apportait dans l'exercice des importantes et délicates fonctions qui lui étaient confiées, il sut élever et maintenir l'Institution au rang qui lui appartenait.

Le moment était venu d'ailleurs où la Caisse d'épargne devait avoir son individualité propre. Les mouvements de fonds auxquels donnaient lieu les versements, l'emploi en rentes des dépôts, les demandes de retraits prenaient une trop grande importance pour que le service de caisse continuât à être fait par le caissier de la Compagnie royale. Au mois d'avril 1819, la Caisse d'épargne eut son caissier ; elle demanda à la Banque un compte courant et elle fut entièrement séparée de la caisse de la Compagnie royale. Les directeurs reconnaissaient en même temps que les exigences des séances publiques et les soins de toute nature que réclamait la surveillance des différents services, rendaient nécessaire de faire appel à des administrateurs qui les seconderaient dans leurs travaux. Il ne fut pas difficile au Conseil de trouver des collaborateurs utiles et dévoués et les premiers nommés furent, ainsi que le prescrivaient les statuts, choisis parmi les fondateurs. Mais dans tous les rangs de la société, sans distinction de naissance ou de fortune, on était honoré de remplir ces fonctions et on les acceptait avec empressement. Quand on se reporte aux listes de cette époque et à celles des temps qui ont suivi et que l'on voit, groupés et confondus autour de l'œuvre et de ses fondateurs, ces hommes qui tenaient les premières places dans l'État, qui occupaient dans les fonctions publiques les emplois les plus importants ou les plus modestes, qui appartenaient aux arts, à la magistrature, au barreau, au commerce, à l'industrie, on sent la puissance d'une idée quand elle est servie par une foi sincère !

Une place était devenue vacante dans le Conseil ; ce fut un administrateur, M. Antoine Odier, l'un des censeurs de la Banque de France, qui fut élu en remplacement de M. Boucherot, démissionnaire.

Ce n'était pas seulement à Paris que la création d'une Caisse d'épargne avait remué les esprits. Les journaux avaient, dès la fin de 1818, fait connaître dans les départements, les statuts, les prospectus qui avaient été répandus à Paris et le jour même de la première séance, des habitants de Brest, de Pontivy, de Châlons-sur-Marne avaient demandé par correspondance l'ouverture de livrets. De Caen, d'Orléans, de Bourbon-Vendée, de Toul, du Havre, de Lille, d'Uzès, de Riom, on demande si la Caisse d'épargne de Paris a été établie pour les habitants de la France ou seulement pour ceux de Paris. A Château-Thierry on s'étonne que le service n'ait pas encore été organisé. De Besançon, de Dijon, de Montargis, de Châteaurenault et de plusieurs autres villes encore arrivaient des propositions faites par des notaires, des juges consulaires, des juges de paix qui sollicitaient la faveur d'être les correspondants de la Caisse d'épargne pour recueillir les économies de leurs concitoyens, les faire parvenir à la Caisse centrale et répondre ainsi aux désirs qui se manifestaient de toutes parts. De Fécamp on écrivait : « Une caisse d'épargne serait bien utile dans un pays où les marins reviennent avec de grosses sommes dont ils ne savent que faire et qu'ils gaspillent; aussi serait-ce un grand service à rendre que d'étendre jusque-là l'action salutaire de la Caisse d'épargne de Paris ». La ville de Niort demandait comment elle pourrait établir une caisse d'épargne; pour en obtenir une, Besançon faisait valoir les intérêts des ouvriers de la fabrique d'horlogerie. La Chambre de commerce de Lyon provoquait, dans l'intérêt des ouvriers de l'industrie lyonnaise, l'établissement d'une caisse d'épargne sur le modèle de celle de Paris. Mais déjà, à Bordeaux, on avait su prendre une résolution. Entraînés par l'exemple qui leur venait de la capitale, d'honorables citoyens s'étaient réunis, avaient fourni des souscriptions, et le 4 juillet 1819 une seconde caisse d'épargne était ouverte en France.

La conception hardie qui était l'objet d'un pareil enthousiasme dans les classes élevées, avait reçu dans les premiers jours de 1819 une approbation qui devait contribuer pour beaucoup à la rendre populaire. La Société d'encouragement pour l'industrie nationale, qui existait à Paris depuis 1802 et qui s'imposait le devoir de veiller aux intérêts de la classe laborieuse, ne pouvait rester indifférente aux mesures qui étaient prises pour recueillir les économies des ouvriers. Convaincue de l'influence qu'un bon système d'épargne mis à leur portée pouvait exercer sur les progrès de l'industrie, mais ne voulant pas engager son opinion sans un examen approfondi et une pleine conviction, elle avait chargé une commission spéciale composée de trois de ses membres, MM. de Gérando, Francœur et Jomard, de lui présenter un rapport sur l'établissement qui prenait naissance, sur la solidité de ses combinaisons, sur les avantages et la sécurité qu'il offrait aux économies de l'ouvrier. Dans un rapport auquel ils surent donner un puissant intérêt, les commissaires répondaient aux préoccupations de leurs collègues et portaient la conviction dans tous les esprits. Ils montraient les relations qui existaient entre la prospérité de l'industrie et la nature du nouvel établissement, et ils disaient qu'il appartenait à la Société qui consacrait si noblement ses efforts à la prospérité de l'industrie française, d'accorder aussi sa sanction à une œuvre éminemment patriotique, en invitant les manufacturiers à concourir au succès de l'Institution, soit par le placement des gratifications qu'ils accordaient ordinairement, soit par leur influence et leur crédit sur l'esprit des ouvriers.

Dès que ce rapport fut porté à sa connaissance, le ministre de l'intérieur qui était alors le comte Decazes donna ordre qu'il fût imprimé, et en le transmettant aux préfets il leur adressait, le 30 avril 1819, une circulaire dont les termes méritent d'être reproduits, car on sent qu'elle exprimait les sentiments du gouvernement tout entier.

« Le but que se propose la Caisse d'épargne et de prévoyance de Paris, écrivait le ministre, doit avoir sur le sort et les mœurs de la classe ouvrière une influence notable, et l'autorité ne peut trop appeler l'attention publique sur un établissement dont les fondateurs semblent s'être oubliés eux-mêmes pour ne songer qu'aux intérêts des actionnaires. Je vous invite donc, ajoutait-il, à communiquer ce rapport aux Chambres de commerce, aux Chambres consultatives et aux chefs des manufactures des villes de fabrique de votre département. »

Vers la même époque, une autre Société qui s'était fondée en 1815 pour remplir une sainte mission, la Société pour l'enseignement élémentaire, avait chargé l'un de ses membres, M. Francœur, de l'Académie des sciences, de lui exposer « les bases et les ressources de la Caisse d'épargne » et de lui indiquer comment la Société pourrait tirer parti des avantages que cette Institution pouvait lui offrir. Dans un rapport plein de détails et de renseignements, où les démonstrations étaient appuyées par les calculs du mathématicien, M. Francœur indiquait que la Caisse d'épargne devait être un auxiliaire puissant de la Société pour l'enseignement élémentaire ; que, par elle, le sort des instituteurs, dont on ne s'était pas occupé au moment où on la fondait, serait assuré au prix de sacrifices modiques et il proposait de constituer un fonds de retraite aux maîtres et aux maîtresses des trois écoles qui étaient aux frais de la Société, en faisant à la Caisse d'épargne un premier dépôt de 500 francs et en versant ensuite tous les mois une somme de 30 francs. De plus, on devait inviter les instituteurs à contribuer à leur bien-être futur en consentant à l'abandon d'une partie de leurs traitements, quelque modique qu'elle fût, pour être versée à la Caisse d'épargne.

En transmettant ce rapport aux directeurs de la Caisse d'épargne et en leur faisant connaître les résolutions qu'elle avait prises en faveur de la classe si intéressante, si nombreuse et peut-être encore trop oubliée des instituteurs et institutrices, la Société pour l'enseignement élémentaire, par l'organe du comte de Lasteyrie, son président, leur rendait grâce au nom des intérêts de la morale et de l'humanité pour la belle création dont elle leur était redevable.

Partageant les mêmes sentiments, le comte Chabrol, qui était alors à la tête de la préfecture de la Seine, parvenait à convaincre les instituteurs placés sous l'autorité de l'administration municipale, que la Caisse d'épargne leur offrait un moyen sûr et facile de se constituer pour l'avenir un petit pécule et les amenait à consentir à ce qu'une faible somme, distraite de leurs appointements, fût placée sur un livret qui d'abord était collectif et qui, en 1822, était remplacé par autant de livrets individuels qu'il y avait de parties intéressées.

En même temps, il marquait son estime à l'Institution dont il suivait avec intérêt les premiers développements, en recommandant aux maires de Paris de faire connaître aux classes ouvrières les avantages que la Caisse d'épargne présentait à l'économie.

Dans la famille royale, la Caisse d'épargne était soutenue par les plus hautes sympathies. Pour encourager les gens de sa maison à être prévoyants, le duc de Berry avait voulu que chacun de leurs dépôts fût augmenté d'une somme égale prélevée sur sa cassette particulière, et cet acte de libéralité fut imité dans son entourage. De son côté, madame la duchesse de Berry faisait ouvrir des livrets à de jeunes filles pauvres élevées par ses soins et qu'elle ne voulait pas, une fois leur éducation terminée, laisser dans le dénûment. Plus tard, au moment de la naissance du duc de Bordeaux, le roi marquera l'intérêt qu'il porte à la Caisse d'épargne, en ordonnant de la rendre dépositaire des sommes dont il dotera les enfants indigents nés à Paris le 29 septembre 1820.

L'Institution commençait donc à être connue. Les ouvriers, il est vrai, n'étaient pas encore les plus nombreux parmi les déposants; les domestiques et les personnes qui n'accusaient aucune profession tenaient les premiers rangs, mais néanmoins, tous les mois, on constatait de nouveaux progrès et les résultats obtenus dans cette première année méritent d'être remarqués. Les dépôts s'étaient élevés à un million et les retraits avaient à peine dépassé cent mille francs; la Caisse avait payé 13,000 francs d'intérêts et elle avait acheté 68,400 francs de rente sur lesquels 25,000 francs avaient été transférés aux titulaires de livrets dont le solde avait atteint le capital suffisant pour produire 50 francs de rente; mais toutes les inscriptions n'avaient pas été retirées de la Caisse qui restait dépositaire de 379 titres représentant ensemble 19,050 francs de rente et un capital de 263,000 francs.

Ces résultats n'étaient pas les seuls dont on dût se féliciter. Le premier fonds de dotation constitué par l'acte social s'était augmenté pendant que les opérations s'étendaient et, à la fin de 1819, il atteignait une valeur déjà importante. Des dons et des offrandes arrivaient au Conseil qui les acceptait avec une profonde reconnaissance, car ils contenaient pour lui de précieux encouragements et lui permettaient d'entrevoir l'avenir avec sérénité.

Le duc de Berry avait donné 2,000 francs, le duc d'Orléans une inscription de 50 francs de rente; 3,000 francs avaient été versés par la Banque de France, 2,242 francs par une réunion de banquiers et de négociants; des inscriptions représentant 530 francs de rente, des sommes s'élevant à plus de 2,000 francs avaient été apportées par différents bienfaiteurs; enfin une association qui avait voulu garder l'anonyme avait chargé son agent de change de remettre à la Caisse d'épargne une inscription de 8,000 francs de rente. Il était difficile qu'on ignorât longtemps la provenance de cette magnifique libéralité; elle était due à la compagnie des banquiers français et étrangers qui avaient souscrit le premier emprunt pour le compte du gouvernement français et qui venaient de liquider leurs opérations.

Ainsi, quatorze mois ne s'étaient pas encore écoulés depuis l'ouverture de la Caisse d'épargne que déjà le solde dû aux

déposants atteignait 600,000 francs et que le fonds de dotation
dépassait 145,000 francs.

La situation dans laquelle on se trouvait commandait des
mesures nouvelles. On ne devait pas continuer à accepter les
services gratuits qui, dans les premiers jours, s'étaient spontanément offerts; on dressa, pour 1820, le premier budget des
dépenses de la Caisse d'épargne qui s'élevait à 10,000 francs,
dont 4,500 francs étaient applicables au personnel et 5,500 francs
au matériel.

On ne pouvait plus imposer à la Compagnie royale un mouvement de public et d'affaires auquel l'étendue de ses bureaux
ne se prêtait que très difficilement et l'on dut chercher une
installation particulière et indépendante.

La Banque de France ne permit pas que la Société eût à cet
égard de longues préoccupations. Elle lui offrit un beau et vaste
local qui était destiné à l'habitation du gouverneur et dont
M. Jacques Laffitte n'avait pas pris possession; la bienveillance
du duc de Gaëte, quand il devint gouverneur, lui en laissa la
jouissance.

La Caisse d'épargne s'y installa le 27 février 1820. On venait
de décider que, désormais, en raison de l'affluence des dépôts
qui se produisait, particulièrement à la fin du mois, les bureaux
resteraient ouverts le lendemain du dernier dimanche de chaque
mois, et que les remboursements n'auraient plus lieu le même
jour que les versements. La tenue de la caisse, des écritures,
des registres, le classement et la conservation des pièces comptables, la répartition du travail entre le caissier et le chef des
comptes courants, étaient l'objet de prescriptions particulières.
Pour en assurer l'exécution, on créa un comité de direction
dont le renouvellement aura lieu à des époques fixes et dans
lequel seront successivement appelés deux directeurs et un
administrateur qui exerceront une surveillance journalière sur
la caisse et sur la direction administrative de toutes les opérations; plus tard ce comité sera modifié et un seul directeur y
prendra part avec deux administrateurs; il se renouvellera tous
les mois. En même temps, on constituait un comité de censure,
composé de trois membres, que les administrateurs devaient
choisir parmi eux. Ce comité se fera rendre compte toutes les
fois qu'il le jugera convenable de la situation de la caisse et

des registres. Il est, en outre, chargé de l'examen et de la vérification des comptes dont il devra faire son rapport à l'Assemblée générale. Il assiste aux séances du Conseil avec voix consultative et il est représenté au moins par un de ses membres
dans le comité de direction. Les trois premiers censeurs élus
furent MM. François Delessert et Torras, banquiers, et M. Chap-
tal fils, négociant.

Le Conseil veillait aussi à ce que les déposants ne fussent
éloignés de la Caisse d'épargne par aucune formalité embarrassante ou coûteuse. Il voulut que les titulaires de livrets, qui
étaient empêchés d'agir par eux-mêmes, trouvassent les plus
grandes facilités pour se faire représenter par des mandataires
et qu'ils n'eussent pas à supporter des frais hors de proportion
avec le petit bénéfice que leur prévoyance pouvait leur procurer.
Il avait espéré un moment qu'en raison de la nature de ses
opérations, la Caisse d'épargne pourrait obtenir l'exemption de
tous les frais de timbre auxquels la loi pouvait l'assujettir,
mais le ministre des finances avait opposé à la demande dont
il avait été saisi, les termes impératifs de la loi du 13 brumaire
an VII, qui ne permettait pas d'étendre les exceptions prononcées par l'article 16. Le Conseil n'hésita pas dès lors à décider
que les pouvoirs pour retirer les dépôts seraient établis d'après
un modèle uniforme, qu'ils seraient fournis par la Caisse qui,
seule, supporterait les frais de timbre. Ces procurations, dont
les termes étaient arrêtés en 1820, sont encore en usage aujour-
d'hui et il n'est pas inutile de faire remarquer que la prise en
charge du timbre dont elles devaient alors être revêtues, était
une mesure généreuse par laquelle s'accentuait la gratuité des
services que la Caisse d'épargne entendait rendre.

Mais, en même temps qu'il apportait les plus grands soins à
ce que la Caisse fût accessible à tous, le Conseil ne voulait pas
qu'on abusât des avantages qu'il cherchait à procurer et il faisait
défense aux déposants d'avoir plus d'un livret, déclarant que
les intérêts ne seraient alloués que sur celui qui contiendrait
la somme la plus forte et que le remboursement des autres
livrets serait immédiatement effectué.

Pendant qu'ils poursuivaient ainsi résolument la tâche qu'ils
s'étaient imposée, le duc de la Rochefoucauld et ses collègues
avaient la satisfaction de voir que leurs idées se propageaient

et qu'ils trouvaient des imitateurs. A Metz, grâce à l'initiative
des administrateurs de l'hospice civil et du mont-de-piété, une
caisse d'épargne, organisée sur le plan de celle de Paris, était
ouverte le 1er février 1820. A Rouen, l'impulsion était donnée
par le receveur général, M. Reiset, qui profitait de ce que ses
fonctions le retenaient trop souvent éloigné de la Caisse
d'épargne de Paris dont il était l'un des directeurs, pour créer,
au profit de la population ouvrière de son département, une
institution en tout semblable à celle qu'il avait contribué à
fonder dans la capitale. Les premières opérations de la caisse
d'épargne de Rouen avaient lieu le 9 juillet 1820.

La caisse d'épargne de Bordeaux venait de tenir sa première assemblée générale et son président, le comte de Tour-
non, préfet de la Gironde, en adressant au duc de la Rochefoucauld le rapport sur les résultats obtenus au 1er janvier 1820,
lui écrivait : « Les fondateurs de cet établissement, formé sur
le modèle de celui de Paris, se font un devoir de vous offrir
l'hommage de ses premiers succès ».

Cependant la Caisse d'épargne de Paris poursuivait sa marche,
lentement il est vrai, mais d'un pas assuré, et chaque semaine
était marquée par des efforts nouveaux. Le Conseil, qui n'avait
pas oublié les dispositions de son règlement du 8 octobre 1818,
aurait voulu, comme il se l'était proposé, ouvrir des succursales dans différents arrondissements où dominait la population
ouvrière ; mais l'entreprise était hasardeuse. L'empressement
avec lequel plusieurs administrateurs s'étaient mis à sa disposition avait été paralysé par des difficultés matérielles assez
grandes, que l'organisation encore trop primitive de l'établissement n'avait pas permis de surmonter. Il ne suffisait pas, en effet,
pour que les bureaux auxiliaires pussent fonctionner, du dévouement des administrateurs, il fallait un local et une installation
propres à recevoir et à attirer le public ; il fallait pour la tenue
des écritures, pour le maniement des fonds, des employés qui,
si peu nombreux qu'ils eussent été, n'auraient pas manqué
d'augmenter les dépenses ; de plus, on pouvait craindre que ce
personnel, fonctionnant loin de la Caisse centrale, ne donnât
pas aux opérations l'unité et la régularité indispensables à une
œuvre naissante. Un essai avait été tenté dans le faubourg
Saint-Antoine pour rapprocher l'Institution de la classe ouvrière,

nombreuse dans ce quartier. On avait ouvert une succursale à
l'hôpital Saint-Antoine dont l'administrateur, qui était également administrateur de la Caisse d'épargne, avait accepté la
surveillance; mais, soit à cause de l'emplacement qui n'était pas
très favorable peut-être pour attirer le public, soit parce que
l'on ne connaissait pas suffisamment encore le but de l'Institution, les résultats, après quelques mois, avaient été insignifiants; au commencement de septembre 1820, cette succursale
était supprimée et l'on ajournait à un autre temps une nouvelle
expérience.

La Caisse centrale, au contraire, voyait augmenter le nombre
des déposants et l'importance de ses opérations. Dans le rapport semestriel qu'il présentait à l'Assemblée générale sur les
résultats obtenus au 31 mars 1821, le duc de la Rochefoucauld
signalait l'importance des opérations effectuées depuis le
15 novembre 1818, c'est-à-dire dans un espace de vingt-huit
mois et demi. Les versements s'étaient élevés à 4,900,000 francs
et les remboursements en espèces à 781,000 francs; les intérêts bonifiés avaient dépassé 89,000 francs; on avait transféré
aux comptes particuliers 116,100 francs de rente représentant
un capital de 1,738,000 francs et la Caisse restait dépositaire
de 1,366 inscriptions formant ensemble 68,300 francs de rente.
Enfin, le solde dû aux déposants montait à 2,472,000 francs.

Cette dette était garantie par 107,781 francs de rente que la
Caisse avait acquis avec le montant des dépôts qui lui avaient
été successivement confiés; ces rentes représentaient alors un
capital de 2,546,000 francs. Elle était encore garantie par le
montant des fondations qui allaient en s'augmentant et qui
avaient rendu la Caisse propriétaire de 11,726 francs de rente
ayant, d'après le prix moyen auquel les titres étaient entrés
dans son portefeuille, une valeur de 163,000 francs. En ajoutant
à ces capitaux les espèces en caisse, l'actif s'élevait, au 31 mars
1821, à 2,715,000 francs, et dépassait le passif de 243,000 francs.

Cette situation était bonne; néanmoins, le Conseil n'envisageait pas sans une certaine préoccupation les embarras que
pouvait lui créer un mouvement de baisse sur les fonds publics
coïncidant avec de nombreuses demandes de remboursements.
Il avait acheté ses premières rentes en 1819, au cours moyen de
67 francs, et le prix moyen des achats qu'il avait dû faire dans

les six derniers mois était monté à 78 francs. S'il fallait, pour
satisfaire à des demandes de retraits, réaliser une somme de
rente à des cours inférieurs, le fonds de garantie pouvait se
trouver gravement atteint. Pour conjurer ce péril, on voyait
bien où était le remède ; si les inscriptions à transférer aux
déposants pouvaient être inférieures à 50 francs, l'importance
du capital à rembourser en espèces serait diminuée et la prospérité de la Caisse serait moins à la merci des variations que
pouvaient subir les fonds publics. Mais le décret du 24 août
1793, qui avait créé le grand-livre de la dette publique, ne permettait pas qu'il fût délivré d'inscriptions d'une valeur au-dessous de 50 francs de rente. Depuis longtemps on demandait,
mais en vain, la modification de cette disposition législative
qui était un obstacle à la diffusion des rentes. Le gouvernement avait bien senti qu'au moment où, par suite des emprunts
auxquels il avait dû recourir, la dette publique s'accroissait,
il était du plus haut intérêt d'ouvrir, dans tout le royaume,
une voie nouvelle à la circulation des capitaux, et de donner
aux porteurs de rentes les plus grandes facilités pour négocier
leurs titres ou pour en toucher les arrérages. Aussi, avait-il
fait voter par les Chambres la loi du 14 avril 1819, qui prescrivait l'ouverture dans chaque département d'un livre auxiliaire du grand-livre de la dette publique. Mais là s'était arrêtée
sa prévoyance ; il n'avait pas compris que l'abaissement de la
valeur des inscriptions de rente était le complément indispensable des mesures qu'il proposait.

Il était réservé à la Caisse d'épargne de Paris, il appartenait
à l'un de ses plus dignes représentants, de soulever une question qui intéressait les classes les moins riches de la société, et
de provoquer une disposition législative qui pouvait bien favoriser le développement des caisses d'épargne, mais qui avait
une portée plus haute encore, car elle devait exercer une
influence considérable sur la fortune publique.

Ce fut au moment de la discussion du budget de 1821 que
Benjamin Delessert exposa sa proposition dans un discours où
les questions financières les plus graves sont exposées et discutées avec une élévation, une précision, une netteté qui n'appartiennent qu'au véritable orateur. Après avoir fait de la
situation financière un tableau dont l'exactitude n'avait pas été

contestée, il demandait que l'on affectât à la liquidation de l'arriéré onze millions de rente que le Trésor détenait dans son portefeuille. Ainsi on allégerait la dette flottante, et l'on mettrait dans la circulation des valeurs qui se négocieraient facilement. « C'est ici, disait-il, le moment d'entretenir la Chambre d'une mesure demandée depuis longtemps et qui aurait pour but de répandre dans les classes inférieures de la société, les avantages des fonds publics; elle consisterait dans la délivrance de petites inscriptions de rente à la portée des fortunes médiocres. D'après la loi qui a créé le grand-livre, on ne peut avoir d'inscriptions au-dessous de 50 francs de rente, en sorte que pour être créancier de l'État, il faut être possesseur, au cours actuel, d'une somme d'au moins 850 francs; c'est ce qui a empêché jusqu'à ce jour les économies de la classe la plus laborieuse de la société de se porter sur le grand-livre. Pourquoi, cependant, celui qui n'a amassé par son travail qu'une somme de 600 francs par exemple, ne peut-il les placer sur l'État? Ces épargnes ne sont-elles pas aussi précieuses, aussi sacrées que les trésors des capitalistes? Tous les Français n'ont-ils pas un droit égal à jouir des hauts intérêts et des hauts avantages que donnent les fonds publics, puisque tous sont assujettis à payer les impôts? L'État demande des contributions à toutes les classes de la société. Sur 10 millions de cotes d'impositions, il y en a 7 au-dessous de 20 francs et cependant le nombre des propriétaires des fonds publics inscrits sur le grand-livre ne monte qu'à 180,000, tandis qu'on en compte près de 800,000 en Angleterre. Si l'on n'est pas effrayé de la multiplicité des petites cotes d'impositions, on ne doit pas l'être de l'augmentation du nombre des petites inscriptions de rente. Cette mesure d'appeler tous les Français, et surtout les moins aisés, à prendre intérêt dans la fortune publique peut avoir des résultats incalculables sous le rapport de la morale et de la politique. »

Et l'orateur proposait d'ajouter à la loi de finances un article additionnel ainsi conçu :

« L'article 3 de la loi du 24 août 1793 qui porte qu'il ne pourra être fait aucune inscription sur le grand-livre de la dette publique pour une somme au-dessous de 50 francs est rapporté.

« Le gouvernement est autorisé à en délivrer, soit à Paris, soit dans les départements, pour une somme inférieure, mais cependant pas au-dessous de 5 francs de rente. »

Dans sa séance du 6 juin 1821, appelé à développer son amendement, Benjamin Delessert faisait ressortir les avantages de ces petites inscriptions qui faciliteraient par toute la France les épargnes du peuple, qui mettraient la rente à la portée des fortunes les plus médiocres, qui préserveraient les gains journaliers d'être consommés aussitôt qu'obtenus, et il montrait combien cette mesure généraliserait sur-le-champ les immenses bienfaits qui devaient résulter de l'établissement des caisses de prévoyance. Après avoir signalé ce qui se passait en Angleterre, où tant d'efforts étaient faits pour combattre la misère, où l'on avait favorisé la division extrême des fonds publics jusqu'à délivrer des inscriptions d'un shelling, où 300 caisses d'épargne fondées depuis peu avaient reçu en trois ans plus de cent millions d'économies, il ramenait l'attention sur la France qui ne possédait encore que quelques caisses d'épargne dans lesquelles on s'efforçait de faire le bien, mais dont les effets salutaires ne pouvaient être ressentis en dehors des villes où elles étaient situées, et dont les avantages étaient encore inconnus à la plus grande masse de la population.

« C'est à vous, Messieurs, disait-il en terminant, qu'il est réservé de produire ce bien sur une plus grande échelle et de remplacer ces mesures locales et particlles par une mesure générale qui offrira, dans tous les départements, à l'agriculteur et à l'ouvrier, un moyen facile de placer solidement le produit de leurs épargnes; vous assurez par là un emploi certain à toutes les sommes depuis 80 francs jusqu'à 800 francs que, jusqu'à présent, on ne savait où placer et, n'en doutez pas, Messieurs, cette classe si intéressante de la nation française qui l'enrichit sans cesse par son travail, répondra par ses économies, dont elle rendra l'État dépositaire, aux reproches injustes qu'on lui fait de légèreté, de dissipation et d'imprévoyance. »

Le comte Roy, ministre des finances, combattit cet amendement. Il reconnaissait que les motifs qu'on faisait valoir étaient respectables; mais il n'envisageait, dans le changement proposé, que l'augmentation de travail qui serait considérable et qui entraînerait une augmentation proportionnelle d'employés et de dépenses pour son département. Il était frappé surtout des erreurs qui seraient la suite de l'immensité des opérations; elles amèneraient le désordre le plus funeste et détruiraient la sécurité.

Le baron Louis allait plus loin : il trouvait que le grand-livre était déjà trop volumineux, qu'il y avait trop de parties prenantes, que le travail de l'inscription était déjà trop considérable, et que le bien de l'État serait de limiter le taux de l'inscription à 100 francs.

Plusieurs membres de la Chambre, Casimir Périer, Benjamin Constant, Dudon, peu touchés des difficultés matérielles qu'on alléguait, intervinrent dans le débat et un amendement, présenté par ce dernier député, qui substituait le terme de 25 francs à celui de 50 francs, amendement auquel s'était rallié Benjamin Delessert, allait vraisemblablement être adopté, lorsque le baron Louis, prenant de nouveau la parole, demande qu'on ne décide rien pour le moment et qu'on se borne à chercher pour l'année suivante les meilleurs moyens d'exécuter la mesure proposée. Il ramène ainsi une partie de la Chambre et la proposition est rejetée à une faible majorité.

Pendant ce temps, les versements continuaient à affluer et pendant l'année écoulée du 1er avril 1821 au 31 mars 1822, on avait reçu 6,398,000 francs; c'était une somme supérieure de plus d'un quart à celle qui avait été déposée depuis la séance d'ouverture jusqu'au 31 mars 1821. Il y avait là un symptôme favorable dont on se félicitait assurément, mais dont on craignait un peu plus les conséquences maintenant que la question du transfert de petites coupures de rentes restait en suspens. Avant qu'elle pût être de nouveau soumise aux Chambres, des courants contraires pouvaient se produire qui entraîneraient des retraits excessifs.

Pour se mettre en mesure de parer aux difficultés qui seraient la conséquence d'une élévation rapide des versements, le Conseil pensa qu'avant tout, il y avait lieu de diminuer le maximum de dépôt. La faculté de verser 600 francs en une seule fois pouvait, en effet, entraîner des abus et amener à la Caisse d'épargne des capitaux qui n'étaient pas ceux qu'elle cherchait à attirer. La réduction du maximum de versement n'avait rien de contraire aux statuts; le chiffre qui pouvait être atteint avait été déterminé dans le règlement de 1818, il pouvait être modifié par un nouveau règlement; le Conseil, dans la séance du 7 février 1822, décida donc que le maximum des sommes que l'on serait admis à déposer en une seule fois serait immédiatement fixé à 200 francs pour les premiers versements, et à 100 francs pour les versements ultérieurs. Cette différence était établie pour faciliter le placement de ses économies antérieures à celui qui se faisait ouvrir un livret. Mais cette double mesure ne pouvait qu'apporter un faible remède à la situation, car si la réduction du maximum devait ralentir l'accumulation des capitaux, elle devait avoir en même temps pour effet d'augmenter le passif exigible en argent, puisqu'il faudrait plus de temps désormais pour permettre aux versements d'atteindre la somme nécessaire à un transfert de 50 francs de rente. Aussi, le Conseil constatait-il une fois de plus la nécessité qui s'imposait de diminuer la valeur des inscriptions à transférer aux comptes particuliers. Si l'on ne pouvait obtenir qu'une disposition législative statuât dans un intérêt général, on devait insister auprès du ministre pour qu'une situation particulière fût faite à la Caisse d'épargne qui serait autorisée à délivrer des coupons de rente.

Le Conseil décida, en outre, que le rapport qui venait d'être soumis à ses délibérations, rapport dans lequel M. de Staël avait résumé d'une manière remarquable la situation et les vœux de la Caisse d'épargne de Paris, ainsi que la législation anglaise et le système du fonds spécial qui assurait l'existence et le développement des caisses d'épargne de l'Angleterre et de l'Irlande, serait adressé au ministre des finances et au ministre de l'intérieur dont on réclamait l'appui.

D'un autre côté, Benjamin Delessert ne s'était pas laissé décourager par l'échec qu'avait subi son amendement à la session précédente. Dès l'ouverture de la session de 1822, il renouvelait sa proposition qui réunissait les suffrages de la commission à l'examen de laquelle elle avait été renvoyée. M. de Villèle, qui avait succédé au comte Roy dans le ministère des finances, sut ne pas méconnaître le mouvement d'opinion dont il était témoin, et il réunit au projet de loi de finances, pour l'exercice 1823, la disposition relative aux petites coupures qui, cette fois, fut votée sans discussion et devint l'article 24 de la loi du 17 août 1822. Cet article, qui introduisait dans le régime des fonds publics une innovation importante et dont les effets furent considérables, portait : « Le minimum des rentes cinq pour cent consolidés inscriptible au grand-livre de la dette publique et susceptible d'être transféré, fixé à cinquante francs par la loi du 24 août 1793, est et demeure réduit à la somme de dix francs ».

L'application de cette disposition législative entraînait une modification aux statuts, et une ordonnance royale du 30 octobre 1822 autorisa la Caisse d'épargne à faire transférer ses inscriptions au nom des propriétaires de dépôts, aussitôt que la créance de chacun d'eux serait parvenue à la valeur de 10 francs de rente. Mais il ne fallait pas que cette mesure fût préjudiciable à ceux qui avaient fait des versements avec la pensée de retirer leurs fonds au fur et à mesure de leurs besoins et qui préféreraient recevoir de l'argent plutôt qu'une inscription de rente ; aussi l'ordonnance prescrivait-elle que, pour les sommes actuellement déposées et qui avaient atteint ou qui excédaient la valeur de 10 francs de rente, le transfert serait suspendu pendant un mois.

Comme on pouvait le prévoir, la malignité publique s'exerça contre la Caisse d'épargne, quand les déposants furent prévenus d'avoir à retirer leurs fonds, s'ils ne préféraient pas accepter l'offre qui leur était faite de les employer à l'achat de petites inscriptions de 10 francs. Les demandes de retraits furent nombreuses et représentaient des sommes importantes. Mais, comme il y fut répondu avec une exactitude scrupuleuse, on se rendit mieux compte de la mesure qui avait été prise et la crise fut de courte durée. Des emplois en rente ne tardèrent pas à être acceptés qui représentèrent également un capital considérable, de telle sorte que le solde en numéraire dû aux déposants qui, au 30 septembre 1822, s'élevait à 6,800,000 francs, était tombé au 30 juin 1823 à 929,000 francs.

Au moment où se firent ces opérations, la rente cinq pour cent était à un prix élevé ; elle touchait à 89 francs. En transférant à ce cours, des rentes à ses déposants, la Caisse leur remettait une valeur qui était supérieure au capital qu'elle avait reçu et, en même temps, pour faire face aux remboursements qui lui étaient réclamés, elle vendait des rentes qu'elle avait achetées depuis quatre ans à des prix inférieurs. Ainsi, ce double mouvement était favorable en même temps aux déposants dont l'avoir se trouvait augmenté et à la Caisse dont le fonds de réserve s'accroissait par l'effet de ces différences.

Le résultat que l'on poursuivait était atteint et la Caisse d'épargne n'avait plus à craindre, pour un temps du moins, que la baisse de la rente vînt ébranler son crédit. Cependant, pour le mieux consolider encore, elle pensa qu'il était utile de ralentir l'accumulation des capitaux qu'on lui apportait. Comme elle ne s'adressait qu'à la petite économie qui s'amasse lentement, elle ne croyait pas lui être préjudiciable en abaissant le maximum du dépôt hebdomadaire; à la fin de 1822, elle supprima la faveur dont on avait laissé jouir celui qui se faisait ouvrir un livret, de verser jusqu'à 200 francs et, désormais, on ne reçut d'aucun déposant plus de 100 francs par semaine; quelques mois plus tard, le versement hebdomadaire était encore abaissé et restait définitivement fixé à 50 francs.

Mais, en même temps qu'il restreignait les limites du dépôt, le Conseil reconnaissait que tous les versements, quelle que fût leur importance, devaient recevoir le même traitement. En inscrivant dans les statuts que les sommes qui lui seraient confiées ne seraient productives d'intérêt qu'autant qu'elles atteindraient douze francs ou représenteraient des multiples de douze francs, les fondateurs de la Caisse d'épargne avaient surtout cherché à simplifier la comptabilité. Cependant, pour mieux montrer encore à la petite épargne le prix qu'ils attachaient à la voir venir à eux, et malgré la dépense que cette mesure allait entraîner, ils n'hésitèrent pas à lui allouer des intérêts, quelque minime que fût la somme versée. Ce n'était évidemment pas l'intérêt qu'on allait bonifier aux dépôts d'un franc à douze francs qui inquiétait le Conseil, c'était l'accroissement de travail qui devait être la conséquence de cette nouvelle disposition et la crainte que des erreurs ne fussent commises dans la tenue d'écritures chargées déjà de détails nombreux. Pour soulager les opérations de la comptabilité et en rendre l'exécution et la surveillance plus faciles, à la capitalisation mensuelle des intérêts on substitua alors la capitalisation semestrielle.

Une ordonnance royale du 23 avril 1823 approuva les modifications proposées aux articles 10, 11, 12 et 14 des statuts et il fut arrêté qu'à l'avenir, l'intérêt serait alloué sur toute somme d'un franc et au-dessus, toute fraction de franc étant écartée; qu'il sera'' dû à partir du jour de chaque versement, que les intérêts des comptes de tous les déposants seraient arrêtés et capitalisés tous les six mois et que, lorsqu'il y aurait lieu au remboursement d'un dépôt, les intérêts courraient jusqu'au jour de la demande de remboursement.

Ces mesures ne produisirent pas immédiatement tout l'effet qu'on en attendait. On espérait que ce franc serait prélevé sur le plus modique salaire pour prendre le chemin de la Caisse d'épargne, que la facilité plus grande qui était donnée de devenir propriétaire d'une inscription de rente serait un attrait pour l'ouvrier et l'inciterait à multiplier ses légères économies. Mais les esprits se laissaient difficilement convaincre. La moyenne des dépôts que l'influence de petits versements aurait dû faire baisser, restait toujours aux environs du maximum de 50 francs et si les transferts se multipliaient, c'est qu'il suffisait d'une somme relativement peu élevée pour les rendre nécessaires. Les ouvriers se présentaient bien chaque semaine un peu plus nombreux, mais la Caisse d'épargne ressentait une certaine déception à ne recevoir que ceux qui avaient les meilleurs salaires. Ce n'était pas assez pour ces hommes de bien qui jetaient les fondements d'une œuvre impérissable. Ils prétendaient pénétrer plus avant dans ces masses profondes de la classe laborieuse et en mettant le moyen d'épargner si peu que ce fût à la portée de tous, ils voulaient inspirer même aux plus humbles l'envie de la prévoyance. Pour conquérir tous ces déshérités de la fortune, on ne devait pas compter seulement sur le temps; il fallait avoir pour auxiliaires des chefs d'industrie s'intéressant aux travailleurs et préoccupés du sort qui leur était fait. Ce concours ne devait pas faire défaut aux directeurs de la Caisse d'épargne et si les dépôts d'un franc à dix francs n'affluaient pas encore comme on l'aurait désiré, on ne tarda pas cependant à les remarquer. En parlant, au nom du comité de censure, des opérations pendant le second semestre de 1823, M. Vernes constatait avec satisfaction qu'un certain nombre d'ouvriers, par suite de versements minimes souvent renouvelés, étaient parvenus à se rendre propriétaires de petites inscriptions de rente.

En somme, si les précautions qu'il avait paru sage de prendre avaient ralenti la Caisse d'épargne dans sa marche, le Conseil, par la persévérance dont il faisait preuve, par l'habile et prudente direction qu'il imprimait à l'Institution, avait encore grandi dans la considération publique. Il avait su, lorsque des vides s'étaient produits dans ses rangs, appeler à lui des hommes d'un caractère éprouvé, dignes de l'aider et de s'associer à sa noble entreprise. En 1821, il avait perdu M. Scipion Périer, que ses contemporains tenaient en haute estime, autant à cause de ses vertus sociales qu'en raison de la place qu'il s'était faite dans le commerce et dans l'industrie; M. Flory, qui avait, comme doyen d'âge, présidé à ses premières délibérations; M. Barillon, qui avait été comme eux parmi les premiers fondateurs; en 1822, M. Hentsch n'avait pas voulu conserver une place que sa santé ne lui permettait plus d'occuper et il avait emporté dans sa retraite le titre de directeur honoraire. Leurs successeurs, tous choisis parmi les fondateurs et les administrateurs, furent : Casimir Périer, banquier, membre de la Chambre des députés; Dominique André, banquier; François Delessert, banquier, et Davillier l'aîné, négociant, ces deux derniers, membres du comité de censure. Au commencement de 1824, M. Goupy, qui avait donné sa démission à cause de son grand âge, était remplacé par M. Bartholdi, négociant, que la Caisse comptait déjà au nombre d   ses fondateurs et de ses administrateurs.

Vers le même temps, le Conseil nommait le duc de Gaëte directeur honoraire, voulant ainsi lui témoigner sa reconnaissance pour les marques signalées de bienveillance que la Caisse d'épargne continuait à recevoir du gouverneur de la Banque de France.

En 1824, les versements se relevaient; dans les trois premiers mois ils dépassaient 700,000 francs, alors que les remboursements atteignaient à peine 160,000 francs; c'était un indice de prospérité dans l'état des déposants et de la confiance que leur inspirait la Caisse d'épargne. Mais, subitement, les versements diminuent de près de moitié pendant que les remboursements augmentent d'une manière sensible. Quel était

donc l'événement qui exerçait une influence aussi grave sur les
opérations? Le 5 avril, le ministère avait déposé sur le bureau
de la Chambre des députés un projet de loi relatif à la conversion des rentes. Le prix du cinq pour cent s'était successivement élevé et le jour où la loi était présentée il était à 102 fr. 45.
Le ministre des finances, M. de Villèle, demandait à être
autorisé à offrir aux porteurs de titres de cinq pour cent ou
le remboursement au pair ou la conversion de leur rente en
trois pour cent. Le résultat final de l'opération était de réduire
d'un cinquième l'intérêt de la dette publique et les ressources
que l'État devait retirer de cette économie étaient destinées,
dans la pensée du gouvernement, à indemniser les émigrés
dont les biens avaient été confisqués pendant la période révolutionnaire.

Tous les petits rentiers, et ils étaient nombreux, se montraient effrayés des conséquences qu'allait avoir pour eux une
diminution de revenu, et l'inquiétude devait naturellement
gagner ceux dont les économies déposées à la Caisse d'épargne
étaient destinées à être transférées. Aussi les versements bais-
saient-ils pendant que les remboursements, au contraire, s'élevaient dans une mesure assez considérable.

Le Conseil des directeurs de la Caisse d'épargne de Paris
devait s'émouvoir de cette mesure financière. Aussitôt qu'il eut
connaissance du projet, il se réunissait et décidait qu'on ferait
les démarches nécessaires pour que la Caisse d'épargne, qui
était un établissement de bienfaisance d'une nature spéciale,
profitât de l'exception inscrite dans le projet en faveur des hospices et du mont-de-piété.

La commission de la Chambre des députés ne se montra pas
favorable à cette prétention; pour le ministre, l'exception, si
elle était accordée, ne devait porter que sur les rentes appartenant à la Caisse et non sur les rentes, quelque petites qu'elles
fussent, qui appartenaient aux déposants. Cependant, lors de la
discussion, M. de Villèle combattit et fit rejeter toutes les propositions qui avaient pour but de restreindre l'application de la
mesure. Le projet fut voté tel qu'il avait été présenté par une
majorité qui s'était montrée trop peu soucieuse des intérêts de
la classe inférieure de la société.

Quand il fut soumis aux délibérations de la Chambre des

pairs, il appartenait au président du Conseil des directeurs de
la Caisse d'épargne de Paris, de défendre la cause des petits
rentiers, en cherchant à faire prévaloir les intérêts et les droits
de ceux qui avaient mis leur confiance dans l'Institution. Le
duc de la Rochefoucauld fit à la tribune un exposé des principes sur lesquels étaient fondées les caisses d'épargne et des
intentions de ceux qui se consacraient à leur développement.

Il disait que les succès obtenus, les progrès déjà réalisés,
devaient être attribués à la confiance dans le crédit de l'État
que la Caisse d'épargne de Paris avait su inspirer à ses déposants; cette confiance était telle qu'en quatre ans la Caisse avait
transféré à des ouvriers, à des domestiques, à des gens peu
aisés, mais économes et prévoyants, 598,000 francs de rente
divisés en inscriptions de cinquante francs et de dix francs.
C'était sur cette classe de petits rentiers bien dignes de la sollicitude du gouvernement que la réduction pèserait le plus lourde-
ment puisqu'elle supprimerait le cinquième de leur léger revenu;
mais, si après la conversion une baisse des fonds publics venait
à se produire, la perte qu'ils subiraient serait bien plus grave
encore, car ce serait leur capital même qui serait diminué et en
même temps le capital de la Caisse d'épargne qui est la garantie
des dépôts qu'elle reçoit. « Les caisses d'épargne vous demandent, disait le duc de la Rochefoucauld, elles osent espérer de
vous un préservatif au danger désastreux, imminent, dont sont
menacés les précieux intérêts qu'elles régissent. Il se trouve
dans l'amendement dont j'ai l'honneur de vous proposer
l'adoption et qui a pour objet de conserver l'intérêt de cinq pour
cent aux rentes inscrites au nom des caisses d'épargne ou
transférées par elles à leurs déposants.

« Quand les caisses d'épargne ont été inventées, permettez-
moi cette expression, car elles sont une importante découverte
dans l'ordre social, si en proposant leur établissement à un
gouvernement éclairé tel qu'est le nôtre, on lui eût demandé
d'en garantir à jamais la durée en recevant les économies du
pauvre à un taux d'intérêt inaltérable; si en le pénétrant de
l'essentielle utilité de pareilles institutions, il eût été sollicité
de les encourager de toute sa protection, même en accordant
à l'épargne du pauvre des rentes particulières, d'un intérêt au-
dessus de l'intérêt légal, croyez-vous, Messieurs, que ces légères

faveurs eussent été refusées ? Non, sans doute ; les gouvernements sages et éclairés donnent des primes au commerce, à
l'industrie ; comment en refuseraient-ils à la pauvreté pour
encourager le travail et les bonnes mœurs ?

« Je sais que le ministre a dit que les caisses d'épargne
étaient comprises dans la réserve et dans l'exception provisoire
des 57 millions, et quoique les noms de celles-ci ne se trouvent
pas dans l'état de ces exceptions, distribué aux Chambres, je
ne doute pas que telle ne soit l'intention du ministre que les
administrateurs de la Caisse d'épargne ont toujours trouvé
bienveillant pour cet établissement. Mais le mode et l'espèce de
cette exception n'est pas connu ; il reste dans le projet et dans
la volonté ministérielle. Les promesses qu'a faites le ministre
dans une explication à la tribune, ne peuvent calmer l'inquiétude des administrateurs des caisses d'épargne et les alarmes
des déposants, dont le nombre diminue sensiblement. Les
caisses d'épargne sont immédiatement frappées par la loi générale proposée sur les rentes ; pourquoi se refuserait-on à un
amendement dans la loi puisqu'on en reconnaît la convenance
et la nécessité ?

« La loi porte avec elle un caractère de fixité ; elle donne à ce
qu'elle protège une sécurité qui n'appartient pas, avec la même
force, aux promesses ministérielles ni même aux ordonnances,
quelque respect et quelque soumission qui leur soient dus, et
vous ne méconnaîtrez pas, Messieurs, combien est nécessaire
cette sécurité à l'administration des caisses d'épargne et à la
confiance de leurs déposants.

« Le ministre a dit, dans son exposé, que toute exception à
une loi lui donnait le caractère d'injustice ; oui, quand l'exception est dans l'application de la loi, mais non pas quand l'exception est faite par la loi elle-même. Le texte de nos lois, de
toutes les lois du monde est rempli d'exceptions ; elles ne sont
même justes que par des exceptions, quand elles s'appliquent
à des positions différentes.

« Je termine, Messieurs, cette espèce de plaidoyer en faveur
des caisses d'épargne, en vous priant de vouloir bien excuser
sa longueur et en vous proposant l'amendement suivant :

« ARTICLE 1er. — Toutes les rentes inscrites sur le grand-
livre de la dette publique ou qui le seront à l'avenir, au nom

des caisses d'épargne et celles transférées par elles à leurs déposants continueront à jouir de l'intérêt de cinq pour cent.

« Article 2. — Celles qui cesseront d'être la propriété des caisses d'épargne ou des déposants auxquels elles les auront transférées, cesseront de jouir de cette faveur et ne recevront l'intérêt qu'au taux des rentes de nouvelle création. »

En bornant ainsi son amendement, le duc de la Rochefoucauld voulait fixer l'attention de la Chambre sur ces institutions spéciales dont la conservation intéressait les bonnes mœurs autant que la fortune d'une classe nombreuse et digne de la haute protection qu'il demandait pour elle, mais il ajoutait : « L'intérêt de tous les petits rentiers n'en réclame pas moins votre justice et votre humanité; les petites rentes sont aussi le fruit de pénibles économies, de sacrifices journaliers. Uniquement employées à la subsistance de leurs possesseurs, elles ne sortent de leurs mains que dans des cas extrêmement rares et par l'urgence des besoins imminents, sans entrer jamais dans la funeste carrière de l'agiotage; elles sont, pour les rentiers, des revenus sans que l'augmentation du capital soit pour ceux-ci de quelque intérêt.

« Je m'unis donc aux vœux de tous les orateurs qui ont plaidé ou qui plaideront leur cause à cette tribune et particulièrement à ceux de votre digne et respectable collègue, M. l'archevêque de Paris, dont les paroles que vous venez d'entendre aujourd'hui en faveur des malheureux sont si conformes à ses actions de tous les jours. »

L'opinion des pairs était faite. C'était en vain que, pour l'emporter, M. de Villèle avait promis de faire aux titulaires de rentes inférieures à 1,000 francs une position exceptionnelle; la Chambre qui avait accueilli froidement la proposition ministérielle et qui sentait le mécontentement et l'inquiétude se manifester partout refusa, après une longue discussion, d'admettre le principe même de la loi; elle rejeta le projet.

Ce n'était pas seulement la Caisse d'épargne de Paris, ses intérêts et ceux de ses déposants que le duc de la Rochefoucauld avait défendus à la Chambre des pairs, c'était la cause de toutes les caisses d'épargne qui existaient alors et qui toutes s'étaient créées et organisées sous l'inspiration et sur le modèle de celle de Paris. Aux caisses qui s'étaient établies à Bordeaux, à Metz, à Rouen, étaient venues s'ajouter, en 1821, celles de Marseille, de Nantes, de Brest; en 1822, celles de Troyes, du Havre, de Lyon, enfin celle de Reims en 1823. La situation était la même pour toutes et s'il était arrivé que l'une d'elles n'eût pu échapper au danger que contenait le projet du gouvernement, toutes auraient été atteintes et l'Institution elle-même eût été mise en péril.

On n'avait plus rien à craindre pour le moment et les opérations de la Caisse d'épargne de Paris ne tardèrent pas, en reprenant leur cours habituel, à montrer que l'opinion publique était satisfaite et que le calme et la confiance étaient rentrés dans les esprits. Mais par ce qui venait de se passer, on pouvait déjà constater avec quelle sensibilité la Caisse d'épargne reflétait les sentiments des déposants, quand des mesures étaient discutées menaçant d'altérer les conditions du contrat qui s'était formé au moment de la délivrance du livret.

La prospérité qui se manifestait par un accroissement du nombre des dépôts et du montant des sommes versées devait nécessairement avoir pour conséquence d'augmenter, dans une assez forte proportion, les détails de la comptabilité et le travail des transferts. Chaque dimanche il se présentait alors dans la salle des versements plus de 1,500 déposants; ils y étaient retenus plusieurs heures pendant que l'on passait les écritures sur les bordereaux, sur les comptes courants, sur les livrets qui, avant d'être rendus, devaient être réglés, c'est-à-dire être l'objet d'une vérification spéciale pour que les intérêts qui seraient échus, les transferts de rente qui auraient été effectués et les arrérages touchés depuis les dernières inscriptions qu'on y aurait faites, y fussent enregistrés exactement. Pour maintenir l'ordre dans la comptabilité de la Caisse d'épargne qui, par la multiplicité et le caractère spécial de ses opérations, ne pouvait guère être assimilée déjà à aucun autre établissement, il était indispensable que le compte courant ouvert à chaque déposant sur les registres de la Caisse présentât toujours une concordance parfaite avec le titre qui restait entre ses mains.

C'était donc le dimanche, en présence des déposants, que se passaient toutes les écritures relatives aux versements et au règlement des livrets. Ce mode de procéder, qui avait paru le meilleur tant que le nombre des dépôts était encore restreint, devenait d'une pratique difficile maintenant que l'on arrivait à avoir annuellement plus de 70,000 versements. D'abord, il imposait aux déposants une attente toujours trop longue ; de plus, lorsqu'on faisait, dans la semaine, la vérification des soldes pour déterminer les comptes sur lesquels devaient porter les transferts, si on relevait certaines erreurs, on ne pouvait, pour en opérer le redressement, se reporter aux livrets qui devaient faire foi et qui étaient restés aux mains des déposants.

Pour parer aux inconvénients qui résultaient d'une quantité aussi considérable d'inscriptions et de vérifications à faire dans une même journée et pour mieux assurer l'exactitude dans toutes les parties de la comptabilité, le Conseil renonça, non sans regret, à une mesure qui, dans l'origine, lui avait paru d'une grande importance pour la propagation de ses idées. Le livret, en effet, était un titre de propriété et, pour le déposant qui avait sans cesse sous les yeux le montant de son avoir et les progrès ou le ralentissement de son épargne, il était un encouragement à persévérer dans les habitudes d'ordre et d'économie. Aussi chercha-t-on à concilier cet intérêt très sérieux avec les garanties dont l'administration devait s'entourer à mesure que grandissait sa responsabilité.

Il fut donc arrêté qu'à compter du mois de décembre 1825, tous les livrets présentés à la Caisse seraient gardés dans les bureaux jusqu'à la fin de la semaine, et que les déposants recevraient en échange des bulletins de dépôt.

Ainsi, les employés ayant sous les yeux le titre même sur lequel le montant du versement ou du remboursement avait été inscrit au moment où étaient comptées les espèces, le contrôle des opérations était facile et sûr. D'un autre côté, les déposants devaient apprécier ce nouveau mode d'opérer, car ils ne seraient plus obligés d'attendre leurs livrets pendant une partie de la journée. Ils reconnurent en effet qu'il leur était favorable et le duc de la Rochefoucauld, dans le rapport qu'il présentait à l'Assemblée générale le 26 mai 1826, se plaisait à déclarer que la mesure n'avait pas excité la moindre réclamation.

Rien ne faisait donc défaut à la Caisse d'épargne pour qu'elle pût faire face désormais à ses nombreux engagements, elle pouvait encore, malgré l'élévation des fonds publics, suffire, sans éprouver de mécomptes, aux retraits qui lui étaient demandés. Cependant, à mesure que les rentes atteignaient un plus haut cours, elle se préoccupait des variations qui pouvaient survenir par un événement imprévu, et de l'obligation où elle se trouverait de vendre au-dessous du prix d'achat, des titres dont le capital lui serait indispensable pour rembourser en espèces les dépôts qui n'étaient pas encore convertibles en rente. Elle pensait également à la nécessité où pouvaient se trouver les déposants de réaliser, dans des conditions désavantageuses, des inscriptions qui représentaient le fruit de leurs épargnes. Aussi, le Conseil maintenait-t-il depuis quelque temps déjà à son ordre du jour, l'étude des moyens qui pourraient donner à la Caisse d'épargne une organisation assez semblable à celle qui avait été adoptée en Angleterre et qui garantirait les déposants contre un amoindrissement de leur capital. Dès le mois de mars 1825, il avait rédigé dans ce sens une proposition qu'il avait soumise au ministre des finances. L'accueil que son projet avait alors reçu de M. de Villèle ne l'avait pas encouragé à en poursuivre la réalisation, et il attendait une heure plus favorable pour arriver à obtenir qu'au fonds variable qui constituait l'avoir des déposants, fût substitué un fonds fixe et spécial propre à assurer en tout temps le remboursement intégral des sommes versées.

Cette heure devait tarder encore; mais quand on observe la marche de l'Institution à cette époque déjà ancienne, que l'on recherche la cause de certaines dispositions qui ont été prises, et que l'on constate les effets qui en ont été le résultat, ce n'est pas sans étonnement que l'on voit le ministère des finances amené peu à peu et à son insu, par les mesures auxquelles il soumet la Caisse d'épargne, à rendre inévitable une transformation de régime.

Des difficultés auxquelles on ne devait pas s'attendre et qu'on peut à peine concevoir aujourd'hui, ne tardèrent pas à être soulevées par le Trésor, quand il vit augmenter progressivement les inscriptions de 10 francs de rente demandées par la Caisse d'épargne. Les embarras qui allèrent toujours croissant, malgré toutes les combinaisons auxquelles le Conseil se prêtait volontiers, marquèrent le point de départ de cette période au

terme de laquelle le ministre des finances devait donner satisfaction à la Caisse d'épargne en approuvant ses propositions
et en provoquant l'ordonnance royale qui allait créer le fonds
spécial.

Déjà, au commencement de 1825, le directeur de la dette
inscrite avait, au nom du ministre, écrit au Conseil des directeurs
que les acquisitions partielles de rentes, que faisait journellement la Caisse d'épargne et dont l'inscription s'opérait en autant
de comptes séparés, augmentaient considérablement les écritures des bureaux et multipliaient à l'infini, sans utilité, les
volumes du grand-livre, qu'il était important de diminuer
autant que possible les embarras qui résultaient de cet état de
choses en réunissant successivement les rentes à acheter au
nom d'un même déposant.

C'était un remède peu efficace, car, si certains titulaires de
livrets faisaient dans l'année des dépôts assez souvent renouvelés pour rendre nécessaires plusieurs transferts, ils n'étaient
pas assez nombreux pour que la mesure proposée à leur égard
pût produire des résultats bien appréciables. Cependant le
Trésor déclarait qu'il ne pouvait suffire aux transferts à effectuer pour la Caisse d'épargne et il était urgent d'aviser. Des
retards regrettables se produisaient; la Caisse avait même dû,
à l'approche du paiement des arrérages du mois de mars 1826,
suspendre l'envoi de ses bordereaux, les bureaux du Trésor
ayant eu alors un tel surcroît de travail qu'ils n'auraient pu
s'en occuper. Il ne faudrait pas s'imaginer pourtant que les
transferts demandés par la Caisse d'épargne fussent alors bien
considérables. En 1825, il y en avait eu 14,000; c'était une
moyenne d'environ 280 par semaine.

Qu'il suffisait donc de peu de chose dans ce temps-là pour
jeter le désarroi dans le service de la dette inscrite! Le comte
Roy, en combattant, en 1821, la proposition de Benjamin Delessert, avait bien dit que la création de petites inscriptions de
rente aurait pour conséquence une augmentation de travail qui
réclamerait un personnel plus nombreux et entraînerait des
dépenses nouvelles. Pour ne s'être pas résolu en temps opportun
à un sacrifice nécessaire, le Trésor, sous le ministère de M. de
Villèle, dut chercher à mettre fin à une situation qui ne pouvait
se prolonger sans péril. Il entra en rapport avec la Caisse

d'épargne qui se prêta volontiers à rechercher le moyen le meilleur pour soulager les bureaux de la dette. On tomba d'accord qu'il fallait renoncer aux transferts individuels que l'on établissait au nom de chacun des déposants dont le compte représentait au moins un capital de 10 francs de rente, et qu'il serait préférable d'opérer en masse chaque semaine l'achat des rentes auxquelles les déposants pouvaient avoir droit; ces rentes seraient inscrites au nom de la Caisse d'épargne avec cette mention spéciale : *Rentes appartenant aux déposants*, et seraient ensuite transférées du compte général au nom des déposants qui voudraient être mis en possession de leurs inscriptions.

Une ordonnance royale qui fut rendue le 14 mai 1826 sanctionna cette modification aux statuts et, à la fin de l'exercice, le Conseil constatait les bons effets de la mesure nouvellement adoptée; le nombre des transferts avait très sensiblement diminué et aucun retard ne s'était produit dans la délivrance des inscriptions aux déposants qui en demandaient la remise ; d'un autre côté, le travail ayant été rendu plus facile, les erreurs avaient été moins nombreuses. La Caisse d'épargne n'avait donc pas à regretter le changement qu'elle avait consenti à son acte social pour faciliter les opérations du Trésor.

Pendant cette année 1826, les dépôts s'étaient encore élevés; ils avaient atteint 3,625,000 francs, les arrérages des rentes des déposants avaient produit 323,000 francs, les intérêts capitalisés 67,000 francs; il avait été acheté pour les déposants 163,000 francs de rente; les remboursements en numéraire avaient été de 545,000 francs et, au 31 décembre, la Caisse devait, à 20,200 déposants, un solde en espèces de 1,680,000 fr. ; de plus elle était dépositaire de 359,010 francs de rente, qui représentaient un capital supérieur à 7 millions.

Ces résultats dépassaient ceux des années précédentes et méritaient d'être remarqués, non seulement à cause de la grande quantité des opérations, mais surtout parce que l'accroissement du nombre des déposants prouvait que l'utilité et les avantages de l'Institution étaient tous les jours mieux appréciés.

Ce fut au moment où sa prospérité s'affirmait ainsi que la Caisse d'épargne fut frappée d'un grand deuil. Le duc de la

Rochefoucauld, qui présidait depuis plus de huit années déjà à ses travaux, mourait le 28 mars 1827; il était âgé de quatre-vingts ans et il laissait pleine de vie l'œuvre à laquelle il avait consacré ses derniers jours.

Attachant un grand prix à son titre de président de la Caisse d'épargne, il n'avait jamais manqué de présider les assemblées générales des directeurs fondateurs et des administrateurs; il ne se bornait pas à leur rendre compte des opérations et de la situation de l'établissement; il aimait à leur montrer ce qu'était l'œuvre qui avait réuni dans un même sentiment tant de cœurs généreux, quelle était sa portée et le rôle qui lui appartenait dans la société. Dans un de ses premiers rapports, il leur disait : « La Caisse d'épargne, telle que vous l'avez conçue en la fondant, n'est pas seulement un acte de bienfaisance, elle est encore une institution morale, une institution d'une saine et vaste politique : je dirai même qu'elle est un monument de patriotisme ».

Plus tard, dans un de ses derniers rapports, développant cette même pensée, il écrivait une page que la Caisse d'épargne ne peut oublier. Après avoir établi que la France était arrivée à un haut point de civilisation, qu'elle s'y maintenait chaque jour davantage, il disait : « Parvenue à ce point, une nation agit elle-même dans le domaine de sa liberté; c'est de ses propres mains qu'elle fonde l'édifice de sa grandeur; ses monuments, ses routes, ses canaux, les grandes améliorations de son agriculture et de son industrie, son enseignement national, les remèdes à apporter à quelques vices inévitables de l'ordre social ne sont plus exclusivement dans la sphère d'activité du pouvoir public, ou du moins, de l'aveu même de ce pouvoir, mille associations naissent d'elles-mêmes pour partager, seconder et multiplier l'action du gouvernement. Les spéculations des capitalistes se tournent vers les objets d'utilité publique; des sociétés se forment pour garantir tous les genres de propriétés contre tous les genres de péril, les richesses particulières sont devenues pour le bien de l'État de secondes finances, un second trésor, et celui-là est inépuisable. Et par ces mêmes entreprises, que de liens jusqu'alors inconnus se sont formés; que de douces et vraiment saintes alliances se sont établies entre l'intelligence et la force physique, entre la

richesse et l'indigence, entre la philanthropie qui forme et
encourage les projets et le travail du pauvre qui les exécute;
le travail, cet instrument universel, ce principe vital du genre
humain !

« C'est au milieu de ce mouvement général vers le bien, le
beau et l'utile que vous avez conçu, Messieurs, l'institution, à
Paris, d'une Caisse d'épargne et vous y avez résolu le plus difficile des problèmes des sociétés humaines. Avant vous, en
cherchant à remédier aux maux de l'ordre social, on avait
créé des hospices, des dépôts de mendicité, des prisons. Vous
avez fait bien mieux, vous vous êtes dit : Nous sommes, par
nos jouissances, associés à tous les travaux de l'industrie, asso-
cions-nous aussi à ses maux et à ses dangers en cherchant à
les prévenir; montrons à la classe ouvrière que, pour elle,
l'épargne est déjà la richesse, créons au plus pauvre, en ne lui
demandant que les plus légers sacrifices, un premier avoir qui
déjà changera presque sa nature en le faisant propriétaire ; qui
lui donnera à ses propres yeux, par le sentiment de cette même
propriété, une sorte de considération personnelle, laquelle est
déjà un préservatif contre ses vices; arrachons-le, par l'amour
de l'économie, aux défauts encore trop communs à la classe
dont il fait partie, à la dissipation, à la débauche, aux dangers
existants de cette pernicieuse loterie dont le résultat le plus
certain est d'immoler des dupes et d'engendrer des fripons.

« L'ouvrier, par de faibles économies sur ses salaires, créera
son indépendance en se ménageant des ressources pour l'avenir
et nous l'aurons rendu aux jouissances, aux vertus de la vie de
famille, élément le plus certain du bonheur individuel et de
l'ordre public.

« Telles ont été vos pensées, Messieurs, tel a été l'objet et
l'espoir de votre honorable association, et vous avez institué la
Caisse d'épargne et de prévoyance. Ce n'est pas des fonds considérables que vous avez réunis pour former le capital de cette
salutaire entreprise, vous avez fait plus et mieux; vous y avez
engagé votre intelligence, vos soins, votre zèle, votre constante surveillance, le sacrifice de votre temps, votre entier
désintéressement et la grande considération attachée à vos
noms.

« De tels moyens dirigés sans relâche vers un tel but devaient obtenir des succès. Vous en avez obtenu dès vos premiers pas; ils s'affermissent, ils s'étendent chaque jour. »

Quand, en 1823, des haines aveugles qui ne purent ébranler sa fidélité au trône eurent frappé le duc de la Rochefoucauld, en lui enlevant tous les emplois où s'exerçaient depuis le commencement du siècle, son dévouement, sa bienfaisance et sa charité, il ne lui resta plus que la Caisse d'épargne où il put, en toute liberté, s'occuper de faire du bien à ses semblables.

La douleur que la Caisse d'épargne avait ressentie en perdant le duc de la Rochefoucauld devint plus profonde encore quand on vit les persécuteurs de ce grand citoyen le poursuivre jusque dans la mort et l'outrager même dans son cercueil. « Cette profanation, disait Benjamin Delessert, en rendant hommage devant l'Assemblée générale de la Caisse d'épargne à la mémoire de son président, cette profanation qui a révolté Paris, toute la France a rappelé des temps trop funestes.... Je m'arrête, Messieurs, ajoutait-il, je sens qu'il faut contenir son indignation : d'ailleurs, la grande âme, le noble caractère de M. de la Rochefoucauld sont trop au-dessus de pareilles attaques; sa mort même aura été utile à son pays. Sa mémoire vivra toujours parmi ceux qui ont quelque sentiment de ce qui est bien, de ce qui est utile, de ce qui est généreux, et son nom sera placé à côté de ceux des Howard, des Jenner, des Vincent de Paul, des Monthyon et des autres bienfaiteurs de l'humanité ! »

Et après avoir prononcé ces nobles et touchantes paroles, Benjamin Delessert proposait, aux acclamations de l'Assemblée, de placer le buste du duc de la Rochefoucauld dans la salle où la Caisse d'épargne tenait ses séances.

Le siège de directeur, laissé vacant par la mort du duc de la Rochefoucauld, resta inoccupé pendant un an. Il fut attribué, en 1828, à l'un des fondateurs qui avait été élu au comité de censure, à M. Moreau, négociant, l'un des censeurs de la Banque de France. A la même époque, le Conseil avait un successeur à donner à M. de Staël qui venait de mourir subitement dans la force de l'âge à Coppet, berceau de son illustre famille, laissant à tous le souvenir et l'exemple d'une vie consacrée au développement d'institutions utiles et d'œuvres de bienfaisance. M. Valois, négociant, membre du conseil d'escompte de la

Banque de France, que la Caisse d'épargne comptait au nombre de ses fondateurs et qui faisait partie du comité de censure, fut appelé à le remplacer.

Benjamin Delessert était le successeur désigné du duc de la Rochefoucauld à la présidence du Conseil des directeurs, mais, par respect pour la mémoire de son ancien collègue, il voulut qu'on différât son élection et ce ne fut que le 9 avril 1829 qu'il fut élu président.

Il n'avait pas besoin d'être investi de ce titre pour s'occuper avec ardeur des intérêts de l'Institution dont le développement continu réclamait une sollicitude de tous les instants; sans cesse, en effet, les préoccupations du Conseil étaient ramenées sur les dangers que pouvait présenter, pour la sécurité de la Caisse aussi bien que pour les intérêts des déposants, le mode d'emploi des fonds prescrit par les statuts.

Les versements avaient dépassé six millions en 1828. Jamais encore ils n'avaient été aussi élevés et ils entraînèrent le transfert en rente d'un capital considérable. Mais le cinq pour cent se maintenait au-dessus du pair qu'il avait dépassé depuis quelque temps déjà et le prix moyen des achats effectués en 1827 qui avait été de 102 francs, était monté à 105 francs en 1828.

La Caisse d'épargne, malgré cette hausse persistante, avait maintenu chaque année au taux de cinq pour cent l'intérêt qu'elle bonifiait aux déposants sur les sommes qui étaient insuffisantes pour atteindre la valeur d'une inscription de 10 francs de rente, et elle éprouvait ainsi, à la fin de 1828, une perte de 20,000 francs. Il eût été imprudent d'exposer plus longtemps les réserves, avec lesquelles il fallait déjà subvenir aux frais d'administration, à supporter le poids de différences que l'élévation des cours pouvait finir par rendre trop lourdes, et le Conseil décida qu'à dater du 1ᵉʳ janvier 1829, l'intérêt servi aux déposants serait fixé à quatre pour cent.

Mais, en même temps, il poursuivait son idée de soustraire les épargnes dont la Caisse était dépositaire aux variations de la bourse et de ne pas exposer perpétuellement les déposants à la tentation de se livrer, sur les rentes dont ils pouvaient toujours demander la livraison, à une espèce de jeu qui était absolument opposé au but moral que poursuivait l'Institution.

Au moment de la discussion du budget de 1829, Benjamin Delessert avait cru devoir porter la question du fonds spécial devant la Chambre des députés et sa proposition se résumait dans la disposition suivante :

« Le ministre des finances est autorisé, pour faciliter le placement à intérêt des fonds déposés dans les Caisses d'épargne et Sociétés de prévoyance qui sont administrées gratuitement, à émettre en leur faveur des bons royaux spéciaux, remboursables en prévenant quinze jours à l'avance et qui produiraient un intérêt de quatre pour cent pendant l'année 1829.

« La somme totale de ces bons ne pourra excéder 30 millions. Ils feront partie des 150 millions de bons dont l'émission est autorisée par la présente loi et ils seront consacrés uniquement au placement des fonds desdits établissements. »

Dans la séance du 2 août 1828, Benjamin Delessert soutint sa proposition qui était appuyée par une fraction importante de la Chambre. Après avoir exposé la situation de la Caisse d'épargne de Paris, le but qu'elle poursuivait, les résultats obtenus et la crainte de les voir compromis par le mode d'emploi des fonds déposés, il appelait l'attention de la Chambre sur l'exemple donné par l'Angleterre qui n'avait pas craint de favoriser le développement des caisses d'épargne et de sauver les économies du pauvre en créant un fonds spécial, en bonifiant aux sommes versées à la Banque un intérêt supérieur à celui auquel étaient émis les bons de l'Échiquier, et il disait :

« Il serait à désirer qu'à l'instar de l'Angleterre, le gouvernement affectât une portion quelconque des bons royaux aux caisses d'épargne formées avec son autorisation et en leur assignant un taux d'intérêt raisonnable, tel que celui de quatre pour cent. Ce serait un léger sacrifice, mais il en serait amplement dédommagé par le développement que cela donnerait à toutes les caisses d'épargne qui sont les meilleurs de tous les établissements de bienfaisance; les seuls, oui, les seuls qui n'offrent que des avantages et aucun inconvénient.

« On prendrait des mesures pour empêcher les abus et pour que ces bons ne servissent qu'à employer les petites épargnes. L'ensemble de ces placements ne pourrait guère monter à plus de 30 millions pour les premières années. En donnant quatre pour cent, cette augmentation d'intérêt sera bien peu de chose et ne doit pas entrer en ligne de compte puisque l'on bonifie ce même intérêt aux receveurs généraux, aux communes et à d'autres établissements.

« On se récrie tous les jours sur le nombre croissant des crimes et des délits. Cherchons les moyens de les diminuer. La religion, la morale, d'une part, de l'autre l'instruction, l'économie, les bonnes habitudes peuvent influer sur ce résultat. On a dit que si la classe ouvrière épargnait seulement le quart de ce qu'elle dépense dans les cabarets ou à la loterie aux dépens de sa santé ou de sa bourse, cela produirait chaque année une somme énorme. Tâchons de faire comprendre au peuple, les bienfaits, on peut presque dire les miracles de l'économie.... »

Le comte Roy, ministre des finances, se plut à rendre justice aux sentiments qui avaient dicté la proposition; il la combattit néanmoins en déclarant qu'elle entraînerait une augmentation de dépenses et que, si la loi accordait au ministre un crédit en bons royaux, c'était pour qu'il en usât selon les exigences du Trésor et non pour l'assujettir à émettre des bons à d'autres valeurs de crédit lorsqu'il n'y avait à parer à aucun besoin.

Cependant il ajoutait : « Je voudrais qu'il fût possible de remplir les vues bienfaisantes de l'auteur de l'amendement en ouvrant aux caisses d'épargne un compte courant au Trésor et en recevant leurs fonds disponibles pour lesquels il leur serait payé un intérêt; mais cette mesure présenterait elle-même de grandes difficultés et beaucoup d'inconvénients pour le service du Trésor, par les mouvements de fonds qu'elle entraînerait tant à Paris que dans les départements, et par tous les comptes qu'elle forcerait d'ouvrir. Il est nécessaire de l'examiner dans toutes ses conséquences avant que l'administration puisse l'adopter, quel que soit le désir de faire des dispositions utiles aux caisses d'épargne. »

Après cette déclaration qui était une promesse, Benjamin Delessert retira sa proposition.

Cependant le temps s'écoulait et il devenait nécessaire dans l'intérêt de l'Institution comme dans celui du Trésor, que la question qui avait été l'objet d'un débat public reçût une solution. Le Trésor commençait, en effet, à renouveler ses plaintes au sujet de la tâche que lui imposait la Caisse d'épargne et des difficultés que faisait renaître, pour le bureau de la dette inscrite, le mouvement des rentes appartenant aux déposants. Il avait pensé qu'après avoir fait donner à la Caisse d'épargne l'autorisation d'acheter les rentes en masse pour les répartir à mesure que des remises de titres seraient demandées, le travail serait simplifié. Un moment, on put croire qu'il en serait ainsi, mais les embarras s'étaient bientôt reproduits par suite de l'obligation où se trouvaient les bureaux de la dette d'effectuer des transferts au nom de déposants qui souvent ne venaient chercher leurs inscriptions que pour les revendre, ce qui donnait lieu à un nouveau transfert. Au commencement de 1829, l'encombrement était tel que le directeur du service aurait voulu que la Caisse d'épargne, plutôt de procéder par voie de transferts du nom collectif aux noms individuels des déposants, se bornât à vendre la somme de rente correspondant à la valeur des inscriptions dont le retrait était demandé; elle aurait ensuite distribué le capital entre tous les titulaires suivant la valeur de leurs inscriptions. Le système proposé était contraire aux dispositions des statuts qui ne permettaient pas de dénaturer les rentes une fois qu'elles étaient acquises à un déposant; il était inacceptable et avait dû être repoussé.

Le Conseil des directeurs n'attachait pas une grande importance à ces difficultés et aux conséquences qu'elles pouvaient avoir, mais il était de plus en plus pénétré du danger que faisaient courir à la cause même des caisses d'épargne les hauts cours de 108 et de 110 francs qu'atteignait la rente au commencement de 1829, et il décida de s'adresser au ministre des finances qui ne pouvait avoir oublié ni la faveur avec laquelle la Chambre, dans sa dernière session, avait accueilli la proposition de Benjamin Delessert ni les paroles que lui-même avait prononcées.

Dans une lettre délibérée en Conseil et qui porte la date du 5 mars 1829, les directeurs ne se bornaient pas à exposer leurs doléances; ils allaient plus loin et ils soumettaient au ministre un projet qui depuis plusieurs années avait été de leur part l'objet des études les plus sérieuses.

Ils demandaient que tous les fonds des caisses d'épargne fussent versés à la Caisse des dépôts et consignations ou dans toute autre caisse désignée, pour le compte du gouvernement qui leur en paierait l'intérêt à quatre pour cent l'an.

Les remboursements qui seraient demandés par les déposants seraient effectués par cette caisse sur un mandat délivré par la Caisse d'épargne; ce mandat serait payable dans un délai de cinq à dix jours pour les petites sommes, dans un délai de quinze jours pour les sommes plus fortes qui restaient à fixer.

Mais, afin de ne susciter aucun embarras au Trésor, le montant des mandats que chaque caisse d'épargne délivrerait pour le même jour ne devrait pas dépasser une somme déterminée.

Ces dispositions deviendraient applicables à toute caisse d'épargne qui serait autorisée dans les formes légales et dont l'administration serait gratuite, chaque receveur général de département pouvant être délégué pour recevoir et payer au nom de la caisse que le gouvernement aurait désignée.

Pour que les avantages offerts à la petite épargne ne soient pas exploités par la spéculation, qui pourrait chercher à abuser du fonds spécial et à le détourner de sa véritable destination, il devait être interdit aux déposants d'avoir des comptes ouverts à la fois dans plusieurs caisses d'épargne; l'infraction à cette règle serait punie de la perte de tous intérêts et de la privation de la faculté d'avoir à l'avenir un compte dans aucune caisse.

Dans la pensée des directeurs, le crédit des déposants devait être limité. Ils proposaient de le fixer à 4,000 francs en capital et intérêts; au delà de cette somme, toute allocation d'intérêts cesserait.

Enfin, les caisses d'épargne seraient autorisées à opérer, sur l'intérêt payé par le gouvernement, une retenue qui pourrait atteindre un demi pour cent et leur permettrait de subvenir à leurs dépenses de loyer et de frais de bureau.

Après avoir ainsi formulé son projet dans des termes nets et précis, le Conseil des directeurs faisait remarquer que des dispositions analogues avaient été adoptées chez une nation voisine. Il disait : « Le plan que nous venons de mettre sous les yeux de Votre Excellence n'est pas nouveau, il est mis en pratique depuis plusieurs années en Angleterre. Les caisses d'épargne dont ce pays nous a donné l'exemple, y ont commencé, comme les nôtres, par employer leurs fonds dans les effets publics; mais on n'a pas tardé à ressentir les inconvénients que nous avons éprouvés et le gouvernement, cédant au vœu généralement manifesté, a voulu que les économies du pauvre fussent mises à l'abri des fluctuations de la bourse. Nous éprouvons le même besoin ; nous espérons que Votre Excellence jugera comme nous que le déposant ne doit connaître ni la hausse ni la baisse et que son capital, augmenté d'un intérêt modéré, doit lui être parfaitement assuré. Le taux de quatre pour cent que nous demandons est le plus bas que rapportent aujourd'hui les rentes ; il est sans doute plus élevé que celui des bons du Trésor ; mais ces bons, remboursables à échéance fixe, n'offrent que des placements temporaires qu'il faut sans cesse renouveler à des conditions qui peuvent varier, tandis que le fonds spécial placerait, en mains du gouvernement, une somme pour ainsi dire à demeure. Nous nous flattons d'ailleurs que Votre Excellence ne voudra pas assimiler les modestes dépôts des caisses d'épargne aux placements de capitalistes en état de débattre leurs intérêts et de défendre leurs conditions ; qu'elle jugera qu'à l'égard de nos déposants la question n'est pas toute pécuniaire, mais qu'elle se rattache à des considérations d'ordre public, d'amélioration dans la moralité des classes laborieuses, qu'on ne saurait trop encourager à des habitudes de prévoyance si propres à assurer en tout temps le maintien de la tranquillité publique. »

Enfin, le Conseil des directeurs faisait ressortir combien l'adoption du plan qu'il proposait aiderait au développement des caisses d'épargne dans les départements où l'on était, moins qu'à Paris, accoutumé aux effets publics et où l'on n'avait aucun moyen de faire valoir sur place et avec sécurité des sommes minimes. Il terminait en disant : « En adoptant le plan dont nous avons pris la liberté de lui soumettre les bases principales, Votre Excellence préservera les caisses d'épargne des dangers qui peuvent les menacer dans l'avenir ; elle assurera d'une manière invariable le développement d'une Institution digne, sous tous les rapports, de sa bienveillance et de sa protection. »

Le comte Roy qui, depuis dix ans, avait tenu deux fois le portefeuille des finances, avait pu observer de près la marche de la Caisse d'épargne de Paris et reconnaître qu'il y avait là une force avec laquelle un gouvernement prudent devait compter. Si l'on savait, par une protection habilement accordée, bénéficier de la popularité que donnait déjà à l'Institution le caractère moral et philanthropique qui la distinguait, ne ferait-on pas un acte de sage politique? Le comte Roy, qui venait dans la séance du 2 août 1828 de donner une haute marque de sympathie à l'œuvre de Benjamin Delessert, envisageait la question portée devant lui avec cet esprit libéral qui le distinguait de son prédécesseur; il n'était pas effrayé de voir entrer dans les fonds de la dette flottante les dépôts confiés aux caisses d'épargne, mais il ne voulait pas rendre obligatoires les relations de ces établissements avec le Trésor et il entendait que chacun d'eux conservât, s'il le préférait, la liberté de ses placements.

Sur son rapport, une ordonnance royale est rendue à la date du 3 juin 1829, aux termes de laquelle « Les caisses d'épargne et de prévoyance, autorisées par ordonnances royales et dont l'administration supérieure est gratuite, sont admises à verser en compte courant au Trésor royal, les fonds qui leur sont déposés.

« L'intérêt leur en sera bonifié au taux qui sera réglé chaque année par le ministre des finances et la retenue à faire, s'il y a lieu, par les administrateurs des dites caisses, pour frais de loyer et de bureau, ne pourra excéder un demi pour cent.

« Le taux de l'intérêt est fixé à quatre pour cent pour 1829 et pour 1830.

« Les versements seront faits à Paris à la caisse centrale du Trésor royal, dans les départements chez les receveurs généraux, ou pour leur compte chez les receveurs particuliers.

« L'intérêt des fonds versés par les caisses d'épargne ne commencera à courir que le dernier jour de la dizaine pendant laquelle les versements auront été effectués.

« Les remboursements ne seront exigibles que dix jours après l'avis donné à la caisse qui aura reçu les fonds et l'intérêt ne cessera de courir sur les sommes remboursées que le jour même fixé pour le retrait.

« Pour être admises à jouir du bénéfice de cette ordonnance, les caisses d'épargne devaient non seulement être autorisées et avoir une administration supérieure gratuite, mais elles devaient aussi limiter les versements d'un même déposant à cinquante francs par semaine et ne pas admettre de crédit supérieur à 2,000 francs.

« Il était prescrit au Trésor royal et aux receveurs généraux et particuliers de ne correspondre qu'avec l'administration de chaque caisse d'épargne, et sous aucun prétexte, ils ne pourraient être mis en relation avec les déposants pour les versements et les remboursements. »

C'était, sauf de légères modifications, le projet élaboré par les directeurs de la Caisse d'épargne de Paris qui avait passé dans l'ordonnance du 3 juin 1829. On y retrouvait la centralisation des fonds des caisses d'épargne dans une caisse spéciale, la délégation donnée aux receveurs généraux, la fixation du taux de l'intérêt à quatre pour cent, la faculté de retenir un demi pour cent pour les frais et dépenses de toute nature, la limitation du crédit de chaque déposant.

La disposition de l'ordonnance qui s'écartait le plus du projet, et sur laquelle l'accord n'avait pu se faire, était relative aux rapports à établir entre le Trésor ou ses comptables et les caisses d'épargne. Celles-ci, d'après le projet, auraient opéré les remboursements au moyen de mandats individuels sur la caisse dépositaire de leurs fonds. C'était amener toutes les semaines un public assez nombreux aux guichets du Trésor qui ne voulait pas voir se renouveler, sous une autre forme, les embarras que depuis trop longtemps lui causait la grande quantité de transferts à opérer pour la Caisse d'épargne. Il n'y avait donc pas lieu de s'étonner que le ministre des finances, qui, par l'organisation du fonds spécial, soulageait son département d'un fardeau accablant, ne voulût pas l'exposer aux encombrements que ne pourrait manquer d'occasionner la présentation des mandats qui seraient délivrés à chaque demande de retraits. Aussi, d'après l'ordonnance, il était de règle que le Trésor ne devait entrer en rapport qu'avec les caisses d'épargne, et que les déposants ne devaient s'adresser, pour quelque opération que ce fût, qu'à la caisse d'épargne qui leur avait ouvert un livret.

On pouvait douter qu'une ordonnance royale eût le pouvoir de charger le ministre des finances d'une dette qui devait exercer une influence directe sur le service de la trésorerie, et pour éviter toute discussion qui aurait pu s'élever ultérieurement à cet égard, Benjamin Delessert, dans la séance du 17 juillet 1829, proposa à la Chambre des députés d'insérer dans la loi portant

fixation du budget des recettes de l'exercice 1830, au paragraphe relatif aux moyens de services, une disposition additionnelle qui fut adoptée sans discussion. Elle devint l'article 7
de la loi du 2 août 1829. Cet article était ainsi conçu :

« Le ministre des finances est également autorisé à faire
recevoir en compte courant au Trésor royal les sommes qui
seront déposées par les caisses d'épargne d'après les règles
établies par les ordonnances royales. »

La Caisse d'épargne de Paris devait être la première à
demander à jouir du bénéfice de l'ordonnance du 3 juin 1829 ;
le moment était favorable, le prix de la rente était assez élevé
pour que la réalisation de son portefeuille se fît dans des conditions avantageuses; d'un autre côté, il était important que le
système du fonds spécial qui entraînait de grandes modifications
dans la tenue des écritures, pût être mis en vigueur dès le
1er janvier 1830, de façon à ce que la comptabilité nouvelle pût
se substituer, au début même de l'exercice, à la comptabilité
ancienne.

Les statuts furent mis en harmonie avec les dispositions arrêtées par le gouvernement et ils furent approuvés par une ordonnance royale du 30 décembre 1829.

Ainsi, à partir du 1er janvier 1830, « la Caisse d'épargne de
Paris fut autorisée à verser en compte courant au Trésor toutes
les sommes qu'elle recevrait de ses déposants.

« Chaque déposant ne pouvait verser que 50 francs par
semaine ni avoir à son crédit plus de 2,000 francs en capital.

« La Caisse d'épargne était tenue de réaliser et de verser au
Trésor, avant le 28 février 1830, le produit de la vente des
rentes inscrites en son nom, jusqu'à concurrence des sommes
qu'elle devait aux déposants et qui ne représentaient pas un
capital suffisant pour l'achat d'une inscription de rente de
10 francs.

« Désormais l'intérêt sera dû à partir d'une semaine après le
jour du versement jusqu'à celui où le retrait sera demandé.

« Les dépôts seront restitués à la volonté des déposants dans
un délai, à partir de la demande, qui est fixé à douze jours,
mais que la Caisse se réserve de pouvoir réduire si elle le juge
convenable.

« Les intérêts seront réglés et capitalisés tous les ans. »

Telles étaient les dispositions qui allaient régir les opérations à partir du 1er janvier 1830.

Il restait à convertir les rentes appartenant à la Caisse d'épargne qui représentaient les sommes dues en espèces aux déposants. Le Conseil remplit cette obligation en faisant opérer par des négociations successives, la vente de 129,181 francs de rente qui, au cours moyen de 109 francs et une fraction, produisirent 2,816,309 fr. 54 cent., qui furent versés au Trésor dans les délais prescrits.

Cette opération terminée, la Caisse d'épargne restait propriétaire de 61,000 francs de rente qui représentaient les bénéfices acquis et les donations qui lui avaient été faites. Elle trouvait là un fonds de garantie qui, pendant assez longtemps, devait lui permettre de payer ses frais d'administration, sans opérer sur l'intérêt à bonifier aux déposants la retenue d'un demi pour cent autorisée par l'ordonnance du 3 juin 1829.

Les caisses d'épargne ouvertes dans les départements n'acceptèrent pas toutes avec le même empressement la faculté de se servir du fonds spécial. Les caisses de Rouen, de Lyon, de Metz furent les premières à suivre l'exemple que leur donnait celle de Paris.

Les autres, celles de Nantes, de Brest, de Troyes, de Marseille, du Havre, de Reims ne tardèrent pas à reconnaître de quel côté étaient les véritables intérêts des déposants. La Caisse d'épargne de Bordeaux, qui avait plus que toute autre, peut-être à cause de l'importance de ses opérations, à craindre les effets de la variation des cours des fonds publics, n'avait pas hésité à se rallier dès 1829 à l'ordonnance du 3 juin, mais elle le fit néanmoins avec une certaine réserve qu'il est assez intéressant de signaler. Dans son rapport du 6 mai 1830, où il exposait la résolution qu'il avait prise, le conseil des directeurs disait qu'il avait dû tenir compte des mœurs et des opinions religieuses d'une partie des individus qui déposaient leurs épargnes à la caisse et qui répugneraient à les y verser pour un placement direct à intérêt. Il ajoutait que ce sentiment tenait à des opinions tellement respectables qu'il avait cru ne pouvoir se dispenser d'y avoir égard et qu'il continuerait à acheter des rentes pour ceux qui déclareraient vouloir qu'il fût fait cet emploi de leurs versements. Cette exception, dont peu de personnes d'ail-

leurs auraient profité, paraît avoir été maintenue jusqu'en
1832.

Dans l'espace de onze ans, la Caisse d'épargne de Paris
n'avait pas failli aux devoirs qu'elle s'était imposés. Dirigée
avec prudence, elle avait pris les plus sages mesures pour ne
pas être détournée de son but qui était de recueillir les petites
économies et d'éveiller dans la classe laborieuse des idées saines
et fortifiantes. Elle avait ouvert 83,000 livrets; 29,500 avaient
été délivrés à des ouvriers, 23,000 à des domestiques, ce qui
représentait sur l'ensemble une proportion de 64 pour cent; les
autres, pour des quantités diverses qui formaient 36 pour cent,
avaient été délivrés à des employés, à des militaires ou à des
marins, à des personnes exerçant des professions libérales,
à des rentiers ou à des déposants qui n'avaient déclaré
aucune profession, enfin à des sociétés, celles-ci au nombre
de 122.

Les versements qu'elle avait reçus avaient dépassé 43 millions; elle avait bonifié aux déposants plus d'un million d'intérêts et elle avait touché pour eux 2,740,000 francs d'arrérages.
Elle leur avait remboursé en espèces 11,250,000 francs, et elle
leur avait transféré 1,671,000 francs de rente qui avaient une
valeur de 32 millions et demi; au 31 décembre, elle restait
leur devoir un solde en espèces de 3,350,000 francs, et de plus
634,900 francs de rente qui, au cours du jour, représentaient
plus de 13 millions. Enfin elle avait réuni par les donations
qu'elle avait reçues et les bénéfices d'une heureuse gestion un
capital de garantie qui était sa propriété et qui dépassait un
million.

Elle avait suscité autour d'elle une noble émulation, et dix
des plus grandes villes de la province avaient suivi son
exemple.

Elle terminait donc dans des conditions dont elle avait le
droit de se féliciter, la première phase de son existence. Elle
avait jeté sur la terre de France une semence qui avait germé,
lentement peut-être, mais qui avait poussé dans le sol de puis-
santes racines. Leur sève et leur vigueur allaient se communiquer à l'arbre et à ses nombreux rameaux, qui en s'étendant
peu à peu sur le pays, devaient porter partout du soulagement et du bien-être.

Par leur énergique confiance dans leur œuvre, par leur opiniâtreté dans le bien, les fondateurs de la Caisse d'épargne de Paris avaient donné à la nation le moyen de s'affranchir de la misère et ils lui avaient montré comment, avec de l'ordre et de la persévérance, la prévoyance et l'épargne pouvaient faire sa richesse et sa prospérité!

CHAPITRE IV

La transition du régime ancien qui n'offrait que la garantie d'un fonds variable, au régime nouveau qui reposait sur la restitution intégrale du capital déposé ne pouvait se faire que dans des conditions favorables à la Caisse d'épargne.

Les inscriptions de rente dont la Caisse était redevable pour les faits accomplis jusqu'au 31 décembre 1829, étaient transférées à la première demande des déposants et tenues à la disposition de chacun. Le prix de la rente qui se maintenait à 100 francs, permettait des réalisations avantageuses et les possesseurs de livrets devaient être encouragés à continuer leurs opérations, la sécurité dont ils jouissaient et qu'ils trouvaient suffisante, ne devant plus être troublée désormais par les incidents divers qui pouvaient peser sur le cours des fonds publics; quant à ceux que retenait encore la crainte de ne pas trouver, au moment du besoin, la disponibilité immédiate, la représentation exacte de leurs économies, ils ne devaient plus avoir d'hésitation puisque les nouveaux statuts leur garantissaient le capital même dont ils auraient confié le dépôt à la Caisse d'épargne. Aussi, les versements qui, en 1829 comme en 1828, avaient dépassé six millions, continuèrent-ils à monter dès les premières semaines de 1830. Au 30 juin, ils avaient déjà produit une somme de 3,530,000 francs, supérieure de 200,000 francs à celle qui avait été reçue dans le premier semestre de 1829 et de 400,000 francs à celle que, dans le même temps, on avait encaissée en 1828. L'affluence augmentait; le nombre des livrets nouveaux qu'on ouvrait chaque dimanche indiquait le travail qui se faisait dans les esprits et la confiance qui s'étendait de proche en proche. Les graves événements qui se préparaient étaient ignorés de la classe ouvrière, et pendant le mois de juillet, les dépôts restaient aussi élevés que pendant le mois de juin; ils dépassaient 477,000 francs. Le dimanche 25 juillet, 2,387 déposants s'étaient encore présentés et avaient versé ensemble une somme de 109,800 francs. Deux jours après, la révolution éclatait. Le comité de direction, dans sa réunion ordinaire du mardi 27, reconnaissait que les demandes de retraits présentées le dimanche précédent, pour le vendredi suivant, ne s'élevaient qu'à 56,000 francs, mais ce jour-là, 30 juillet, la Caisse d'épargne fut fermée; elle ne s'ouvrit pas davantage le dimanche pour recevoir les versements, et le procès-verbal de la séance du comité du mardi 3 août, constate et explique la situation que les événements ont faite à l'établissement. On y lit cette mention :

« Pour la première fois depuis son origine, la Caisse d'épargne n'a pu effectuer au jour indiqué (vendredi 30 juillet) les remboursements demandés. Malgré les troubles dont Paris était devenu le théâtre, malgré la mise en état de siège de la ville, les chefs des bureaux de la Caisse, pénétrés de la nécessité de se tenir prêts à effectuer les remboursements, dans un moment surtout où la fermeture de tous les ateliers et la cessation des travaux pouvaient rendre indispensables à un certain nombre d'individus les ressources que leur offrait la Caisse, avaient fait terminer le mercredi 28, les opérations relatives à ces remboursements; le caissier avait entre les mains la somme destinée aux payements en espèces, mais on n'avait pas reçu du Trésor les inscriptions de rentes transférées; néanmoins, le vendredi 30 juillet, jour du remboursement, l'ordre était à peu près rétabli dans la ville, la Caisse avait été ouverte de l'avis de MM. Benjamin Delessert et Vernes, déjà le public entrait dans les bureaux, lorsque M. le baron Rodier, sous-gouverneur de la Banque de France, vint donner l'ordre formel de faire sortir les déposants et de tenir les portes exactement fermées. Cette mesure était motivée, entre autres considérations, par la crainte que, sous prétexte de se présenter à la Caisse d'épargne pour recevoir leurs fonds, des gens armés ne s'introduisissent en foule dans les bâtiments de la Banque.

« La plupart des personnes présentes se retirèrent sans murmurer; un petit nombre résistait et se plaignait amèrement. Le caissier crut devoir emmener chez lui les plus pressés et leur distribuer des à-comptes sur les fonds qu'ils avaient à recevoir. Une affiche placardée au dehors annonça que les remboursements qui devaient avoir lieu le 30 juillet étaient ajournés au 5 août. Le public fut prévenu par une autre affiche que la Caisse ne recevrait aucun versement le dimanche 1er août et que les demandes de remboursements seraient seules admises ledit jour; la journée du dimanche n'a offert aucun incident bien qu'on ait été dans le cas de refuser les versements d'un grand nombre de déposants. »

Cette page détachée des procès-verbaux du comité de direction de la Caisse d'épargne est précieuse à recueillir. Elle n'a pas été écrite pour l'histoire, mais le récit simple et intéressant de ce qui se passait alors dans ce petit coin de Paris, montre qu'au lendemain même des lugubres journées de Juillet, la confiance renaissait déjà, projetant dans le sombre tableau qui se déroulait alors comme un rayon d'espérance !

Dès que les portes de la Caisse d'épargne furent rouvertes au public, les versements reprirent leur cours, mais avec une diminution sensible; les retraits au contraire devaient suivre une marche opposée et la relation entre les chiffres de ces deux courants d'opérations se faisait remarquer jusqu'à la fin de l'année. Pendant les sept premiers mois, on avait reçu plus de quatre millions et l'on n'avait remboursé que onze cent mille francs. Pendant les cinq derniers mois, les versements n'atteignent pas douze cent mille francs et les retraits dépassent 2,650,000 francs. En septembre, alors que le calme semblait renaître, les versements étaient supérieurs à ceux du mois d'août, et les remboursements avaient sensiblement baissé, mais le mois suivant, des rassemblements tumultueux se portent sur le Palais-Royal et sur Vincennes, sous le prétexte que le gouvernement et les Chambres se concertent pour arrêter le cours de la justice à l'égard des ministres de Charles X, que l'on vient cependant de transférer au donjon de Vincennes et de confier à la garde du général Daumesnil. La crainte s'empare des esprits et pendant qu'elle ne reçoit que 320,000 francs, la Caisse d'épargne rembourse 784,000 francs. Peu après, l'agitation à laquelle donne lieu le procès des ministres qui se déroule devant la Chambre des pairs, fait baisser les dépôts à 106,000 francs alors que les retraits dépassent 526,000 francs. Tels sont les résultats désastreux qu'entraînent toujours les désordres et les séditions populaires; le travail s'arrête, la gêne se fait sentir et le bien-être de la classe ouvrière est compromis pour un temps dont la durée est toujours trop longue [1].

Malgré toutes ces alternatives, la Caisse d'épargne de Paris avait su résister au choc qui venait d'ébranler le crédit et la fortune de la France. Le solde qu'elle devait à ses déposants au 31 décembre 1830 s'élevait à 5,320,000 francs, présentant

1. Tableau des dépôts et des retraits effectués pendant l'année 1830.

	DÉPÔTS		RETRAITS	
Janvier	601,815ᶠʳ		87,020ᶠʳ09	
Février.......	597,530		100,021 78	
Mars	588,876		123,066 03	
Avril.........	563,174	4,004,681ᶠʳ	223,100 13	1,105,068ᶠʳ01
Mai..........	691,146		162,284 59	
Juin..........	484,889		195,207 22	
Juillet	477,251		212,463 17	
Août..........	223,519		502,907 12	
Septembre ...	270,087		413,683 58	
Octobre......	320,080	1,101,270ᶠʳ	784,382 24	2,651,841ᶠʳ78
Novembre....	210,536		424,735 10	
Décembre....	106,148		526,133 74	
	5,105,051ᶠʳ		3,756,910ᶠʳ09	

sur le solde au 31 décembre 1829, une augmentation de près
de deux millions. Aussi, en présence de ce résultat, après la
terrible épreuve que l'on venait de traverser, Benjamin Delessert, rendant compte des opérations effectuées dans l'année,
pouvait-il dire : « La Caisse d'épargne a donné de nouvelles
preuves de son utilité. Les ouvriers sans ouvrage, les petits
marchands, les employés et les domestiques sans place qui
y avaient déposé leurs économies, les y ont retrouvées dans le
moment où elles leur étaient nécessaires, et si cette habitude
de prévoyance avait été plus générale, les malheurs et les
souffrances occasionnés par le manque de travail et la sta-
gnation du commerce auraient été plus facilement supportés. »

Pendant l'année qui venait de s'écouler, la Caisse d'épargne
n'avait pas eu seulement à se préoccuper des événements extérieurs qui exerçaient une influence directe sur ses opérations ;
elle avait eu à prendre toutes les mesures que commandait
l'application des prescriptions statutaires du 30 décembre 1829
et à en suivre l'exécution et les effets.

La tenue de la comptabilité appelait certaines modifications
que l'expérience acquise au cours des onze dernières années
avait successivement indiquées et qui étaient imposées par le
régime nouveau. Le système suivi depuis 1818 avait été établi
de façon à ce que le travail se fît avec la plus grande économie,
mais le nombre des déposants augmentant et les opérations
prenant une extension toujours plus grande, le Conseil, sans
attendre que ses propositions relatives à la création du fonds
spécial fussent adoptées, avait chargé M. Agathon Prévost,
alors chef des comptes courants, de lui soumettre les mesures
nouvelles à prendre pour améliorer cet important service.

Jusqu'alors, les opérations dont la régularité était assurée
par un contrôle rigoureux étaient portées sur des registres où
chaque déposant avait son compte courant qui devait toujours
être en harmonie avec son livret ; divisées suivant leur nature,
elles donnaient lieu à l'établissement de deux bordereaux qui,
tenus chacun suivant un mode différent, permettaient de vérifier l'exactitude des écritures au moment où elles étaient passées. Mais à mesure que les opérations se multipliaient, ce
système, excellent à l'origine, devenait insuffisant et, pour
redresser des erreurs qui peuvent toujours se glisser dans un

maniement considérable de chiffres et dans des calculs d'intérêts portant sur des sommes minimes, il fallait se livrer à des recherches longues et difficiles. Le nombre des versements, des remboursements, des achats de rentes, des arrérages perçus, des intérêts à capitaliser dépassait alors 230,000 et le Conseil qui, secondé par le comité de censure, s'assurait chaque semaine, avec la plus grande vigilance, de la balance exacte des comptes, attachait une grande importance à ce que les améliorations reconnues nécessaires fussent appliquées dès le 1er janvier 1830.

M. Agathon Prévost présenta avant cette époque le projet qui lui avait été demandé et qui, après avoir été soumis à l'examen du comité de direction et aux délibérations du Conseil, fut définitivement adopté.

Il n'est pas inutile de retracer rapidement ici les résolutions qui furent prises dans ce moment de transition pour régler les opérations du passé et assurer les voies de l'avenir.

La première et la deuxième série des comptes courants et des livrets qui se trouvaient en cours, étaient closes au 31 décembre 1829; les comptes qui ne présentaient qu'un solde en rente étaient seuls maintenus et ne pouvaient plus recevoir, jusqu'à la remise des inscriptions, que le montant des arrérages. La troisième série était ouverte le premier dimanche de 1830, pour concorder avec la comptabilité nouvelle, et c'était exclusivement sur les livrets de cette série qu'allaient être désormais reçus les versements des déposants tant anciens que nouveaux.

Depuis 1818, les comptes courants avaient été ouverts sur des registres simples; désormais, ils seront portés en double sur des registres qui seront tenus en même temps dans des bureaux distincts et par des employés différents; chaque déposant aura ainsi son compte courant et le contrôle de son compte courant où les écritures seront passées par addition et soustraction avec l'inscription des intérêts calculés par semaine : sur les versements, depuis le dimanche qui suivra le jour du dépôt jusqu'au dernier dimanche de décembre; sur les remboursements, par voie rétrograde, depuis ce dernier dimanche jusqu'au jour où aura été formée la demande de retrait; la différence au dernier jour de l'exercice entre les intérêts anticipés et les intérêts rétrogrades devant déterminer

le solde des intérêts à capitaliser. Ainsi, on pourra exercer une
vérification permanente des opérations par le rapprochement
des écritures portées sur l'un et l'autre compte qui devront tous
les deux être en accord parfait avec le livret.

De plus, pour que la balance des capitaux pût s'établir rapidement, il fallait que, si quelques erreurs venaient à se produire, on n'eût pas à les rechercher dans la masse des opérations effectuées. Pour permettre de les circonscrire et de les
retrouver facilement, chaque portion de mille comptes aura un
compte particulier où les opérations seront totalisées et passées
par semaine en débit et en crédit. Chacun de ces comptes divisionnaires résumant l'ensemble des opérations inscrites à
chaque compte particulier compris dans le mille correspondant, devra présenter à la fin de l'année une balance exacte
avec les résultats fournis par les comptes courants et les con-
trôles. On ne tarda pas à établir, d'après la même méthode,
des comptes divisionnaires d'intérêts qui permirent de déterminer chaque semaine avec une certitude absolue, le montant
des intérêts bonifiés aux déposants.

Par cette heureuse combinaison des comptes divisionnaires
qui tenaient continuellement à jour la situation de la Caisse
d'épargne et qui permettaient d'exercer un contrôle permanent
des capitaux reçus et remboursés, des intérêts anticipés et
rétrogrades, on obtenait à la fin de l'année un état de situation
d'une exactitude telle que la capitalisation des intérêts relevés
aux comptes particuliers ne devait jamais apporter de modifications sensibles dans les résultats fournis par les comptes
généraux arrêtés au dernier jour de l'exercice.

Enfin, au livre journal et au grand livre, tenus selon les
principes de la partie double, on portera, totalisées à la fin de
chaque séance et à un seul compte intitulé : *Compte des déposants* toutes les écritures relatives aux opérations qui auront
été effectuées sur chaque livret.

Telles étaient les règles fixées par le Conseil qui dotait ainsi
la Caisse d'épargne d'un système de comptabilité vraiment
propre à l'Institution et qui s'adaptait admirablement à la
nature et au nombre toujours croissant de ses opérations.
L'établissement pourra se développer et s'étendre, les différents services ouverts au public pourront être modifiés, subir

même des transformations profondes, afin d'offrir aux déposants de plus grandes facilités pour placer leurs économies, pour les employer ou en reprendre possession, toutes les améliorations, quelles qu'elles soient, seront réalisées sans trouble, sans embarras, parce que l'on s'appuiera sur cette comptabilité solidement constituée qui restera comme la pierre angulaire de la Caisse d'épargne!

Le Conseil ne pouvait mieux faire que de confier à celui qui venait d'organiser cet important service, le soin d'en diriger et d'en suivre l'application. D'ailleurs, les charges toujours croissantes qui pesaient sur les directeurs, rendaient indispensable pour eux le choix d'un auxiliaire qui pût exercer sur l'ensemble de l'administration une surveillance permanente, et qui fût revêtu de l'autorité nécessaire pour remplir les fonctions qui lui seraient déléguées. Ce fut dans la séance du 16 septembre 1830 que le Conseil des directeurs prit une délibération insérée au procès-verbal dans les termes suivants :

« Le Conseil des directeurs, considérant qu'il est utile, pour consolider la marche adoptée pour les travaux de la Caisse d'épargne, de nommer un chef principal qui dirige tous les mouvements, arrête :

« M. Prévost, chef du bureau des comptes courants, est nommé Agent général de la Caisse d'épargne; il aura la direction et la surveillance de tous les bureaux de l'établissement; il continuera à en présenter les résultats à chaque séance du Conseil des directeurs et des comités de direction, il en dressera les procès-verbaux et sera chargé des convocations. »

Par un règlement adopté quelque temps après, le Conseil prenait certaines mesures d'ordre et subordonnait toutes les opérations du caissier à l'autorité et au contrôle de l'agent général. Chacun d'eux a une clef du coffre-fort à deux serrures dans lequel sont renfermées, à l'issue de chaque séance, les espèces et les valeurs après qu'elles ont été vérifiées et constatées par l'agent général en présence du caissier. Seul, l'agent général règle le mouvement des fonds avec la Banque de France, et les carnets constatant les opérations effectuées avec la Banque et avec le Trésor sont remis à sa garde; les bordereaux et les mandats sur la Banque, signés par le caissier, doivent être visés par lui. A lui seul, il appartient d'ordonnancer les dépenses de quelque nature et de quelque importance qu'elles soient. Il est interdit au caissier de recevoir aucun versement ni aucune demande de retrait, d'effectuer aucun remboursement et de remettre aucun livret sans le visa de l'agent général.

L'agent général, a seul le droit d'apprécier les circonstances dans lesquelles peuvent être apportées certaines exceptions à la règle qui ne permet pas d'admettre les déposants à faire une opération quelconque en dehors des séances publiques et des formes prescrites. Enfin, il est fait défense aux employés de tout ordre de la Caisse d'épargne d'effectuer des dépôts ou des retraits pour le compte de tiers.

Ce qui donne à ces prescriptions un intérêt particulier, c'est qu'elles datent de soixante ans, qu'elles ont été arrêtées à une époque où la Caisse d'épargne ne pouvait prendre exemple sur des établissements analogues qui n'existaient pas encore, que ces mêmes prescriptions, devenues pour ainsi dire traditionnelles, sont toujours obéies et que la Caisse d'épargne ne saurait encore aujourd'hui avoir une meilleure sauvegarde.

Si le Conseil avait apporté un soin minutieux à déterminer les devoirs et les obligations de chacun en donnant une situation prédominante à l'agent général, c'est qu'il venait de ressentir les effets d'une trop grande confiance et que l'infidélité d'un caissier lui avait montré les précautions qui lui restaient à prendre pour éviter le retour des fraudes dont la Caisse d'épargne avait été victime.

Le cautionnement exigé du nouveau caissier nommé au mois de janvier 1831, fut élevé de 30,000 à 40,000 francs [1] ; il fut réalisé en une inscription de rente sur l'État dont la Caisse d'épargne resta dépositaire.

Pour compléter l'ensemble des garanties dont le Conseil venait de s'entourer, il fut entendu avec la Banque de France que les mandats ne seraient acceptés que sur la signature du caissier et sur le visa de l'agent général. Quant aux retraits des fonds déposés au Trésor, ils étaient effectués sur une demande signée par trois directeurs, ainsi que par l'agent général qui visait ensuite la quittance signée par le caissier.

Au moment où ce règlement s'élaborait, la mort frappait

---

1. En 1857, ce cautionnement a été porté à 50,000 francs.

M. Davillier l'aîné, l'un des secrétaires adjoints du Conseil. Son successeur ne pouvait être que le plus ancien membre du comité de censure qui avait été plus particulièrement chargé d'examiner les projets de M. Prévost, d'en rendre compte au Conseil et de préparer l'adoption des mesures qui viennent d'être analysées. Dans la séance du 21 avril 1831, le Conseil nommait directeur M. Charles Vernes, banquier, qui avait été juge au Tribunal de commerce et qui devenait à la fin de l'année suivante l'un des sous-gouverneurs de la Banque de France.

Dans le cours de cette année 1831, la Caisse d'épargne ressentait vivement le contre-coup des événements déplorables qui se succédaient presque sans interruption. Pendant le mois de janvier, les esprits paraissaient s'apaiser et le travail reprendre ; les versements et les remboursements ne présentaient pas alors un écart bien sensible, mais en février, la profanation de l'église Saint-Germain-l'Auxerrois et le sac de l'Archevêché sont le signal d'émeutes qui se renouvellent jusqu'à la fin d'avril ; l'inquiétude est partout et pendant que les versements atteignent avec peine 533,000 francs, les retraits dépassent 1,380,000 francs. L'apaisement se fait-il un moment que l'on voit aussitôt la confiance renaître, mais on n'avait joui en mai que d'un calme apparent et pendant les quatre mois suivants, le ministère Casimir Périer est aux prises avec l'anarchie qui saisit toutes les occasions pour armer les citoyens les uns contre les autres. L'épargne alors va toujours en s'amoindrissant et ce n'est qu'en octobre, quand le gouvernement est parvenu à dominer les factions, que les opérations de la Caisse d'épargne reprennent un cours normal [1].

1. Tableau des dépôts et des retraits effectués pendant l'année 1831.

	DÉPÔTS		RETRAITS	
Janvier.................	308,073ᶠ		323,188ᶠ20	
Février......	215,587		338,802 40	
Mars.................	100,705	} 533,563ᶠ	448,281 08	} 1,380,663ᶠ 03
Avril.................	157,271		590,518 05	
Mai.................	224,084		200,386 03	
Juin.................	160,650		200,282 75	
Juillet.................	182,473	} 650,135ᶠ	260,033 03	} 918,359ᶠ 16
Août.................	157,418		230,427 02	
Septembre.................	149,594		200,016 36	
Octobre.................	256,524		167,454 04	
Novembre.................	214,902	} 686,810ᶠ	146,243 40	} 483,771ᶠ 29
Décembre.................	215,384		170,073 85	
	2,403,565ᶠ		3,318,308ᶠ01	

La marche plus ferme et plus assurée imprimée au gouvernement intérieur par le grand citoyen qui détenait alors le pouvoir et qui, pour rendre la sécurité au pays, ne craignait pas de compromettre sa popularité, l'attitude noble et hardie dans laquelle il avait placé la France vis-à-vis de l'étranger avaient peu à peu ramené la confiance, et en 1832 la Caisse d'épargne ressentait comme les particuliers les conséquences d'une politique sage et habilement dirigée lorsqu'à la fin de mars, le jour de la mi-carême, la terreur se répand dans Paris. Le choléra venait d'envahir la capitale, n'épargnant aucun quartier et prenant ses victimes dans les plus somptueux hôtels, comme dans les logements les plus misérables.

On pourrait croire que ce fléau, dont l'apparition soudaine et effrayante avait épouvanté la population au point de lui faire voir partout des empoisonneurs publics et de la pousser à commettre sur certains points de la ville des actes criminels contre les personnes, devait exercer sur les déposants de la Caisse d'épargne une funeste influence. L'effet fut à peine sensible, ce qui fit voir, comme le disait Benjamin Delessert, dans son rapport à l'Assemblée générale du 12 mai 1832, que le choléra faisait moins de tort aux affaires que les émeutes. Avec l'expérience qui lui était propre, avec cet esprit d'observation et d'à-propos qu'il apportait en toute chose, il ajoutait ces paroles qui, dans le temps où elles étaient prononcées, étaient bien inspirées pour remonter les courages, car elles montraient par des exemples frappants que l'ordre et le travail relèvent le moral de l'homme en même temps que ses forces physiques.

« Il convient encore de remarquer, disait-il, qu'en général l'épidémie a peu attaqué les personnes qui ont des livrets à la Caisse d'épargne. Cela tient probablement à ce qu'elles mènent une vie plus réglée et qu'elles sont plus habituées à l'ordre et à la sobriété. Ce que je puis assurer personnellement c'est que, parmi les ouvriers de mes fabriques, qui sont au nombre de plus de deux cents et qui ont des livrets, aucun d'eux n'a succombé à cette terrible maladie. »

La Caisse d'épargne n'eut pas davantage à se ressentir trop vivement des journées des 5 et 6 juin qui ensanglantèrent le cloître Saint-Merri, à la suite des obsèques du général Lamarque. La répression ayant été rapide et les forces déployées par le gouvernement ayant promptement rassuré la population, les affaires avaient été à peine interrompues et, le dimanche 10, la Caisse d'épargne tenait sa séance ordinaire [1].

Avant ces tristes événements de 1832, qui couvrirent Paris et la France d'un voile de deuil, le Conseil avait eu à remplir des vides qui s'étaient faits dans ses rangs. M. Vital Roux, qui avait déjà renoncé à ses fonctions de régent de la Banque de France, et M. Guérin de Foncin avaient donné leur démission; M. Callaghan était décédé. Leurs successeurs, nommés dans la séance du 8 mars 1832, furent choisis parmi les administrateurs qui avaient contribué à la dotation de la Caisse. C'était M. Bellangé, conseiller du roi au Conseil des manufactures, adjoint au maire du sixième arrondissement qui, depuis quatre ans, était membre du comité de censure; c'était M. Bartholony, qui s'était déjà acquis dans les affaires une grande notoriété et dont le nom allait bientôt s'attacher d'une manière impérissable, malgré la modestie de l'homme, à la création de la première grande ligne de chemin de fer ouverte dans notre pays; c'était M. le baron de Gérando, conseiller d'État, dont l'esprit philosophique et la science administrative s'alliaient à un ardent désir de favoriser par la bienfaisance les progrès de l'humanité.

Après avoir laissé vacant pendant plus d'un an le fauteuil de Casimir Périer, le Conseil nomma, pour l'occuper, un administrateur, M. Audenet, alors banquier et régent de la Banque de France. L'année suivante, après la mort de M. Guiton, M. Marmet, membre du conseil d'escompte de la Banque de France, qui

1. Tableau des dépôts et des retraits effectués pendant l'année 1832.

	DÉPÔTS		RETRAITS
Janvier.........	337,502fr		163,305fr37
Février.........	301,525		151,744 87
Mars	293,336	fin mars, l'épidémie éclata......	181,017 41
Avril..........	258,708		183,082 03
Mai...........	267,123		153,713 33
Juin..........	233,310	troubles dans Paris...........	107,445 46
Juillet........	278,254		175,840 38
Août..........	270,857		205,420 75
Septembre.....	368,034	l'épidémie s'éteint...........	100,035 85
Octobre	320,037		221,401 46
Novembre.....	313,457		215,807 35
Décembre.....	391,010		181,430 53
	3,613,221fr		2,200,753fr70

depuis trois ans était l'un des conseurs de la Caisse d'épargne, fut élu directeur.

Le Conseil, qui s'était fait une loi d'écouter et d'examiner tous les vœux qui se manifestaient chez les déposants, fut amené vers cette époque à reconnaître qu'il y avait lieu de tenir la Caisse d'épargne ouverte un jour de plus par semaine pour recevoir les versements. Cette nouvelle séance fut fixée au lundi, elle aura la même durée que celle du dimanche dont elle sera comme la continuation; les livrets présentés le premier jour ne pourront pas être représentés le lendemain ; les borde· reaux du lundi feront suite à ceux de la veille et pour tous les dépôts indistinctement l'intérêt courra du dimanche suivant. Ce fut à compter du mois d'août 1832 que le service des versements reçut cette extension.

Une autre décision plus importante par les développements qu'elle devait entraîner, par l'importance qu'elle devait donner à la Caisse d'épargne, avait été prise dans cette même année 1832.

Bien souvent, depuis 1818, on avait agité dans le Conseil la question des succursales. On reconnaissait que le meilleur moyen d'attirer à la Caisse d'épargne les masses profondes de la classe ouvrière, c'était de se transporter au centre même des quartiers où les fabriques et l'industrie avaient le plus de développement. La tentative qu'on avait faite en 1820, dans le haut du faubourg Saint-Antoine, n'avait pas été renouvelée, et cependant des vœux étaient souvent exprimés pour que les bienfaits de l'Institution pussent profiter à un plus grand nombre.

En 1829, un homme dont l'histoire de l'hospitalité et de la bienfaisance à Paris conservera le souvenir, M. Cochin, qui était alors l'un des maires de la capitale, soumettait au Conseil ses réflexions sur l'utilité qu'il y aurait, pour assurer à la Caisse d'épargne un développement normal, de la mettre plus à la portée de la classe laborieuse en ouvrant dans les quartiers les plus populeux de la ville des succursales où seraient reçus les versements. Il pensait qu'il ne serait pas impossible d'exercer une surveillance exacte sur les opérations qui y seraient faites et que les dépenses pourraient être fort limitées. Il se plaisait à croire que les administrations publiques se prêteraient volontiers à fournir gratuitement à l'Institution des locaux convenables où ses préposés séjourneraient le dimanche dans les lieux

vacants ce jour-là, et destinés à des services publics pendant
les six autres jours de la semaine. Voulant le premier donner
l'exemple, il terminait sa lettre au Conseil en disant : « Quant à
moi, pour la succursale du faubourg Saint-Marcel, je serais heureux de vous offrir dans ma maison complète d'instruction primaire un local tout meublé, entouré de salles dans lesquelles
l'affluence la plus nombreuse trouverait toujours en hiver et en
été des abris contre la pluie ou la rigueur des saisons. Cette
réunion donnerait à mille enfants habitant cette école la puissante leçon de l'exemple; la présence des déposants pourrait
se lier avec le projet d'une école du dimanche dont je nourris
depuis longtemps l'espoir et vous auriez la jouissance, Messieurs, d'avoir fait du bien de plusieurs manières en adoptant
les moyens d'extension que je me permets de vous proposer. »

Le Conseil fut touché de l'idée qui lui était soumise, mais on
était au mois de juillet 1829, l'ordonnance portant création du
fonds spécial venait d'être rendue et les soins à donner à la
nouvelle organisation des services qu'il fallait déterminer et
assurer, devaient entraîner l'ajournement de toute délibération
sur la suite à donner à cette communication. En attendant,
comme il tenait à lui exprimer sa reconnaissance et pour s'aider
des lumières d'un collaborateur aussi zélé, le Conseil nommait
M. Cochin administrateur de la Caisse d'épargne.

Il y avait là, en effet, une question très sérieuse à examiner,
et le Conseil sentait qu'il ne pourrait plus se soustraire longtemps au mouvement de l'opinion qui, frappée des progrès que
faisait l'Institution et du bien qu'elle répandait, trouvait insuffisants et trop restreints les moyens d'action dont elle disposait.

C'était toujours sur la population ouvrière du faubourg Saint-
Antoine, qui était la plus dense et où la masse des salaires
représentait un capital plus considérable que dans toute autre
partie de la ville, que se portaient les prédilections du Conseil.
Aussi, reçut-il avec un intérêt tout particulier la proposition
que, vers la fin du mois de décembre 1831, lui adressait le maire
du huitième arrondissement, M. Bouvattier. Dans une lettre
datée du 28 décembre 1831, lettre qui résume de la manière la
plus vraie et la plus saisissante une situation dont vont se
préoccuper bientôt tous les maires de Paris, M. Bouvattier faisait remarquer qu'il n'y avait pas à Paris de localité où il fût

plus nécessaire de mettre la Caisse d'épargne en contact avec
la population que le faubourg Saint-Antoine et le quartier de
Popincourt dépendant du huitième arrondissement.

« Là, écrivait-il, sont réunis dans les ateliers ou travaillent
chez eux environ quinze mille ouvriers qui ignorent s'il existe
à Paris une Caisse d'épargne. On n'obtiendrait pas le résultat
désiré en se bornant à leur faire connaître l'établissement philanthropique institué dans l'hôtel de la Banque. La distance est
grande du faubourg Saint-Antoine à la place des Victoires. Trop
de lieux et d'occasions se rencontrent sur le chemin qui, faisant
oublier une sage résolution, intercepteraient, au profit d'un marchand de vin, l'argent qui était destiné à être mis en réserve.

« Que si, ajoutait-il, une salle de la mairie était ouverte
chaque dimanche à la réception des dépôts, il y a lieu de penser
que leur nombre deviendrait considérable. L'hôtel de la mairie,
connu de tous les habitants de l'arrondissement, est surtout
fréquenté par les gens des classes inférieures qui manquent
rarement de s'adresser au maire quand ils ont besoin d'aide et
de conseils; invités par leurs magistrats et par leurs chefs
d'ateliers qui en comprendront l'importance, à mettre en réserve
une portion du fruit de leur travail, ils viendront avec plus de
confiance la déposer dans la maison commune sous les yeux
de citoyens notables connus d'eux qui seraient appelés à faire
les fonctions d'administrateurs. » Et il terminait en disant :
« Ainsi, Messieurs, introduire parmi les nombreux ouvriers qui
habitent mon arrondissement le goût et l'habitude de l'économie
en leur faisant connaître et en leur facilitant les moyens de
faire fructifier leurs épargnes; ménager à des hommes qui ne
possèdent que leurs bras, quelques moyens d'existence pour
quand viendront l'interruption des travaux, la vieillesse ou les
infirmités; attacher ces hommes par leur propre intérêt au
maintien de l'ordre et de la tranquillité, tel est le but que je me
propose en vous priant d'autoriser l'établissement à ma mairie
d'un bureau ou comptoir pour la réception des versements destinés à entrer dans la Caisse d'épargne. L'esprit philanthropique qui vous anime me donne l'espérance que mon désir sera
compris et satisfait. »

Cette proposition, qui répondait si bien à la pensée du Conseil, fut discutée en présence du maire qui avait été convoqué

extraordinairement; elle fut adoptée et on décida que la succursale serait ouverte le 1er avril 1832 dans les locaux mis à la disposition de la Caisse d'épargne dans la mairie de la place Royale. Il est curieux d'observer l'ardeur de chacun à seconder les résolutions qui viennent d'être prises. Les notables habitants de l'arrondissement acceptent avec empressement les fonctions d'administrateurs pour présider aux opérations, pour contrôler et constater le montant des recettes. Avec l'autorisation des héritiers de l'auteur qui renoncent à leurs droits de propriété, le libraire Panckoucke réimprime à ses frais l'opuscule de Lémontey. Il y joint des extraits de la science du Bonhomme Richard, de Franklin, et il complète par des renseignements sur les opérations de la Caisse d'épargne cette petite brochure qui sera remise à tous les administrateurs et distribuée gratuitement aux ouvriers.

L'impulsion était donnée. Il n'y avait pas un an que cette première succursale avait commencé à fonctionner, donnant des résultats qui justifiaient les prévisions de M. Bouvattier, lorsque les maires des dixième, onzième et douzième arrondissements se présentent à leur tour devant le Conseil pour demander qu'il soit ouvert, pour les habitants de la rive gauche de la Seine, au moins une succursale sur le modèle de celle dont venait d'être doté le huitième arrondissement. Cette seconde succursale fut établie le 5 mai 1833, au centre des quartiers populeux de Sèvres et de Vaugirard et des faubourgs Saint-Jacques et Saint-Marceau, dans la salle de la justice de paix attenant à la mairie du onzième arrondissement, qui était située rue Garancière, non loin de l'église Saint-Sulpice.

Le maire, M. Démonts, mettait à faire connaître la Caisse d'épargne et le but philanthropique de l'Institution, une énergie infatigable. Par des circulaires qu'il répandait partout, il engageait les chefs d'établissements et d'ateliers à user de leur influence sur les personnes qu'ils employaient, pour leur faire sentir les précieux avantages que la Caisse leur offrait, et pour aider ainsi la municipalité à propager dans la classe laborieuse l'amour de l'économie et du travail.

M. François Delessert, qui était député du sixième arrondissement de Paris, ne pouvait pas oublier les intérêts des habitants des quartiers Saint-Denis, Saint-Martin et du Temple

qu'il représentait à la Chambre. Le Conseil lui remit le soin
de s'entendre avec la municipalité et, le 6 octobre, une troisième succursale s'ouvrait dans un local dépendant de la
mairie, qui se trouvait alors rue Saint-Martin, n° 208.

Au mois de novembre de cette même année 1833, c'était le
maire du premier arrondissement qui était introduit à son tour
devant le Conseil auquel il remettait une demande tendant à
obtenir pour les quartiers des Tuileries, des Champs-Élysées, de
la place Vendôme et du Roule une succursale dont le siège serait
à l'hôtel même de la mairie, rue d'Anjou. La première séance
se tenait le 1er décembre.

Mais ces diverses créations imposaient des dépenses assez
élevées à la Caisse d'épargne. Chaque succursale que l'on
tenait ouverte, comme la Caisse centrale, le dimanche et le
lundi pendant trois heures, rendait nécessaire la nomination
d'un sous-caissier et à ce comptable, qui fournissait pour la
garantie de sa gestion un cautionnement d'abord fixé à
6,000 francs et élevé bientôt à 10,000 francs, il était alloué un
supplément de traitement à titre d'indemnité de caisse. Il y
avait encore un personnel plus nombreux à payer pour tenir,
dans les succursales, les écritures auxquelles donnaient lieu les
dépôts. Enfin, le transport des espèces, des pièces comptables
et des registres qui devaient, après chaque séance, être rappor-
tés à la Caisse centrale, entraînait des frais qui atteignaient
également une certaine importance. Aussi, le Conseil dut-il
chercher à ralentir un peu le zèle qui se manifestait ainsi de
tous les côtés, car ce n'était pas seulement à Paris que l'on
sollicitait les services de la Caisse d'épargne ; les demandes commençaient à arriver de différentes communes du département
de la Seine.

Les maires des dixième et douzième arrondissements ayant
remarqué que la succursale établie rue Garancière n'était pas
fréquentée par les habitants de leurs quartiers qui s'en trouvaient trop éloignés, exposèrent la situation et les besoins de
la population dont les intérêts étaient confiés à leurs soins.
Pour vaincre les hésitations du Conseil qui craignait que
l'accroissement de ses dépenses ne dépassât bientôt les revenus
du fonds de réserve et ne le mît dans l'obligation de réduire
l'intérêt de quatre pour cent bonifié aux déposants, ces deux

maires prirent l'initiative d'une démarche auprès du préfet de la Seine, afin d'obtenir qu'une subvention fût accordée à la Caisse d'épargne pour la mettre en état de donner satisfaction aux demandes dont elle était saisie. Le comte de Rambuteau soumit au Conseil municipal la proposition qui lui avait été adressée et sur laquelle le Conseil des directeurs avait été consulté. Il l'appuya de sa haute influence et, le 17 février 1834, il écrivait à Benjamin Delessert que le Conseil municipal appréciait si bien l'utilité de l'Institution dans l'intérêt matériel de la population ouvrière comme dans l'intérêt de l'amélioration des mœurs, qu'il avait voté une somme de 15,000 francs à titre d'encouragement pour la création de nouvelles succursales. « Il appartiendra aux directeurs de la Caisse d'épargne, ajoutait-il, d'en déterminer l'emploi. Le seul désir de l'administration est de voir multiplier autant que possible les succursales de cet utile établissement, et comme le chiffre voté dépasse celui que vous aviez vous-même indiqué comme nécessaire pour créer trois nouvelles caisses à Paris, j'espère qu'il vous sera possible d'étendre le bienfait de l'Institution aux arrondissements ruraux dont la population ouvrière tirerait aussi un grand avantage. »

Le Conseil municipal de Paris venait de prouver qu'il savait comprendre les véritables intérêts de la population et la délibération qu'il avait prise témoignait également de sa confiance à l'égard de la Caisse d'épargne. De leur côté, les municipalités semblaient mettre une certaine émulation à se faire les auxiliaires du Conseil des directeurs pour assurer l'organisation et le succès des succursales. Elles savaient exciter l'intérêt général et entraîner à leur suite les plus notables de leurs administrés qui ne refusaient jamais de donner quelques heures de leur temps pour assurer la marche régulière de l'Institution que l'on semblait considérer comme une œuvre patriotique.

Dans le douzième arrondissement, la succursale, en attendant qu'elle pût s'établir à la mairie, fut ouverte le 5 octobre, rue des Carmes, n° 9, dans un local dont l'administration des hospices avait la propriété. La succursale à établir dans le dixième arrondissement devait desservir, en même temps que le faubourg Saint-Germain, le quartier du Gros-Caillou où il y avait

de nombreux ateliers. Aussi chercha-t-on un point plus central
que la mairie, qui était alors située rue de Verneuil. A la
demande du maire de l'arrondissement, le ministre des
finances prit une décision aux termes de laquelle il mettait à
la disposition de la Caisse d'épargne une partie de l'hôtel du
Châtelet, qui appartenait à l'Administration des domaines. Plus
tard cette succursale fut installée à la mairie.

Le neuvième arrondissement, dont le siège était rue Geoffroy-
l'Asnier, sollicitait aussi une succursale. Le maire n'avait
jusqu'alors rien négligé pour initier ses administrés aux bienfaits de l'épargne. Dans son zèle à faire des prosélytes, il avait
adopté l'usage, lorsque des personnes de la classe ouvrière se
présentaient pour se marier, de distribuer à chacun des époux,
au moment de la célébration de leur mariage, un exemplaire
du petit livre de Lemontey sur les *Bons effets de la Caisse
d'épargne et de prévoyance* et de leur remettre en même temps
les instructions imprimées de la Caisse. « L'expérience a prouvé,
écrivait-il le 26 octobre 1833 à Benjamin Delessert, que les
conseils salutaires qu'ils puisent dans ces écrits font contracter
à ces jeunes époux l'heureuse habitude de l'ordre et de l'économie dans leur ménage. » Ce zèle peut faire sourire, mais on
doit s'incliner devant la sollicitude que chacun mettait à se
servir de la Caisse d'épargne pour améliorer la condition des
hommes laborieux et pour rapprocher par le travail les distances que la fortune crée entre les différentes classes de la
société.

La municipalité du neuvième arrondissement s'était acquis
ainsi des droits à l'attention du Conseil des directeurs, mais
la mairie ne se prêtant pas à l'installation du service, le préfet
de la Seine n'avait pas hésité à donner au maire l'autorisation
de s'entendre avec la Caisse d'épargne pour que provisoirement
les séances pussent se tenir à l'Hôtel de Ville même. Les opérations avaient commencé le 6 juillet 1834.

L'année suivante, une succursale était encore ouverte dans
le deuxième arrondissement, à la mairie située rue Pinon [1], sur
les instances du maire à qui il était réservé d'être, quatorze
ans plus tard, appelé à la préfecture de la Seine. M. Berger,

_____
1. Aujourd'hui rue Rossini.

qui avait demandé et qui avait été admis à faire valoir lui-même devant le Conseil les intérêts des quartiers Saint-Lazare, du faubourg Montmartre et du faubourg Poissonnière, faisait observer que la population travailleuse de son arrondissement ne pouvait placer ses économies à la Caisse d'épargne sans avoir une longue distance à parcourir et sans perdre ainsi un temps précieux. Comme les autres maires de Paris qui avaient été entendus avant lui, il prenait, au nom de la municipalité, l'engagement de fournir à la Caisse d'épargne une salle convenable pour la tenue des séances et de se charger du chauffage et des menus frais de bureau.

Mais, tout en cédant aux sollicitations qui lui étaient adressées en faveur de la population de Paris, le Conseil ne perdait pas de vue la recommandation contenue dans la lettre du préfet de la Seine, et, dès le mois de mars 1834, il s'était occupé d'étendre ses opérations dans les communes les plus importantes du département de la Seine. L'entreprise était périlleuse. L'éloignement des localités dans lesquelles il faudrait se transporter, les moyens de communication qui alors étaient loin de diminuer les distances comme aujourd'hui, la surveillance et le contrôle à exercer sur les écritures et sur les espèces, présentaient des difficultés. Mais ces difficultés n'étaient pas assez grandes cependant pour décourager le Conseil, qui craignait moins de se heurter à des embarras matériels que d'exposer la Caisse d'épargne à subir une déconvenue et à se retirer devant l'indifférence. Il se trouva réconforté par l'ardeur que mirent à le seconder les représentants du gouvernement dans les deux arrondissements de Saint-Denis et de Sceaux.

M. Mazères qui, après 1830, avait déserté la littérature dramatique pour entrer dans l'administration et qu'une autre révolution devait rendre au théâtre, était alors sous-préfet de Saint-Denis. Il ne négligea rien pour aider au succès de la Caisse d'épargne et il se mit le premier, avec le maire et le colonel de la garde nationale, sur la liste des administrateurs pour la succursale qu'on établissait au chef-lieu même de l'arrondissement. Il sut communiquer son ardeur aux autorités de Neuilly et, au mois de mai, les deux succursales commençaient leurs opérations.

La Caisse d'épargne eut à surmonter plus d'obstacles pour

s'emparer de l'arrondissement de Sceaux. Les communes y présentaient une population moins nombreuse et plus disséminée. Les deux succursales que le Conseil, après en avoir conféré avec l'administration, avait résolu d'y établir, furent installées à Montrouge et à Charenton. Ouvertes en même temps que les précédentes, en 1834, elles n'avaient donné, après plusieurs mois, que des résultats tellement insignifiants qu'il fallut chercher à remédier à un état de choses qui pouvait discréditer l'Institution et peser sur ses finances. Dans une séance à laquelle il avait été convoqué, le sous-préfet de Sceaux, qui, de son côté, s'était inquiété de cette situation et avait cherché à s'en expliquer les causes, déclarait au Conseil qu'il ne pensait pas que l'on pût avoir l'espoir d'attirer les économies de la population agricole qui a l'habitude de placer tout de suite en acquisition de morceaux de terre ses moindres épargnes. Il exprimait l'avis que ce serait plutôt de la population industrielle qu'il faudrait s'occuper et, selon lui, la localité de l'arrondissement où cette population se trouvait le plus agglomérée était Choisy-le-Roi. Ces observations sur le peu d'empressement des ouvriers agricoles des environs de Paris à placer leurs économies à la Caisse d'épargne, qui sont encore vraies à l'heure actuelle, déterminèrent le Conseil à prononcer la fermeture des deux succursales de Montrouge et de Charenton. En même temps, sur la demande du maire de Choisy-le-Roi, qui mettait à la disposition de la Caisse d'épargne l'influence que pouvaient lui donner les fonctions dont il était investi et sa grande situation industrielle, le Conseil décidait qu'une succursale serait ouverte dans cette commune le 3 mai 1835.

A cette époque, la Caisse d'épargne avait déjà onze succursales dont trois étaient installées dans la banlieue. Par la suite, nous la verrons étendre peu à peu dans la mesure de ses ressources, à toutes les parties de la ville et du département de la Seine, son action bienfaisante.

Elle était tous les jours plus recherchée et l'importance des dépôts ne cessait d'augmenter. Des commissions de bienfaisance, à qui étaient confiés des orphelins ou des infirmes, des administrations publiques qui s'imposaient à l'égard de certains intérêts privés une mission de protection et de prévoyance, se tournaient vers la Caisse d'épargne qu'elles considéraient

comme leur auxiliaire naturel pour les débarrasser des soucis
d'une gestion souvent difficile. C'est ainsi que les économies
qui pouvaient être réalisées par certaines commissions, spécialement chargées dans chaque arrondissement de l'administration et de l'éducation des orphelins de Juillet, étaient
versées à la Caisse d'épargne sur des livrets individuels. Il en
était de même pour les enfants dont les parents avaient succombé au choléra et entre lesquels avait été partagé le produit des souscriptions publiques ouvertes en leur faveur.

Le 9 octobre 1833, sur le rapport de la commission administrative chargée de la tutelle et de la comptabilité qui propose
de placer à la Caisse d'épargne et de prévoyance les deniers
appartenant aux mineurs sur lesquels s'exerçait la tutelle de
l'administration des hospices de Paris, le Conseil général de
l'assistance publique autorise ce mode de placement, « qui doit
avoir pour effet, porte l'arrêté, de simplifier la comptabilité de
l'administration des hospices en ce qui concerne les deniers
des mineurs, de procurer à ceux-ci un intérêt plus élevé et de
les encourager à l'économie par l'exemple de ses résultats ».

Quelques mois plus tard, ce sont les administrateurs de
l'Institution royale des jeunes aveugles, habitués depuis longtemps déjà à effectuer des dépôts au nom d'un certain nombre
de leurs pensionnaires, qui, dans le but de grossir la masse
générale à répartir entre les élèves au moment de leur sortie,
demandent à verser, sur des livrets spéciaux, de petites sommes
provenant soit de la vente d'objets fabriqués dans l'établissement, soit de dons des visiteurs.

De son côté, le préfet de la Seine, qui se préoccupait d'améliorer la condition des tambours de la garde nationale de Paris
et de la banlieue, arrêtait un règlement pour faire déposer une
partie du fonds de masse des tambours à la Caisse d'épargne.
Le Conseil des directeurs, à qui ce règlement était soumis dans
sa séance du 9 janvier 1834, en admettait les conditions,
« voulant, disait-il dans sa délibération, faciliter l'exécution
d'une mesure qui inspirera peut-être le goût de l'économie à
une classe qui s'y est montrée jusqu'à présent peu disposée ».

On reconnaissait si bien partout que la Caisse d'épargne de
Paris reposait sur un principe vrai et fécond en résultats, que
le législateur lui-même en empruntait la dénomination et la

règle pour les appliquer à des services publics, et la confiance que sa gestion inspirait la rendait l'objet de démarches dont elle aurait pu s'enorgueillir.

La loi du 28 juin 1833 qui, pour la première fois, posait les larges assises de l'instruction primaire, venait d'être promulguée. Elle n'avait pas oublié de se préoccuper du sort des instituteurs que les fatigues, la maladie et les années devaient forcer au repos; elle avait créé en leur faveur une caisse d'épargne et de prévoyance destinée à recevoir et à faire fructifier les retenues opérées sur leurs traitements et dont le produit total devait leur être remis au moment où ils prendraient leur retraite. M. Guizot, qui avait mis son honneur de grand maître de l'Université à préparer, à soutenir et à faire voter la loi, se trouva en présence de certaines difficultés causées par l'appréhension des dépenses que l'administration de ces caisses allait imposer aux départements. Il écrivait alors à la Caisse d'épargne en la priant d'examiner si elle ne pourrait pas se charger de ce service pour les instituteurs du département de la Seine. Le Conseil se montra tout disposé à concourir à l'exécution de la mesure éminemment utile que le législateur avait inscrite dans l'article 15, et il se mit entièrement à la disposition du ministre; toutefois, il lui faisait observer, d'une part, que la loi prescrivait une capitalisation semestrielle des intérêts alors que le Trésor ne capitalisait qu'une fois par an, au 31 décembre, les intérêts dus à la Caisse d'épargne; d'autre part, que les livrets devant être ouverts aux instituteurs et remboursés à eux-mêmes ou à leurs héritiers ou ayants droit dans des conditions exceptionnelles, il serait nécessaire que les mesures à prendre fussent sanctionnées par une ordonnance royale. Le ministre trouva-t-il une certaine résistance de la part de celui de ses collègues qui était à la tête du département des finances à confier un service public de trésorerie à une société privée? Fut-il arrêté par la crainte de difficultés qui pourraient lui être suscitées, s'il donnait à la caisse des instituteurs communaux de Paris et de la banlieue une organisation spéciale que l'on ne pourrait étendre au reste de la France? On l'ignore aujourd'hui, mais ce qui est certain, c'est qu'aucune suite ne fut donnée aux idées qui avaient été échangées entre M. Guizot et le Conseil des directeurs de la Caisse d'épargne et qu'au grand dommage peut-être des intéressés, ce fut seulement cinq ans plus tard, le 13 février 1838, que fut constituée, par une ordonnance royale contresignée par M. de Salvandy, la caisse spéciale des instituteurs communaux.

Cependant, sous l'influence des idées qui soulevaient tant de sympathies et qui chaque jour suscitaient des dévouements nouveaux, il s'opérait en France un mouvement qui ne pouvait passer inaperçu. Avant 1830, on s'en souvient, la Caisse d'épargne de Paris avait vu son ardeur se communiquer à la province et si l'exemple qu'elle avait donné n'avait été que trop peu suivi, la cause en pouvait être attribuée au mode d'emploi des dépôts et aux difficultés que présentait, sur bien des points, l'organisation du service. Mais après 1830, les petites économies, peu familiarisées avec les effets publics, trouvaient dans le fonds spécial une sécurité qui devait les séduire. Aussi, des démarches étaient-elles faites journellement auprès du Conseil des directeurs par des préfets, par des maires, par des particuliers, qui demandaient communication des statuts et des règlements et qui sollicitaient les éclaircissements nécessaires pour organiser des établissements sur les mêmes bases et d'après les mêmes principes que ceux auxquels la Caisse d'épargne de Paris devait sa prospérité.

Pour répondre à tous, pour bien faire comprendre la pensée qui avait présidé à la création de l'Institution et les avantages que l'on pouvait en retirer, pour initier chacun aux moindres détails de l'administration, M. Agathon Prévost avait écrit une notice dans laquelle, après avoir exposé en quelques pages l'origine de la société fondée en 1818, ses statuts, son organisation, après avoir reproduit plusieurs fragments de rapports et certains documents administratifs, il enseignait de la manière la plus claire le mécanisme de la comptabilité de la Caisse d'épargne de Paris et les règles précises suivant lesquelles il était procédé à chacune des opérations qu'elle avait à effectuer.

Cette notice, qui reçut la haute approbation du Conseil, fut adressée au ministre du commerce et des travaux publics. Le comte d'Argout en prit connaissance, il apprécia le but honorable que l'auteur s'était proposé et ne craignit pas de s'associer au vœu qu'on lui manifestait en la signalant à l'attention des préfets par une circulaire qui porte la date du 14 décembre 1832. Dans la lettre qu'à cette occasion il écrivait à Benjamin Delessert, le ministre exprimait le regret que le manque de fonds disponibles ne lui ait pas permis de faire acheter la brochure de M. Prévost pour en répandre la connaissance.

Mais le Conseil des directeurs pourvut à ce soin et tous les préfets en reçurent un exemplaire en même temps qu'une lettre par laquelle Benjamin Delessert leur demandait de participer à la propagation des caisses d'épargne dans leurs départements. Ces fonctionnaires contribuèrent ainsi de la manière la plus utile à faire connaître l'Institution. La première caisse autorisée après 1830, avait été celle d'Avignon dont l'ouverture avait eu lieu le 5 août 1832 et, avant la fin de l'année, s'établissaient successivement celle de Mulhouse, celle d'Orléans, celle de Toulon qui, fidèle au souvenir de son origine, plaçait récemment dans son hôtel reconstruit, comme on le faisait à Marseille presque à la même époque, les images du duc de la Rochefoucauld et de Benjamin Delessert. En 1833, neuf caisses étaient créées. Celles de Nîmes et de Toulouse qui avaient été autorisées, la première en 1828, la seconde au commencement de 1830, mais qui n'avaient pu encore se constituer, commençaient leurs opérations aux mois d'avril et de mai. Guidée par les besoins de sa population et cédant aux sollicitations des communes environnantes représentées par M. Fould, maire de Rocquencourt, qui cherchait à améliorer le sort des ouvriers de la région, la ville de Versailles se donnait une Caisse d'épargne au mois de juillet. Celle que la ville de Tours devait à son député, M. Gouin, dont le zèle et le dévouement aux intérêts de la cité qu'il représentait à la Chambre ne devaient se démentir dans aucune circonstance, était organisée et fonctionnait le 4 août. A Douai, à Lunéville, à Amiens, à Saint-Étienne, à Saint-Dié, grâce à de généreuses initiatives, des caisses étaient installées à la même époque.

Néanmoins ce mouvement, tout important qu'il fût, ne paraissait pas en rapport avec l'étendue de la France et le nombre de ses habitants. Le Conseil avait toujours devant les yeux l'exemple de l'Angleterre, où les caisses d'épargne devaient à leurs déposants plus de 350 millions de francs. Il y avait certainement des observations curieuses à faire, des indications utiles à recueillir dans ce pays, et après avoir entendu un rapport que lui avaient présenté deux de ses membres, M. Bartholony et M. d'Eichthal, qui proposaient d'élever la limite des versements hebdomadaires, d'octroyer aux déposants certains avantages dont on jouissait en Angleterre, d'ouvrir des comptes privilégiés à des sociétés amicales et de bienfaisance, le Conseil confia à son agent général la mission de se rendre à Londres pour étudier le système et l'organisation des caisses d'épargne dans le royaume.

M. Prévost rapporta de son voyage des renseignements intéressants tant au point de vue de la législation qui régissait les caisses d'épargne que sur l'organisation intérieure de ces établissements. Le maximum de dépôt était plus élevé qu'en France; il pouvait atteindre 3,750 francs et chaque compte pouvait s'élever à 5,000 francs par l'accumulation des intérêts; quand il était arrivé à ce chiffre, il restait improductif. Nul ne pouvait déposer plus de 750 francs par an, mais cette somme pouvait être versée en une ou plusieurs fois et n'était soumise à aucun fractionnement hebdomadaire. Ces règles qui sont encore aujourd'hui en vigueur avaient été posées par un bill du 28 juillet 1828, applicable à l'Angleterre et à l'Irlande. Les caisses d'épargne recevaient un intérêt de 3 fr. 80 pour cent, sur lequel elles étaient dans l'obligation d'opérer une retenue de 38 centimes au moins pour payer leurs dépenses.

Le gouvernement et les administrateurs des caisses d'épargne se croyaient suffisamment protégés contre les conséquences des paniques qui pourraient entraîner des retraits considérables, par les limites assignées aux dépôts et par l'augmentation des délais que l'on se réservait de porter, s'il y avait lieu, jusqu'à six semaines ou deux mois entre la demande de retrait et le remboursement.

Des dépôts pouvaient être faits par des mineurs et ceux-ci, dès l'âge de sept ans, étaient admis, malgré leur incapacité légale, à donner décharge valable des remboursements qu'ils demandaient.

Quand une femme était titulaire d'un livret, tous les payements dont elle donnait quittance étaient régulièrement faits tant que le mari n'avait pas signifié son mariage à la caisse d'épargne.

Les sociétés de charité, les sociétés amicales, avaient pour leurs dépôts des limites plus larges que les particuliers.

Les déposants avaient toujours la faculté de faire passer la totalité de leurs fonds d'une caisse dans une autre.

Quant à l'organisation intérieure des caisses d'épargne, à leur système d'écritures et de comptabilité, M. Prévost constatait que le nombre d'opérations était beaucoup moindre qu'à Paris, où en raison de la limite fixée au versement hebdomadaire, le déposant était dans l'obligation de fractionner, pour l'effectuer en plusieurs semaines, le versement qu'en Angleterre on pouvait faire en une seule fois, mais que néanmoins, dans les caisses anglaises les dépenses d'administration étaient fort élevées et les travaux exécutés d'une manière moins sûre. « Par notre système de comptes divisionnaires et de doubles comptes courants, disait M. Prévost, nous avons depuis trois ans la certitude d'obtenir une balance rigoureusement exacte des comptes courants, tandis que les caisses d'épargne de Londres n'ont aucun moyen qui leur garantisse une balance; aussi, se contentent-elles presque toujours d'en approcher plus ou moins. » Il ajoutait en terminant cet exposé : « Plus j'ai examiné l'organisation intérieure et le mécanisme des caisses d'épargne anglaises et plus je me suis convaincu que si leurs opérations étaient aussi multipliées que les nôtres, leur méthode actuelle deviendrait insuffisante, et qu'il leur serait impossible d'égaler la promptitude et la précision avec lesquelles le système en vigueur à la Caisse d'épargne de Paris nous permet d'exécuter des travaux considérables au moyen d'un petit nombre d'employés. Mais il faut l'avouer, toute la peine que nous nous donnons ne serait pas nécessaire ou pourrait être mieux employée, si nous ne faisions pas en cinq ou six fois ce qu'elles font en une seule, c'est-à-dire si l'on renonçait au maximum hebdomadaire. A cela près, notre comptabilité est certainement parvenue à un plus haut degré de perfection, car si nos moyens sont plus compliqués, du moins, nous sommes sûrs d'arriver au but qu'elles atteignent rarement. »

Quand M. Prévost rentrait en France, le gouvernement venait de prendre une mesure qui devait lui causer une certaine satisfaction. La Caisse d'épargne de Brest avait signalé au ministre du commerce tout ce qu'avait de préjudiciable aux intérêts des marins classés des ports de commerce, la condition de ne verser que cinquante francs par semaine. Recevant à la fois des sommes assez considérables pour les décomptes soldés à leur retour et se trouvant le plus souvent dans l'obligation de reprendre la mer, ils ne pouvaient, en effet, profiter qu'imparfaitement des avantages des caisses d'épargne. Le gouvernement n'hésita pas à lever les obstacles qui s'imposaient au placement d'épargnes destinées à assurer la subsistance des familles des marins, mais, en même temps, il reconnut que la disposition restrictive de l'ordonnance de 1829 pouvait être, en beaucoup de circonstances pour les déposants autres que les marins, une entrave aux placements, par suite des délais et de la perte de temps qu'elle entraînait. Aussi, la mesure réclamée à titre exceptionnel fut-elle généralisée par l'ordonnance du 16 juillet 1833 qui autorisa les caisses d'épargne admises à placer leurs fonds au Trésor, à porter à 300 francs la limite du versement hebdomadaire.

La Caisse d'épargne de Paris qui voyait dans cette ordonnance l'expression de sa pensée, décida qu'à compter du dimanche 25 août, les déposants seraient admis à verser jusqu'à 300 francs par semaine.

Si l'on prend la peine de se reporter aux opérations qui eurent lieu avant et après cette date, on est frappé de la justesse des observations de M. Prévost et de l'exactitude avec laquelle se réalisaient les prévisions du Conseil. Pendant les huit premiers mois de 1833, la Caisse d'épargne avait compté 101,000 versements qui avaient produit ensemble 4,565,000 francs; dans les quatre derniers mois, en 40,700 versements, elle recevait 4,167,000 francs. Les sommes s'élèvent, les nombres diminuent; la moyenne des versements était de 45 francs, elle monte à 102 francs et le résultat qui se dégage de ces chiffres est une moins grande quantité d'écritures à passer et une certaine économie que l'on a réalisée. En effet, dans des établissements comme les caisses d'épargne, ce n'est pas l'importance des dépôts que la loi maintient dans des limites toujours étroites qui exerce une influence sur les dépenses, c'est le nombre des opérations auxquelles il est impossible de fixer une limite et qu'il faut toujours être en mesure d'effectuer rapidement.

Cependant, Benjamin Delessert, de plus en plus pénétré de

l'idée que les caisses d'épargne n'auraient jamais un avenir bien assuré tant qu'une loi ne viendrait pas consacrer leur existence et leur organisation, avait préparé un projet qu'il présenta à la Chambre des députés dans la séance du 18 janvier 1834.

Il ne se dissimulait pas les difficultés d'une telle entreprise. Les ministres s'étaient toujours montrés favorables au développement de l'Institution, mais dans une Chambre où une opposition tracassière et sans idée politique s'attaquait à tout, sans souci du lendemain, il fallait s'attendre à des surprises. Aussi, Benjamin Delessert n'avait-il pas voulu se laisser entraîner à insérer dans sa proposition autre chose que le principe qu'il voulait faire reconnaître. Il ne changeait rien à l'organisation des caisses existantes, mais pour hâter le mouvement, il proposait de charger les préfets d'établir des caisses dans tous les chefs-lieux de département et d'arrondissement où il n'y en avait pas encore, sans qu'il en résultât d'ailleurs aucune charge pour le Trésor, pour les départements et les communes. Le zèle des sous-préfets stimulé par les préfets et les conseils municipaux devait pourvoir facilement aux menus frais d'administration.

Les receveurs des finances étaient chargés de remplir les fonctions de caissiers, et les sommes qu'on leur versait, ils devaient les transmettre immédiatement à la Caisse des dépôts et consignations qui était tenue de les employer en achats de fonds et effets publics; dans le cas où les sommes à rembourser viendraient à excéder les versements, la Caisse des dépôts et consignations devait vendre, pour faire face aux demandes, une somme correspondante de valeurs.

Aucun versement ne pouvait être moindre d'un franc; nul déposant ne pouvait verser par semaine plus de 300 francs, ni avoir sur son livret une somme supérieure à 3,000 francs.

Le taux de l'intérêt à bonifier aux déposants serait fixé chaque année par le ministre des finances.

Il serait rendu tous les ans un compte spécial des opérations des caisses d'épargne.

Il n'y avait rien dans cette proposition qui pût soulever de graves contradictions et amener des discussions ardentes et passionnées. Benjamin Delessert en avait très sagement écarté toute disposition empruntée à la législation anglaise qui aurait pu être considérée comme une atteinte à notre loi civile. Il la présentait à la Chambre en disant : « Cette loi sera le complément de celle sur l'instruction primaire, car l'instruction, sous le rapport intellectuel, et l'ordre et l'économie sous le rapport matériel, sont, après les sentiments religieux, ce qui peut exercer le plus d'influence sur le bonheur des individus, qui doit être le but de tout gouvernement ».

Le projet fut accueilli avec faveur par la Chambre et la commission immédiatement nommée se mit à l'œuvre. Mais elle comprit qu'elle se trouvait en présence d'une question grave pour les intérêts d'une nation puissante et laborieuse et que les résolutions qu'elle était appelée à prendre et à proposer, étaient destinées à exercer sur l'état social du pays une influence considérable. Elle ne négligea aucun élément d'instruction. Elle se rendit compte des effets que l'Institution avait déjà produits en France et elle porta ses investigations sur les résultats obtenus en Angleterre. Ne trouvant inutile l'étude d'aucun détail, elle résolut de voir par elle-même comment fonctionnait la Caisse d'épargne de Paris ; elle voulut observer le public qui la fréquentait ; elle tint à suivre, jusqu'au moment où il y était fait droit, les diverses demandes qui pouvaient être présentées. Le dimanche 9 février, tous les membres de la commission se trouvaient dans les bureaux, et le registre des procès-verbaux du Conseil des directeurs mentionne la visite qu'a reçue l'établissement. Il constate que la commission a été frappée de l'affluence des déposants, remarquable surtout en un jour destiné aux plaisirs du carnaval, et qu'elle a exprimé sa satisfaction de la promptitude et de la précision avec lesquelles se faisaient les opérations, ainsi que de l'ordre qui régnait dans toutes les parties de la comptabilité [1].

La commission pensa qu'il fallait élargir les bases du projet de Benjamin Delessert et, tout en les maintenant dans leur

1. Dans cette séance du dimanche 9 février 1834 (dimanche gras), la Caisse d'épargne recevait à la Caisse centrale même, de 1,300 déposants, la somme de 154,130 francs ; elle avait de plus à enregistrer 504 versements effectués dans les quatre succursales alors ouvertes à Paris, qui lui donnaient à encaisser une somme de 62,670 francs. C'était pour la journée une recette totale de 216,800 francs, qui avait donné lieu à 1,873 versements.

ensemble, elle apporta aux propositions qui lui étaient soumises certaines modifications, elle y ajouta plusieurs dispositions importantes.

Elle laissait aux particuliers toute latitude pour installer des
caisses d'épargne après autorisation préalable du gouvernement, mais à l'autorité préfectorale, que Benjamin Delessert
chargeait d'agir d'office, partout où l'initiative privée ne se
manifesterait pas, elle substituait l'autorité municipale en
déclarant qu'il serait établi une caisse d'épargne dans toutes
les localités où la demande en serait faite par les conseils
municipaux. Ceux-ci contractaient alors l'obligation d'assurer
aux établissements créés sous leurs auspices un local convenable, et de supporter une partie des dépenses d'administration
auxquelles on appellerait les simples citoyens à contribuer par
des dons volontaires. Les conseils généraux interviendraient
également; ils seraient invités à voter des subventions annuelles
pour encourager une œuvre véritablement utile à l'ensemble du
département.

Les caisses d'épargne organisées d'après ces principes seraient
gérées gratuitement par les délégués de tous les bienfaiteurs;
on désignait comme administrateurs de droit le préfet ou le
sous-préfet pour les chefs-lieux de département ou d'arrondissement, le maire et deux délégués du conseil municipal et
enfin, à l'égard de caisses que subventionneraient les conseils
généraux, les membres du conseil général élus par l'arrondissement. Les autres administrateurs seraient nommés par tous
ceux dont les libéralités contribueraient à assurer l'existence
de l'Institution.

Pour donner satisfaction au ministre des finances, on déclarait qu'au lieu d'être versées à la Caisse des dépôts et consignations, les sommes reçues par les receveurs généraux et les
receveurs particuliers ou, à leur défaut, par les receveurs
municipaux qui devaient les uns et les autres prêter leur concours sans aucune rétribution, seraient versées en compte
courant au Trésor public.

On faisait aux sociétés de secours mutuels une condition
particulière en leur permettant de porter leurs dépôts jusqu'à
6,000 francs.

L'intérêt, dont le taux, d'après le projet, devait être fixé tous les ans par le ministre des finances, la commission proposait de l'insérer dans la loi et de le fixer à quatre pour cent.

Voulant en même temps rendre d'une utilité plus pratique la loi qu'elle avait été chargée d'élaborer, la commission proposait plusieurs dispositions essentielles.

Elle exemptait des droits de timbre et d'enregistrement toutes les pièces nécessaires aux opérations des caisses d'épargne.

Elle donnait à tout déposant qui avait un compte ouvert à une caisse d'épargne, la faculté de faire transférer ce compte sur une autre caisse d'épargne.

Elle déclarait acquises à la caisse d'épargne, en accroissement de son fonds capital, les sommes portées au compte du déposant qui serait resté trente ans sans faire aucune opération ou qui, avant ce délai, serait décédé sans laisser d'héritiers.

Les caisses d'épargne étaient autorisées à recevoir des dons et des legs, selon les règles posées par l'article 910 du code civil.

Enfin, les formalités prescrites par le code de procédure et par le décret impérial du 18 août 1807 relatives aux saisies-arrêts, étaient rendues applicables aux fonds dont les caisses d'épargne étaient dépositaires.

La commission dont faisait partie Benjamin Delessert comptait également parmi ses membres un homme qui, dans ses études, dans ses ouvrages, dans le cours qu'il faisait au Conservatoire des arts et métiers, où son professorat avait un grand retentissement, s'efforçait de répandre dans les classes ouvrières l'enseignement des sciences appliquées aux travaux publics, au commerce, à l'industrie. C'était le baron Charles Dupin, le second de ces trois frères qui, pendant une partie du siècle, ont jeté un éclat singulier au barreau, dans la magistrature, dans la politique, à l'Institut. Fervent admirateur du duc de la Rochefoucauld et de Benjamin Delessert, il était devenu, par ses écrits et par ses discours, un ardent propagateur des caisses d'épargne; ce fut lui que la commission nomma rapporteur.

Le baron Charles Dupin ne put présenter son rapport que dans la séance du 16 mai 1834; la session touchait à son terme et quelques jours après la Chambre était dissoute; il fallait attendre pour reprendre le projet de loi l'ouverture de la législature nouvelle. Mais les conseils généraux allaient tenir prochainement leurs sessions; M. Duchatel, qui avait alors le portefeuille du commerce, voulut attirer immédiatement leur attention sur les avantages des caisses d'épargne. Dans ce but, il adressa le 4 juillet à tous les préfets une circulaire pour leur rappeler l'intérêt que le gouvernement attachait au développement de l'Institution. « Il y a, disait-il, quatre-vingt-huit caisses autorisées ou sur le point de l'être, mais ce nombre ne suffit pas pour la France. Toutes les villes de quelque importance devraient en avoir une. Jamais occasion ne fut plus favorable ; aux termes de nos lois de finances, la loterie cessera d'exister à la fin de 1835 ; il faut diriger vers les caisses d'épargne les sommes que l'imprévoyance consacrait au jeu et dérobait à un emploi utile. » Et le ministre ajoutait : « Les conseils généraux s'assemblent le 12 de ce mois. Je vous prie de leur communiquer cette circulaire et de les inviter à aider par quelques subventions, les villes de votre département qui n'ont pas encore de caisses d'épargne et dont cependant la population est assez considérable pour admettre une institution de ce genre. » Il leur adressait en même temps des modèles de statuts pour l'organisation de caisses d'épargne, soit qu'on voulût les constituer dans la forme des sociétés anonymes, soit que l'on se contentât de les établir au moyen d'une association placée sous la direction de l'autorité municipale. De plus, il joignait à cet envoi les développements de la proposition faite par Benjamin Delessert à la Chambre des députés dans la précédente session et le rapport du baron Charles Dupin sur cette proposition : « Je compte sur votre concours zélé, Monsieur le préfet, disait-il en terminant ; ne manquez pas de m'informer du résultat des délibérations du Conseil. Il s'agit ici d'un intérêt bien cher, de l'amélioration du sort des classes pauvres et de tous les avantages que cette amélioration entraîne à sa suite pour la société. »

Bien que la discussion publique ne se fût pas ouverte à la Chambre sur le projet de Benjamin Delessert amendé par la commission, on s'occupait partout de la question des caisses d'épargne. Le baron Charles Dupin, dans ses leçons adressées aux ouvriers, un autre membre de la commission, M. Félix Bodin, dans plusieurs publications, le député Eusèbe Salverte, dans le *Journal de la morale chrétienne*, développaient les avantages des caisses d'épargne. De son côté, M. de Cormenin déposait la plume du pamphlétaire pour vanter, dans le *Courrier français*, les bienfaits de l'Institution créée par Benjamin Delessert; en même temps, il publiait de petites brochures à un sou dans lesquelles il faisait ressortir « l'utilité de ces banques populaires et la nécessité d'en fonder de nouvelles à Paris et dans les départements, dans l'intérêt du prolétaire ».

Dans le *Journal des connaissances utiles*, c'était Lamartine qui, dans un style magnifique, cherchait à éclairer l'esprit des plus incrédules ou des plus ignorants. Il démontrait que le but à poursuivre, le résultat immense et salutaire à atteindre, c'était d'élever le plus grand nombre d'hommes à la possession d'un capital et de donner à l'ouvrier qui n'a que son travail, le moyen de se créer, par la fréquentation de la caisse d'épargne, un capital qui soit pour lui une assurance contre la maladie, les accidents, la cessation de travail, une réserve pour tous les événements prévus ou imprévus de la vie, une garantie morale, enfin, contre l'oisiveté, le désordre, la débauche et tous les vices qui absorbent trop souvent son superflu et ne lui laissent que des regrets tardifs, l'indigence et le désespoir. « Vous donc, écrivait-il, vous donc, ouvriers, laboureurs, vignerons, domestiques, vous qui vivez d'un salaire annuel ou quotidien, vous qui avez besoin d'un capital ou d'une avance pour ne pas tomber dans le dénûment par un accident, par une maladie, par la vieillesse, vous tous qui voulez et qui devez avoir un jour, une semaine, un mois, une année entre la misère et vous! Vous qui voulez arriver avec assurance à la possession des premiers biens de la vie, une maison, un champ, un capital, une propriété quelconque! Vous qui voulez avoir une famille, une femme, des enfants et assurer après vous à cette femme et à ces enfants ce que tout homme doit à ce qu'il laisse sur la terre : du pain et de l'éducation, apportez chaque semaine, chaque mois quelques centimes, quelques francs à la caisse productive ouverte pour vous! Vous y trouverez aisance pour vous et sécurité pour vos enfants; vos épargnes seront une leçon et un exemple pour eux; l'esprit d'ordre et d'économie produit à la fois morale et richesse; le lendemain ne sera pas toujours menaçant pour vous et vous aurez le fruit de votre prévoyance et de votre travail toujours prêt à rentrer dans vos mains, grossi par le temps et accumulé par l'intérêt, et vous viendrez,

à l'heure du besoin, puiser dans le trésor que vous vous serez
préparé, il vous rendra toujours plus que vous ne lui aurez confié. »

Dans ce même *Journal des connaissances utiles*, Émile de
Girardin, qui en était le directeur, ne pouvait manquer d'exprimer
son opinion sur le projet de Benjamin Delessert. Il le refaisait
à peu près sur le même plan en portant la limite du dépôt
à 5,000 francs. Pour lui, toute l'économie de la loi proposée,
toute la fécondité de l'idée résidait dans l'intervention des receveurs
des finances pour remplir gratuitement les fonctions
de caissiers et décharger ainsi les caisses de frais de gestion
trop considérables. « Par l'intervention officieuse des receveurs
de département et d'arrondissement, disait-il, disparaît la
seule et grave difficulté qui s'opposait à la propagation des
Caisses d'épargne, toute ville alors voudra avoir la sienne, le
crédit public se fortifiera de la confiance générale. On a dit que
les Caisses d'épargne étaient les écoles primaires de la prévoyance,
on peut ajouter encore qu'elles sont une assurance
mutuelle entre l'ordre d'une part et la liberté de l'autre ; une
association plus étroite d'intérêts entre la nation et son gouvernement. »

A la fin de 1834, on se trouvait au moment où les conseillers
municipaux élus par la ville de Paris se réunissaient pour la
première fois. Dans le rapport qu'il leur adressait le 27 décembre,
sur les intérêts et les besoins des habitants de la capitale,
le préfet de la Seine arrêtait un instant leur attention sur
le sort de la classe pauvre et sur les secours que lui offraient
certaines institutions. Le comte de Rambuteau estimait que les
efforts devaient tendre à diminuer pour elle la nécessité de se
procurer des ressources par le mont-de-piété. « Il serait désirable,
disait-il, que l'artisan évitât l'emprunt par son économie
et qu'à force d'ordre il ne dût un semblable secours qu'à lui-même.
Il faut lui donner à la fois le goût et les moyens d'épargner,
de conserver et d'accroître et le conduire ainsi aux jouissances
de la propriété. L'heureuse et bienfaisante idée des
caisses d'épargne n'a pas d'autre but et pour seconder ce mouvement
vers l'ordre et la prévoyance, je me suis attaché, avec
le Conseil municipal, à provoquer l'établissement de caisses
nouvelles dans les arrondissements ruraux et à multiplier celles
que Paris renfermera. »

C'était le langage d'un véritable administrateur, soucieux de remplir dignement les fonctions dont il était investi, et ceux auxquels il était tenu, avaient le cœur assez haut placé pour comprendre l'étendue des devoirs que leur imposait leur mandat.

Pendant que l'attention publique était ainsi ravivée et que partout on s'occupait d'une question qui touchait trop aux intérêts mêmes du pays pour ne pas être résolue par le législateur, la Caisse d'épargne de Paris voyait ses opérations doubler d'importance. Elle n'avait pas reçu tout à fait neuf millions en 1833, elle recevait plus de dix-sept millions en 1834.

C'était l'indice d'une situation politique et économique qui allait en s'améliorant. Cependant cette année 1834 n'avait pas été plus que les précédentes exempte de troubles et la Caisse d'épargne, sensible aux moindres agitations de la rue, avait ressenti les événements des 13 et 14 avril. L'émeute avait éclaté dans Paris à la nouvelle que les mouvements révolutionnaires qui s'étaient produits dans le Midi étaient étouffés et que Lyon, devenu le centre de la conspiration, était enfin délivré. Le dimanche, la Caisse avait tenu sa séance comme à l'ordinaire, mais à cinq heures l'agitation se propage et des barricades se dressent particulièrement dans le quartier Saint-Martin. Pendant la sanglante nuit qui suivit, l'anarchie fut encore une fois vaincue dans ses retranchements de la rue Transnonain et le peuple laborieux, rassuré et confiant retournait à son travail. Le procès-verbal du comité de direction, qui se réunissait le mardi 15, rappelle en quelques lignes ces rapides et lugubres événements. Après la constatation des versements reçus dans les deux journées précédentes, « M. Prévost rend compte des mesures qu'il a prises en raison des événements de la veille. Dès le matin, six heures, il avait prescrit aux sous-caissiers des quatre succursales de ne faire aucune recette; plus tard, le calme s'étant rétabli dans presque tous les quartiers, les bureaux, à la demande de M. Vernes et de MM. les maires des huitième et onzième arrondissements, ont été ouverts dans les succursales de la place Royale, de la rue Garancière et du faubourg Saint-Honoré. Quant à la succursale de la rue Saint-Martin, les bureaux ont dû rester fermés; il eût été d'ailleurs impossible d'en approcher. »

Les dépôts se relevèrent dès le dimanche suivant, mais ce fut pendant le mois d'avril qu'ils restèrent le plus faibles [1].

En même temps que le nombre des déposants augmentait et que les versements s'élevaient, les remboursements suivaient une marche également ascendante et les opérations, plus considérables tous les jours, amenaient un surcroît de charges. Après avoir atteint 73,000 francs en 1830, par suite de la transformation de tous les services, les dépenses d'administration étaient redescendues en 1831 à 57,000 francs, mais elles étaient remontées à 61,000 francs en 1833 et, en 1834, elles allaient dépasser 80,000 francs. Le Conseil avait jusqu'alors trouvé le moyen de les acquitter avec le produit de ses réserves et le léger profit que l'article 4 de ses statuts modifiés et approuvés par l'ordonnance royale du 30 décembre 1829, lui permettait de tirer des dépôts, en ne payant les intérêts « qu'à partir d'une semaine après le jour de chaque versement jusqu'au jour de la demande de remboursement ». Il voulut se prémunir contre les embarras que pourrait lui causer l'élévation de ses frais de gestion. Il ne pouvait perdre de vue que, grâce à la large hos-

1. DÉPOTS REÇUS EN 1834		DÉTAIL DES DÉPOTS, PAR JOUR DE RECETTE, PENDANT LE MOIS D'AVRIL					
		JOURS DE RECETTES	CAISSE CENTRALE	1re succ. Place Royale. Mairie du 8e arr.	2e succ. rue Garancière. Mairie du 11e arr.	3e succ. rue Saint-Martin. Mairie du 6e arr.	4e succ. rue d'Anjou. Mairie du 1er arr.	ENSEMBLE
Janvier....	1,385,460		Fr.	Fr.	Fr.	Fr.	Fr.	Fr.
Février....	1,350,190	Dim. 6	105,071	21,027	21,803	12,003	8,673	228,607
Mars......	1,052,629	Lundi 7	98,840	13,052	14,021	9,805	6,703	146,120
Avril......	1,165,300	Dim. 13	109,103	13,100	13,298	7,035	9,082	152,527
Mai.......	1,203,058	Lundi 14	24,620	1,742	2,412	»	1,875	30,649
Juin.......	1,081,080	Dim. 20	126,154	14,680	16,908	7,638	7,930	173,310
Juillet.....	1,340,610	Lundi 21	92,542	11,586	15,878	7,781	7,950	135,746
Août......	1,752,170	Dim. 27	123,260	14,158	18,130	6,193	6,856	171,597
Septembre.	1,205,024	Lundi 28	80,708	13,955	11,475	7,737	12,815	126,690
Octobre...	1,470,050							
Novembre.	1,708,310							
Décembre.	1,215,783							
ENSEMBLE..	17,230,215		820,307	103,009	114,015	62,185	61,890	1,165,300

pitalité qu'elle recevait à la Banque de France, la Caisse d'épargne de Paris n'avait pas encore eu à supporter les charges d'un loyer, et qu'un jour viendrait où elle devrait pourvoir avec ses ressources personnelles à une installation dont lui ferait un devoir le développement des services de la Banque autant que sa propre situation.

Le Conseil aurait pu, usant de la faculté que lui donnait l'ordonnance du 3 juin 1829, opérer, dans la limite d'un demi pour cent, une retenue sur l'intérêt de quatre pour cent qui lui était servi par le Trésor et qu'il bonifiait intégralement aux déposants, mais il eût trouvé dans le produit de cette retenue, même fixée à un quart pour cent, une ressource trop considérable pour les besoins de l'heure présente, et il s'arrêta à une autre combinaison qui portait à une quinzaine la durée de huitaine pendant laquelle les dépôts reçus par la Caisse d'épargne ne procuraient aucun profit aux déposants. Cette huitaine donnait en effet un bénéfice plus apparent que réel, car le Trésor s'étant, de son côté, réservé de ne faire courir les intérêts des sommes qu'il recevait en compte courant que le dernier jour de la dizaine pendant laquelle le versement était effectué, ce n'était guère que l'intérêt pendant trois ou quatre jours en moyenne que gagnait la Caisse d'épargne sur chaque versement; quant au bénéfice qu'elle aurait pu faire sur les sommes destinées aux remboursements, il était nul puisque, pour retirer ses fonds du Trésor, elle devait les demander dix jours à l'avance. Or, comme elle ne savait que le lundi le montant des sommes à rembourser le vendredi suivant, elle était dans l'obligation de conserver improductive dans sa caisse ou à la Banque de France une partie de la recette du dimanche et du lundi pour faire face aux remboursements de la semaine.

La combinaison à laquelle le Conseil donnait la préférence offrait le double avantage de ne pas modifier le taux de quatre pour cent dont les déposants avaient l'habitude, et de fournir les ressources nécessaires en ne suspendant le cours de l'intérêt que pendant un temps dont la méthode établie par la Caisse des dépôts et consignations justifiait la durée.

Délibérée et adoptée au mois de novembre 1834, cette mesure qui apportait une dérogation à l'une des dispositions des statuts, ne fut que tardivement approuvée par une ordonnance royale du 17 mars 1835; elle était formulée dans les termes suivants :

« A l'avenir et à dater du 1er mai 1835, l'intérêt sera dû par la Caisse d'épargne et de prévoyance de Paris à partir du quinzième jour qui suivra chaque versement et cessera le quinzième jour avant celui qui aura été fixé pour le remboursement. »

La Caisse d'épargne de Paris resta jusqu'en 1840 sous le régime de cette ordonnance.

Cependant, le moment était venu pour Benjamin Delessert de poursuivre devant la Chambre nouvellement élue la reconnaissance légale de l'Institution qu'il avait fondée. Il n'avait qu'à reprendre le projet élaboré à la fin de la dernière législature. C'est ce qu'il fit d'accord avec le baron Charles Dupin, et la proposition qu'il présenta dans la séance du 13 décembre 1834 fut prise en considération par un vote unanime de la Chambre. Mais, lorsque le projet arrêté par la commission entière après un examen approfondi de toutes les questions qu'il soulevait, vint en séance publique, une discussion orageuse et confuse se produisit dans le Parlement, et un moment on put croire que la proposition, acclamée quelques jours auparavant, allait être rejetée sans examen. L'idée était accueillie par tous peut-être, car aucune voix ne s'éleva contre la loi examinée dans son principe même, mais chacun voulait la plier à sa guise et dans une question dont la politique aurait dû être exclue, on sentait les sourdes menées d'une opposition en présence de laquelle les ministres éprouvaient un certain embarras à soutenir le projet de la commission auquel ils avaient cependant donné leur adhésion.

La discussion générale n'avait été marquée par aucun incident. La grande voix de Lamartine avait dominé le débat. Répondant d'abord à une proposition qui venait d'être portée à la tribune par un de ses collègues, il refusait de rattacher les caisses d'épargne aux monts-de-piété. Pour l'orateur, deux motifs devaient faire repousser cette réunion : « Le premier, disait-il, c'est que les monts-de-piété sont naturellement affectés aux grands centres de population et que les caisses d'épargne, au contraire, doivent être répandues le plus possible et rapprochées des intéressés et des besoins. Le second motif et le plus grave contre la réunion des caisses d'épargne à des monts-de-piété, c'est que les ouvriers qui vont porter leurs meubles, leurs vêtements dans les monts-de-piété ont une pudeur naturelle qu'il ne faut pas blesser en eux ; c'est qu'ils se cachent, c'est qu'une honte bien respectable les empêche de se montrer au grand jour et aux yeux des autres ouvriers. Cette honte serait redoublée et rejaillirait en quelque sorte sur les ouvriers qui, au contraire, iraient porter à la Caisse d'épargne le fruit de leurs économies, si ces deux établissements étaient réunis. »

Abordant ensuite le projet en discussion, Lamartine approuvait la commission et l'esprit qui l'avait animée dans l'examen de cette loi éminemment sociale. « On sent dans le rapport, continuait-il, on sent à chaque article de la loi amendée par la commission cet élan vers le bien, cet intérêt pour les classes populaires qui doit être l'âme des gouvernements et des Chambres. Dans le temps où nous sommes, dans un temps de publicité, de lumière et d'individualisme, nous ne devons pas oublier que la société ne peut se soutenir qu'à force de vertus publiques. Ce sont ces vertus que le projet de loi a pour objet de multiplier. »

Mais en louant la commission, il regrettait sur certains points l'insuffisance de la loi. Il demandait qu'on apportât des améliorations à l'administration matérielle. Il voyait de graves inconvénients à obliger les receveurs généraux, les receveurs d'arrondissement, les receveurs municipaux à recevoir gratuitement les sommes versées dans les caisses d'épargne, car, pour lui, de même qu'il ne pouvait y avoir de charité utile que la charité volontaire, de même il ne pouvait y avoir de services bien remplis dans la société que des services salariés. Il aurait voulu que l'on donnât à ces caisses les moyens d'administrer les épargnes populaires sans avoir recours à des employés auxquels on imposerait le dimanche des travaux sans rémunération. Accablés déjà des fatigues de la semaine, on ne pouvait exiger d'eux cette bienveillante sollicitude qu'on obtiendrait d'une administration toute spéciale et qui encouragerait à l'économie, et il disait que si l'on voulait recueillir les petites épargnes, il ne fallait pas les laisser, pendant toute une semaine, exposées aux tentations de chaque jour.

Il s'élevait contre la destination que devaient recevoir les dépôts, il déclarait que la proposition de Benjamin Delessert que la commission n'avait pas maintenue parce qu'elle avait été repoussée par le ministre, était bien préférable à celle que l'on présentait à la Chambre, et il émettait le vœu que les sommes recueillies par les caisses d'épargne fussent versées, non pas au Trésor où elles iraient se mêler à la dette flottante, mais à la Caisse des dépôts et consignations qui en ferait emploi. Et cela, s'il le voulait dans l'intérêt du Trésor, il le voulait bien plus encore pour rassurer les ouvriers qui perdraient toute confiance si un événement grave mettait le Trésor dans l'impossibilité de rembourser exactement les dépôts.

Enfin, il reconnaissait que pour la totalité des sommes versées l'intérêt fixé à quatre pour cent était suffisant, que s'il était plus élevé il grèverait le Trésor de charges trop lourdes; il aurait voulu cependant que pour toutes les sommes qui ne dépasseraient pas cent ou deux cents francs, l'intérêt fût porté à cinq pour cent. Il regrettait que les auteurs de la proposition dont c'était l'avis, que la commission qui était unanimement décidée à donner cet encouragement à la petite épargne, se fussent heurtés au refus du ministre des finances. Il s'étonnait qu'un gouvernement né depuis quatre ans de la volonté populaire refusât d'encourager ainsi par un léger sacrifice les mœurs économiques et laborieuses du peuple. Néanmoins il déclarait qu'il voterait la loi malgré ses imperfections : « C'est un pas timide sans doute, ajoutait-il, mais c'est un pas fait dans la route du bien. Si nous ne pouvons pas faire violence à la générosité nationale, si nous ne pouvons pas arracher ces munificences si fécondes que nous sollicitons du pouvoir et qui lui rendraient de si immenses intérêts, donnons du moins à la vertu du peuple le denier que nous pouvons en arracher. Mais un gouvernement plus instruit n'épargnerait rien pour encourager un tel mouvement des esprits et il n'oublierait pas qu'on ne paye jamais trop cher les vertus d'une population. »

De la suite de la discussion générale, il ne reste à retenir que les observations très sensées de M. Eusèbe Salverte, sur la difficulté, l'impossibilité même qu'il voyait, avec juste raison, à faire varier le taux de l'intérêt suivant l'importance des

sommes versées. Bien qu'administrateur de la Caisse d'épargne
de Paris, M. Salverte ne partageait pas toutes les opinions de
Benjamin Delessert et il n'hésitait pas à dire ce qui lui paraissait utile pour faire prévaloir les siennes. Il appartenait à l'opposition et, à la Chambre, c'était le député qui parlait.

Répondant sur ce point spécial à l'orateur qui avait appelé
l'attention sur les avantages d'un taux variable, il expliquait
que les caisses d'épargne auraient toujours, quoi qu'on fît, des
frais d'administration à payer, car il n'admettait pas que les
hommes qui tiendraient les livres, les livrets, les comptes
feraient un travail gratuit et il montrait comment ces frais
seraient encore augmentés et les soins des administrateurs
singulièrement compliqués, si tel versement portait un intérêt
à quatre pour cent, tandis que tel autre porterait un intérêt à
cinq pour cent; il y aurait donc sur le même livret, disait-il,
des sommes jouissant d'un taux d'intérêt différent qu'il faudrait
distinguer les unes des autres et avec d'autant plus de soin
que leur accumulation tendrait à changer l'état des dépositaires. Ce serait un travail presque inextricable qui forcerait à
augmenter le nombre des employés et à élever beaucoup leur
salaire. Ce furent les derniers mots prononcés sur cette question qu'aucun député ne chercha à soulever de nouveau.

Lamartine, en exprimant son sentiment sur les points principaux de la loi, avait bien mis en relief les difficultés en présence
desquelles on allait se trouver lorsqu'on aborderait la discussion des articles. Après une lutte d'une vivacité extrême, la
Chambre refusait au gouvernement le droit d'intervenir par les
préfets, les sous-préfets et les maires pour pourvoir à l'organisation des caisses d'épargne, même dans les localités où l'initiative privée resterait inactive ou impuissante; elle n'admettait pas qu'on imposât aux conseils municipaux, aux conseils
généraux, de contribuer à la dotation de ces établissements,
elle se montrait hostile à toutes les dispositions de la loi qui,
en imposant aux caisses d'épargne certaines obligations et en
leur accordant certains avantages, comme le concours gratuit
des comptables du Trésor, leur imprimeraient en quelque sorte
le caractère d'institutions publiques.

Pour une partie de la Chambre, le rejet de ces propositions
signifiait que l'on entendait maintenir les caisses d'épargne dans

le droit commun, qu'on les laissait libres de bénéficier des
dispositions de l'ordonnance du 3 juin 1829 et que l'intervention législative était inutile pour les aider à se constituer, mais
sur d'autres bancs on soutenait qu'il y avait, dans ce qui restait du projet, des dispositions d'une utilité incontestable, qu'il
était important que la loi les sanctionnât et on réclamait
énergiquement le renvoi à la commission. L'intervention de
M. de Tracy, celle de M. Guizot contribuèrent à ramener la
Chambre à une appréciation plus exacte des graves intérêts
que soulevait la question des caisses d'épargne et le renvoi fut
prononcé.

La loi que la commission rapportait quelques jours plus tard
ne présentait plus que des dispositions générales également
applicables à toutes les caisses qui se fondaient librement avec
ou sans la participation des conseils municipaux et des conseils généraux. Mais ses défenseurs eurent encore à soutenir
des attaques nombreuses. L'intérêt à bonifier par le Trésor aux
caisses d'épargne avait été fixé par la commission, d'accord avec
le gouvernement, au taux de quatre pour cent qui était inférieur au cours des valeurs ; tous dans la Chambre paraissaient
l'avoir accepté ; certains députés même, on l'a vu, auraient
voulu que, pour les petits versements, le taux fût porté à cinq
pour cent. Cependant l'article dut être défendu par le ministre
des finances, M. Humann, par le comte Duchâtel, ministre du
commerce, particulièrement contre M. Eusèbe Salverte qui,
après avoir donné dans la discussion générale son approbation
à l'intérêt de quatre pour cent, se trouvait, par une étrange
contradiction, au nombre de ceux qui, ne craignant pas d'assimiler aux placements faits au Trésor en bons royaux les
dépôts confiés aux caisses d'épargne, demandaient que pour
ces dépôts l'intérêt fût abaissé jusqu'à deux pour cent. Il s'attira
une verte réplique du ministre du commerce qui faisait ressortir l'erreur que l'on commettrait si l'on prenait pour mesure
générale du taux de l'intérêt les placements faits au Trésor en
bons royaux. Le Trésor, disait-il, n'obtient par cette voie que
des sommes limitées ; si l'on voulait en obtenir de plus considérables, il faudrait modifier l'intérêt ; et il ajoutait : « On nous
reproche souvent de ne rien faire pour les classes laborieuses,
de traiter avec une négligence coupable la partie inférieure de

la société et lorsqu'une proposition surgit dans la Chambre, qu'elle est appuyée par le gouvernement, qu'elle a pour objet de répandre l'aisance dans la classe laborieuse, nous trouvons de l'opposition de la part de ceux-là mêmes qui nous ont adressé ces accusations ».

L'article fut voté et, sur les observations de M. Dufaure, qui jugeait utile que la loi fixât la retenue à exercer par les caisses d'épargne pour payer leurs dépenses, on y ajouta un paragraphe ainsi conçu : La retenue à faire, s'il y a lieu, par les administrations des caisses pour frais de loyer et de bureau ne peut excéder un demi pour cent.

Lorsque l'on arriva à discuter le maximum de dépôt, au projet de la commission qui proposait d'autoriser à verser sur le même compte jusqu'à 3,000 francs en capital et d'admettre ensuite l'accumulation illimitée des intérêts, la Chambre substitua une disposition aux termes de laquelle la totalité des sommes en principal et intérêts portées au compte d'un même déposant ne pourrait pas dépasser 3,000 francs et elle refusa que l'on bonifiât aucun intérêt sur les excédents de maximum qui proviendraient de l'accumulation des intérêts. Quant aux sociétés de secours mutuels que des ouvriers ou autres individus auraient formées entre eux pour s'entr'aider en cas de maladie ou d'accident ou dans leur vieillesse, et qui auraient été dûment autorisées, elles furent admises sans difficulté à déposer leurs fonds en totalité ou en partie dans les caisses d'épargne et le compte de chacune d'elles pouvait s'élever jusqu'à 6,000 francs.

Mais une discussion s'éleva plus vive au moment où il fallut se prononcer sur le maximum que pouvait atteindre le versement hebdomadaire. D'une part, on demandait qu'il fût limité à 50 francs car, disait-on avec une certaine ironie, les personnes que la loi avait pour but d'amener à une vie plus régulière et d'encourager au bien n'auraient jamais 300 francs à économiser par semaine. Cependant, il était facile de montrer que si la loi était faite pour les pauvres qui économisaient quelques francs sur leurs salaires de la semaine, elle ne devait pas oublier qu'il y avait des ouvriers qui revenaient dans leurs localités avec le produit d'un travail de plusieurs semaines, quelquefois de plusieurs mois, qu'il y avait des domestiques qui recevaient en une ou deux fois leurs gages de l'année, que de petits héritages de 200 francs, de 300 francs pouvaient échoir aux uns et aux autres et que, peu habitués à avoir de grosses sommes entre les mains, ils seraient exposés à les gaspiller si, pour les placer, il leur fallait attendre plusieurs semaines. Enfin, Benjamin Delessert rappelait l'ordonnance du 16 juillet 1833 qui, rendue dans l'intérêt des marins, avait produit dans les villes éloignées du littoral où elle avait été appliquée, les effets les plus salutaires et, l'esprit toujours en éveil sur ce qui se passait à la Caisse d'épargne de Paris, il disait en soutenant la proposition de la commission : « Je ne citerai qu'un fait : dimanche dernier, un porteballe est entré à la Caisse d'épargne. Il a demandé ce qu'était cette caisse. Quand il l'a su, il s'est en quelque sorte déshabillé et a déposé une somme de 300 francs qu'il avait sur lui depuis dix années. Vous voyez que c'est une Institution utile pour les ouvriers. »

La faculté, pour les déposants, de faire transférer leurs fonds d'une caisse à une autre, les dispositions de l'article 910 du code civil étendues aux caisses d'épargne pour leur permettre de recevoir des dons ou des legs, les formalités prescrites par le code de procédure et par le décret impérial du 18 août 1807 relativement aux saisies-arrêts, rendues applicables aux fonds déposés dans les caisses d'épargne, furent adoptées sans discussion.

La commission proposait d'exempter des droits de timbre et d'enregistrement toutes procurations relatives aux dépôts effectués dans les caisses d'épargne et toutes les pièces nécessaires pour retirer les fonds appartenant aux héritiers ou ayants cause des déposants décédés. Mais la Chambre restreignit aux registres, aux livrets et aux quittances qu'elle dispensait du timbre, les faveurs qui étaient demandées; cependant, sur le dernier point le ministre des finances avait hautement protesté. Il disait que le gouvernement avait pu jusqu'alors ne percevoir aucun droit de quittance sur les remboursements opérés par les caisses d'épargne; animé d'une vive sollicitude pour ces établissements, il laissait même entendre qu'à l'avenir, il continuerait à user à leur égard de la même tolérance, mais il refusait de laisser inscrire dans la loi une exception qui portait atteinte au principe de l'égalité en matière d'impôt.

Devant la Chambre des Pairs, la question fut de nouveau discutée, et malgré l'éloquente intervention du comte d'Argout, alors directeur honoraire de la Caisse d'épargne, malgré de très judicieuses observations présentées par M. Barthe, ancien garde des sceaux, sur le droit qui appartenait au législateur de venir au secours des classes laborieuses et pauvres en consacrant à leur profit certaines exceptions repoussées par le droit commun, le ministre des finances obtint que les quittances restassent soumises à la loi générale.

Deux dispositions étaient encore à examiner, qui présentaient une assez grande importance pour les caisses d'épargne. et il n'est pas inutile de les rappeler ici, car elles marquaient d'une empreinte particulière le projet de la commission.

La première, qui paraissait la plus conforme au droit commun, qui ne pouvait soulever aucune difficulté dans l'application et dont l'utilité était incontestable, fut rejetée. Elle avait pour objet d'attribuer définitivement à la caisse d'épargne, en accroissement de son fonds capital, les sommes portées au compte du déposant qui serait resté trente années sans faire aucun versement ou aucun retrait par lui-même, par ses héritiers ou par leurs ayants cause. Plus tard, nous verrons le législateur relever la question dont Benjamin Delessert présentait déjà la solution en 1835.

L'autre proposition de la commission, qui contenait une modification assez grave aux droits de l'État en matière de succession, fut au contraire adoptée par la Chambre des députés. Elle portait que dans le cas où, d'après les dispositions du code civil, la succession d'un déposant serait dévolue à l'État, le montant du compte de ce déposant serait acquis à la caisse d'épargne pour en accroître le fonds capital, sans préjudice toutefois du droit des créanciers. On avait montré que cet article ne créait pas un principe nouveau, qu'il confirmait, en faveur des caisses d'épargne, ce qui se pratiquait à l'égard des hospices de Paris, lesquels héritent de tous les objets laissés par les malades qui y meurent. On avait dit encore que la caisse d'épargne, dépositaire des fonds, ne peut les remettre qu'à ceux qui justifient de leurs droits; que si personne ne se présente, la caisse les conserve sans qu'elle ait aucune formalité à remplir et sans qu'elle soit pour cela héritière. Enfin, on avait répondu au ministre des finances, qui défendait les prérogatives de l'État, qu'on n'entendait pas déroger au droit commun, mais que la caisse d'épargne n'était autre chose que la réunion des déposants et qu'en lui attribuant ce qui n'était réclamé par personne, on augmentait le patrimoine des pauvres.

La Chambre des pairs repoussa cette disposition qui disparut ainsi de la loi et que personne ne songea plus à reprendre.

Enfin, le dernier article prescrivait que chaque année, un rapport sommaire sur la situation et les opérations des caisses d'épargne, serait distribué aux Chambres.

Ce ne fut qu'après des débats qui avaient duré plusieurs jours et qui avaient donné lieu aux incidents les plus pénibles, que la Chambre se prononça enfin sur l'ensemble du projet, et cette loi, qui avait soulevé une approbation unanime, lorsqu'elle avait été présentée à la tribune, que l'on avait dépouillée de tout ce qui pouvait donner aux caisses d'épargne une attache gouvernementale afin de ne paralyser aucune initiative, qui semblait de nature à réunir sur un même terrain toutes les opinions, car elle ne renfermait rien de politique et devait satisfaire, par le bien qu'elle était appelée à répandre, l'âme de tous les partis, cette loi ne fut cependant adoptée que par 214 voix contre 86 qui la repoussèrent : « Tant le bien le plus innocent est difficile à produire ! » triste et amère réflexion qu'arrachait au rapporteur le résultat du vote, comme si l'expérience de la vie parlementaire avait pu lui laisser encore quelque illusion sur l'influence que les entraînements de la politique exercent sur les caractères !

Le comte Roy fut le rapporteur du projet de loi devant la Chambre des pairs. En dehors de la suppression des dispositions relatives au timbre des quittances et au droit de dévolution aux caisses d'épargne des dépôts dont les titulaires décéderaient sans laisser d'héritiers, la Chambre haute n'apporta au texte proposé que des changements de rédaction.

Quand il fut représenté à la Chambre des députés, le projet amendé par la Chambre des pairs fut adopté sans aucune modification sur un nouveau rapport du baron Charles Dupin, qui « en appelait au bénéfice du temps afin de familiariser les esprits avec des idées utiles, avec des immunités fructueuses même pour le Trésor, espérant qu'un jour viendrait où les

mesures si vivement combattues, si froidement repoussées
seraient accueillies sans effort ». Il ne se trompait pas et nous
verrons par la suite que certaines des propositions de Benjamin
Delessert étaient d'une utilité incontestable, car elles prendront
place dans les lois nouvelles que la marche du temps rendra
nécessaires.

Si nous nous sommes un peu étendu sur la discussion du
projet soumis aux Chambres, c'est que la loi qui en sortit et
qui porte la date du 5 juin 1835, était la première loi organique
des caisses d'épargne et qu'elle fixait en France le principe de
l'Institution. Quelque incomplète qu'elle fût, elle suffisait alors
à assurer le développement et la marche régulière des établissements qui se créaient partout, et il faut reconnaître que les
idées auxquelles répondait l'œuvre du duc de la Rochefoucauld
et de Benjamin Delessert avaient fait des progrès considérables.
Elles subissaient l'influence de ce mouvement de 1830 qui avait
commencé à se produire dans les dernières années de la Restauration et qui, se développant avec une intensité particulière
sous la monarchie de Juillet, entraînait les esprits vers des horizons nouveaux et communiquait aussi bien à l'étude des questions économiques et sociales qu'à la littérature, aux arts, aux
sciences un élan et une vigueur auxquels la France a dû de
briller pendant plus de quarante ans d'un éclat inoubliable !

CHAPITRE V

Au moment où la loi du 5 juin 1835 était votée, il y avait en France quatre-vingt-six caisses d'épargne ouvertes au public. Plusieurs qui avaient été autorisées étaient en voie de formation. Les efforts de la Caisse d'épargne de Paris avaient déjà produit des résultats fort appréciables; par la publicité qu'elle donnait à son organisation et à ses opérations de chaque semaine, par les articles insérés dans les journaux, par les circulaires ministérielles et les mesures administratives qu'elles entraînaient, l'attention publique était tenue en éveil et l'on s'occupait un peu partout de suivre l'exemple des grandes villes. Il y avait bien ou quelques contradicteurs. N'y a-t-il pas toujours des esprits chagrins pour dénigrer les œuvres les meilleures et les plus désintéressées? Mais, chose étrange! ces premières attaques dirigées contre les caisses d'épargne venaient de ceux qui croyaient que défendre les préjugés religieux sur le prêt à intérêt, c'était défendre la religion. Une feuille qui se posait comme l'organe des intérêts catholiques, le *Moniteur des Villes et des Campagnes* n'avait pas craint de dire « qu'il n'y avait pas de placement plus immoral que celui que provoquaient les caisses d'épargne; que des établissements de ce genre avaient pour but d'attirer et d'engloutir la fortune publique et que ces gouffres d'usure ne protégeaient que l'avarice et la cupidité ». Benjamin Delessert répondait qu'un jugement aussi absurde, on pourrait dire aussi impie, avait été hautement démenti par les organes les plus importants du clergé, que plusieurs évêques avaient fait des circulaires pour recommander la création de caisses d'épargne dans leurs diocèses et il rappelait la parabole citée par les apôtres saint Mathieu et saint Luc dans laquelle le Maître demande au serviteur : Pourquoi donc n'avez-vous pas mis mon argent à la banque afin qu'à mon retour je le retirasse avec les intérêts?

A Bordeaux, n'avait-on pas vu le grand archevêque de Chéverus s'inscrire l'un des premiers parmi les fondateurs de la caisse d'épargne et n'avait-on pas entendu s'élever la voix du prélat pour inviter les ouvriers à prendre confiance dans l'Institution?

Au moment où la caisse d'épargne de Marseille avait été créée, l'archevêque d'Aix, M. de Beausset-Roquefort avait été l'un de ses partisans les plus convaincus et, dans le rapport présenté en 1823 sur les opérations du premier exercice, on lit : « Le clergé n'a pas seulement annoncé dans les instructions pastorales l'utilité de notre établissement, il a encore prêché d'exemple dans toutes les occasions; il s'est montré à la tête des fondateurs et nous le retrouvons, avec non moins de plaisir, au milieu de nos déposants ». Il n'est pas inutile d'ajouter que le

conseil d'administration comptait parmi ses membres un vicaire
général qui avait été élu au siège de premier vice-président.

Au moment où l'on s'occupait d'organiser la première caisse
d'épargne dans le département du Jura, l'évêque de Saint-
Claude avait demandé que son nom fût placé en tête de la liste
des fondateurs et il promettait son concours pour travailler au
succès d'un établissement qui, disait-il, « contribuait tant au
bien-être moral et matériel des ouailles confiées à ses soins et
assurait leur existence pour l'avenir ».

L'évêque du Mans, dans une circulaire adressée aux curés de
son diocèse, avait recommandé comme une chose bonne,
louable et digne de ses encouragements que d'accoutumer à
l'économie et à une sage prévoyance de l'avenir ; il assurait
que ces établissements étaient très utiles à la classe ouvrière
et il disait : « La religion s'allie à tout ce qui est bien ; si elle
ne le produit pas, elle le reconnaît sans envie, s'y associe de
grand cœur, le purifie, le sanctifie et s'en sert comme d'un
nouveau moyen pour arriver à la fin qu'elle se propose : la
gloire de Dieu et le salut des âmes ! »

Cependant une voix devait dominer toutes celles qui s'élevaient dans le clergé de France en faveur de l'Institution. Le
pape Grégoire XVI avait encouragé la formation d'une caisse
d'épargne à Rome comme un établissement très utile à la
famille et à la société. Dans l'instruction qui avait été publiée
avec l'autorisation de Sa Sainteté, il était dit : « Il ne faut pas
voir dans cette Institution le seul avantage matériel, mais les
nombreux avantages qui en reviendront à la religion et aux
bonnes mœurs. Le jour du Seigneur sera mieux sanctifié parce
qu'on y épargnera l'argent dépensé à jouer et à boire. » On y
disait encore : « Il vaut mieux un gain petit mais certain qu'un
grand qui peut échapper. Les pères et les mères donneront de
bons exemples à leurs enfants et les élèveront avec plus d'attention. Le vagabondage leur sera défendu, et l'honnête artisan
ne sera plus obligé de tendre la main dans les temps de besoin.
Les délits diminueront, car la misère et la faim conduisent certainement au mal. Dieu, qui est la charité même, bénira donc
cette sainte Institution ; lui qui est la source de tout bien fera
qu'il en naisse du bien nouveau. »

Et après avoir cité ces passages de l'instruction, Benjamin

Delessert disait : « Tels sont les véritables principes de l'Église à l'égard de l'Institution. Ces maximes, qui émanent d'une autorité aussi vénérable et aussi haut placée, sont bien faites pour éclairer et détromper les plus grands adversaires des caisses d'épargne. »

L'Institution venait d'être fortifiée par la loi du 5 juin 1835, qui touchait aux intérêts de la société tout entière. Les Chambres l'avaient bien compris et l'opposition elle-même avait senti que les pouvoirs publics ne pouvaient se soustraire à l'adoption d'une proposition que ses auteurs avaient su présenter à propos et dans des circonstances qui devaient en assurer le succès. Le législateur voyait, en effet, approcher l'heure où la loterie cesserait d'exister et il devait reconnaître qu'après avoir voulu moraliser le peuple, en supprimant un appât trop souvent mortel pour l'honneur des familles et en comblant un gouffre où allaient chaque jour s'engloutir la fortune des riches et les économies du pauvre, il devait montrer aux classes malheureuses et ignorantes la voie à suivre, moins décevante et plus lumineuse, pour recueillir les bienfaits du travail.

Après 1789, l'Assemblée nationale avait trouvé bon et utile de conserver la loterie royale, malgré les vices de son origine et malgré que du haut de la tribune on ait, à l'envi, proclamé son immoralité. Maintenue puis supprimée par la Convention, elle ne tardait pas à être rétablie par le Directoire qui, se voyant en présence d'un Trésor épuisé et ayant besoin de créer des ressources à la république, ne trouvait rien de mieux que de rétablir un impôt exécrable, car, pour le rendre productif, on devait faire appel aux plus mauvaises passions et exploiter les plus honteuses faiblesses de l'humanité.

Benjamin Delessert n'avait pas été seul à observer les effets désastreux de la loterie, mais il ne devait pas se borner à les déplorer. Après avoir créé l'Institution qui devait favoriser les bonnes mœurs et encourager le peuple au travail et à l'économie, il considérait qu'il lui restait encore une tâche à remplir pour compléter son œuvre. Il voulait détruire cette autre institution qui pervertissait et corrompait toutes les classes de la société et particulièrement celle qui était la moins éclairée et la plus déshéritée de la fortune.

Il faut se reporter au temps dont nous parlons, aux faits que les feuilles publiques énuméraient chaque jour, aux registres de la police qui attestaient que le nombre des crimes et des suicides augmentait en raison du nombre des tirages, pour se faire une juste idée de la démoralisation produite par la loterie.

Dans le gouvernement, dans les Chambres, on ne se dissimulait pas les conséquences funestes de cette institution qui ne procurait des ressources à l'État qu'au prix de la ruine des citoyens; mais les charges extraordinaires auxquelles avait eu à pourvoir la Restauration étaient une excuse que se donnaient à eux-mêmes, pour soulager leur conscience et se faire absoudre par l'opinion publique, les ministres qui inscrivaient le produit de la loterie dans les budgets, les députés et les pairs qui votaient chaque année le maintien de cet impôt !

« Quel impôt ! écrivait alors le prince de Talleyrand ; quel impôt que celui qui ne peut être prélevé qu'autant qu'on égare la raison des peuples ! Quel impôt que celui que le plus riche propriétaire est dispensé de payer et que les hommes vraiment sages, que les meilleurs citoyens ne paieront jamais ! Un impôt libre ! Étrange liberté que celle qu'on suppose exister au milieu des amorces les plus séduisantes ; chaque jour, à chaque instant du jour, on crie au peuple qu'il ne tient qu'à lui de s'enrichir avec un peu d'argent ; on propose un million pour vingt sous au malheureux qui ne sait pas compter et qui manque du nécessaire, et le sacrifice qu'il fait à ce fol espoir du seul argent qui lui reste est un don libre et volontaire [1] »

Le rapporteur du budget de 1820 avait déploré une fois de plus la triste nécessité où s'était trouvée la commission de maintenir l'impôt sur les loteries ; il s'excusait de ne pouvoir faire entendre, comme ses prédécesseurs, que de stériles regrets, et il ajoutait qu'il serait d'un gouvernement sage et éclairé d'arrêter la propagation d'un mal dont chaque jour on constatait les terribles effets.

Au commencement de l'année suivante, dans la séance du 15 mars 1821, le duc de Lévis demandait à la Chambre des pairs de supplier le roi de proposer certaines modifications à la

---

1. Séance de la Chambre des députés du 14 juillet 1821. Discussion du budget des recettes.

loi qui réglait la forme actuelle et les conditions de la loterie
royale de France, de façon à éloigner, par l'élévation des mises,
les basses classes de la société d'une tentation à laquelle elles
ne pouvaient succomber sans les plus graves inconvénients
pour elles-mêmes et pour les autres. Mais, en cherchant à améliorer le régime des loteries, à perfectionner leur système, on
aurait semblé donner une sorte de sanction à une institution
que la morale réprouvait. La Chambre des pairs refusa de
s'occuper de la question qui lui était soumise, montrant ainsi
que le législateur ne devait être appelé à s'occuper de la loterie
que pour l'abolir.

C'était à Benjamin Delessert que devait revenir l'honneur
d'en provoquer la suppression. Quelques mois après, au moment
de la discussion du budget de 1821, il présentait à la Chambre des
députés un amendement pour limiter la perception de l'impôt
sur la loterie au 30 juin 1822. Après cette époque, la loterie
serait supprimée et le gouvernement devrait prendre des mesures pour assurer un sort aux personnes qui y étaient employées, ainsi que pour empêcher en France l'introduction des
loteries étrangères.

Le moment était bien choisi pour soulever la question. La
situation financière était bonne. Le Trésor avait su faire face
aux lourdes charges de l'arriéré et de l'extraordinaire et, par
l'exactitude scrupuleuse qu'il avait mise à s'acquitter, il avait
relevé le crédit de la France. En même temps que tous les services avaient été améliorés, on était parvenu à diminuer les
impôts de 50 millions et à réduire la dette publique de 300 millions par l'action croissante de l'amortissement. Enfin, l'exercice 1820 venait de donner un résultat qu'on n'avait encore
jamais vu, les recettes avaient dépassé les dépenses et l'excédent était de 26 millions.

Benjamin Delessert faisait ressortir combien l'État serait
plus riche si l'argent que la loterie engloutissait était épargné
par les malheureux qui tombaient victimes de cette passion, la
plus funeste de toutes. « Les jeux, tout dangereux qu'ils sont,
disait-il, font moins de mal que la loterie, car la loterie est un
jeu bien plus inégal, c'est un jeu où l'on joue sans témoins, où
les mises sont plus faibles; c'est un jeu enfin dont on peut
s'occuper sans cesse et où cependant on peut se ruiner sans

que le public, que vos amis, que vos parents même puissent
s'en douter. » Il montrait que cet impôt, le plus onéreux de
tous puisqu'il coûtait 35 pour cent de frais de perception, ne
procurait à l'État que des profits irréguliers et incertains. Il
rappelait enfin que, quelque temps auparavant, personne à la
Chambre des pairs n'avait élevé la voix pour le maintien de la
loterie, et il espérait qu'il en serait de même dans la Chambre
devant laquelle il parlait, dont les membres plus rapprochés
du peuple devaient donner une plus grande bienveillance à ses
intérêts. « N'oublions pas, ajoutait-il, que revêtus de fonctions
aussi importantes que celles de député, nous sommes respon-
sables du mal qu'il dépend de nous d'empêcher. »

Quelques députés parlèrent dans le même sens que Benjamin
Delessert, aucun n'attaqua sa proposition. Le ministre des
finances seul la combattit. Le comte Roy se défendait de vouloir faire l'éloge de la loterie qu'il considérait comme un mal,
mais comme un mal nécessaire destiné à éviter de plus grands
maux ; il était convaincu que si elle n'existait pas, des loteries
clandestines et des loteries étrangères s'établiraient partout ;
n'étant point administrées et ne pouvant être surveillées par le
gouvernement, elles donneraient lieu aux plus grands abus et,
de plu., elles seraient exploitées pour le compte de gouvernements étrangers. Il disait que la loterie avait produit depuis
vingt-trois ans, c'est-à-dire depuis qu'elle avait été rétablie,
un revenu net de près de 11 millions par an ; aussi ne pour-
rait-on la supprimer sans laisser dans les ressources annuelles
de l'État un vide qui pourrait être évalué à dix ou douze millions et sans rendre nécessaire le remboursement de cautionnements s'élevant à une somme considérable. La majorité se
rendit sans phrase devant l'insistance ministérielle et l'amendement de Benjamin Delessert, après une première épreuve
douteuse, fut rejeté à une seconde épreuve. On n'en continua
pas moins dans les deux Chambres à déplorer le maintien de
la loterie. Pourtant les années s'écoulaient apportant aux
revenus de l'État des accroissements qui auraient permis de
prendre une mesure que l'opinion publique eût accueillie
comme un bienfait. Mais le gouvernement se montrait toujours
peu disposé à renoncer à un impôt dont la perception, toute
coûteuse qu'elle fût, était facile et productive et qui, à ses

yeux, ne constituait en définitive pour personne une charge obligatoire. Il ne voulait pas reconnaître que les impôts les plus détestables sont ceux-là surtout qui sont volontaires, car ils ne pèsent que sur les individus dominés par leurs passions; il ne sentait pas qu'en exploitant les vices pour enrichir le Trésor, on affaiblit et on dégrade une nation.

Cette attitude n'était pas faite pour décourager Benjamin Delessert. En 1828, au moment de la discussion du budget, il tenta un nouvel effort. Il pensait qu'en étant plus modeste dans ses prétentions, il arriverait, plus lentement il est vrai, mais plus sûrement à son but; aussi, se bornait-il à proposer d'inscrire dans la loi de finances, non pas l'abolition de la loterie, mais une disposition portant qu'à compter du 1er janvier 1829, le nombre des tirages et des bureaux serait diminué graduellement et les petites mises supprimées. Ainsi, auraient été atténués, en attendant qu'ils disparussent complètement, des maux qui allaient toujours en grandissant. Il faisait remarquer qu'il n'y avait plus à craindre que les loteries étrangères vinssent remplacer la loterie royale le jour où celle-ci serait supprimée, car la plupart des pays voisins avaient devancé la France; en Angleterre où elle avait été longtemps supportée, la loterie avait été complètement abolie en 1826 et, depuis lors, cette honteuse ressource ne figurait plus au budget.

Le ministre des finances repoussa de nouveau l'amendement en faisant valoir les intérêts du Trésor; le rapporteur, de son côté, supplia la Chambre de ne pas rompre l'équilibre du budget et de laisser à la commission le soin d'engager le gouvernement à s'occuper sérieusement de la question.

Benjamin Delessert vit encore une fois sa proposition repoussée, mais il n'avait pas fait une campagne inutile et ses paroles avaient été entendues, car, le 22 février 1829, le roi signait une ordonnance qui reproduisait les termes mêmes de sa proposition : le nombre des départements dans lesquels pourrait être maintenue la loterie était limité et le taux des mises était élevé. C'était un acheminement vers la suppression qui fut enfin prononcée par la loi du 21 avril 1832. Mais cette loi devait être lente à faire sentir son influence, car le ministre des finances n'était autorisé qu'à procéder graduellement, de manière à ce que la loterie eût complètement cessé d'exister au 1er janvier 1836. Pour assurer l'effet de ces mesures, une loi du 21 mai de cette même année 1836 supprimait d'une manière absolue toutes les spéculations et entreprises combinées au moyen de primes et de tirages. La loi de finances du 18 juillet vint compléter cette suite de dispositions utiles en prononçant la suppression totale des maisons de jeu, à dater du 1er janvier 1838.

Enfin Benjamin Delessert l'avait emporté. L'idée qui l'avait si longtemps obsédé s'était réalisée, et ce qui était bien fait pour lui donner une grande satisfaction, c'est que ses prévisions se trouvaient justifiées par les événements. Il avait dit : Quand les classes ouvrières ne seront plus excitées à courir les chances du hasard, on verra diminuer la misère, le travail reprendra ses droits et les caisses d'épargne recueilleront les millions qui auraient été engloutis par la loterie. Que disent donc les chiffres? En 1832, les versements reçus par la Caisse d'épargne n'avaient atteint que 3,643,000 francs, tandis que les mises à la loterie, à Paris seulement, avaient été de 17,696,000 francs; mais, dans les trois années suivantes au cours desquelles on supprime peu à peu le nombre des bureaux et on élève le minimum du taux des mises, les sommes aventurées à la loterie diminuent et pendant qu'elles tombent à 12 millions en 1833, à 11 millions en 1834, les dépôts effectués à la Caisse d'épargne de Paris montent en 1833 à 8,700,000 francs, à 17,230,000 francs en 1834, et le 31 décembre 1835, au dernier jour fixé à l'existence de la loterie, la Caisse d'épargne arrête le chiffre des versements reçus dans l'année à 23,585,000 francs.

Cette somme était considérable et cependant le Conseil des directeurs n'avait pas usé de la faculté que lui avait laissée la loi du 5 juin 1835 de porter à 3,000 francs les versements des particuliers. Satisfait des progrès réalisés, désireux de bien montrer que l'augmentation croissante des dépôts, n'était due qu'à la petite épargne, le Conseil, lorsqu'il s'était réuni pour arrêter les mesures que commandaient de prendre les dispositions votées dans l'intérêt des caisses d'épargne, avait bien admis que les sociétés de secours mutuels seraient autorisées à verser jusqu'à 6,000 francs, mais il avait décidé que le maximum de 2,000 francs, qui avait été fixé dans l'acte modificatif des statuts approuvé par l'ordonnance royale du 30 décembre 1820, serait maintenu pour les autres déposants et qu'il ne pourrait s'élever à 3,000 francs que par la capitalisation annuelle des intérêts. Au-dessus de 3,000 francs, le capital continuerait à produire intérêt, mais sans accumulation, conformément aux prescriptions de la loi qui venait d'être promulguée.

L'article 8 de cette loi contenait une disposition précieuse pour les déposants. Il leur donnait la faculté de faire transférer leurs fonds d'une caisse sur une autre et par là il devait s'établir entre toutes les caisses d'épargne un lien de solidarité utile à leur développement; elles restaient indépendantes les unes des autres, mais toutes elles étaient rattachées au Trésor, par l'intermédiaire duquel se faisaient les virements de fonds; ainsi, en facilitant aux déposants la disponibilité de leurs économies sur tel point du territoire doté d'une caisse d'épargne où ils pouvaient avoir à se transporter, on rendait l'Institution plus populaire et on provoquait dans toutes les localités de quelque importance la création de nouvelles caisses.

Ce ne fut qu'après s'être concerté avec le Conseil des directeurs que le ministère des finances arrêta les règles auxquelles demeurèrent assujetties les opérations de transfert.

L'initiative de la Caisse d'épargne de Paris se fit particulièrement sentir lorsque sur son insistance on se décida, en 1838, à prendre les mesures nécessaires pour que les fonds transférés ne cessassent pas un seul jour, pendant la durée de l'opération, de produire intérêt au profit des déposants.

Les instructions qui firent l'objet de la circulaire signée par M. Humann, ministre des finances, le 14 novembre 1835, la décision de M. Martin du Nord, ministre des travaux publics, de l'agriculture et du commerce, datée du 2 septembre 1838, servent encore aujourd'hui de base à des opérations qui ont pris une grande extension.

Cependant, il est permis de regretter que des règles arrêtées il y a cinquante-cinq ans aient échappé à la loi du progrès et soient restées immuables au milieu du mouvement général des affaires. En 1835, on se déplaçait moins facilement, la durée des voyages était longue, la vie s'écoulait plus lentement, aussi n'est-ce pas sans raison que des améliorations ont été demandées pour abréger les délais que doivent supporter les déposants avant que les livrets transférés soient remis entre leurs mains. Mais les vœux que la Caisse d'épargne de Paris n'a pas été seule à exprimer, les dispositions qu'elle a prises pour accomplir plus rapidement la tâche qui lui incombe, sont demeurés sans effet. L'administration supérieure n'a jamais cru devoir apporter de changement dans un service qui est bien digne cependant de fixer son attention.

Il est intéressant de voir comment les hommes les plus haut placés envisageaient alors l'action des caisses d'épargne et de quelle importance elle était pour eux. Dès que furent arrêtées les mesures qui réglaient le transfert des livrets, le maréchal Maison, ministre de la guerre, qui les considérait comme très favorables à l'armée, faisait insérer une note dans le *Journal militaire* pour en répandre la connaissance. De son côté, le lieutenant général Pajol, qui était à la tête de la première division, adressait aux troupes placées sous son commandement un ordre du jour qui montre quelle était alors la sollicitude du chef pour ses soldats et qui caractérise les mœurs militaires d'une époque.

Cet ordre portait : « Beaucoup de militaires des corps de la division ont confié leurs économies à la Caisse d'épargne et leur nombre s'accroît de jour en jour. Mais, jusqu'à présent, lorsque arrivait pour eux le moment de quitter leur garnison, ils étaient dans l'obligation ou d'y laisser leur argent ou de l'emporter avec eux au risque de le dépenser mal à propos et même de le perdre et d'en être dépouillés.

« Désormais, sans être exposé à aucun de ces inconvénients, tout militaire qui changera de garnison ou de résidence pourra se faire suivre par la somme d'argent dont il aura rendu la caisse d'épargne dépositaire. Il lui suffira pour cela de faire connaître son intention à l'administration de la caisse.

« Cette disposition est la conséquence des mesures concertées avec messieurs les directeurs de la Caisse d'épargne et arrêtées par M. le ministre des finances qui autorise les transferts de fonds d'une caisse d'épargne à une autre.

« Le lieutenant général, pair de France, commandant de la première division militaire, s'empresse de la notifier aux troupes de la division; elles y verront une nouvelle preuve de la sollicitude que le gouvernement ne cesse de porter à l'armée. »

Par une coïncidence digne de remarque, le premier virement
de fonds que la Caisse d'épargne de Paris eut à demander au
Trésor fut en faveur d'un soldat libéré du service qui, retournant à pied dans son pays, devait retrouver à la caisse d'épargne
de Saumur le montant du livret qu'il s'était fait ouvrir à Paris
et qui s'élevait à 530 francs.

C'est par une observation constante de faits qui par leur insignifiante apparence échappent au vulgaire que se forment les
grands esprits. Benjamin Delessert ne trouvait pas indigne de
lui de suivre dans toutes leurs conséquences, dans tous leurs
effets, les idées que sa patience avait fait triompher, les lois
auxquelles il avait apporté une collaboration aussi ardente que
dévouée. Il voulait que le soldat s'habituât à l'épargne pour que
le jour où il reprendrait l'outil du travailleur, il sût ce que rap-
porte l'économie et connût les joies qu'elle procure. Ses collègues étaient pénétrés des mêmes sentiments; aussi était-ce
avec une grande satisfaction que, dans la séance du 12 novembre 1835, le Conseil des directeurs entendait l'un de ses
membres nouvellement élu, M. Adolphe d'Eichthal, lui annoncer
que, d'après l'arrangement conclu entre le gouvernement et
la compagnie concessionnaire du chemin de fer de Paris à
Saint-Germain, une retenue faite sur la paye de tous les soldats
qui seraient occupés comme ouvriers à ces travaux d'utilité
publique, serait placée à la Caisse d'épargne.

En parlant dans son rapport de 1836 des avantages que la
loi du 5 juin avait procurés aux déposants, et de la sécurité
qu'elle offrait, pour la conservation des épargnes, en permettant à chacun de demander que ses fonds soient transportés
d'une caisse à une autre, Benjamin Delessert se plaisait à montrer que les militaires surtout avaient profité de cette faculté;
comme exemple, il citait le 16e régiment d'infanterie légère qui,
allant de Saint-Omer à Strasbourg, avait retrouvé dans cette
dernière ville, des sommes s'élevant ensemble à 40,000 francs
dont la Caisse d'épargne de Saint-Omer avait reçu le dépôt,
et le 53e de ligne qui partant de Charleville avait fait transférer sur Paris où il venait prendre garnison, une somme de
62,839 francs appartenant à 70 soldats, sous-officiers et musi-
ciens. L'importance de ces transferts s'explique par l'habitude
qui s'était déjà répandue parmi les hommes sous les drapeaux

de déposer à la Caisse d'épargne les sommes qu'ils touchaient comme remplaçants militaires.

Pendant que, sous l'influence d'une législation moralisatrice, la Caisse d'épargne de Paris grandissait rapidement, elle voyait s'augmenter encore le nombre des établissements qui, se modelant sur elle, répandaient peu à peu, dans tous les départements, le bien dont jouissait la population parisienne. De tous les côtés on continuait à s'adresser à ses directeurs, à l'agent général pour améliorer l'organisation des caisses existantes, pour aider à en créer de nouvelles. Le receveur général du département du Rhône, M. Delahante, qui venait d'être nommé administrateur de la caisse d'épargne de Lyon, avait trouvé l'institution assez languissante et cherchait les moyens de la relever.

« Si vous pouvez me donner quelques bons conseils sur les moyens de faire prendre généralement ici, comme à Paris, un établissement si utile dans une ville manufacturière, vous pensez bien, écrivait-il à son correspondant au cours de l'année 1835, que ce sera me rendre un très grand service; cela vaudra mieux que la loterie qui, au lieu de me faire un versement, me demande inopinément une subvention de 80,000 francs. »

Pendant son court passage au gouvernement général de l'Algérie, le maréchal Clauzel se préoccupait d'établir une caisse d'épargne à Alger; il pensait rendre de grands services aux soldats en leur donnant ainsi le moyen d'économiser une partie des sommes assez considérables que leur procuraient les travaux auxquels il leur était permis de se livrer. Au mois de février 1836, le maréchal écrivait à Benjamin Delessert, son collègue à la Chambre des députés, pour lui communiquer ses intentions et être mis à même de les réaliser. Les événements qui se produisirent et qui ramenèrent le maréchal Clauzel en France firent oublier pendant longtemps le projet qu'il avait conçu et ce ne fut qu'en 1853 que la ville d'Alger fut dotée d'une caisse d'épargne.

Alors que sur tous les points, il cherchait à porter la lumière, le Conseil des directeurs n'échappait pas à la loi commune et la mort venait trop souvent éclaircir ses rangs. Presque en même temps, il avait perdu MM. Helset et Ducos. Pour les rem-

placer, il avait élu le 12 mars 1835 deux membres du comité de
censure, M. Boicervoise, ordonnateur général des hospices, et
M. Adolphe d'Eichthal, banquier, aujourd'hui président de la
compagnie des chemins de fer du Midi. Un administrateur,
M. Henri Hottinguer, banquier, régent de la Banque de France,
était appelé en même temps à occuper le fauteuil devenu libre
par la démission de M. le baron Hottinguer, son père, qui était
nommé directeur honoraire. Un peu plus tard, le décès de
M. Audenet et celui de M. Marmet faisaient deux nouvelles
vacances auxquelles il était pourvu dans la séance du 18 juin. Ce
fut alors qu'entra dans le Conseil M. le comte d'Argout, pair de
France, gouverneur de la Banque, qui était déjà directeur honoraire. La Caisse d'épargne s'attachait ainsi par des liens plus
étroits une haute personnalité qui, soit au ministère, soit à la
Chambre des pairs, lui avait toujours témoigné la plus profonde
sympathie et lui avait prêté l'appui le plus solide; elle marquait en même temps sa reconnaissance au grand établissement qui continuait à lui offrir une généreuse hospitalité.
M. Gautier, pair de France, premier sous-gouverneur de la
Banque, qui remplissait depuis plusieurs années déjà les fonctions d'administrateur, fut appelé en même temps à occuper
le second fauteuil vacant.

En portant son choix sur des hommes qui étaient pénétrés
de ses propres sentiments, le Conseil se fortifiait et demeurait
uni dans une même pensée. C'était ainsi que la Caisse
d'épargne pouvait se maintenir dans la voie prudente et sage
qui avait jusqu'alors assuré ses progrès. Elle aurait pu facilement étendre ses opérations, accroître les versements qu'on
lui apportait tous les jours plus abondants, mais elle savait
résister aux entraînements qui, en lui imposant des charges
trop élevées, auraient pu tarir ses ressources et rendre sa
marche moins régulière.

On insistait de divers côtés, et le ministre du commerce
n'était pas le moins pressant, pour qu'elle reçût des dépôts
dans la limite du maximum de 3,000 francs autorisé par la loi
du 5 juin. Le maire du neuvième arrondissement, se faisant
l'interprète de plusieurs de ses collègues, réclamait cette
faculté en faveur des orphelins de Juillet dont les comptes à la
Caisse d'épargne avaient atteint 2,000 francs; il faisait valoir

que les exceptions demandées seraient peu nombreuses et de
courte durée, puisque les commissions administratives devaient
rendre leurs comptes aux intéressés lorsqu'ils atteindraient
l'âge de dix-huit ans. Le Conseil refusait de se déjuger et ne
voulait pas admettre une exception qui aurait pu en entraîner
d'autres. Il répondait que d'ailleurs, il était facile et convenable d'employer une partie des fonds des orphelins de Juillet
en rente sur l'État, ainsi que le faisait l'administration des
hospices civils pour tous les orphelins qui lui étaient confiés.

De même, on cherchait par des combinaisons ingénieuses et
en forçant l'interprétation de la loi, à tirer de l'Institution
certains avantages qu'elle semblait susceptible de procurer.
Ainsi, des ouvriers, pères de famille, appuyés par le maire de
la commune des Batignolles, avaient eu l'idée de former, par
des dépôts successifs à la Caisse d'épargne, un fonds commun
destiné à exonérer du service militaire leurs fils qui tombe-
raient au sort. Mais des associations de cette nature n'avaient
pas le caractère des sociétés de secours mutuels qui seules
étaient autorisées à avoir des comptes s'élevant à 6,000 francs;
le Conseil dut refuser leurs versements.

Plusieurs administrations publiques s'efforçaient d'attirer
chez elles la Caisse d'épargne; aux Invalides, par exemple,
on aurait voulu que, pour faciliter aux nombreux serviteurs
qui s'y trouvaient attachés le placement de leurs économies, une
succursale vînt fonctionner dans l'intérieur même de l'Hôtel.

Le directeur de l'Imprimerie royale, M. Lebrun, un poète qui
avait chanté Napoléon et Marie Stuart et que l'Académie française avait fait l'un des siens, ne se bornait pas à faire faire de
grands progrès au bel établissement à la tête duquel il se trouvait placé; il avait grand souci du sort des ouvriers qui travaillaient sous ses ordres et il avait cherché à mettre la Caisse
d'épargne au milieu d'eux.

Le Conseil n'aurait pu suffire à tant d'engagements que,
dans un but philanthropique fort louable, on réclamait de lui,
mais pour encourager à faire des opérations dont il était le
premier à reconnaître l'utilité, il n'hésitait pas à admettre
exceptionnellement les administrations publiques qui en faisaient la demande, à effectuer le samedi des versements au
nom de leurs ouvriers et de leurs employés.

La Caisse d'épargne était arrivée à un moment où des préoccupations lui étaient causées par la prospérité même dont elle jouissait. Elle occupait toujours les locaux que la Banque de France avait mis à sa disposition en 1820, mais elle s'y trouvait chaque jour plus à l'étroit et déjà l'on avait dû transporter au domicile du président Benjamin Delessert toutes les archives de la comptabilité qui s'étaient accumulées de 1818 à 1835. On sentait que le moment était proche où il faudrait pourvoir à une installation plus vaste qui entraînerait des dépenses sérieuses. A la vérité, le fonds de réserve était d'une certaine importance, mais la Caisse continuait à servir un intérêt de quatre pour cent aux déposants, et après avoir payé tous ses frais, il lui restait rarement un excédent. Cependant l'année 1836 fut marquée pour elle par une importante donation de M. le baron Davillier qui venait d'exercer pendant cinq mois le gouvernement de la Banque de France.

Appelé à prendre le portefeuille des finances dans le cabinet du 22 février 1836, présidé par M. Thiers, le comte d'Argout avait eu pour successeur à la Banque le doyen des régents, le baron Davillier. Celui-ci n'avait accepté cet honneur, qu'il ne recherchait pas, que pour un temps très limité et qui, dans sa pensée, ne devait pas avoir une durée plus longue que le ministère qui se constituait. Le 6 septembre suivant, un nouveau cabinet arrivait aux affaires sous la présidence du comte Molé, et le comte d'Argout reprenait possession de ses anciennes fonctions; mais, au moment où il se retirait avec le titre de gouverneur honoraire, le baron Davillier écrivait à l'agent général de la Caisse d'épargne de Paris : « En acceptant les fonctions de gouverneur de la Banque de France, c'était avec l'intention de faire profiter la Caisse d'épargne du montant des émoluments attachés à cette place. Je viens en conséquence vous remettre la somme de 31,833 francs 35 centimes dont je fais don à la Caisse d'épargne; j'en laisse l'emploi à la sagesse de MM. les directeurs, mes collègues. Je n'ai que le seul regret de n'avoir pas une plus forte somme à offrir; j'aurais eu le désir de contribuer à lui assurer par la suite un logement indépendant. »

Cette lettre honorait trop celui qui l'avait signée pour être laissée dans l'oubli et les sentiments profonds d'attachement à la Caisse d'épargne qui l'avaient dictée devaient se retrouver chez ceux qui plus tard ont continué dans le Conseil le nom et le dévouement du généreux donateur.

Le Conseil était donc exposé d'un jour à l'autre à voir ses charges augmenter, aussi ménageait-il ses ressources et les réservait-il de préférence pour donner satisfaction à des besoins d'un intérêt plus général que ceux que nous rappelions tout à l'heure.

A la fin du mois d'octobre 1836, il était en présence de plusieurs propositions en faveur des populations établies à l'est de Paris. Le maire de Belleville écrivait que sa commune comptait 13,000 habitants, qu'elle était très éloignée de la succursale ouverte à Saint-Denis, chef-lieu de l'arrondissement dont elle dépendait, qu'elle était de même à une grande distance de celles établies dans la capitale et qu'une succursale fonctionnant dans la mairie de Belleville serait un centre commode pour toutes les communes environnantes ainsi que pour la classe ouvrière du faubourg du Temple. Cette démarche était appuyée par le maire de Noisy-le-Sec, dont la lettre contenait sur les habitudes des habitants de sa commune des renseignements qui auraient pu être généralisés et qui sont comme une peinture de mœurs pour ceux qui se montrent curieux des choses d'autrefois.

Le maire de Noisy-le-Sec écrivait le 20 octobre 1836 aux directeurs de la Caisse d'épargne de Paris : « Les habitants de ma commune, cultivateurs aussi économes qu'ils sont laborieux, ont la funeste habitude de cacher ou d'enfouir leurs économies en attendant l'occasion d'acheter un peu de terre. Il arrive assez fréquemment que ces cachettes sont éventées par quelque membre de la famille et que surgissent des querelles toujours déplorables et difficiles à calmer.

« Ma commune présente une population fixe de près de 2,000 âmes; les économies de cette population sont considérables puisqu'on peut évaluer l'argent enfoui à 200,000 francs, somme qui n'a pu être formée qu'en accumulant de petites sommes pendant longtemps.

« Nos cultivateurs ne versent pas dans les caisses d'épargne parce qu'elles ne sont pas à leur portée et cependant, je sais plus que personne combien il serait utile de leur en faire contracter l'habitude, non seulement parce qu'il y aurait sécurité dans les familles, mais aussi parce que la morale y gagnerait. Je n'aurais plus à voir, je pense, des parents accuser leurs enfants et même des enfants accuser leurs vieux parents de les avoir dépouillés.

« Il me paraît évident que la création d'une succursale à Belleville rendrait le plus grand service non pas seulement à la commune de Noisy, mais à toutes les communes environnantes qui présentent une agglomération de population vraiment digne de fixer votre attention. »

Vers la même date, le maire du cinquième arrondissement de Paris insistait sur la nécessité d'établir une succursale au centre des faubourgs qui s'étendaient entre les barrières de la Chapelle, de la Villette et de Belleville et dont profiteraient également les habitants de cette dernière commune.

Ne pouvant à l'heure actuelle étendre qu'avec une grande circonspection les services au dehors, le Conseil considéra que le point le plus central pour les intérêts de la population urbaine et rurale de ce côté de Paris et du département de la Seine, devait avoir la préférence et il décida l'ouverture d'une succursale à la mairie de Belleville. C'était la douzième qui était créée; elle commença ses opérations le 11 décembre 1836.

La Caisse d'épargne de Paris avait alors plus de 80,000 déposants. Ce développement devait éveiller l'attention de la Banque de France. L'asile donné à l'Institution n'était plus en rapport avec la masse de clients qui augmentaient tous les jours. De son côté, la Banque se préoccupait des inconvénients graves que pouvait occasionner dans un local insuffisant qui tenait à ses bureaux, le concours trop nombreux de porteurs de livrets et dans son propre intérêt comme dans l'intérêt de la Caisse d'épargne, à laquelle elle désirait conserver son patronage, elle lui offrit de se transporter sur un emplacement plus vaste, plus commode et mieux approprié à ses opérations. La construction à élever serait complètement isolée et occuperait l'espace compris entre les deux murs d'enceinte de la Banque, du côté de la rue Croix-des-Petits-Champs et de la rue Baillif. Le projet avait été délibéré et approuvé par le Conseil général de la Banque et le comte d'Argout, en soumettant à la Caisse d'épargne les plans et les devis qui devaient entraîner pour elle une dépense de 40,000 francs, ajoutait qu'il se réservait de contribuer à cette opération, à laquelle il tenait à honneur de s'associer.

Ce fut avec une sincère reconnaissance que le Conseil des directeurs reçut cette communication. L'acte qui établissait les conditions réciproques de la concession toute gratuite faite par la Banque fut signé le 24 décembre 1836. Les travaux furent immédiatement commencés et, au mois d'avril 1837, la Caisse d'épargne s'installait dans ses nouveaux bureaux. La dépense fut couverte par le montant de la donation du baron Davillier et par un don du comte d'Argout s'élevant à 10,000 francs.

Ce n'était certes pas une œuvre ordinaire, celle qui inspirait de tels bienfaits!

L'année 1836 se terminait donc dans des conditions excellentes. Les versements avaient dépassé 27 millions, on n'avait remboursé que 16 millions et demi et le solde dû à 80,708 déposants s'élevait à 50 millions.

A la même époque, 101 caisses d'épargne qui s'étaient successivement ouvertes dans les départements fonctionnaient régulièrement et les succursales que plusieurs de ces caisses avaient établies pour seconder leur action, étaient au nombre de 96. Le solde que ces 101 caisses devaient à 97,872 déposants s'élevait à 46 millions.

En réunissant ces chiffres à ceux de la Caisse d'épargne de Paris, on reconnaissait qu'au 31 décembre 1836 il y avait en France 178,670 livrets ouverts qui représentaient un capital de 96 millions.

Cette somme, que l'accroissement des épargnes pouvait augmenter assez rapidement, était déposée en compte courant au Trésor et faisait partie de la dette flottante.

Dix-huit mois à peine s'étaient écoulés depuis que la loi du 5 juin 1835, qui avait sanctionné cette organisation, était en vigueur et déjà l'accumulation des dépôts causait de très vives appréhensions au gouvernement.

Benjamin Delessert et le baron Charles Dupin avaient proposé en 1834 que les fonds des caisses d'épargne fussent versés non pas au Trésor qui aurait pu en ressentir des embarras, mais à la Caisse des dépôts et consignations pour être employés en achats d'effets publics dont la négociation aurait eu lieu par degrés, dans les cas où les remboursements auraient surpassé les versements. Mais le ministre des finances, qui était alors M. Humann, avait revendiqué pour le Trésor le droit exclusif de gérer les fonds des caisses d'épargne. Il avait vu un grave inconvénient à ce qu'ils fussent placés dans la dette consolidée au moyen d'achats au cours du jour. Il considérait que le système proposé était exclusivement fondé sur la hausse, qu'il ne saurait vivre avec la baisse sans exposer l'État à des pertes graves. Le mal qu'il craignait n'était pas tant de subir des sacrifices qui devaient avoir un but moral et politique, que de n'en pouvoir mesurer l'étendue et d'aller, comme il le disait, sans savoir où l'on pose le pied. Selon lui, il n'y avait de placements convenables pour les caisses d'épargne que le compte courant avec le Trésor, à un taux d'intérêt fixé par la loi. Dans ce système, le sacrifice sur le taux de l'intérêt est connu, limité et chaque exercice en porte le poids. La commission s'était rendue devant la résistance du ministre, car alors, ce qui importait le plus, c'était la reconnaissance par le législateur du principe et de l'organisation des caisses d'épargne.

Mais à la fin de 1836, le portefeuille des finances avait passé aux mains d'un nouveau ministre qui croyait sage et prudent de ne pas laisser la dette flottante s'enfler continuellement des fonds des caisses d'épargne.

Le comte Duchatel, dans l'exposé des motifs du projet de loi qu'il présentait à la Chambre des députés, le 4 janvier 1837, faisait ressortir les effets déjà produits par la loi du 5 juin 1835 et montrait l'accumulation des fonds d'épargne amenant au Trésor des sommes considérables dont il devrait payer la jouissance à un prix élevé sans en avoir constamment l'emploi. Il rappelait qu'une loi trop salutaire pour que l'on pût chercher à affaiblir en rien la gêne qu'elle pouvait quelquefois causer à l'administration, ne permettait pas à un ministre des finances, même pour soulager l'État de stagnations onéreuses, de disposer des fonds qui abondaient temporairement dans les caisses. Mais, disait-il, de même qu'il existe en Angleterre, à côté de l'Échiquier, une commission d'amortissement à laquelle sont permises, sous une haute surveillance, les opérations interdites à la Trésorerie, de même, nous avons en France une Caisse des dépôts et consignations chargée de conserver

et d'employer utilement les deniers qui n'ont pas, pour le
moment, de propriétaires certains et les fonds appartenant à
des établissements hors d'état d'administrer par eux-mêmes
leurs capitaux. C'était à cette Caisse que le gouvernement
proposait de confier l'administration des fonds des caisses
d'épargne. Elle les ferait valoir d'après le mode qu'elle juge-
rait le plus avantageux et le plus sûr. Pour lui procurer l'emploi du premier capital qui lui serait remis et dont elle aurait
peine à trouver le placement, le ministre serait autorisé à
transférer au pair une somme de rentes quatre pour cent représentant le solde dont le Trésor serait débiteur envers les caisses
à l'époque de l'exécution de la loi. La même aliénation serait
continuée jusqu'à concurrence de 102,916,000 francs qui restaient disponibles sur les ressources extraordinaires accordées
par les lois de 1832, 1833 et 1834. Le gouvernement croyait que
le meilleur emploi qui pût être fait de ces rentes était de les
affecter aux placements des caisses d'épargne et de créer ainsi
un nouveau gage pour le capital de ces rentes.

Le ministre ajoutait : « La Caisse des dépôts trouvera dans
le dividende des rentes l'équivalent de l'intérêt dont nous vous
proposons de continuer le bénéfice aux caisses d'épargne. Si
jamais il résultait soit du compte des capitaux, soit de celui
des intérêts une différence au détriment de la Caisse, le Trésor
public devrait en répondre. Rien n'est changé sous ce rapport
aux garanties données par la loi du 5 juin 1835 ni à ses dispositions fondamentales : même concours de la part du Trésor
et de ses agents, mêmes facilités pour convertir en bons
royaux ou pour déposer en compte courant les épargnes qui
ne seraient pas placées en effets publics, ou que la prudence
proscrirait de garder en réserve sous la forme de valeurs à
échéances fixes et toujours faciles à réaliser dans la proportion
des besoins.

« Une seule modification est apportée au régime établi en 1835
et ce changement doit être considéré comme une amélioration
notable et pour les caisses d'épargne et pour le Trésor. Le
projet de loi que nous vous présentons met les caisses en rapport avec un établissement dont le caractère se rapproche
davantage de leur institution. Elle leur assure un gage matériel en rentes pour la plus forte partie de leurs capitaux; elle

prépare pour le Trésor une composition meilleure et plus économique de la dette flottante qui ne supportera plus d'une
manière indéfinie le fardeau d'un compte courant dont le poids,
quelle que fût la situation des ressources et des encaisses, ne
pouvait être allégé.

« Vous n'avez pas à craindre de gêne ni d'embarras pour la
Caisse des dépôts; elle aura toujours une partie du capital des
caisses d'épargne placée soit en compte courant au Trésor, soit
en bons royaux. Cette réserve sera suffisante pour toutes les
demandes de remboursements. Si des circonstances extraordinaires survenaient, alors comme aujourd'hui, il est vrai, la
garantie du Trésor pourrait être invoquée, mais les opérations
de trésorerie auraient pour base une réserve de rentes considérable, tandis que, dans l'état actuel des choses, aucun gage ne
soutient les fonds des caisses d'épargne. »

De cet exposé qui mettait en relief avec une grande clarté le
rôle que la Caisse des dépôts et consignations allait être appelée
à remplir vis-à-vis des caisses d'épargne, rôle qui n'a été modifié
par aucune loi postérieure, il est important de retenir qu'il n'y
avait rien de changé aux garanties que donnait aux caisses
d'épargne la loi de 1835. La disponibilité de leurs capitaux, le
service des intérêts leur sont assurés, elles ont de plus le gage
matériel des rentes et des effets publics qui en représenteront
la valeur et le Trésor répondra de la gestion de la Caisse des
dépôts et consignations.

Ces garanties étaient confirmées dans le rapport de la commission qui avait été confié à Benjamin Delessert.

« La disposition proposée, disait-il, sera avantageuse au
Trésor parce que, n'ayant pas dans l'état actuel des choses les
moyens de faire valoir tous les fonds des caisses d'épargne, une
trop grande accumulation de capitaux pourrait lui devenir
onéreuse.

« D'un autre côté, la Caisse des dépôts est instituée pour
employer et faire valoir les fonds qui lui sont remis. Ces emplois consistent principalement en achats de rente, en prêts aux
communes et à des particuliers sur des gages présentant toute
sécurité. Au moyen du transfert des rentes quatre pour cent,
elle aurait sur-le-champ l'emploi des 100 millions des caisses
d'épargne et elle ne perdrait rien sur l'intérêt fixé par la loi.

« Lorsque les versements des caisses d'épargne auront
absorbé la somme de 102,316,000 francs, ce qui aura probablement lieu dans les premiers mois de cette année, la Caisse des
dépôts et consignations pourra placer au Trésor public à l'intérêt de quatre pour cent par an, soit en compte courant, soit
en bons royaux à échéances fixes, les fonds qui lui seront
versés par les caisses d'épargne; de cette manière, elle aura
toujours à sa disposition une somme suffisante pour faire face
aux demandes de remboursements.

« Les caisses d'épargne trouveront aussi dans ce changement plus de sécurité. Le projet de loi leur donne un gage
matériel en rentes, gage qui n'existe pas actuellement et elles
conserveront néanmoins la garantie du gouvernement. »

Il est difficile d'imaginer les ardeurs, les violences même
auxquelles donna lieu la discussion de cette loi, à moins qu'on
ne se reporte à l'histoire politique de cette époque, où les
cabinets duraient à peine l'espace d'un semestre, où ceux qui
détenaient le pouvoir étaient en butte aux attaques incessantes
de ceux qui voulaient le ressaisir.

Pendant trois longues séances, on discourut sur bien des
choses à l'occasion du projet ministériel. La Caisse des dépôts
et consignations, son rôle dans le mécanisme financier de
l'État, sa constitution, ses prérogatives suscitèrent les plus vives
controverses. En vain, le ministre des finances cherchait-il à
montrer l'action salutaire qu'elle avait toujours eue, les excellents résultats qu'avait produits la direction qui lui avait
été imprimée, les bénéfices s'élevant à 22 millions qu'elle
avait réalisés et qu'elle avait versés au Trésor depuis l'époque de sa création; on allait jusqu'à dénaturer son caractère et à prétendre que le gouvernement comptait s'en servir
comme d'une maison de banque pour spéculer sur les fonds
publics au moyen des dépôts des caisses d'épargne. On com-
parait l'opération que proposait le gouvernement à celle qui
avait été entreprise en 1825 par le syndicat des receveurs généraux pour employer le trop-plein du Trésor et qui avait été
liquidée, après 1830, dans des conditions déplorables. Enfin, on
entendait prouver au gouvernement que la surabondance de
fonds n'avait pas encore placé le Trésor dans une situation
trop embarrassante et que le meilleur remède à la situation en

présence de laquelle on se trouvait, était dans un plus grand développement de la dette flottante.

Mais, au milieu de toutes les dissertations que dictait l'esprit de parti plutôt que les intérêts véritables de l'État, des orateurs firent entendre des paroles fort sensées sur la question même qui était en discussion, et la Chambre finit par reconnaître que les garanties qui avaient été affirmées par le ministre dans son exposé des motifs et que le rapporteur avait confirmées au nom de la commission, étaient bien réelles et méritaient de fixer son attention.

L'ancien ministre des finances de 1835, M. Humann, tout en combattant le projet qui, selon lui, aggravait et multipliait les inconvénients auxquels on voulait remédier, n'admettait pas qu'on pût penser à soulager le Trésor en diminuant l'intérêt au payement duquel il était tenu, car, disait-il, les bienfaits que la société recueille des caisses d'épargne valent bien le léger sacrifice qui leur a été concédé; pour la prospérité de l'Institution, il considérait qu'il eût été sage de ne pas déjà remanier la loi sur la matière qui n'avait pas deux années de durée, estimant que ce n'est pas sans danger que l'on réglemente souvent des établissements qui ne reposent que sur la confiance et ne prospèrent que par la stabilité.

M. Lacave-Laplagne, qui devait recueillir deux mois plus tard le portefeuille du comte Duchatel, critiquait bien la proposition ministérielle, néanmoins il la soutenait et faisait remarquer que si le projet de loi était surtout présenté dans l'intérêt du Trésor et pour atténuer les embarras du moment, on ne pouvait méconnaître cependant que les caisses d'épargne trouveraient un certain avantage à avoir deux débiteurs au lieu d'un, surtout lorsque les obligations du premier n'étaient atténuées en rien et que le second était aussi pur et aussi solide que la Caisse des dépôts et consignations. Dans la suite de son discours, s'expliquant sur la question de la garantie, il ne mettait pas en doute que, dans le cas où la Caisse des dépôts et consignations, au lieu de faire des bénéfices, supporterait des pertes, le Trésor en dût être responsable et il disait : « La Caisse des dépôts est un établissement créé par la loi pour recevoir les fonds qu'on est obligé d'y verser; il est évident qu'un établissement de ce genre est placé sous la garantie de l'État et que les déposants ne peuvent rien perdre. Si, d'ailleurs, cette garantie avait pu être douteuse, elle ne le serait plus depuis que le Trésor a pris les bénéfices de la Caisse des dépôts; il est évident qu'en profitant des bénéfices, il se rend garant des pertes. » Puis, écartant de la discussion tous les arguments spécieux dont on l'avait obscurcie, il précisait le véritable caractère du projet de loi, il en déterminait le but et la portée et ses paroles devaient, au moment du vote, rester dans le souvenir de la majorité. « En résumé, disait-il, le projet de loi me paraît avoir deux objets, l'un de remédier aux stagnations de fonds, l'autre de remédier aux inconvénients des demandes de remboursements simultanés trop considérables pour ne pas amener une crise. Sur le premier point, le projet autorise le ministre des finances à verser à la Caisse des dépôts les fonds des caisses d'épargne. Je trouve là un avantage, c'est que la Caisse des dépôts ayant plus de facilité d'action que le ministre des finances, pourra faire valoir les fonds, en tirer un parti que le ministre des finances ne peut pas en tirer. Cet avantage est sans inconvénient; car en mettant les choses au pire, et en supposant que le ministre des finances sera obligé de payer quatre pour cent à la Caisse des dépôts, les choses seraient précisément ce qu'elles sont.... Quant au second point, la loi présente encore un avantage, c'est-à-dire qu'en prenant les circonstances les plus fâcheuses et en supposant qu'on ne puisse pas aliéner de rentes, nous restons dans la situation où nous sommes; tandis que si la situation est moins défavorable, alors le gouvernement, ayant la faculté de faire aliéner les rentes au lieu de recourir uniquement à la dette flottante, se trouve par suite avoir plus de moyens de faire face au danger. »

Lorsque, après avoir été voté à une assez forte majorité par la Chambre des députés, le projet de loi fut porté à la Chambre des pairs, il ne souleva pas de protestations et, dans le rapport du comte de Saint-Cricq comme dans les discours du comte d'Argout et du ministre des finances, on retrouve cette même certitude donnée aux caisses d'épargne que si le Trésor transmet sa dette actuelle à la Caisse des dépôts et la charge de faire un emploi utile des versements ultérieurs, il reste garant et solidaire du service des intérêts et de la ponctualité des remboursements. L'État est toujours là, avec sa responsabilité appliquée au plus sacré des dépôts.

Ces déclarations étaient de grande importance pour les caisses d'épargne. En leur garantissant la sécurité de leurs fonds, elles assuraient leur existence. Mais ce serait se faire une fausse idée et des hommes qui détenaient le pouvoir en 1837 et de ceux qui cherchaient à donner aux caisses d'épargne une base assez solide pour mettre l'Institution à l'abri des mouvements de la dette flottante, que de supposer leurs préoccupations limitées à l'heure présente. Les adversaires du projet avaient cherché à ébranler les convictions de leurs collègues en leur montrant la progression constante que devaient suivre les dépôts qui arriveraient bientôt à 200 ou à 300 millions. Ils avaient insisté sur l'impossibilité où pouvait se trouver la Caisse des dépôts de faire emploi de capitaux aussi abondants et ils avaient signalé le péril d'avoir, dans un moment de crise, à réaliser une trop grosse somme de rente. Mais ils s'étaient bornés à montrer un danger que personne ne contestait; ils avaient été impuissants à indiquer un système qui eût permis de l'éviter. Il n'y en avait qu'un auquel on pût penser, mais comme à la Chambre, tous se disaient les partisans convaincus de l'Institution, aucun n'avait osé proposer de revenir sur la loi du 5 juin 1835 et de livrer les caisses d'épargne à elles-mêmes.

Le gouvernement, la commission, les hommes qui envisageaient froidement, sans passion et sans esprit de parti la situation en présence de laquelle on se trouvait, comprenaient qu'il y avait des précautions à prendre; ils se rendaient bien compte que le développement des caisses d'épargne devait toujours tenir en éveil l'attention des pouvoirs publics. En deux ans, le ministre des finances avait vu grandir de quarante à cent millions les dépôts de l'épargne et la dette flottante sur le point de supporter le fardeau d'un capital improductif; il avait proposé la loi que commandaient les circonstances. Le rapporteur de la commission avait fait observer à la Chambre que la législation sur les caisses d'épargne lui paraissait devoir être modifiée suivant les progrès de l'Institution, qu'elle avait pu être différente en 1835 quand les dépôts s'élevaient à 40 millions, qu'elle devrait être l'objet d'études, de propositions nouvelles quand le solde des versements atteindrait deux ou trois cents millions.

De leur côté, M. Lacave-Laplagne et ses amis avaient considéré que la loi à laquelle ils donnaient leur approbation n'était que temporaire.

Et cependant cette loi n'a jamais encore été retouchée et après cinquante-trois années, elle demeure en vigueur comme au premier jour. Les caisses d'épargne ont subi des alternatives diverses : le maximum de dépôt réduit à 1,500 francs en 1845, à 1,000 francs en 1851, a été relevé à 2,000 francs en 1882; l'intérêt, fixé à quatre pour cent par la loi de 1835, porté à cinq pour cent en 1848, puis abaissé à quatre et demi pour cent en 1851, a été ramené en 1853 au taux de quatre pour cent. Malgré certaines fluctuations auxquelles il a été soumis, le solde dont la Caisse des dépôts est demeurée la gardienne vigilante s'est élevé progressivement à 192 millions en 1840, à 358 millions en 1847, à 424 millions en 1862, à 711 millions en 1869, il atteignait 1,300 millions en 1880 et 2 milliards 900 millions au 31 décembre 1890. Pendant cette longue période, la loi du 31 mars 1837 a tenu toutes ses promesses. Jamais à aucune époque la Caisse des dépôts et consignations n'a manqué à ses obligations; elle a eu à les remplir dans des circonstances les plus critiques et l'on peut dire d'elle et des caisses d'épargne qu'il semble qu'elles aient puisé une force nouvelle dans les crises violentes qu'elles ont eu à traverser en se prêtant un mutuel appui.

C'est que la loi de 1837, il faut bien en convenir, avait été sagement conçue et que soumise à une prudente et sage direction, elle permit de pourvoir sans embarras au service que les caisses d'épargne arrivèrent peu à peu à exiger d'elle. Destinée, dans l'origine, à réglementer un service financier, elle a exercé insensiblement d'abord et à l'insu de tous une influence qui n'a pas tardé à devenir considérable sur le développement de l'Institution. Si, comme on n'avait pas craint de le réclamer à la tribune, les fonds de l'épargne eussent été maintenus dans la dette flottante, on n'aurait pas voté une loi de finances sans que chaque année on n'eût remis en question et on n'eût débattu le mode d'emploi de capitaux dont le poids serait devenu de plus en plus écrasant, et ces discussions sans cesse renouvelées, sans cesse aussi répercutées par la presse, auraient vite jeté le trouble et la défiance dans les esprits. On verra l'émotion que

les débats de 1837, exploités par les adversaires du gouvernement, répandirent un moment parmi les porteurs de livrets, et
l'on pourra juger par là des atteintes mortelles qu'aurait fait
subir à l'institution des caisses d'épargne une polémique dont
les ardeurs auraient été excitées par les luttes parlementaires.
Au contraire, les dépôts apportés aux caisses d'épargne devant
recevoir, par l'intermédiaire d'une caisse de l'État, un emploi
déterminé et les déposants ayant la certitude qu'au moment du
besoin, les sommes qu'ils auraient versées leur seraient restituées intégralement, rien ne devait troubler la confiance des
classes laborieuses dont on cherchait, par les encouragements
les plus désintéressés, à améliorer la condition.

Cette confiance, elle a grandi dans l'esprit des populations
grâce à ces liens étroits entre les caisses d'épargne et la Caisse
des dépôts et consignations. Les premières seules étant en
contact avec le public, c'était à elles qu'il appartenait, à leurs
risques et périls et avec les ressources qui leur étaient propres,
d'administrer les économies qu'on leur apportait, c'était à elles
à prendre toutes les mesures qui devaient populariser l'Institution et la rendre féconde, et elles n'ont pas trahi leur mission;
mais en même temps, c'était à la Caisse des dépôts qu'incombait
l'obligation de recevoir ces économies, de les faire valoir, de
les restituer à la première demande et d'y ajouter chaque
année les intérêts fixés par la loi; c'est ainsi que, par une
gestion irréprochable et qui a toujours fonctionné avec une
régularité mathématique, elle est devenue, pour le bien public,
l'auxiliaire des caisses d'épargne. Jusqu'en 1859, elle a pu
trouver, dans les placements qu'elle faisait, des bénéfices qui
venaient grossir ses excédents annuels. En effet, n'étant tenue
de servir aux caisses d'épargne qu'un intérêt fixe, elle faisait
recette à son profit de l'excédent que pouvaient lui produire
les capitaux qui lui étaient versés, de même qu'elle aurait dû
parfaire les différences si le revenu des valeurs qui les représentaient était demeuré insuffisant.

Mais, en 1860, une amélioration sensible fut apportée à ce
régime. Au cours de cette année, il avait été employé plus
de 83 millions sur les fonds des caisses d'épargne en achats
de rentes et d'obligations trentenaires. Ces placements, qui
étaient à la convenance du Trésor dont ils déchargeaient le

compte courant, ayant produit un intérêt supérieur à celui de quatre pour cent, on se préoccupa de la perte qui pourrait résulter d'une réalisation à laquelle les circonstances pourraient obliger de procéder; il parut alors prudent de pourvoir par avance à une pareille éventualité en mettant en réserve le bénéfice résultant de l'opération qui venait d'être faite. A la demande de la Commission de surveillance, le ministre des finances, M. Magne, prit, à la date du 24 décembre 1860, une décision aux termes de laquelle fut ouvert le compte de *Réserve des Caisses d'Épargne*; ce compte qui était destiné à recevoir l'excédent des revenus provenant de l'emploi des fonds des caisses d'épargne sur le taux des intérêts à quatre pour cent que la Caisse des dépôts était tenue de servir, était ouvert dans les écritures de 1860 par un versement de 772,608 fr. 20 cent.; il s'est accru tous les ans, n'étant que rarement atteint par de légers prélèvements, et au 31 décembre 1890, il s'élevait à 43,797,000 francs, capital considérable qui représente le bénéfice réalisé en trente ans par la Caisse des dépôts et consignations sur les dépôts de l'épargne. Les caisses n'ont aucun droit sur cette réserve, mais il leur est permis d'en faire ressortir l'importance pour montrer que si la loi du 31 mars 1837 a été favorable à leur développement, elle n'a pas été onéreuse pour l'État, qui n'a eu aucune charge à supporter et qui se trouve aujourd'hui protégé dans une large mesure par les déposants eux-mêmes.

Mais ce serait reconnaître d'une manière incomplète les effets de la loi de 1837 que de se borner à signaler les services qu'elle a rendus aux caisses d'épargne. Il est juste d'ajouter que jamais elle n'a cessé de procurer au Trésor de sérieux avantages en lui permettant de recevoir en compte courant, jusqu'à concurrence de ses besoins, les fonds qui étaient versés par les caisses d'épargne à la Caisse des dépôts et consignations. Sans doute le Trésor payait un intérêt de quatre pour cent, mais il était toujours libre de restreindre son compte courant et s'il lui arrivait de le laisser grandir jusqu'à dépasser un milliard, comme on l'a vu en 1883, il évitait ainsi de faire appel au crédit dans des conditions qui auraient pu difficilement être plus avantageuses que celles qu'il trouvait en recueillant au fur et à mesure qu'elle se produisait, l'épargne des déposants.

En parlant de l'utilité que le Trésor a retirée en tout temps de ces fonds, il est impossible d'oublier qu'en 1875, lorsque le gouvernement résolut d'alléger ses charges par la conversion ou le remboursement de l'emprunt Morgan, qui avait été contracté dans des jours sinistres aux conditions les plus onéreuses, cette opération fut effectuée avec des valeurs provenant de l'emploi des fonds des caisses d'épargne. La Caisse des dépôts fut alors autorisée à transférer une somme de quatorze millions et demi de rentes au compte du Trésor qui se libère par annuités.

En présence de tant de services rendus et qui seraient plus grands encore si les dépôts accumulés de l'épargne n'étaient pas aussi exclusivement placés en fonds d'État, peut-on dire que la loi de 1837 n'ait pas été une loi salutaire? Si elle a résisté à tous les événements qui se sont succédé depuis plus d'un demi-siècle, si elle a échappé à ces remaniements auxquels sont soumises à chaque changement de régime les lois sur lesquelles repose l'organisation du pays, c'est qu'elle servait utilement et fidèlement les intérêts du Trésor en même temps que ceux des caisses d'épargne; c'est qu'elle constituait avec des ressources toujours renaissantes un rouage indispensable au crédit de l'État.

Que les caisses d'épargne élèvent donc leur reconnaissance jusqu'à ces hommes dont la confiance et l'énergie, servies par un grand sens politique, ont su établir entre elles et la Caisse des dépôts et consignations une alliance solide qui est aujourd'hui consacrée par le temps.

CHAPITRE VI

La loi du 31 mars 1837 était arrivée en délibération au
moment où le gouvernement était en butte aux plus vives attaques. A la Chambre, les luttes se renouvelaient tous les jours.
La discussion de l'adresse, les événements de Strasbourg et
les modifications au code pénal que, pour prévenir de nouveaux
périls, le ministère réclamait et ne pouvait obtenir de la majorité, le projet de loi tendant à constituer un apanage au
deuxième fils du roi, donnaient lieu dans le parlement aux

débats les plus irritants, et dans la presse aux polémiques les
plus ardentes. La proposition du ministre des finances qui
avait pour objet de rendre la Caisse des dépôts et consignations
dépositaire des fonds des caisses d'épargne était bien inoffen-
sive et ne semblait assurément pas faite pour exciter les esprits,
mais arrivant au milieu de toutes ces questions dont s'étaient
emparées les passions politiques, elle devint pour les partis un
moyen de combat. En alarmant les classes peu éclairées sur
leurs intérêts, on provoquait la défiance qui s'étendait de
proche en proche et on poussait à une crise dont le résultat
aurait été de discréditer les caisses d'épargne et d'aggraver les
embarras avec lesquels le ministère était aux prises depuis le
commencement de la session.

Dans son rapport annuel du 13 juillet 1837, Benjamin
Delessert déplorait que l'opposition n'eût pas été arrêtée dans la
campagne entreprise contre la Caisse d'épargne, par la crainte
de porter un coup funeste à une Institution dont tout le monde
s'accordait à reconnaître la grande utilité. Il disait : « Les
amis de leur pays ont été peinés en entendant les discours de
tribune, en voyant les déclamations des journaux, les écrits
anonymes, les contes les plus absurdes inventés et répandus,
les propos de toute espèce dirigés dans le même esprit et
exploités par la malveillance. On a vu des personnes dont le
nom devait avoir quelque autorité, proclamer hautement que
si l'on adoptait la loi, il serait impossible d'éviter une crise,
qu'il était certain que lorsqu'il y aurait une suspension de travaux, on viendrait demander la plus grande partie des fonds
dans un espace de temps très resserré ; que l'on s'était trompé
en votant la loi du 5 juin 1835 sur les caisses d'épargne ; que
ces caisses absorberaient les fonds de la petite propriété au
préjudice de l'industrie. D'autres annonçaient que, d'après la
nouvelle loi, les fonds des caisses d'épargne seraient consignés
à la Caisse des dépôts et consignations, c'est-à-dire qu'ils ne pourraient plus en sortir. On a été jusqu'à imprimer que le but de la
nouvelle loi était de faire un emprunt forcé et d'escamoter les fonds
de la Caisse d'épargne ; qu'enfin, ce qu'il y avait de mieux à faire
était de retirer au plus vite les fonds qu'on y avait déposés. »

Il était naturel, comme le faisait remarquer Benjamin
Delessert, que de pareils propos colportés par certains journaux

et commentés dans les lieux publics et dans les ateliers vinssent jeter l'inquiétude dans les classes ouvrières. Les conséquences d'une campagne aussi perfide n'avaient pas tardé à peser sur les opérations. De nobles cœurs inquiets du mouvement qui se propageait cherchaient à éclairer le public, à dissiper les craintes, à rendre la confiance. Le baron Charles Dupin qui, dans sa chaire du Conservatoire des arts et métiers, se plaisait souvent à mêler à ses leçons des considérations morales pour rendre son enseignement plus efficace et resserrer ainsi les liens intimes de la famille et les intérêts généraux de la société, sentant que la classe laborieuse allait être trompée et deviendrait victime de son inexpérience, consacra la séance de clôture de son cours à parler aux ouvriers de la question qui faisait alors l'objet des préoccupations de tous. Dans le discours qu'il prononça le 22 mars devant son auditoire ordinaire auquel étaient venus se joindre des magistrats municipaux et les principaux manufacturiers et commerçants de la capitale, il sut donner un attrait particulier à ses paroles en expliquant les progrès réalisés par les caisses d'épargne, les avantages que procurait aux déposants la loi du 5 juin 1835, et les nouvelles et solides garanties que devait leur donner la Caisse des dépôts et consignations. Sachant se faire comprendre de tous, il montrait comment peu à peu s'était faite par l'économie l'émancipation du paysan, comment les caisses d'épargne étaient destinées à donner aux ouvriers des villes le sentiment, les vertus et les avantages de la propriété. Puisant en Angleterre et en Écosse des exemples frappants de ce que l'épargne pouvait faire pour le développement de l'industrie et pour assurer, en même temps, le bien-être des classes laborieuses, il ramenait l'attention sur les bienfaits qu'avait déjà répandus en France l'Institution dont les ennemis du gouvernement et de l'ordre social poursuivaient la ruine en abusant, par de faux raisonnements et des mensonges calculés, de la crédulité publique.

L'éminent professeur nous apprend que le roi, la reine, le prince royal, Madame Adélaïde, dans leur généreuse sollicitude pour le peuple, voulurent que 20,000 exemplaires de la leçon sur les *Caisses d'épargne et les Ouvriers* fussent distribués à leurs frais dans les principales villes où des caisses étaient établies.

La crise se fit sentir dans les départements d'une manière

moins grave qu'à Paris où, dans toutes les circonstances, les impressions sont plus vives et les influences plus directes. Les dépôts faits à la Caisse d'épargne de Paris, qui pendant les deux premiers mois de l'année 1837 s'étaient maintenus, baissèrent dès le 26 février. En même temps, les demandes de remboursements se multipliaient et atteignaient une somme tellement élevée que la Caisse d'épargne dut prendre des mesures particulières pour assurer le service. Elle comprit que le meilleur moyen de calmer et de ramener les esprits égarés était de faciliter les retraits. On n'hésita pas à augmenter le personnel, à consacrer aux remboursements deux jours de la semaine au lieu d'un, et pendant ces deux jours on payait près de 3,000 personnes. C'est ainsi qu'en deux mois, en mars et en avril, les remboursements dépassèrent 11 millions et demi. En 1836, dans les deux mêmes mois, ils s'étaient élevés à 2,850,000 francs. En 1838, ils s'élèveront à 3,600,000 francs. On pourrait croire que les dépôts avaient diminué dans une proportion correspondante à l'élévation des retraits, mais les chiffres permettent de constater que les effets de la panique furent beaucoup moindres sur les versements que sur les remboursements. Pendant ces deux mois, les versements dépassèrent encore 3 millions, et à la fin de l'année la Caisse d'épargne avait reçu 24,363,000 francs, somme inférieure de 2,700,000 francs seulement à celle qui avait été déposée en 1836.

Quant aux retraits, ils atteignaient à la date du 31 décembre, 25,713,000 francs présentant sur les remboursements effectués en 1836, un excédent de plus de 9 millions. Ces rapprochements font bien sentir l'intensité de la crise et l'influence néfaste que subirent les déposants.

Cependant la ponctualité apportée dans les payements qui se faisaient toujours à la date indiquée, sans retard et sans embarras, devait enfin déconcerter la malveillance et dissiper les alarmes. D'un autre côté, les irritations politiques s'étaient calmées pour un moment, après la reconstitution du ministère dont le comte Molé conservait la présidence. Il fallait à l'opposition de nouvelles armes et la question des caisses d'épargne était une machine de guerre que le bon sens public ne prenait plus au sérieux. Vers la fin d'avril, les inquiétudes se dissipèrent et les opérations reprirent un cours régulier. La Caisse d'épargne avait la satisfaction d'avoir tenu tête à l'orage sans la moindre défaillance, l'ordre avait été maintenu dans toutes les parties du service et l'exactitude avec laquelle avaient été passées toutes les écritures lui démontrait une fois de plus que le système de comptabilité qu'elle avait adopté suffisait à toutes les exigences, fonctionnant avec une parfaite régularité au milieu des obstacles et des difficultés les plus graves [1].

Mais, si elle supporta vaillamment ce choc imprévu, la Caisse d'épargne en ressentit les dures conséquences. Son compte courant au Trésor s'élevait à 50,200,000 francs le 31 décembre 1836; le 21 février 1837, le jour même où s'ouvrait la discussion du projet présenté par le gouvernement, il atteignait 52 millions, et le 20 juin, lorsque, en exécution de l'article 2 de la loi votée le 31 mars, ce compte courant dut être arrêté pour être transporté à la Caisse des dépôts et consignations, il était tombé à 44 millions et demi; c'était une diminution de plus de 7 millions. Il est vrai que, dans les sept derniers mois de l'année, les versements ayant continué à se relever et les retraits s'étant ralentis, il arriva que le solde augmenté des intérêts était remonté, au 31 décembre, au-dessus de 50 millions et demi [2].

1. Mouvement des dépôts et des retraits pendant l'année 1837.

	DÉPÔTS		RETRAITS	
Janvier	3,127,327fr	5,330,689fr	1,429,844fr91	2,827,325fr80
Février...............	2,203,362		1,397,480 95	
Mars, *durée de la crise.*	1,633,626	3,246,948	5,455,146 34	11,264,373 15
Avril, *durée de la crise.*	1,613,322		5,809,226 81	
Mai, *la crise s'apaise.*	1,567,732	1,567,732	1,713,844 83	1,713,844 83
		10,145,369fr		15,805,543fr81
Juin.................	1,733,627		1,569,680fr57	
Juillet	2,471,410		1,199,725 10	
Août.................	1,837,261		1,118,812 57	
Septembre	1,729,615	11,218,167fr	1,695,649 70	9,908,021 23
Octobre.............	2,349,076		1,543,310 46	
Novembre	1,354,348		1,103,031 11	
Décembre	2,142,800		1,587,811 57	
		21,363,536 fr		25,713,565fr07

2. Résultats des opérations de 1835 à 1838 :

AU 31 DÉCEMBRE	DÉPÔTS	RETRAITS	NOMBRE DE DÉPOSANTS	SOLDE
1835	23,595,404fr	10,702,878fr	65,220	38,065,420fr
1836	27,059,331	10,589,447	80,708	50,209,017
1837 *année de la crise.*	21,363,536	25,713,565	84,878	50,686,611
1838..	29,713,814	10,426,088	102,100	63,250,113

La Caisse d'épargne ne pouvait enregistrer aucun progrès, mais de cette crise, fomentée par les plus détestables sentiments, elle sortait plus forte et plus populaire. Elle était au-dessus de toutes les calomnies qu'on avait répandues et ceux-là mêmes qu'on avait voulu détourner d'elle ne tardaient pas à reconnaître de quel côté se trouvaient les véritables protecteurs de leurs intérêts.

Un événement que la France saluait avec joie et auquel fut associée la Caisse d'épargne acheva de dissiper les dernières préventions. A l'occasion de son mariage qui était célébré le 30 mai au palais de Fontainebleau, le duc d'Orléans, pour laisser à la classe ouvrière un souvenir durable de ses sentiments pour elle, consacra une somme de 100,000 francs à la création de livrets de caisse d'épargne à distribuer entre les enfants des ouvriers qui se seraient le plus distingués et le mieux conduits dans les écoles primaires. La part qui fut attribuée à la ville de Paris dans ce noble bienfait fut de 40,000 francs. Le prince, en confiant au préfet de la Seine le soin de procéder à la répartition de cette somme, avait exprimé le désir que les livrets qui seraient ouverts fussent la propriété des enfants et que le capital et les intérêts ne pussent être retirés avant que le bénéficiaire eût atteint sa majorité. Sur l'avis du comité central d'instruction primaire, le préfet de la Seine décida que toutes les écoles gratuites de garçons et de filles fondées et entretenues soit par la ville de Paris, soit par des fondations particulières, participeraient à la répartition de 1,560 livrets de 20 francs et de 30 francs qui seraient distribués suivant le mérite des élèves, sans distinction de leur position de fortune; 200 livrets de 40 francs étaient réservés aux classes d'adultes hommes et femmes, à ceux qui suivaient le cours de l'association polytechnique et de l'école royale de dessin de la rue de l'École de médecine. Les 1,760 livrets ainsi ouverts devaient porter en tête la mention suivante : *Donné par S. A. R. le duc d'Orléans à l'occasion de son mariage.*

Le préfet de la Seine et les maires des divers arrondissements procédaient le 14 juin à la distribution solennelle de ces livrets.

Le jour où le comte de Rambuteau faisait verser à la Caisse d'épargne le montant de la libéralité du duc d'Orléans, il écrivait à M. Agathon Prévost : « Je saisis cette occasion pour vous exprimer mes remerciements de l'empressement que j'ai rencontré dans les bureaux de votre administration qui a sans doute voulu s'associer ainsi à la bonne œuvre du prince royal ». Nous ne pouvions passer sous silence ce témoignage rendu au personnel de la Caisse d'épargne de Paris par le premier magistrat de la capitale, et c'est un devoir pour nous d'ajouter que les successeurs des employés de 1837 n'ont jamais démenti la bonne renommée de leurs anciens. Le dévouement absolu à leurs fonctions, l'empressement à exécuter, quelle qu'en soit la durée, les travaux les plus laborieux et les plus arides se transmettent comme une tradition que chacun tient à honneur de conserver intacte.

L'exemple donné par le duc d'Orléans devait être suivi. À peine la nouvelle du bienfait s'était-elle répandue dans le public que des particuliers sollicitaient la Caisse d'épargne de recevoir pour des mineurs de petites donations dont le remboursement serait différé et qui devant s'accroître tous les ans des intérêts, constitueraient ainsi aux filles une petite dot pour s'établir, aux garçons des facilités pour se racheter du service militaire ou pour exercer un état.

L'idée de créer des livrets d'une nature particulière qui pourraient encourager les jeunes ouvriers à augmenter par leurs propres épargnes le premier pécule qu'ils auraient dû à de généreux donateurs, avait été depuis trop longtemps l'objet des préoccupations de la Caisse d'épargne pour que le Conseil des directeurs ne prît pas en grande considération le mouvement qui se produisait. Pour lui, après l'enseignement moral et religieux, le meilleur moyen d'assurer le bonheur des enfants était de leur inspirer le goût de l'ordre et de l'économie. Toutes les fois que l'occasion lui avait été offerte de recevoir, pour les faire fructifier pendant un temps déterminé, des sommes attribuées à des orphelins recueillis par l'Assistance publique ou dont la tutelle avait été confiée soit après les journées de Juillet, soit à la suite du choléra, à des commissions spéciales, on a vu qu'il ne l'avait jamais repoussée. Il avait admis par exception des versements conditionnels lorsqu'il ne s'agissait que de l'exécution d'une disposition entre vifs ou testamentaire revêtue des formes déterminées par la loi. Il n'avait pas fait de difficultés non plus pour accepter des sommes déposées au nom d'un remplaçant militaire, sous la condition que celui-ci n'en pourrait disposer qu'à l'expiration d'un an et un jour, temps après lequel le remplacé, jusque-là propriétaire des deniers, était définitivement libéré envers l'État. Mais il n'avait pas encore admis des tiers à faire des versements sous la condition que le donataire n'en aurait la libre disposition qu'à l'âge de vingt et un ans ou à une autre époque déterminée. La donation du duc d'Orléans lui parut une occasion heureuse de permettre à la bienfaisance de se produire sous une forme nouvelle aussi discrète que délicate.

Il n'était pas douteux que la mesure qui paraissait avoir été recommandée par le prince royal pour faire produire quelque bien de plus à la Caisse d'épargne pût être généralisée. Le Conseil ne redoutait pas le surcroît de travail et de responsabilité qui devait en être la conséquence, mais il ne voulait rien livrer au hasard. Comment la donation serait-elle constatée et reçue pour être parfaite? Comment la condition serait-elle stipulée pour créer un lien de droit entre les parties? On touchait là à des questions qui appelaient l'interprétation de la loi civile et sur lesquelles les directeurs ne voulurent pas se prononcer avant de les avoir soumises à des conseils dont l'expérience juridique pût les éclairer. Ils s'en rapportèrent à trois jurisconsultes dont l'opinion faisait autorité à cette époque. M. Delangle, bâtonnier de l'ordre des avocats, M. Glandaz, président de la Chambre des avoués, M. Juge, avoué honoraire, tous les trois administrateurs de la Caisse d'épargne, rédigèrent une consultation dans laquelle, après avoir exposé la question de validité des dons manuels, ils établissaient pour la Caisse d'épargne le droit incontestable de recevoir, sans aucune formalité, des donations de sommes versées au profit d'enfants mineurs aussi bien que de personnes majeures, à la condition que les intérêts s'accumuleraient avec le capital jusqu'à une époque déterminée, et même, si tel était le désir du donateur, la Caisse pouvait admettre que les sommes données seraient incessibles et insaisissables; les donations ainsi faites étant valables soit que le donateur y ait attaché son nom, soit qu'il ait préféré rester inconnu.

Ne pouvant plus avoir aucun doute sur la légalité du

projet qu'il méditait, le Conseil décida, dans sa séance du 14 décembre 1837, que les versements conditionnels seraient reçus à dater du 1er janvier 1838, à une série spéciale ouverte sous la désignation de série A; que la condition stipulée par le donateur, qui serait libre de se faire connaître ou de garder l'anonyme, serait mentionnée sur les registres ainsi que sur le livret et que ce livret serait disposé de façon à pouvoir servir en même temps au placement des économies personnelles du titulaire; celui-ci conserverait la libre disposition, pour se les faire rembourser directement ou par voie de transfert, conformément à la loi civile, de toutes les sommes autres que celles sur lesquelles porterait la condition. Le Conseil admettait la clause d'incessibilité mais il n'accepta que plus tard, et dans des cas particuliers, la clause d'insaisissabilité.

Il ne semble pas que cet ensemble de mesures inspirées par une ardente sollicitude pour la jeunesse qui devait être la plus nombreuse à en profiter, put être de nature à soulever des objections de la part de l'autorité supérieure. Cependant le ministre du commerce, quand il eut connaissance de la résolution du Conseil, voulut contester aux directeurs le droit de recevoir des versements conditionnels dont il n'était parlé, disait-il, ni dans les statuts ni dans la loi du 5 juin 1835, et il se plaignit que des dispositions de ce genre eussent été arrêtées sans qu'il lui en eût été référé. Il est permis de se demander si le ministre était bien l'organe de sa propre pensée en adressant un pareil blâme à la Caisse d'épargne qui, choisie d'une manière ostensible comme dépositaire de la libéralité du duc d'Orléans, n'avait en vue que de permettre à tous les citoyens de suivre le noble exemple du prince. Le président du Conseil des directeurs n'eut pas de peine à établir que rien dans les statuts, que rien dans la loi de 1835 ne s'opposait à la décision qui avait été prise, décision excellente et éminemment conservatrice puisqu'elle avait principalement pour but de mettre à l'abri de toute atteinte le bien du mineur, non pas celui qui lui appartient en vertu de la loi et que le père ou le tuteur a le droit d'administrer, mais celui dont il est gratifié par des libéralités spontanées qui n'auraient pas lieu si une clause protectrice ne lui en garantissait pas la propriété pour le jour où il devient maître de ses droits.

Le ministre ne pouvait méconnaître que la Caisse d'épargne en étendant de la sorte la sphère de son action, ne s'écartait ni de la lettre ni de l'esprit de ses statuts, qu'elle ne se laissait aller à enfreindre aucune disposition des lois auxquelles elle était soumise ; il n'insista pas. Il ne tardait même pas à reconnaître que les livrets conditionnels avaient un certain mérite, car, à quelque temps de là, il prenait un arrêté aux termes duquel il prescrivait de verser à la Caisse d'épargne, sous la condition de n'être remboursable qu'à la majorité des bénéficiaires, une somme de 350 francs à partager entre les deux orphelins d'un ouvrier mort à la suite d'une chute qu'il avait faite en travaillant sur la toiture des bâtiments du ministère.

Les versements conditionnels se développèrent peu à peu et finirent par prendre une grande extension sans jamais donner lieu à des difficultés ou à des contestations qui pussent faire regretter les encouragements dont ils avaient été l'objet. La série A ne s'ouvrit pas seulement pour des particuliers qui, s'intéressant à des mineurs, voulaient les récompenser et les encourager au bien, elle reçut également des versements faits par des industriels, par des sociétés, par des administrations publiques, en faveur de leurs employés ou de leurs ouvriers auxquels était ainsi constitué un capital qui ne devenait disponible qu'à une époque déterminée, le plus souvent au moment où, prenant leur retraite, il leur était utile de trouver des ressources en réserve.

Les bons effets sur lesquels on comptait n'avaient pas tardé à se produire. Dans son rapport du 31 mai 1838, Benjamin Delessert annonçait que le solde des livrets sur lesquels avait été répartie la libéralité de 40,000 francs du duc d'Orléans s'était déjà augmenté de 32,000 francs par suite de versements effectués par les enfants eux-mêmes ou par leurs parents. Cinq ans plus tard, le 18 mai 1843, le président portait à la connaissance de l'Assemblée générale que 90 comptes seulement avaient été remboursés et que le solde dû aux 1,670 titulaires encore en possession de leurs livrets montait, par suite d'accumulations successives, à 152,185 francs. C'était une augmentation de 112,000 francs ; elle était remarquée, car elle portait la preuve des progrès que faisaient dans la génération qui s'élevait les idées que l'Institution s'efforçait de propager.

Quant aux livrets ouverts à la série A depuis le 1er janvier 1838, le rapport du 31 mai indiquait que pendant les cinq premiers mois on en avait compté 86 représentant un capital de 11,400 francs. C'était un début bien modeste, mais, avec sa clairvoyance ordinaire, Benjamin Delessert était persuadé que sur ce point encore le temps accomplirait son œuvre. Ses prévisions étaient exactes. Peu à peu on vit s'augmenter le nombre de ces livrets qui s'alimentaient ainsi à la source intarissable de la bienfaisance publique, toujours ingénieuse à distribuer ses récompenses, ses encouragements et ses secours. Au 31 décembre 1890, la Caisse d'épargne en avait délivré 185,000 sur lesquels il en restait ouverts plus de 81,000 qui représentaient un capital réservé par la volonté des donateurs de 8,703,000 francs.

Cette fondation a donc donné d'heureux résultats. En voyant fructifier petit à petit ces libéralités dont ils pourront disposer un jour, les bénéficiaires de ces livrets reçoivent un enseignement qui est rarement perdu. S'il en est qui l'oublient, il en est d'autres qui le retiennent ou qui s'en souviennent à un moment donné et si la Caisse d'épargne n'en recueille pas toujours le profit, au moins elle a la satisfaction de penser qu'elle a répandu dans la population des préceptes qui ne restent pas stériles.

A peine le Conseil des directeurs avait-il décidé d'ouvrir des livrets conditionnels que des renseignements lui étaient demandés de plusieurs côtés pour suivre son exemple. Nous retrouvons encore ici, à la tête de ce mouvement, la caisse d'épargne de Bordeaux et successivement l'usage de recevoir des dons conditionnels se généralisa. Mais, sur certains points, on eut quelque peine à distinguer le caractère particulier imprimé au livret qu'un donateur faisait ouvrir sous une condition déterminée. Des parents, des tuteurs, manifestaient le désir de faire transférer le montant des sommes dont les enfants se trouvaient ainsi gratifiés à Paris, sur une caisse départementale et le plus souvent cette prétention était soutenue par la caisse même sur laquelle le transfert était demandé. On ne s'apercevait pas que la Caisse d'épargne qui avait été constituée dépositaire d'un capital donné à un tiers avec la charge acceptée par elle de le remettre dans des circonstances déterminées, avait contracté l'obligation rigoureuse de veiller à ce que la condition imposée fût scrupuleusement exécutée. On ne se rendait pas compte que la faculté de transfert pour les sommes provenant d'une donation aurait détruit le contrat qui était intervenu entre le donateur et la Caisse d'épargne. Si le premier avait nettement exprimé sa volonté en confiant à la Caisse d'épargne de Paris le soin de surveiller l'exécution de ses intentions, la Caisse d'épargne de son côté n'avait pas le droit de rompre le contrat qu'elle avait librement consenti. En admettant la faculté de transfert, elle se serait exposée à de graves responsabilités, si plus tard des remboursements eussent été mal faits ou s'ils eussent été compromis par suite d'une mauvaise gestion. Aussi, le Conseil des directeurs avait-il eu soin d'inscrire dans son règlement que la faculté de transférer d'une Caisse d'épargne à une autre les sommes provenant d'une donation était suspendue jusqu'à l'accomplissement de la condition. Il ne faisait ainsi que rappeler le principe même de la loi civile.

Ce n'était pas seulement en France que l'attention s'était portée sur la mesure qui venait d'être adoptée par la Caisse d'épargne de Paris et que l'on s'informait de la manière dont elle était mise en pratique. Certaines caisses d'épargne étrangères qui voulaient s'éclairer sur cette question comme sur d'autres qui présentaient un intérêt général, se mettaient en rapport avec Benjamin Delessert dont l'expérience était appréciée partout où l'on travaillait au bien de l'humanité.

Pendant qu'il continuait à assurer à l'Institution des garanties de durée et de prospérité, le Conseil avait vu disparaître plusieurs de ses membres. Après la mort du comte de la Panouse auquel il avait donné pour successeur, le 14 juillet 1836, M. Martineau, banquier, membre du comité de censure, il avait éprouvé, au commencement de 1837, une perte nouvelle, dans la personne de M. Bellangé. Pour remplacer ce directeur, il avait porté son choix sur M. Bourceret qui avait montré comme administrateur et comme censeur un zèle ardent et qui devait se dévouer tout entier à ses nouvelles fonctions. En 1838, deux autres censeurs furent appelés à occuper les fauteuils que la démission de M. Lainé et le décès de M. Caccia avaient laissés vacants. Le premier élu fut M. Guyot de Villeneuve, qui déjà était membre du conseil d'escompte de la Banque de France, où sa modestie devait le retenir pendant un demi-siècle, bien que son mérite lui eût permis de siéger dans un Conseil plus élevé, et M. Lainé, le digne frère du ministre de l'intérieur sous la Restauration, emporta dans sa retraite le titre de directeur honoraire. M. Decan, notaire honoraire, maire du troisième arrondissement de Paris, recueillit la succession de M. Caccia.

Au moment où s'achevait l'année 1838, la Caisse d'épargne fut encore une fois choisie pour être la dépositaire d'un nouveau don royal. La duchesse d'Orléans faisait remettre le 3 novembre à 153 enfants nés le même jour que le comte de Paris des livrets de cent francs, dont le capital et les intérêts ne devaient être disponibles entre les mains des titulaires qu'à l'époque de leur mariage ou de leur majorité. En même temps, les municipalités du département de la Seine qui, à l'occasion de l'événement du 24 août, avaient reçu les libéralités du roi, en plaçaient une partie à la Caisse d'épargne au profit des enfants pauvres des écoles communales.

Cette heureuse innovation des livrets conditionnels n'était pas le seul progrès dont eût à se féliciter le Conseil des directeurs au moment de la clôture de l'exercice. A la faveur du calme qui avait régné dans les sphères gouvernementales et de la tranquillité publique que rien n'était venu troubler, le travail avait été productif; la Caisse d'épargne en témoignait par des chiffres importants. Le nombre des déposants s'était augmenté dans l'année de plus de 17,000 et se trouvait arrêté au 31 décembre à 102,190; le capital constituant leur avoir s'était accru de 12 millions et demi et s'élevait à 63,250,000 francs.

Si la politique n'eût pas repris ses droits, il n'est pas douteux que ce mouvement se serait encore accentué; mais pendant qu'à la Chambre les partis se coalisaient pour renverser le comte Molé, et ne pouvaient s'accorder pour mettre fin à un interrègne ministériel sans précédent encore dans l'histoire parlementaire, les affaires se ralentissaient, les faillites se multipliaient et les travaux se trouvant diminués dans certaines industries, la gêne se manifestait parmi la classe ouvrière qui venait réclamer à la Caisse d'épargne les économies qu'elle lui avait confiées dans des jours meilleurs. Vers le milieu de février, les retraits commencèrent à être plus considérables que les dépôts et dans la période du 10 février au 12 mai les versements n'atteignaient que 6 millions et demi, tandis que les remboursements s'élevaient à 8,250,000 francs.

Il fallut qu'une insurrection étouffée à sa naissance mais qui avait laissé des traces de sang dans les rues de Paris, vînt faire cesser l'anarchie qui régnait dans le parlement. Le 12 mai, pendant que l'on arrêtait les principaux chefs de l'émeute, un ministère se constituait aux Tuileries. Pour quelque temps, le calme rentra dans les esprits, le malaise dont on souffrait s'effaça peu à peu et la Caisse d'épargne vit les opérations reprendre un cours normal et régulier; pendant que les versements reçus depuis le milieu du mois de mai jusqu'à la fin de l'année se relèveront à près de 18 millions, les remboursements s'abaisseront à 14 millions et demi [1].

C'est ainsi que, sous l'influence des mêmes causes, les mêmes faits ne cessent de se reproduire.

Cependant, ce n'était pas sans accroître ses dépenses dans des proportions assez sensibles que la Caisse d'épargne pouvait suffire à tous les soins qu'exigeaient d'elle des opérations dont le nombre s'étendait graduellement. Le Conseil devait chercher à se créer de nouvelles ressources soit en augmentant le délai pendant lequel on retenait les intérêts après chaque versement ou avant chaque remboursement, soit en réduisant l'intérêt même servi aux déposants qui était toujours maintenu à quatre pour cent.

Si le premier moyen offrait cet avantage de permettre aux fonds stationnaires de jouir de l'intégralité de l'intérêt servi par la Caisse des dépôts et consignations, il présentait cet inconvénient assez sérieux de réduire à un intérêt insignifiant

1. Mouvement des dépôts et des retraits pendant l'année 1839.

	DÉPÔTS	RETRAITS	EXCÉDENT DES DÉPÔTS	EXCÉDENT DES RETRAITS
Du 1er janvier au 10 février.	4,713,782f	2,000,051f02	1,804,730f08	»
Du 17 février au 12 mai..	6,521,251	8,250,715 20	»	1,729,464f20
Du 19 mai au 31 décembre.	17,914,400	14,420,303 66	3,494,096 34	»
Totaux.....	29,149,433f	25,580,136f78	5,298,760f42	1,729,464f20
Excédent des dépôts.	»	3,569,302 22	3,569,302f22	
		29,149,433f		

et même à priver dans certains cas, de tout intérêt, les sommes
qui n'auraient séjourné que peu de temps à la Caisse d'épargne,
pour une cause indépendante souvent de la volonté du déposant. Le Conseil inclina à penser qu'il était préférable de
renoncer à exercer un prélèvement indirect sur les intérêts et
qu'il y avait lieu d'user de la faculté que la loi lui donnait
d'opérer une retenue sur le taux de l'intérêt bonifié par la
Caisse des dépôts et consignations.

Ayant résolu de s'arrêter à ce dernier parti, il aurait peut-
être pu se borner à inscrire dans son règlement qu'il mettrait
désormais en pratique les dispositions de l'article 3 de la loi
du 5 juin 1835, mais, toujours respectueux de la haute autorité dont il tenait ses statuts, le Conseil pensa qu'il devait
obtenir du gouvernement l'autorisation de modifier le service
des intérêts tel qu'il avait été réglé par l'acte du 17 mars 1835.
La délibération qu'il avait prise fut sanctionnée par une ordonnance royale du 11 novembre 1839 qui décida qu'à l'avenir
et à dater du 1er janvier 1840, les sommes versées à la Caisse
d'épargne de Paris porteraient intérêt au profit des déposants
à partir du jour même du versement jusqu'au dimanche qui
précéderait le jour du remboursement. En même temps, la
Caisse d'épargne était autorisée à prélever sur le montant des
intérêts une retenue dont la quotité serait déterminée au mois
de décembre de chaque année par le Conseil des directeurs
et qui, dans aucun cas, ne pourrait excéder la limite d'un
demi pour cent, conformément aux prescriptions de l'article 3
de la loi du 5 juin 1835.

Le Conseil ne jugea pas nécessaire d'user immédiatement de
toute la latitude qui lui était accordée. Il ne voulait rien
retrancher aux déposants au delà de ce qui lui était nécessaire
pour s'assurer des ressources proportionnées à l'élévation de
ses dépenses et, dans sa séance du 3 décembre 1839, il fixa à
trois et trois quarts pour cent, pour l'année 1840, le taux de
l'intérêt à allouer aux déposants, retenant seulement pour
ses frais d'administration un quart pour cent.

Cette retenue suffira pendant dix ans aux besoins de la Caisse
d'épargne et elle ne sera augmentée qu'à la suite de graves
événements.

Le produit que pouvait procurer ce nouveau mode de supputer les intérêts, devait bien permettre de faire face aux dépenses ordinaires, mais la Caisse d'épargne n'était pas encore assez sûre de ses revenus pour accepter trop facilement d'aggraver ses charges. On ne cessait de lui demander de se porter sur différents points où son action aurait été bienfaisante, et depuis quelque temps déjà la commune de la Villette particulièrement était en instance pour obtenir de devenir le siège d'une succursale. Le maire, M. Sommier, était à la tête de l'une des raffineries les plus importantes de la localité et s'occupait d'améliorer le sort des ouvriers dont le nombre déjà considérable tendait toujours à s'accroître sur ce point qui touchait aux barrières de la capitale; il insistait pour que la délibération qui avait été votée par le Conseil municipal fût prise en considération. Le sous-préfet de Saint-Denis, le préfet de la Seine appuyaient sa demande, mais le Conseil des directeurs opposait, avec une trop juste raison, l'insuffisance de son budget et faisait remarquer que la subvention qu'il tenait du Conseil général permettant à peine de couvrir les frais des créations anciennes, il y aurait témérité de sa part à établir de nouvelles succursales qui pourraient lui devenir trop onéreuses.

Le comte de Rambuteau n'hésita pas à approuver la Caisse d'épargne de la prudence qu'elle apportait dans sa gestion et, par une lettre du 21 avril 1838, il l'assurait qu'il ne lui demanderait plus de multiplier ses services sans être en mesure de l'indemniser de ses dépenses par une contribution de la commune, se réservant, si cette contribution était insuffisante, de proposer au Conseil général de la compléter.

Le Conseil municipal de la Villette vota une contribution de 600 francs qui s'augmenta d'une subvention de 1,000 francs allouée par le Conseil général et, le 5 avril 1840, la succursale fut ouverte au milieu d'une population à laquelle les autorités municipales avaient déjà appris à connaître l'Institution. Depuis quelque temps, en effet, les élèves des écoles qui avaient mérité des récompenses recevaient des livrets de Caisse d'épargne représentant la somme ordinairement destinée à l'acquisition des prix de fin d'année. La commune de la Villette avait ainsi devancé la mesure qui devait être appliquée plus tard d'une manière générale dans toutes les écoles communales de la ville de Paris.

Au moment où cette treizième succursale venait apporter un nouvel élément de progrès à la Caisse d'épargne, les versements étaient en augmentation sur ceux de l'année précédente et les retraits, bien qu'un peu élevés, étaient loin cependant d'atteindre l'importance des dépôts. Il semblait que rien ne dût plus arrêter le mouvement qui avait marqué l'année 1838 et qui, après un moment d'arrêt, avait repris à la fin de 1839 une marche ascendante. Mais les événements qui surprirent la France vers le milieu de l'année 1840 devaient encore peser d'un poids bien lourd sur les opérations.

Se trouvant au centre même des inquiétudes et des irritations auxquelles avait donné lieu le traité du 15 juillet, signé à Londres entre les quatre grandes puissances en vue d'isoler la France et de régler sans elle la question d'Orient que l'ambition du vice-roi d'Égypte et la faiblesse du Sultan venaient de réveiller, la Caisse d'épargne de Paris devait, plus que celles qui étaient établies dans les départements, se ressentir des conséquences d'un acte aussi grave. Les ordonnances rendues à la fin de juillet pour appeler à l'activité les jeunes soldats disponibles sur la deuxième partie du contingent de la classe de 1836 et tous ceux appartenant à la classe de 1839, les crédits ouverts en même temps au ministre de la marine pour augmenter le personnel de la flotte, étaient des mesures de prudence qui pouvaient causer déjà certaines appréhensions. Mais, les préoccupations grandirent dès le commencement de septembre quand les premières nouvelles arrivèrent d'Alexandrie et des côtes de Syrie, annonçant que l'Angleterre, par ses menaces violentes, se mettait en mesure d'exécuter le traité du 15 juillet. L'ouverture de plus de cent millions de crédits extraordinaires affectés à accroître le matériel de l'armée et son effectif en hommes et en chevaux, l'ordonnance du 13 septembre qui déclarait l'utilité publique et l'urgence des travaux de fortification à établir autour de la capitale, commencèrent à jeter la panique qui vint à son comble quand on apprit que la flotte anglaise avait bombardé Beyrouth et que le Sultan avait prononcé la déchéance de Méhémet-Ali.

Les opérations de la Caisse d'épargne suivaient la marche des événements. Pendant que les versements étaient de 1,700,000 francs en septembre, de 1,756,000 francs en octobre, les retraits s'élevaient en septembre à 3,926,000 francs et en octobre à 6,139,000 francs. Il faut dire que pendant ce dernier mois, aux très graves inquiétudes causées par les affaires extérieures vinrent s'ajouter les craintes d'un péril intérieur que firent renaître l'attentat du 15 octobre contre le roi et la division du cabinet dont la faiblesse, en présence des événements qui s'accumulaient de toutes parts, devait amener la chute.

L'avènement de M. Guizot au ministère, le 29 octobre, et l'espoir qu'une direction plus réfléchie et plus ferme allait être imprimée à la politique, ramenèrent la confiance et, pendant les deux derniers mois, les versements restèrent supérieurs aux remboursements de près de 300,000 francs [1].

La Caisse d'épargne entrait dans une ère de prospérité qui devait se prolonger pendant plusieurs années. Elle avait su, comme en 1837, surmonter les embarras que pouvait entraîner une grande affluence de déposants accourant aux mêmes heures, inquiets et méfiants. Elle avait multiplié les services dont elle avait transporté une partie dans un local qu'elle avait loué rue Baillif, en face de ses bureaux; ainsi, elle avait pu consacrer quatre jours de la semaine au lieu d'un à donner satisfaction aux demandes de retraits dont le nombre, pendant les deux mois de septembre et d'octobre, atteignait 16,000. L'ordre, l'exactitude, la rapidité avec lesquels les payements furent effectués désarmèrent encore une fois les ennemis de l'Institution, rassurèrent les timides et les craintifs, et cette nouvelle crise ne servit qu'à affermir la confiance des déposants dans leurs rapports avec la Caisse d'épargne.

1. Mouvement des dépôts et des retraits pendant l'année 1840.

	DÉPÔTS	RETRAITS	EXCÉDENT DES DÉPÔTS	EXCÉDENT DES RETRAITS
Du 1ᵉʳ janvier au 31 août...	23,470,075ᶠʳ	18,598,575ᶠ74	4,878,000ᶠ20	»
Septembre...............	1,700,401	3,920,003 13	»	2,105,002ᶠ13
Octobre................	1,750,999	6,139,139 59	»	4,382,140 59
Novembre et décembre...	4,443,364	4,148,700 05	204,003 95	»
Totaux.....	31,437,430ᶠʳ	32,812,478ᶠ51	5,172,703ᶠ21	6,517,802ᶠ72
Excédent des retraits sur les dépôts............	1,375,030ᶠ51			1,375,030ᶠ51
	32,812,478ᶠ51			

Cependant, les événements de 1840, et le contre-coup qu'on en avait ressenti n'étaient pas sans causer pour l'avenir une certaine préoccupation au Conseil des directeurs. Malgré la crise qu'elle venait de traverser, la Caisse d'épargne voyait le nombre de ses déposants, qui s'était encore augmenté dans l'année, s'élever au 1er janvier 1841 à 119,000 et le solde qui représentait leur créance dépasser 70 millions. D'un autre côté, Benjamin Delessert suivait avec un soin vigilant le mouvement général qui se produisait en France; il remarquait qu'à la même époque, les caisses d'épargne, au nombre de 278, qui étaient établies dans les départements et dont la clientèle n'avait été que peu touchée par la question d'Orient, devaient à 232,000 déposants un capital de 122 millions.

Pour protéger l'Institution et la soustraire à des périls qui pourraient un jour entraver sa marche, Benjamin Delessert appelait l'attention de ses collègues sur les inconvénients auxquels le gouvernement pouvait être un jour exposé si, de nouvelles crises survenant et ne restant pas localisées comme les précédentes, des demandes considérables de remboursements étaient à la fois adressées à la Caisse des dépôts et consignations par la Caisse d'épargne de Paris et par la plupart de celles des départements. Il invitait le Conseil à rechercher, en s'aidant des leçons du passé, les précautions à prendre, les améliorations à réaliser pour écarter les embarras qu'il entrevoyait et, comme l'intérêt de l'État ne le préoccupait pas moins que celui des caisses d'épargne, il croyait utile de ne pas laisser ignorer au ministre des finances l'étude à laquelle se livrait le Conseil des directeurs. Pour répondre au désir exprimé par M. Humann, qui attachait un grand prix à connaître les vues de la Caisse d'épargne de Paris sur la solution à donner à une question dont l'importance n'était pas sans le frapper également, le Conseil rédigea une note dans laquelle se trouvait résumé le résultat de ses délibérations. Dans cette note, il se bornait à exposer les moyens qui lui paraissaient les plus propres à prévenir les difficultés que l'on entrevoyait, laissant à l'initiative ministérielle le soin d'en apprécier la valeur et la portée.

Il s'arrêtait d'abord au maximum de dépôt qui, fixé à 3,000 francs par la loi, pouvait paraître un peu élevé; presque toutes les caisses d'épargne l'avaient adopté, bien qu'elles ne

fussent pas dans l'obligation de s'y soumettre, la Caisse
d'épargne de Paris en fournissait la preuve. Néanmoins, le
Conseil faisait remarquer que si on l'abaissait, fût-ce même à
1,000 francs, la diminution du solde ne se produirait pas dans
une proportion égale et que les comptes supérieurs, ramenés
tous à ce chiffre, représenteraient encore une somme considérable qui serait sans cesse augmentée par les déposants nouveaux dont le nombre, il ne fallait pas en douter, suivrait une
progression constante. Il lui paraissait d'ailleurs fâcheux de
voir les bienfaits de l'Institution s'arrêter entièrement à une
somme aussi modique que celle de 1,000 francs.

Aussi, pensait-il que pour étendre avec un maximum restreint
le service que devait rendre la Caisse d'épargne, on pourrait
admettre le déposant dont le livret toucherait au maximum, à
acheter de la rente en déduction de son avoir, ce qui lui permettrait de continuer les versements jusqu'à ce que le maximum
fût de nouveau atteint.

Mais, après avoir signalé les deux moyens qui lui paraissaient
suffisants pour diminuer la somme des dépôts, le Conseil avait
cru utile de prévenir l'exagération des demandes de remboursements dans les moments de crise ou de panique, non en
limitant les retraits, mais en fixant, quand ils dépasseraient
une certaine somme, un délai assez long entre la demande et
la remise des espèces.

Il exposait alors une combinaison qui reposait sur des livrets
à terme.

Pour laisser à la classe laborieuse la faculté de satisfaire à
un besoin imprévu, on maintiendrait le remboursement à bref
délai jusqu'au maximum de 500 francs, et le même déposant
pourrait ensuite continuer ses versements sur un second livret,
jusqu'à concurrence de 1,500 francs ou de 2,000 francs, mais
avec la condition de n'être remboursé des sommes portées sur
ce second livret que trois mois ou six mois après la demande.
Pour encourager les remboursements à terme, on bénéficierait
aux versements effectués sur le premier livret un intérêt moindre qu'à ceux qui auraient été effectués sur le second. Ainsi, la
Caisse des dépôts aurait le temps de préparer ses moyens de
payement. Mais, afin d'éviter aux déposants qui seraient ainsi
remboursés à terme de se trouver dans l'obligation, si leurs

besoins étaient pressants, de recourir à des prêteurs à gros
intérêts qui leur feraient des avances sur le dépôt de leurs
livrets et abuseraient peut-être de leur position, le Conseil
exposait que l'on devrait combiner le remboursement à terme
avec la disponibilité de la créance pour le déposant. Et alors,
il se demandait si on ne pourrait pas, au delà du chiffre de
500 francs, payer le déposant en bons du Trésor à trois mois ou à
six mois, qui seraient de sommes rondes, multiples de 500 francs
et porteraient intérêt. Ces bons, qui pourraient être au porteur,
le Trésor les délivrerait à la Caisse d'épargne lors des demandes
de remboursements et le déposant trouverait facilement à les
négocier.

On voit que le Conseil avait touché dans ses délibérations les
points les plus importants de la constitution des caisses
d'épargne.

Si l'on pouvait admettre que le maximum dût subir un certain abaissement, on devait se garder pourtant de le faire
descendre à un niveau trop bas, alors surtout qu'on proposait
cette mesure excellente qui consistait à admettre les déposants
à réduire, autant de fois qu'ils le voudraient, le capital de leurs
livrets, en se faisant acheter de la rente par l'intermédiaire de
la Caisse d'épargne. C'était là une innovation heureuse que le
Conseil des directeurs signalait à l'attention du ministre.

Il est permis de ne pas apprécier de la même manière le
projet de remboursement à terme. On établissait une inégalité
choquante au point de vue des intérêts, entre les dépôts selon
qu'ils seraient de sommes plus ou moins élevées. Il est vrai
qu'on voulait donner une compensation aux déposants qui
devaient attendre trois ou six mois avant d'être remboursés;
cependant, si on devait leur remettre des valeurs portant intérêt et négociables, le préjudice qu'ils auraient eu à subir aurait
été fort amoindri. D'un autre côté, on se figure difficilement
que la Caisse d'épargne, créée pour venir en aide à la classe
ouvrière en recueillant et en faisant fructifier les économies
réalisées sur le produit du travail quotidien, puisse ajourner,
même à trois mois, le déposant qui, en cas de chômage, est
privé de salaire, que la maladie peut réduire à la misère, dont
un accroissement de famille vient augmenter les charges et
les besoins. Restreindre à ce point son action, ce serait lui

enlever un de ses plus précieux avantages et éloigner d'elle ceux-là mêmes qu'elle est appelée à moraliser et dont elle est destinée à améliorer le sort.

Quoi qu'il en soit et malgré les observations que l'une d'elles peut suggérer à cinquante ans de distance, les idées du Conseil des directeurs étaient dignes de fixer l'attention du ministre des finances. Nous verrons plus tard le parti que le gouvernement et le législateur en tireront.

Tout en cherchant à résoudre les questions d'ordre supérieur qui avaient pour l'Institution une importance capitale, le Conseil ne détournait pas son attention des affaires de chaque jour et, en 1841, quand il fut débarrassé du souci que les événements lui avaient causé, quand il eut reconnu que des ressources suffisantes lui étaient assurées par l'ordonnance du 11 novembre 1839, il aborda un travail qui depuis longtemps déjà était pour lui l'objet d'un différend assez grave avec l'administration supérieure. Il s'agissait de la classification méthodique des déposants suivant la profession exercée par chacun d'eux, et de la division, par classes de quotités, des livrets et du solde existants au 31 décembre de chaque année. Le ministre avait demandé en 1835 à toutes les caisses d'épargne de lui fournir cette double statistique pour être insérée dans le rapport annuel que la loi du 5 juin lui prescrivait de distribuer aux Chambres. Mais ce travail était considérable pour la Caisse d'épargne de Paris, qui comptait déjà plus de 65,000 déposants, alors que les 122 caisses ouvertes à cette époque dans les départements n'en possédaient ensemble que 56,000. L'effort qu'on exigeait d'elle était hors de proportion avec l'étendue de ses ressources et, de plus, le Conseil était convaincu qu'en procédant à la classification de la totalité des déposants dont le nombre était constaté à la fin de l'exercice, on se livrait à une opération vicieuse dans son principe qui ne devait fournir que des résultats inexacts et incohérents.

Pour établir la statistique d'une caisse d'épargne, la seule base solide sur laquelle on puisse s'appuyer, est sans contredit la déclaration recueillie et mentionnée sur les registres, au moment où chaque déposant nouveau effectue son premier versement. Mais vouloir établir à la fin de chaque année la statistique complète de tous les porteurs de livrets, c'est méconnaître l'effet du temps qui amène continuellement dans l'état social des déposants de nombreuses modifications dont il est impossible de conserver la trace. Un ouvrier, un domestique, un soldat, un employé, un petit marchand peuvent changer de condition d'une année à l'autre, un mineur sans profession devient majeur et le métier qu'il exerce, l'occupation à laquelle il se livre restent inconnus. Tous les ans, les relevés contiendraient donc, confondus dans une même récapitulation, des renseignements de vieille date ne présentant plus, par conséquent, aucun caractère d'exactitude, et des renseignements récemment recueillis qui, par cela même, seraient l'expression de la vérité. On aurait amassé des matériaux confus et sans utilité, on n'aurait pas établi une statistique. C'est ce que le Conseil avait reconnu avec l'expérience que lui avait donnée une direction qui comptait déjà une certaine durée, et sa résistance aux injonctions ministérielles n'était que trop justifiée. Il prétendait avec raison qu'il n'y avait qu'une seule manière de dresser une statistique exacte et sincère, c'était de se borner à procéder chaque année à la classification des déposants nouveaux. Ainsi, on agirait sur des données certaines. Que si, malgré le soin apporté à obtenir des déclarations franches et précises, il se trouvait quelques déposants qui aient la faiblesse d'accroître leur importance, le nombre en serait trop minime pour altérer les résultats acquis. On fut assez longtemps à se rendre à l'évidence, mais cependant la théorie de la Caisse d'épargne de Paris finit par triompher et ce ne fut pas sans une certaine satisfaction que, dans le rapport présenté à l'Assemblée générale du 22 juillet 1852, le président du Conseil des directeurs donnait connaissance d'une circulaire du ministre de l'intérieur, de l'agriculture et du commerce, datée du 31 mars précédent, par laquelle il était recommandé aux caisses d'épargne de ne comprendre à l'avenir dans les relevés annuels que les déposants nouveaux. On reconnaissait enfin que les indications étaient nécessairement erronées lorsqu'elles portaient sur l'ensemble des livrets, car, disait la circulaire, « la condition des déposants vient fréquemment à changer sans que les caisses d'épargne en soient instruites et les inexactitudes qui étaient la conséquence forcée de la marche jusqu'alors suivie, ne pouvaient qu'amoindrir la valeur du compte rendu des opérations générales des caisses d'épargne et l'autorité qui devait s'attacher à un document destiné à montrer la mesure dans laquelle se développe, dans chaque classe de déposants, l'esprit de prévoyance ».

On pourrait s'étonner que le Conseil eût laissé arriver l'année 1841 sans avoir encore dressé la classification annuelle des déposants nouveaux, d'après le système qu'il cherchait à faire prévaloir, mais il s'était arrêté devant la dépense dans laquelle l'aurait entraîné un travail aussi long se reproduisant tous les ans. A plusieurs reprises, il avait fait faire des relevés partiels portant sur un mois, sur un trimestre, sur une quantité déterminée de livrets pour se rendre compte de la condition des déposants ; il s'assurait par là que la Caisse d'épargne n'était pas détournée de son but ; c'était une preuve qu'il aimait à faire, car on lui reprochait souvent d'avoir créé une Institution qui était recherchée plutôt par les gens aisés que par la classe ouvrière. Il aurait pu ne pas s'émouvoir de la médisance qui n'épargne personne, du scepticisme que rencontrent toujours les plus purs dévouements, il aurait pu négliger les propos des esprits légers et superficiels, mais il voulait convaincre les hommes sérieux qui, tout en protestant de leur sympathie pour l'idée que Benjamin Delessert et ses collègues avaient réalisée, se demandaient, en voyant les développements que prenait la Caisse d'épargne de Paris, si l'Institution répondait vraiment à sa destination. Alors, le Conseil par le dépouillement d'une partie de ses registres, établissait des proportions qui permettaient de constater une augmentation constante des déposants appartenant à la classe ouvrière ; puis, par le calcul des moyennes, il prouvait que si, dans leur ensemble, les dépôts pouvaient représenter un chiffre considérable, le nombre des opérations auxquelles ils donnaient lieu réduisait chaque versement à une somme bien légère, enfin que si la totalité des livrets ouverts faisait ressortir un capital important, le solde afférent à chacun d'eux restait dans une mesure qui défiait la critique. Il ne contestait pas que des personnes considérées comme appartenant à la classe aisée avaient pu, surtout dans les premiers temps, se faire ouvrir des livrets, mais, outre que leur nombre avait diminué peu à peu, il ne voulait pas laisser oublier que l'exemple qu'elles donnaient était utile pour inspirer la confiance et engager les gens peu fortunés, les petits employés, les domestiques, les ouvriers, à confier leurs économies à l'Institution dont ils apprenaient ainsi à reconnaître l'utilité et les avantages. En 1841, après que l'augmentation de ses ressources lui eut permis d'entreprendre le travail des relevés pour l'année entière, les ouvriers occupèrent le premier rang dans le tableau qui fut dressé, et les rentiers ainsi que les personnes sans profession qui étaient les plus nombreux au début arrivaient parmi les derniers.

Tout récemment, quand la Caisse d'épargne crut intéressant de présenter un ensemble complet de ses opérations depuis son origine et qu'elle entreprit de relever et de classer méthodiquement les déposants nouveaux de chacune des années écoulées de 1818 à 1840, elle trouva dans les résultats de ce long et minutieux travail la confirmation des calculs partiels sur lesquels, à plusieurs époques, le Conseil s'était appuyé pour justifier l'Institution des reproches qu'on lui adressait. Aujourd'hui, quand on jette un coup d'œil sur l'ensemble de cette statistique de la Caisse d'épargne de Paris qui s'étend du 15 novembre 1818 au 31 décembre 1800, on voit que si les ouvriers n'étaient pas les plus nombreux au point de départ, ils n'ont pas tardé à dépasser, dans une mesure considérable, les déposants appartenant aux autres professions.

Lorsque le rapport présenté par Benjamin Delessert sur les opérations de 1841 eut fait connaître pour la première fois la statistique complète des déposants nouveaux de l'année, il causa une certaine surprise, car il donnait sur les différents éléments dont se composait la clientèle de la Caisse d'épargne des renseignements d'une clarté et d'une précision telles qu'il n'était plus permis de douter de l'affluence de la classe ouvrière. La classification des 34,303 déposants nouveaux avec l'indication de la profession de chacun d'eux, faisait ressortir 18,873 ouvriers et 7,162 domestiques qui représentaient ensemble plus des trois quarts du nombre total ; les 8,268 comptes restants se partageaient entre les employés, les militaires et les marins, les professions libérales, les rentiers et les personnes sans profession et les sociétés.

Aucune année encore n'avait présenté autant de déposants nouveaux. La confiance renaissant, les dépôts avaient été abondants, les retraits s'étaient ralentis, de telle sorte qu'au 1er janvier 1842, la Caisse d'épargne devait 83 millions et demi à 134,800 déposants.

En présence de cette prospérité, quelques membres du Conseil conçurent l'idée d'augmenter la somme de services que la Caisse d'épargne rendait déjà à la classe ouvrière, en admettant, concurremment avec les opérations actuelles, le placement hebdomadaire ou mensuel de petits capitaux au moyen desquels les déposants pourraient se constituer, pour le jour où ils atteindraient leur soixantième année, des rentes viagères sur l'État qui, sans pouvoir dépasser 600 francs, seraient proportionnées à la quotité et à la durée des versements.

On était à une époque où l'on se préoccupait de la situation des sociétés de secours mutuels, qui organisées en vue de venir en aide aux ouvriers malades ou blessés et de procurer des pensions aux vieillards, pouvaient à peine suffire à la première de ces obligations.

Si la Caisse d'épargne eût pu recueillir les dépôts faits ainsi avec une destination spéciale et que, plus tard, par son intermédiaire, les déposants eussent été mis en mesure de recevoir du gouvernement des rentes viagères proportionnelles, n'aurait-elle pas contribué d'une manière efficace à protéger les malheureux contre la misère, et ne serait-elle pas restée fidèle à son principe? Enfin, la mesure proposée ne devait-elle pas avoir pour effet de convertir en une dette non exigible ni même remboursable une partie des fonds dont l'État se trouvait débiteur à la charge de les rendre immédiatement et à toute demande?

Il y avait là des considérations dont la portée n'échappait à personne dans le Conseil, mais on craignit que le caractère de l'Institution ne fût dénaturé par un genre d'opération dont le public peu éclairé ne saurait pas envisager toutes les conséquences. Ce qui assure le succès de la Caisse d'épargne, répondait-on, c'est que le déposant ne doute pas que ses fonds ne soient toujours disponibles et qu'il ne puisse les reprendre quand il en a besoin. Au contraire, les placements auxquels on convierait les ouvriers pour leur servir un jour des rentes viagères ne seraient jamais restituables et, le décès survenant, seraient perdus pour la famille.

La majorité du Conseil fut d'avis que les deux systèmes se

concilieraient mal, que la Caisse d'épargne telle qu'elle fonctionnait répondait à tous les besoins et devait être maintenue dans les conditions spéciales où elle avait été fondée; d'ailleurs les exigences de ce nouveau service auraient été pour elle une charge qu'elle n'était pas encore en état de supporter.

Bien que ce projet n'eût été l'objet d'aucune suite, il était intéressant de le mentionner. On voit par là quel champ d'étude était la Caisse d'épargne pour ceux qui avaient accepté d'en diriger la marche; l'esprit sans cesse tourné vers les souffrances de l'humanité, ils cherchaient les moyens de réparer les maux causés par l'inégalité des conditions et le membre du Conseil qui exprimait le regret de voir repousser la prise en considération du projet dont nous venons de donner l'analyse, ne cédait pas à une vaine illusion quand il affirmait sa conviction que l'œuvre projetée s'accomplirait tôt ou tard parce qu'elle était dans les besoins de l'époque et qu'elle serait certainement un jour le complément obligé des caisses d'épargne.

La loi du 18 juin 1850 qui créait sous la garantie de l'État une Caisse de retraites ou rentes viagères pour la vieillesse, le décret du 27 mars 1851 qui réglait l'organisation de l'institution nouvelle et en assurait le succès, devaient dix ans plus tard justifier les prévisions qu'avaient enregistrées les procès-verbaux de la Caisse d'épargne de Paris.

Au moment où, comme tous les ans, le Conseil se constituait en 1842, il avait à remplacer l'un de ses vice-présidents qui avait signé l'acte social du 22 mai 1818. M. Jacques Laffitte, à qui la Caisse d'épargne avait dû de pouvoir s'installer, au commencement de 1820, dans les bâtiments de la Banque de France, avait donné sa démission. Nommé directeur honoraire, il eut pour successeur dans le Conseil l'un des membres du comité de censure, M. Ferdinand Beau, ancien négociant, juge suppléant au tribunal de commerce; M. le comte d'Argout fut appelé au fauteuil de vice-président.

Dans la même séance où il faisait ces nominations, le Conseil prenait une résolution qui était commandée depuis longtemps par les nécessités de ses services tous les jours plus à l'étroit dans l'emplacement qu'il occupait rue Baillif et dont il ne jouissait qu'à titre précaire. Le choix d'un immeuble pour y faire une installation définitive était difficile. Il fallait que la

Caisse d'épargne se trouvât au centre de Paris, en communication facile avec toutes ses succursales, et qu'en raison des rapports journaliers qu'elle entretenait avec la Banque de France et la Caisse des dépôts et consignations alors placée rue de l'Oratoire, elle fût dans le voisinage de ces deux grands établissements.

Après bien des recherches restées infructueuses, après avoir espéré un moment que l'ouverture de la rue de la Banque, depuis longtemps projetée et toujours ajournée, lui permettrait de se créer sur cette nouvelle voie publique un établissement convenable, le Conseil décida de se rendre acquéreur d'un hôtel situé rue Coq-Héron, d'une superficie suffisante pour permettre de donner aux employés des bureaux bien distribués et aux déposants des espaces assez vastes pour leur assurer une circulation facile, même les jours de plus grande foule, dans toutes les parties de l'administration où ils pouvaient avoir à se rendre.

Cet hôtel avait été bâti vers l'année 1735 par Barthélemy Thoynard, baron de Vouldy, l'un des fermiers généraux de Sa Majesté, qui avait acheté et démoli trois maisons particulières pour se créer une belle et agréable demeure. En 1770, à la mort de Mme veuve Thoynard de Vouldy, il passait entre les mains de l'un de ses héritiers, Pierre Arnaud de la Briffe, chevalier, vicomte de Barzy, conseiller du roi en ses Conseils, président en son grand Conseil, qui, en 1778, le vendait à Philippes-Amand Le Carpentier, écuyer contrôleur de la maison de la Reine, gentilhomme servant du comte d'Artois. Le 19 floréal an III, ce même Philippes-Amand Le Carpentier, devenu cultivateur au Genetoy, commune de Bussy-Georges [1], canton de Lagny, se défaisait de sa propriété dont se rendaient acquéreurs « les citoyens Louis-Saint-Prix Enfantin, Barthélemy-Blaise Enfantin [2], Maurice Enfantin et François-Marcel Enfantin, frères, négociants, demeurant les trois premiers à Ménilmontant, commune de Belleville, district de Franciade, et le dernier à Paris, rue Coquillière, section de Guillaume Tell ».

---

1. C'est ainsi qu'on appelait alors la commune de Bussy-Saint-Georges.
2. Barthélemy-Blaise Enfantin était le père de Prosper Enfantin qui fut après 1830, le Père suprême des saint-simoniens.

L'hôtel de la rue Coq-Héron resta entre les mains des frères
Enfantin jusqu'en 1817. A cette époque, François-Marcel, agissant tant en son nom qu'en qualité de liquidateur de la société
qui avait existé entre lui et ses frères, en consentait la vente à
Mme veuve Brunier qui jusqu'à son décès y demeura avec ses
enfants. En mourant, elle laissait l'immeuble à son fils :
M. Edme-François Brunier, propriétaire, et à sa fille Mme Marie-
Geneviève Brunier, épouse de M. André-Marie-Jean-Jacques
Dupin, procureur général près la Cour de Cassation, grand-
croix de la Légion d'honneur, membre de la Chambre des
députés. Telles étaient les qualités des vendeurs inscrites à
l'acte des 27, 28 février, 2 mars 1842, en vertu duquel la Caisse
d'épargne de Paris devenait propriétaire de l'hôtel dans lequel
elle est encore installée aujourd'hui. Il ne lui fut pas facile
d'en prendre possession. Dans cette maison qui venait d'être
pendant de longues années la demeure du procureur général,
bien que des commerçants et des industriels en occupassent
une assez grande partie, se trouvait, au second étage, un locataire qui exerçait la profession d'avocat ; il prétendit que l'introduction de la Caisse d'épargne dans l'hôtel où il occupait
un appartement, était un trouble à sa jouissance, il n'hésita
pas à faire un procès ; il demanda la résiliation de son bail et
l'allocation d'une grosse indemnité, mais le tribunal déclara
son action non recevable. Aussitôt, on se mit en mesure d'élever
dans le jardin une salle vitrée dont la hauteur ne devait pas
dépasser la base des fenêtres du premier étage. Immédiatement, le même locataire intente un nouveau procès. Il s'oppose
à l'exécution de travaux qui devaient avoir pour conséquence
de lui enlever la vue du jardin qu'il soutenait lui avoir été
garantie par son bail. Le bon droit de la Caisse d'épargne
appuyé sur les termes mêmes du contrat, sur l'interprétation
de la loi, sur une jurisprudence constante, paraissait évident :
on ne touchait pas à l'appartement du réclamant, on ne lui
enlevait ni le jour, ni l'air, ni l'espace. Cependant, malgré un
mémoire dans lequel Me Duvergier précisait avec la science du
jurisconsulte les droits du locataire, malgré une brillante et
habile plaidoirie de Me Baroche qui avait déjà su place marquée au premier rang du barreau, malgré les conclusions très
explicites et très fermes de l'avocat général Bouely qui avait

tenu à se rendre compte par lui-même et sur place de l'importance du litige, la Cour de Paris déclara que la Caisse d'épargne ne pouvait priver son locataire de la vue du jardin dont il jouissait depuis le moment où il était entré dans l'immeuble. C'était une nouvelle jurisprudence qui s'établissait aux dépens de la Caisse d'épargne de Paris et dont l'arrêtiste qui rapportait la sentence signalait la gravité.

Les travaux qu'on allait entreprendre furent suspendus et l'on continua à recevoir le public, les jours de versements et de remboursements, dans les locaux de la rue Baillif. Les bureaux de la comptabilité furent seuls transportés rue Coq-Héron, et le 9 novembre 1843 le Conseil des directeurs tenait sa première séance dans l'immeuble qui devenait désormais le siège de la Société. Presque à la même époque, les circonstances lui permirent de se rendre acquéreur de deux maisons qui joignaient le jardin de l'hôtel et se trouvaient en façade sur la rue des Vieux-Augustins [1]. Dans la plus petite de ces maisons on classa immédiatement les archives qui réclamaient déjà d'assez vastes espaces; l'autre qui était occupée par un hôtel meublé conserva sa destination première. Enfin, pour isoler, autant que possible la Caisse d'épargne et pour rester maître de son voisinage du côté de la rue Coq-Héron, le Conseil achetait, peu de temps après, une maison en façade sur cette rue, qui se trouvait comme enclavée dans l'immeuble qu'il avait acquis de M. Dupin et où il devait trouver plus tard pour ses bureaux des développements indispensables. Les quatre immeubles dont il était devenu propriétaire occupaient une superficie de 2,500 mètres environ et représentaient avec les frais d'acquisition un capital de 950,000 francs. La Caisse d'épargne avait alors une inscription de 62,000 francs de rente qui constituait son fonds de réserve. En en aliénant une partie, elle put donc se libérer sans retard, et en même temps faire face aux dépenses d'une installation que les baux en cours ne lui permettaient d'effectuer que progressivement. Ce fut au prix d'une indemnité de 20,000 francs qu'elle obtint la résiliation du bail qui était un obstacle à la transformation du jardin

<hr>

1. Cette rue, qui reçut plus tard le nom de rue d'Argout, est devenue la rue Hérold dans la partie où se trouvent situés ces deux immeubles.

et quand la grande salle destinée à recevoir le public eut pu
être édifiée, la Caisse d'épargne quitta d'une manière définitive
les bâtiments qu'elle occupait à la Banque de France. Tous les
services furent centralisés dans l'hôtel de la rue Coq-Héron,
qui s'ouvrit pour la première fois au public le dimanche
8 décembre 1844.

A quelque temps de là, le 29 décembre, le Conseil des directeurs avait l'honneur d'y recevoir le ministre des finances, le
ministre du commerce, le préfet de la Seine et le préfet de
Police qui donnaient ainsi à l'Institution et à ceux dont
l'énergie et le dévouement peu communs en assuraient le
succès, un éclatant témoignage d'estime et de sympathie.

Quatre directeurs qui avaient été parmi les ouvriers de la
première heure et qui avaient contribué aux dernières mesures
dont on n'avait qu'à se louer, n'étaient plus là pour jouir de
leur œuvre. En 1843, M. le baron de Gérando était mort; c'était
une perte pour les malheureux et pour le monde de la bienfaisance. Le plus ancien des membres du comité de censure,
M. Locquet, maire du neuvième arrondissement, avait été appelé
à le remplacer. En 1844, M. Dominique André et M. Cottier
laissaient encore deux nouveaux vides difficiles à combler. A
la tête d'une maison de banque qui était entourée d'une juste
renommée, ces deux hommes s'étaient acquis une haute situation. Quoique assez différents d'âge, la vie les avait associés
aux mêmes affaires. Mais la mort les avait frappés à la même
heure sans les distinguer l'un de l'autre. Ils avaient eu pour
successeurs dans le Conseil : M. Poullain-Deladreue, membre du
comité de censure, ancien juge au Tribunal de commerce, et
M. Legentil, régent de la Banque de France.

Dans les derniers mois de 1844, la mort de M. Bartholdy, qui
avait été parmi les fondateurs et qui était directeur depuis
1824, frappait la Caisse d'épargne d'un nouveau deuil. Le
20 mars 1845, le Conseil se compléta en s'adjoignant M. Lebobe,
député, ancien président du Tribunal de commerce que l'Assemblée générale avait élu censeur l'année précédente. Ce
fut dans la même séance que furent nommés directeurs
honoraires, M. le comte de Rambuteau, préfet de la Seine, et
M. Gabriel Delessert, préfet de Police.

Pendant les années qui venaient de s'écouler, la population

parisienne avait pris de plus en plus l'habitude de se porter vers la Caisse d'épargne, et les succursales établies autrefois pour desservir plusieurs arrondissements se trouvaient insuffisantes. Le Conseil avait dû reconnaître que les démarches faites auprès de lui dans l'intérêt des cinquième et septième arrondissements n'étaient que trop justifiées et le 12 novembre 1843, deux succursales avaient été ouvertes, l'une dans la mairie de la rue de Bondy, l'autre dans celle de la rue Sainte-Croix-de-la-Bretonnerie. La banlieue attirait également son attention. La commune de Batignolles-Monceaux, celle de Montmartre, demandaient par l'organe de leurs maires, de leurs conseillers municipaux, que la Caisse d'épargne se rapprochât d'elles. Le Conseil qui ne se départait pas des règles de prudence qu'il s'était imposées, se décida en faveur de celle de ces deux communes dont la population la plus nombreuse déjà s'accroissait alors avec le plus de rapidité, et le 14 décembre 1844, une seizième succursale était établie à la mairie de Batignolles-Monceaux.

Mais ce n'était pas seulement le développement de l'Institution qui préoccupait le Conseil. Dans sa sollicitude pour les travailleurs, il ne pouvait oublier ceux qui tous les jours sous ses yeux étaient à l'œuvre, pour assurer aux opérations des déposants les conditions d'ordre et de régularité inséparables d'une bonne administration. Il ne croyait pas que ce fût seulement par des émoluments annuels que l'on dût reconnaître les services d'un personnel laborieux et dévoué; il était désireux d'assurer à ses employés des ressources pour le jour de la retraite, mais il ne voulait se permettre de faire des libéralités que suivant ses moyens. En 1835, au moment où la loi venait de consacrer l'existence de l'Institution, le Conseil avait arrêté les premières règles d'un système qu'il devait développer et qui constituait, non une caisse de retraite destinée à servir des pensions viagères aux employés parvenus au terme de leur carrière, mais un fonds de réserve spécial à chaque employé et lui appartenant en propre.

Établi d'abord en 1835 sur un livret de Caisse d'épargne dit *livret réservé*, en tête duquel était inscrite une gratification extraordinaire, le compte de réserve de l'employé n'était alors alimenté que par une retenue mensuelle de cinq pour cent sur ses appointements et par les intérêts du compte qui se capitalisaient chaque année.

C'était là une ressource bien faible qui ne devait donner même avec le temps que des résultats insignifiants. Le Conseil le reconnaissait, mais il était tenu d'agir avec prudence, ne voulant pas grever son budget annuel de dépenses excessives au profit de l'avenir qui pouvait apporter des déceptions, et il attendit jusqu'en 1842 pour faire un pas de plus dans l'œuvre de prévoyance qui était souvent l'objet de ses délibérations. Il décida alors d'augmenter chaque année, avec l'excédent de ses ressources, le montant de la retenue effectuée sur les appointements. En même temps, comme les livrets réservés pouvaient ainsi s'élever plus rapidement au maximum, il prescrivait d'en reporter le montant sur un registre spécial et il faisait ouvrir un compte au grand livre sous ce titre : *Réserves individuelles des employés de la Caisse d'épargne.* Deux ans plus tard, il lui était permis de réaliser son projet longtemps médité en lui donnant une forme et une ampleur d'autant plus dignes de remarque que la question des pensions de retraite, pour les employés du gouvernement était encore un problème à résoudre. Ce fut dans la séance du 18 janvier 1844 qu'il arrêta les dispositions fondamentales de ce compte de réserve dont bénéficie encore aujourd'hui le personnel de la Caisse d'épargne de Paris et qui fonctionne dans les conditions suivantes : l'employé est tenu de subir sur ses appointements une retenue de dix pour cent qui s'opère par douzième et dont le montant porté le dernier jour du mois au crédit de son compte individuel de réserve, produit intérêt à son profit au taux servi à la Caisse d'épargne par la Caisse des dépôts et consignations.

A la fin de chaque année, le Conseil des directeurs alloue une somme égale à celle provenant des retenues. Cette allocation, productive d'intérêt au même taux, se divise en deux parties équivalentes. La première est immédiatement acquise à l'employé et elle est portée à son compte individuel; quelle que soit la durée de ses services, elle lui appartient ou appartient à sa succession aussi bien que le montant des retenues opérées sur ses appointements. Mais, tant qu'il est en exercice, il ne peut disposer de sa réserve ainsi formée sans le consentement du Conseil qui ne souffre qu'il y soit porté atteinte que dans des circonstances graves dont il a l'entière appréciation. Ce n'est que trois mois après la cessation des fonctions que le Conseil autorise la liquidation et le payement du compte.

Quant à la seconde moitié des allocations, elle est répartie comme la première sur tous les comptes individuels, mais elle n'est acquise à l'employé lorsqu'il cesse ses fonctions, que s'il n'a pas démérité et en vertu d'une délibération spéciale du Conseil des directeurs. Si l'employé meurt étant encore au service de l'administration, la réversibilité n'est admise qu'en faveur de sa veuve et de ses enfants.

Lorsque cette rémunération n'est pas attribuée, elle est portée à un compte spécial dit : *Fonds de rémunération entièrement libre*, lequel est destiné à donner aux employés que le Conseil en juge dignes après de longs et excellents services, des gratifications exceptionnelles qui viennent augmenter leur réserve liquidée.

Depuis 1851, l'employé a la faculté de demander la conversion en rente sur l'État des sommes qui sont portées à son compte de réserve et qui lui sont définitivement acquises. Les inscriptions de rente sont nominatives, elles restent dans le portefeuille de la Caisse d'épargne qui en perçoit les arrérages et les porte à chaque échéance au crédit du compte de réserve de l'employé.

C'est ainsi que les employés de la Caisse d'épargne de Paris peuvent voir arriver sans trop d'appréhension le jour où sentant leurs forces les trahir, ils devront se résigner à prendre leur retraite.

L'expérience qui se poursuit depuis cinquante ans bientôt au prix d'une dépense annuelle qui n'a jamais été une charge pour l'Institution, a prouvé que l'organisation arrêtée par le Conseil présente de sérieux avantages.

L'administration n'a pas la gestion toujours délicate et souvent onéreuse d'une caisse de pensions. Au lieu d'une rente viagère qui ne lui est acquise qu'après une durée déterminée de services et qui, si elle s'étend à sa veuve ne lui arrive qu'amoindrie et ne passe jamais à ses enfants, l'employé, qu'il se retire après avoir rempli sa tâche, ou que la mort le frappe en pleine possession de ses fonctions, a droit à un capital qu'il laissera à sa famille.

L'administration et l'employé conservent mutuellement une entière liberté d'action, et de part et d'autre les charges sont limitées à la durée et à l'importance des services rendus.

L'administration n'est pas liée par une promesse de pension dont les retenues sont le gage, et l'employé a la garantie que le jour où cesseront ses fonctions les sommes qui lui auront été retenues lui seront restituées, augmentées des intérêts et d'une allocation dont il ne dépend que de lui d'accroître la quotité.

Au moment où il était mis en pratique, ce système était justement apprécié par la Compagnie du chemin de fer de Paris à Orléans qui, sur l'initiative de son président, M. Bartholony, prenait, à l'imitation de la Caisse d'épargne de Paris, des mesures propres à assurer des moyens d'existence à ses nombreux employés et ouvriers quand ils cesseraient leurs fonctions. Dès 1844, elle décidait qu'un versement serait fait annuellement à la Caisse d'épargne au nom de chacun des ouvriers, cantonniers, facteurs et autres personnes attachées à ses services. Les livrets étaient ouverts avec la condition expresse que le capital et les intérêts ne pourraient être retirés qu'avec l'autorisation de la compagnie et seraient incessibles et insaisissables.

Le personnel de cette grande entreprise recevait ainsi une preuve sérieuse de l'intérêt qu'il inspirait.

Pendant que la Caisse d'épargne de Paris s'élevait et se consolidait par des mesures sages et prévoyantes, l'Institution se développait en province où chaque année l'ouverture de nouvelles caisses attirait de nouveaux versements [1]. En cinq

---

1. Dépôts reçus de 1839 à 1844 par la Caisse d'épargne de Paris et par les caisses d'épargne départementales.

MAXIMUM DU LIVRET	ANNÉES	CAISSE D'ÉPARGNE DE PARIS	CAISSES D'ÉPARGNE DES DÉPARTEMENTS	
		Montant des dépôts annuels.	Nombre de caisses en activité.	Montant des dépôts annuels.
3,000f Loi de 1835.	1839...........	29,149,433"	205	50,027,480"
	1840...........	31,437,439	278	61,044,155
	1841...........	36,355,817	284	83,168,300
	1842...........	39,321,013	298	100,282,401
	1843...........	40,437,223	316	106,350,408
	1844...........	41,016,472	328	113,312,957

ans, du 31 décembre 1839 au 31 décembre 1844, le nombre des déposants dans les départements s'était accru de 134 pour 100 et le solde augmenté de plus de 175 pour 100 s'élevait à 280 millions et demi[1].

En suivant cette progression des fonds de l'épargne, dont il se félicitait à bon droit, car elle était un symptôme frappant de l'amélioration des mœurs, le Conseil des directeurs ne pouvait se défendre cependant d'un redoublement d'inquiétude à la pensée que le moindre incident pouvait à l'improviste faire affluer les demandes de remboursements et qu'aucune mesure de sauvegarde n'avait été prise.

Les appréhensions qu'il éprouvait déjà à cet égard en 1840, comme on l'a vu tout à l'heure, avaient bien donné lieu à un échange d'idées avec le ministre des finances, mais M. Humann, confiant dans le bon état des finances et dans la situation du pays, n'envisageait pas alors comme une menace pour le Trésor, les progrès continus mais réguliers que faisaient les caisses d'épargne, et il n'avait pas encore pensé qu'il fût urgent de remanier la législation de 1835 lorsque la mort le frappa subitement, le 25 avril 1842.

Aucune crise nouvelle ne s'était produite, la Caisse des dépôts et consignations avait pu, sans éprouver aucun embarras, faire face à ses obligations. Dans les rapports qu'il

1. Situation générale des caisses d'épargne de 1839 à 1844.

AU 31 DÉCEMBRE	CAISSE D'ÉPARGNE DE PARIS		CAISSES D'ÉPARGNE DES DÉPARTEMENTS		ENSEMBLE	
	Nombre de déposants	Solde dû aux déposants	Nombre de déposants	Solde dû aux déposants	Nombre de déposants	Solde dû aux déposants
1839............	112,158	69,357,276[fr]	198,684	101,700,628[fr]	310,842	171,057,904[fr]
1840............	118,990	70,355,337	232,817	122,028,103	351,807	192,383,440
1841............	134,813	83,485,428	291,101	162,588,954	425,914	246,074,382
1842............	149,059	95,370,234	354,922	206,950,082	503,981	302,320,016
1843............	161,843	104,786,243	408,482	242,246,182	570,325	347,032,425
1844............	173,515	112,061,915	465,469	280,490,551	638,984	392,552,466

Moyenne des livrets :	1839	1840	1841	1842	1843	1844
Pour l'ensemble des caisses d'épargne..............	550[fr]30	546[fr]81	577[fr]71	599[fr]86	608[fr]48	614[fr]32
Pour la Caisse d'épargne de Paris..............	618 38	591 27	610 13	630 81	617 48	644 99

adressait tous les ans au roi sur les opérations des caisses
d'épargne, le ministre du commerce, bien loin d'exprimer la
moindre crainte au sujet des développements que prenait
l'Institution sur tous les points du royaume, se plaisait au
contraire à constater que chaque année venait ajouter à la
masse des richesses acquises par le travail et mises en réserve
par la prévoyance. Il insistait sur l'immense intérêt qu'il y
avait pour le pays à voir grandir sans cesse le nombre de ceux
qui fréquentaient les caisses d'épargne, car c'étaient autant de
partisans acquis au maintien de l'ordre sans lequel tout progrès
et toute prospérité sont impossibles. Le gouvernement paraissait donc peu disposé à provoquer des mesures restrictives,
mais il ne regrettait peut-être pas de recueillir certains
avertissements qui, le moment venu, pourraient lui donner
plus d'autorité pour agir. Le nouveau ministre des finances,
M. Lacave-Laplagne prêta l'oreille aux craintes exprimées
dans certaines commissions de la Chambre des députés. A la
Chambre des pairs, la commission du budget des dépenses
pour l'exercice 1844 s'était bornée, dans son rapport, à
engager le ministre à modifier la loi sur les caisses d'épargne,
et le baron Charles Dupin avait protesté à la tribune contre
les atteintes dont était menacée l'Institution. Mais quelques
jours plus tard, la commission du budget des recettes pour le
même exercice, avait été moins réservée et s'était longuement
étendue, dans son rapport, sur les réformes à faire subir au
régime des caisses d'épargne, même elle n'avait pas craint de
présenter certains systèmes qu'elle recommandait à l'attention
du gouvernement « tout en restant persuadée, ajoutait-elle, que
cette matière présentait des difficultés dont on ne peut guère
se flatter de triompher d'une manière victorieuse ».

Ce fut dans un mémoire lu à l'Académie des sciences le
6 novembre 1843, où il montrait le développement progressif
des caisses d'épargne, ce fut dans un discours prononcé quelques jours plus tard au Conservatoire des arts et métiers, *sur
l'influence des causes perturbatrices qui peuvent nuire à la stabilité des caisses d'épargne départementales*, que le baron Charles
Dupin défendit l'Institution dont on méditait d'arrêter l'élan
alors qu'il aurait voulu qu'on en accélérât les progrès. « Qu'il
me soit permis de l'espérer, écrivait-il alors, lorsque mes nobles

collègues auront sous les yeux l'ensemble des faits que j'ai
recueillis et les calculs qui s'en déduisent, leurs sentiments
généreux l'emporteront sur de vaines terreurs; ils seront
heureux de laisser aux ennemis des caisses d'épargne la triste
envie qui les dévore. »

Lorsque le projet du gouvernement déposé dans la séance de
la Chambre des députés du 31 décembre 1844, vint en discussion
sur le rapport de M. Félix Réal, on put s'apercevoir qu'en le pré-
parant, on n'avait pas assez tenu compte des faits que le baron
Charles Dupin avait observés, et des conséquences qu'il en
tirait pour réfuter les erreurs auxquelles donnaient lieu les
appréciations de chacun, quant aux différents éléments dont se
composait la clientèle des caisses d'épargne. Il avait étudié les
influences que l'épargne du travailleur avait exercées sur le
développement des revenus publics et il demandait que loin de
restreindre la limite des dépôts et les facilités données pour
les retraits, on élargît au contraire les bases sur lesquelles
reposait l'Institution. Il entrevoyait avec un sentiment d'orgueil
pour son pays, que les épargnes accumulées par le peuple
pourraient, après vingt-cinq ans de paix et de prospérité,
s'élever à un milliard.

Le projet ministériel qui reproduisait dans ses lignes principales les propositions sur lesquelles le Conseil des directeurs
avait délibéré spontanément en 1841, ne répondait pas aux
aspirations du baron Charles Dupin.

Le maximum de dépôt était ramené à 2,000 francs avec
accumulation des intérêts jusqu'à 3,000 francs.

Tout déposant dont le crédit était suffisant pour acheter une
rente de 10 francs au moins, pouvait obtenir par l'intermédiaire
de la Caisse d'épargne et sans frais, la conversion de sa créance
en une inscription au grand-livre de la dette publique.

Enfin, les remboursements n'étaient exigibles que quinze
jours après la demande quand ils n'excéderaient pas 500 francs;
pour le surplus des sommes déposées, quel qu'en soit le montant, le délai était porté à deux mois.

C'était cette dernière disposition qui formait la base même
du projet. Les retraits étant suspendus selon leur importance
pendant une durée de quinze jours ou de soixante jours, on
n'avait plus à redouter de surprises et la question du maximum

do dépôt devenait, pour ainsi dire, une question secondaire. Ce fut bien ainsi que la Chambre le comprit et toute la discussion porta d'abord sur le mode de remboursement.

M. Saint-Marc Girardin s'élevait avec force contre les mesures qu'on proposait de prendre à l'égard des petites économies amassées par un labeur quotidien. Il protestait contre le reproche adressé aux caisses d'épargne de recevoir des capitaux qui ne leur étaient pas destinés. Il établissait que l'élévation progressive du nombre des déposants et du montant de leur avoir était la conséquence directe de l'accroissement des caisses d'épargne et non le fait de spéculateurs que séduirait un intérêt qui n'atteignait même pas quatre pour cent. Pouvait-il y avoir là un attrait pour la spéculation? Au moyen des documents mêmes produits par le ministère des finances, il montrait que les petits capitaux, contre lesquels on voulait prendre des mesures de sûreté, qui se formaient en s'augmentant des économies de chaque jour, étaient bien le produit du travail de la classe ouvrière, et il déclarait qu'après avoir provoqué leur formation, après les avoir attirés, après s'en être servi pour le plus grand bien de l'État, on ne devait pas les refouler, les détourner de leur courant naturel pour les rendre au cabaret, aux mauvaises spéculations, aux entreprises chimériques. Il condamnait la disposition du projet de loi en déclarant que dans cette population qui n'a pas de patrimoine, dans ces classes laborieuses où le travail peut manquer, il faut qu'on puisse reprendre le lendemain ce qu'on a déposé la veille, il faut que ce soient les économies de la semaine précédente qui viennent au secours de la semaine présente. En oubliant les obligations que l'on a contractées envers ces déposants, on ébranlerait une Institution dont ils ont contribué à fonder le crédit.

Lamartine défendait la même cause. Les caisses d'épargne, disait-il, sont le grand-livre des prolétaires. C'est le grand-livre de la dette publique pour cette classe laborieuse dans une nation où la classe ouvrière s'accroît chaque jour en importance et en misère!

Des députés pensaient que l'abaissement de l'intérêt serait un remède suffisant pour diminuer les dépôts, sans avoir recours aux délais extraordinaires dont on voulait frapper les remboursements.

M. Lanjuinais rappelait que les caisses d'épargne avaient fait sortir les économies des cachottes où elles étaient et il reprochait au gouvernement de présenter un projet et des moyens qui consistaient à gêner les versements et à retarder les payements, c'est-à-dire à aller directement contre la nature de l'Institution. Il ajoutait : « Les délais de remboursements éloigneront la petite épargne qu'ils auront découragée. Ceux qu'on appelle les capitalistes vivent de l'intérêt de leur capital et ils n'ont pas besoin du capital lui-même; aussi ne seront-ils pas inquiets d'un délai de deux mois; ils savent parfaitement que l'État est le meilleur des débiteurs et qu'au bout de deux mois l'État ne manquera pas de payer; ils pourront attendre. Mais le petit déposant qui a versé son mince superflu à la caisse d'épargne, que le travail vienne à manquer, qu'une maladie vienne frapper sa femme et ses enfants, qu'il ait à payer son loyer, il faut qu'il dispose de son capital, c'est aujourd'hui qu'il en a besoin et le projet l'obligera à attendre deux mois avant qu'il puisse rentrer en possession de son pécule. On le livrera aux usuriers; on crée l'agiotage sur les livrets. » Au système proposé, l'orateur préférait un abaissement d'un demi pour cent sur l'intérêt qu'il proposait de fixer à trois et demi pour cent. Son amendement fut repoussé.

Pour atteindre le même but, Garnier-Pagès demandait qu'on fixât à quatre pour cent l'intérêt à bonifier aux sommes qui n'excéderaient pas la première moitié du maximum de dépôt; pour le surplus, l'intérêt serait réduit à trois pour cent. C'était imposer à la comptabilité des caisses d'épargne des complications d'écritures qui auraient pu avoir de fâcheuses conséquences. Le ministre des finances signala le danger, la Chambre le comprit et cet amendement fut retiré ainsi que d'autres qui, par des moyens différents mais présentant tous les mêmes difficultés d'application, tendaient au même but.

Ce fut en vain que la commission soutint le projet ministériel qu'elle s'était approprié; en vain le ministre des finances était-il intervenu dans la discussion; quand on passa au vote sur l'article, une assez forte majorité se prononça pour le rejet.

On aborda alors la discussion du maximum de dépôt qui devenait le point dominant de la loi. On eut quelque peine à se mettre d'accord; ce fut un amendement proposé par Berryer qui fut adopté et qui devint l'article premier. Les déposants avaient la faculté de verser de 1 franc à 300 francs par semaine, mais aucun versement ne pouvait être reçu sur un compte dont le crédit aurait atteint 1,500 francs. Ce crédit pouvait néanmoins être porté à 2,000 francs par la capitalisation des intérêts.

Cette disposition une fois adoptée, les autres articles ne devaient plus donner lieu à de longues discussions.

Les remplaçants dans les armées de terre et de mer étaient admis à déposer en un seul versement le prix stipulé dans l'acte de remplacement, à quelque somme qu'il s'élevât. Les marins inscrits étaient pareillement admis à déposer en un seul versement, mais sans pouvoir dépasser le maximum déterminé par l'article premier, le montant de leur solde, de leurs décomptes et salaires au moment soit de leur embarquement, soit de leur débarquement. (Art. 2.)

Lorsque le dépôt aura atteint 2,000 francs, il cessera de porter intérêt. (Art. 3.)

Les sociétés de secours mutuels dûment autorisées continueront à verser jusqu'à concurrence de 6,000 francs et leur crédit pourra s'élever par l'accumulation des intérêts jusqu'à 8,000 francs. (Art. 4.)

Nul ne pourra avoir plus d'un livret dans la même caisse ou dans des caisses différentes sous peine de perdre l'intérêt de la totalité des sommes déposées. (Art. 5.)

Tout déposant dont le crédit sera de somme suffisante pour acheter une rente de 10 francs au moins pourra obtenir, sur sa demande, par l'intermédiaire de l'administration de la caisse d'épargne et sans frais, la conversion de sa créance en une inscription au grand-livre de la dette publique. (Article 6.)

Le ministre des finances était autorisé à faire inscrire au grand-livre de la dette publique, en rente quatre pour cent, la somme de 100 millions et à faire transférer ces rentes au pair au nom de la Caisse des dépôts et consignations, pour le compte des caisses d'épargne; en cas d'aliénation, il y aurait lieu d'accroître la dotation de l'amortissement. (Art. 7 et 8.)

A partir du 1er janvier 1847, les sommes déposées antérieurement à la présente loi et qui excéderaient 2,000 francs devaient cesser de produire intérêt jusqu'à ce qu'elles aient été ramenées au-dessous de ce maximum. (Art. 9.)

Le projet de loi dans son ensemble fut voté par 207 voix sur 242 votants.

Porté à la Chambre des pairs, il fut approuvé par la commission et en terminant son rapport, M. Pelet de la Lozère caractérisait ainsi le rôle des caisses d'épargne dans la société moderne : « Les caisses d'épargne, disait-il, sont une des plus belles créations de notre temps, une de celles qui lui font le plus d'honneur; elles introduisent l'économie et la prévoyance dans les habitudes du peuple, améliorent ses mœurs, augmentent son bien-être et l'intéressent au maintien de l'ordre public; elles ne font pas moins de bien à ceux qui les dirigent qu'à ceux qui en profitent, en les accoutumant à l'amour de leurs semblables, et elles établissent des rapports précieux de bienveillance entre ces deux classes de la société. »

La discussion ne fit subir au projet aucune modification. Le baron Charles Dupin proposa bien de porter à 2,000 francs le maximum de dépôt fixé à 1,500 francs par l'article premier, mais son amendement fut rejeté et la loi, votée comme à la Chambre des députés à une grande majorité, fut promulguée le 22 juin 1845.

Cette loi pouvait remédier à certains inconvénients; elle contenait certaines innovations qui pouvaient favoriser les dépôts tout en les amoindrissant, mais elle était incomplète et l'on ne tarda pas à le reconnaître. Benjamin Delessert, qui aurait pu en faire saisir les imperfections, s'il lui avait été permis de prendre part aux débats auxquels elle donna lieu, ne faisait plus partie de la Chambre des députés. Aux élections de 1842, il n'avait pas été réélu; le collège de Saumur, las sans doute d'entendre vanter les vertus de son député, ne lui avait pas renouvelé son mandat.

Ce fut quand le Conseil des directeurs prit les mesures nécessaires pour exécuter la loi et arrêta les dispositions que lui dictait l'intérêt des déposants qu'apparurent l'insuffisance et les rigueurs de quelques-unes des prescriptions auxquelles on ne pouvait plus se soustraire.

L'application du nouveau maximum ne présentait aucune difficulté; dès le dimanche 29 juin, tout versement fut refusé sur les livrets qui avaient atteint le maximum de 1,500 francs. Le Conseil décida également que, sans attendre les instructions aux termes desquelles le ministre des finances devait charger la Caisse des dépôts et consignations du nouveau service des achats de rente, la Caisse d'épargne achèterait immédiatement, par l'intermédiaire des agents de change qui étaient au nombre de ses administrateurs, des rentes sur l'État d'après les demandes expresses présentées et signées par les titulaires de livrets. Les demandes reçues dans la semaine et réunies sur un bordereau arrêté le lundi, devaient être exécutées le lendemain mardi au cours moyen de la bourse, et les inscriptions de rente se trouver à la disposition des titulaires le samedi suivant. Comme la loi, par une omission regrettable, se bornait à admettre l'emploi en rente des capitaux déposés sans obliger, sans même autoriser les caisses d'épargne à percevoir les arrérages des inscriptions dont l'achat leur était confié, il était nécessaire de mettre les déposants en garde contre leur propre négligence; aussi, les prévenait-on que les arrérages resteraient aux risques et périls de ceux qui n'auraient pas retiré leurs titres.

Le service des achats de rente fut bientôt remis à la Caisse des dépôts et consignations et une circulaire du directeur général de cet établissement, en date du 1er août 1845, détermina les règles auxquelles devaient se conformer les caisses d'épargne lorsqu'elles auraient à acheter des rentes pour le compte de leurs déposants.

L'article 3 de la loi du 22 juin contenait une disposition dont le législateur n'avait pas suffisamment apprécié la portée. Le dépôt qui avait atteint 2,000 francs cessait de produire des intérêts. On aurait compris que la suppression des intérêts portât sur la somme qui excéderait le maximum, mais priver de tout intérêt les capitaux d'un déposant parce qu'ils atteignaient 2,000 francs, c'était tomber dans une singulière exagération. Il était difficile que le Conseil ne se préoccupât pas de la situation qui allait être faite aux déposants, particulièrement à ceux que l'absence empêchait d'agir, et à tous ceux aussi qui, comme les mineurs et les femmes mariées, étaient frappés d'incapacité légale. Il rechercha s'il n'y avait pas un moyen d'en atténuer l'effet tout en restant dans l'esprit de la loi. Il pensa que, si la Caisse était autorisée à acheter d'office pour ceux des déposants qui garderaient le silence, une inscription de 10 francs de rente au moins, la question serait résolue sans donner aucun sujet de plainte, puisque les comptes seraient ramenés dans la limite légale et que l'excédent serait employé d'une manière avantageuse pour le déposant. On se demanda si une disposition statutaire ne pourrait pas suppléer au silence de la loi et ne suffirait pas pour permettre d'atteindre le but qu'on se proposait; mais on redoutait de se heurter à des difficultés administratives et l'on abandonna à regret un projet qui avait été mûrement étudié et qui eût été d'une exécution facile.

Quelques années plus tard, en 1851, le législateur s'emparera de l'idée de la Caisse d'épargne de Paris, et la réduction des comptes par l'achat de rente effectué d'office, tout en sauvegardant les intérêts des déposants, donnera une garantie efficace contre l'élévation du solde des dépôts.

D'un autre côté, la disposition transitoire qui fixait la date du 1er janvier 1847 comme dernier délai donné aux anciens déposants pour ramener leurs comptes dans les limites du nouveau maximum, sous peine de perdre l'intérêt de leurs dépôts, était une menace à laquelle la Caisse d'épargne s'efforça de soustraire, par des avis réitérés, tous ceux contre lesquels elle était dirigée. Quoi qu'on ait pu faire, les déposants qui se trouvaient atteints furent assez lents à se présenter. Au 31 décembre 1844, six mois avant le vote de la loi, il y avait 17,610 comptes au-dessus de 2,000 francs, ils formaient ensemble un capital de 30 millions; au 31 décembre 1845, six mois après que la loi eut été promulguée, il en restait 11,699 pour 26 millions et demi et au 31 décembre 1846, à la veille du jour où les intérêts allaient être supprimés, le nombre des livrets touchés par la loi était encore de 3,254 pour une somme de 7,300,000 francs.

L'exécution des mesures de rigueur inscrites dans les articles 3 et 9 de la loi eut pour conséquence de dépouiller les déposants de la Caisse d'épargne de Paris d'une somme d'intérêts qui s'éleva à 107,490 francs dont bénéficia la Caisse des dépôts et consignations. On peut s'étonner que le législateur de 1845 ait eu aussi peu de ménagement pour les épargnes de la classe ouvrière.

L'abaissement du maximum de dépôt n'avait pas empêché les versements de se maintenir au-dessus de 36 millions en

1846 comme en 1845. Il n'avait pas eu non plus pour conséquence d'éloigner les déposants; leur nombre venait de s'augmenter de plus de 11,000 dans l'espace de deux ans et au
31 décembre 1846, il s'élevait à 184,908. Mais par un effet
naturel de la loi, les remboursements avaient atteint 50 millions en 1845, 42 millions en 1846. En même temps, il avait
été employé depuis le 29 juin 1845, en achats de rente sur l'État,
à la demande des déposants, un capital de 8 millions. Le solde
devait se trouver assez sensiblement affecté par ces différentes
opérations, et de 112 millions où il était parvenu au 31 décembre 1844, il s'était abaissé à 100 millions en 1845, à 91 millions
en 1846. En 1847, les versements tombèrent à 31 millions, pendant que les retraits restaient supérieurs à 41 millions et que
les achats de rente employaient un capital de plus de 5 millions; aussi, le solde dû aux déposants continua-t-il à décroître;
néanmoins, il se maintenait encore au-dessus de 80 millions
au 31 décembre 1847. Pour le Conseil, cet affaiblissement du
solde qui n'avait rien d'inquiétant, tenait à plusieurs causes
qu'il était facile de s'expliquer. D'une part, la loi de 1845 en
abaissant la limite des dépôts et en laissant craindre des pertes
d'intérêts devait nécessairement éloigner de la Caisse d'épargne
des fonds qu'on n'y pouvait plus laisser avec la même sécurité
qu'auparavant. D'autre part, la récolte de 1846 avait été mauvaise, et l'année 1847 était marquée par une crise sur les subsistances que le gouvernement avait cru pouvoir conjurer en
demandant une loi qui suspendait le jeu de l'échelle mobile;
enfin, pendant la crise financière qui était la conséquence de
la disette, l'émission de bons royaux à cinq pour cent, en offrant
à toutes les bourses un placement avantageux, pouvait avoir
exercé une certaine influence sur les opérations des déposants.

Malgré tout, la Caisse d'épargne était dans une situation
florissante. Sous l'empire d'une législation large et bienfaisante,
elle avait touché, il est vrai, à des sommets plus élevés en
1844, mais pour être redescendue, sous l'action d'une loi restrictive, au point où elle se trouvait en 1847, elle n'avait rien
perdu de sa force, de son énergie, de ses espérances! Un coup
terrible cependant venait de la frapper; le 1er mars 1847, Benjamin Delessert rendait sa grande âme à Dieu, laissant un vide
immense dans cette Institution des caisses d'épargne qu'il avait

fondée à Paris et dont il avait doté la France. En mourant, ce grand homme de bien qui était resté aussi simple et aussi modeste que son cœur était demeuré haut et généreux, n'avait voulu se souvenir que des infortunes qu'il avait passé sa vie à soulager et sur la pierre qui devait recouvrir sa tombe il avait demandé que l'on gravât cette seule inscription : *Ci-gît le fondateur des Caisses d'épargne.* Ce titre suffisait à sa gloire!

Dans la première séance qu'ils tinrent après la mort de leur président, les directeurs voulant témoigner le respect et l'attachement qu'ils lui portaient et la vénération dont ils entouraient sa mémoire, ordonnèrent que mention serait faite au procès-verbal de l'expression des sentiments qui étaient dans le cœur de chacun d'eux; en même temps, ils décidèrent que le buste de Benjamin Delessert serait placé dans l'une des salles de la Caisse d'épargne, à côté de celui du duc de la Rochefoucauld. Une députation composée des membres du bureau ayant à leur tête M. Jacques Lefebvre, le doyen des vice-présidents, fut chargée de porter cette délibération à la famille de l'illustre défunt et de lui manifester la part que le Conseil des directeurs prenait à sa douleur et à ses regrets.

Dans cette même séance, le Conseil recevait communication de l'une des dernières dispositions de Benjamin Delessert où se retrouvait la preuve éclatante de sa sympathie pour les classes laborieuses et de la conviction profonde qu'il avait de l'utilité des caisses d'épargne.

Cette clause de son testament était ainsi conçue :

« Je donne et lègue à la Caisse d'épargne de Paris pour être distribuée par ses soins, la somme de 150,000 francs qui seront employés à donner mille livrets par an, de 50 francs chacun, pendant trois années, à des ouvriers qui prendront l'engagement de ne pas en disposer avant deux ans et d'y joindre d'autres économies. »

Une ordonnance royale du 25 juin autorisa la Caisse d'épargne à accepter ce legs et le ministre de l'agriculture et du commerce, M. Cunin-Gridaine, en en envoyant l'ampliation à M. François Delessert, lui écrivait : « Qu'il me soit permis dans cette circonstance et lorsque je m'adresse au digne frère de cet homme éminemment regrettable, de me rendre l'interprète de la reconnaissance publique justement acquise à ses nombreux services et particulièrément à ce dernier acte de bienfaisance éclairée où se montre toute la noblesse des sentiments qui ont dirigé sa vie entière. »

Les intentions de Benjamin Delessert furent religieusement exécutées. Il avait voulu que ce legs fût considéré non pas comme un secours accordé à la détresse, mais comme une récompense et un encouragement au travail, et surtout comme un stimulant à de nouvelles économies. Le Conseil ne pouvait dresser une liste de candidats ni s'enquérir de la situation et du mérite de chacun d'eux. Il reconnut qu'il ne pouvait rien faire de mieux que de recourir à l'autorité municipale dans les douze arrondissements de Paris et dans les six communes de la banlieue où étaient établies des succursales. Il invita donc les maires à lui présenter un nombre déterminé de candidats sur lesquels il porterait son choix.

Ainsi, furent distribués à la fin de chacune des années 1847, 1848 et 1849 mille livrets de 50 francs, en tête desquels étaient imprimés l'extrait du testament du donateur et la mention que la donation et les intérêts à en provenir ne seraient disponibles que dans deux années à partir du jour du versement, à moins que le titulaire ne fût encore mineur; dans ce cas, le remboursement ne pourrait avoir lieu qu'à sa majorité.

Ces 3,000 livrets se trouvèrent répartis entre 1,721 ouvriers et 1,279 ouvrières. Beaucoup furent fidèles à l'engagement pris de joindre d'autres économies à la donation qui leur avait été attribuée, mais il est permis de penser que les événements au milieu desquels fut faite cette triple répartition, en mirent un grand nombre dans l'impossibilité d'accomplir leur promesse; néanmoins les épargnes qui vinrent grossir les livrets ouverts par la libéralité de Benjamin Delessert ont été considérables puisqu'elles se sont élevées avec les intérêts bonifiés, à plus de 470,000 francs [1].

A quelques mois de distance, le Conseil avait perdu son président et le plus ancien de ses vice-présidents, le baron Jean-Charles Davillier, qui avait été l'un des premiers fondateurs de la Caisse d'épargne et l'un de ses bienfaiteurs. Dans la séance du 25 mars, M. Francis Lefebvre, banquier, le plus ancien des

1. Il n'est pas sans intérêt de voir ce que sont devenus, quarante ans après la

membres du comité de censure, et le baron James Mallet, régent de la Banque de France, furent élus pour les remplacer.

Le président que la Caisse d'épargne pleurait ne pouvait avoir un autre successeur que celui pour lequel il avait été un grand exemple et qui après avoir été le témoin de sa vie, avait recueilli les derniers épanchements de son cœur. François Delessert eut pour lui tous les suffrages. Il avait été associé aux travaux de son frère et à ses pensées; il avait vu à l'œuvre le chef de famille vénéré, l'homme public entouré de respect, il était digne de le continuer; ce ne fut cependant pas sans une vive émotion qu'il prit possession de cette présidence où Benjamin Delessert, avec une hauteur de vues qu'on retrouve dans tous les actes de sa carrière et avec cet esprit ferme et bienveillant à la fois qui éclairait son visage, avait veillé pendant vingt ans aux destinées de la Caisse d'épargne de Paris!

dernière distribution de la libéralité de Benjamin Delessert, les 3,000 livrets ouverts en exécution de son testament.

Ces 3,000 livrets sur lesquels avait été réparti le legs de.. 180,000ᶠ
se sont augmentés :

1° De dépôts directs effectués par 1,163 titulaires qui ont versé ensemble.. 391,375ᶠ

2° Des intérêts capitalisés pour une somme de............ 78,684ᶠ33

Ce qui porte à.. 470,059ᶠ33
le montant du capital dont s'est augmentée la libéralité du testateur.

Sur ces 3,000 livrets :

492 ont été remboursés dans le mois même où la condition se trouvait accomplie;

766 l'année suivante;

809 dans la 2ᵉ année;

312 dans la 3ᵉ année;

393 de 1861 à 1860;

184 ont été atteints par la déchéance trentenaire; sur ces 184, il y en avait 42 sur lesquels la dernière opération était un remboursement partiel;

44 sont encore ouverts.

3.000

CHAPITRE VII

1848-1851. — Conséquences de la loi du 22 juin 1845. — Révolution du 24 février 1848. — Influence des événements sur les opérations de la Caisse d'épargne. — Arrêté du 7 mars. — Décret du 9 mars. — Panique et souffrances causées par les mesures prises par le gouvernement provisoire. — Liquidation des comptes de réserve du personnel. — Cautionnement des comptables. — Efforts du Conseil pour calmer les inquiétudes des déposants. — Mesures prises à l'égard des déposants les plus nécessiteux. — Réunion de l'Assemblée nationale. — La confiance renaît. — Journée du 15 mai, nouvelle panique. — Fête de la concorde, livrets donnés à 500 jeunes filles. — Journées de juin. — Dispositions du ministre des finances du nouveau gouvernement à l'égard des caisses d'épargne. — Décret du 7 juillet 1848, conversion forcée des fonds des déposants. — La loi du 21 novembre répare le préjudice causé. — Livrets de compensation. — Les événements rendent impossible l'Assemblée générale de 1848. — Prorogation de l'autorisation donnée à la Caisse d'épargne par l'ordonnance du 20 juillet 1818. — Résultats de l'année 1848. — Les opérations se relèvent en 1849. — Les comptes de réserve sont rouverts. — Arrêtés du préfet de la Seine : livrets d'apprentissage, livrets des cantonniers. — La compagnie du chemin de fer de Paris à Orléans. — Élaboration par le conseil des directeurs d'un projet de loi sur les caisses d'épargne. — Crédit foncier. — Commission constituée au ministère des finances. — Élection de directeurs. — Loi du 9 avril 1850. — Conséquences financières des mesures prises en 1848 à l'égard des caisses d'épargne. — La loi du 18 juin 1850 donne à la caisse de retraites le concours des caisses d'épargne. — Loi du 15 juillet 1850; lien établi entre les caisses d'épargne et les sociétés de secours mutuels. — Loi du 30 juin 1851. — Ses effets. — Arrêt du Conseil d'État du 13 août 1851. — Situation de la Caisse d'épargne à la fin de l'année 1851.

L'effet de la loi du 22 juin 1845 ne s'était pas seulement fait sentir à Paris. Si les résultats généraux de l'année n'avaient apporté, au 31 décembre 1845, aucune modification bien sensible à la situation des caisses d'épargne, observées dans leur

ensemble, il n'en avait pas été de même en 1846; pendant cette
année, les retraits avaient dépassé les dépôts de plus de 20 millions et, en 1847, la différence s'était élevée à 36 millions.

Les difficultés avec lesquelles furent aux prises les classes
laborieuses pendant que sévissait la disette des céréales expli-
quaient, dans une certaine mesure, la diminution du solde dû
aux déposants aussi bien par les caisses d'épargne départementales que par la Caisse d'épargne de Paris. Mais ce qui est
digne d'être remarqué, c'est que la crise monétaire qui était la
conséquence des achats considérables de grains à l'étranger,
ramena l'attention sur l'Institution et sur les imperfections de
la loi du 22 juin 1845. La Banque de France voyait depuis un
an diminuer rapidement ses réserves métalliques qui, étant
tombées de 187 millions à 71 millions, ne répondaient plus à
la somme de billets en circulation; elle avait dû négocier à
Londres, dans les premiers jours de 1847, un emprunt de
20 millions de lingots d'argent qui remplaçaient dans ses
caves une partie du numéraire exporté. En même temps, elle
se décidait, un peu tard peut-être, à élever à cinq pour cent
le taux de son escompte, maintenu depuis longtemps à quatre
pour cent. On pouvait regretter alors qu'elle n'eût pas encore
accepté la coupure de ses billets. Une loi du 10 juin lui donna
bien l'autorisation d'émettre des billets de 200 francs, mais
elle n'en usa qu'à la fin de l'année. Si cette mesure eût été
prise au plus fort de la crise, elle aurait certainement facilité
les transactions au moment même où les espèces métalliques
devenaient chaque jour plus rares; ce n'étaient pas qu'elles
manquassent réellement, et les esprits attentifs au mouvement
économique qui se produisait, ne doutaient pas que l'élévation du taux de l'intérêt des bons du Trésor ne dût avoir pour
résultat de faire sortir l'argent des bourses où il se cachait. La
France, en effet, passait alors pour le pays où le numéraire
était le plus abondant, mais où, en même temps, il circulait
le moins facilement. On était loin encore de le confier, comme
en Angleterre, à des institutions de crédit; on aimait à le conserver, on se plaisait à amasser des écus qu'on laissait improductifs dans quelque endroit bien obscur. On ne reconnaissait
pas encore que les banques fussent destinées à recevoir, pour les
faire fructifier, les capitaux qui n'avaient pas d'emploi immé-

diat. Un journal auquel les hommes les plus versés dans la
science économique prêtaient alors leur collaboration, envisageant la situation actuelle du pays, faisait remarquer, sous
une plume anonyme mais d'une expérience consommée, comment la loi du 22 juin 1845 sur les caisses d'épargne recélait
en elle un inconvénient que personne n'avait aperçu au
moment où elle avait été votée. Précisant sa pensée, l'auteur
de l'article ajoutait : « Cette loi était destinée à écarter un
danger qui en effet était possible : celui d'une trop grande
accumulation, entre les mains du gouvernement, de fonds
sujets à une demande immédiate de remboursement. En conséquence, on réduisit de 3,000 francs à 1,500 francs et à
2,000 francs avec les intérêts, la somme qu'une même personne pourrait déposer à la Caisse d'épargne. Mais, à côté de
la chance de remboursements immédiats et considérables à
laquelle on a voulu pourvoir, voici que la pratique vient
brutalement constater un fâcheux résultat qu'on n'a point
prévu. Sous l'influence des caisses d'épargne, les petites économies qui, par leur masse, forment de grands capitaux, commençaient, avec lenteur encore, à se diriger vers le Trésor et
de là vers la Banque par où elles vivifiaient l'industrie. La
législation nouvelle tend à les détourner de cette direction. Il
y a dans le pays, en numéraire et en petites sommes, plusieurs centaines de millions peut-être qui demeurent sans
utilité puisqu'ils ne concourent aucunement à la reproduction
de la richesse. On ne saurait trop les encourager à prendre, en
partie au moins, le chemin de la Banque, en passant par les
caisses d'épargne et le Trésor public. Sans le vouloir, on les en
a découragés. Il faut en avoir du regret et les remettre dans le
droit chemin [1]. »

Que de ténèbres allaient encore, hélas! obscurcir la route!

Le gouvernement ne méconnaissait pas que la loi de 1845
dût être améliorée et, à l'ouverture de la session, dans le discours du trône du 28 décembre 1847, le roi annonçait aux
Chambres que des projets importants leur seraient présentés,
notamment « sur l'application des caisses d'épargne à de nouvelles améliorations dans la condition des classes ouvrières ».

---

1. *Journal des Débats*, du 16 janvier 1847.

Mais le roi parlait au milieu d'une agitation parlementaire que rien ne pouvait calmer et deux mois ne s'étaient pas écoulés depuis le jour où il avait affirmé sa confiance dans la monarchie constitutionnelle, dans l'union des grands pouvoirs de l'État pour surmonter tous les obstacles et satisfaire à tous les intérêts moraux et matériels du pays, qu'une révolution, fomentée par les factions, éclatait à Paris mettant en péril les destinées et la fortune de la France!

Les opérations de la Caisse d'épargne de Paris dans les premières semaines de 1848 ne révélaient aucune préoccupation, aucune inquiétude chez la classe ouvrière laborieuse. Les versements qui, au mois de janvier 1847, s'étaient élevés à 4,500,000 francs et étaient retombés les mois suivants à une moyenne inférieure à 2 millions et demi, remontaient au mois de janvier 1848 à plus de 4 millions; pendant les deux premières semaines de février, ils s'élevèrent à 1,700,000 francs, présentant sur les dépôts effectués pendant les deux semaines correspondantes de 1847 un excédent de 120,000 francs; mais le dimanche 20 février, ils s'abaissèrent à 307,000 francs; on avait annoncé avec grand fracas pour ce même jour le banquet du douzième arrondissement. C'était le prélude de la révolution dans laquelle allaient s'effondrer en quelques heures un trône et une dynastie que depuis six mois ébranlaient ceux-là mêmes qui les avaient élevés dix-huit ans auparavant et qui ne purent racheter que par un dévouement stérile une erreur mortelle.

Ce n'étaient pas les masses profondes de la nation qui étaient mécontentes; elles avaient supporté avec courage et résignation les difficultés que la mauvaise récolte avait créées en 1847 et si, dans certaines localités, quelques troubles s'étaient manifestés, il n'y avait eu là rien qui dût inspirer des craintes au gouvernement sur la stabilité du pouvoir. C'était à la Chambre qu'étaient les impatients qui avaient cru ne travailler qu'à satisfaire leurs ambitions personnelles, en allant en province agiter l'opinion dans des réunions publiques dont les banquets étaient le prétexte. Sans en avoir conscience, ils étaient les précurseurs des événements qui allaient surprendre le pays.

Les déposants à la Caisse d'épargne de Paris qui jusqu'au milieu de février avaient prouvé leur confiance dans l'avenir en venant plus nombreux apporter les économies réalisées sur le produit de leur travail n'avaient pas à pourvoir à des besoins extraordinaires, car les retraits qui avaient été effectués étaient restés depuis le 1er janvier dans des proportions peu élevées. Il n'est pas possible, comme pour les dépôts, d'établir de rapprochements avec les remboursements demandés l'année précédente, parce que beaucoup de comptes qui dépassaient le maximum fixé par la loi du 22 juin 1845 et qui devaient cesser de produire des intérêts au 31 décembre 1846, avaient été réclamés dès les premières semaines de 1847. Mais si on compare les retraits opérés pendant le mois de janvier 1848, qui ont été de 2,498,000 francs, avec ceux qui avaient eu lieu en décembre 1847, on reconnaît que les premiers sont restés inférieurs aux seconds de 163,000 francs. Si, d'autre part, on les met en regard des 4,111,000 francs déposés dans le même temps, c'est-à-dire du 1er au 31 janvier 1848, on trouve une différence en faveur des versements de 1,600,000 francs. De même, pendant les deux premières semaines de février, les dépôts l'emportèrent sur les retraits de 445,000 francs. Ces résultats, qui devaient avoir beaucoup de rapports avec ceux que l'on put constater dans les caisses d'épargne des départements, où la révolution du 24 février éclata comme un coup de foudre, sont tout à l'honneur de la classe laborieuse de Paris. Les événements la trouvèrent au travail, ils lui arrachèrent des mains les outils qui lui assuraient son pain de chaque jour et lui firent douter un instant de l'Institution qui avait éveillé sa prévoyance et reçu ses épargnes.

Cependant, il faut le reconnaître, les déposants montrèrent une assez grande confiance dans les premiers jours qui suivirent le 24 février, et il semble qu'après la surprise du moment, les esprits étaient disposés à accepter sans trop de frayeur le nouveau gouvernement. Les sept personnages politiques qui avaient été acclamés par les envahisseurs de la Chambre des députés pour constituer le gouvernement provisoire étaient connus. Si les uns étaient Arago et Lamartine, dont la renommée avait traversé le monde, pour les autres, leurs noms n'avaient guère dépassé les horizons de Paris. Dupont de l'Eure, oublié des générations nouvelles, recueillait dans sa vieillesse les respects dus à une longue carrière qu'il avait honorée

par sa modération et son patriotisme. Marie, dont les convictions républicaines n'enlevaient rien à la douceur et à l'amé-
nité de son esprit, s'était acquis la reconnaissance de son parti
en prêtant aux accusés politiques le concours d'un talent qui
était plus fait pour le barreau que pour les luttes parlementaires. Crémieux était son confrère, mais plus bouillant, plus
agité, moins ferme dans ses convictions; un de ses collègues,
historien de la Révolution, nous le montre « Conseiller attendri
de la duchesse d'Orléans, le matin, de la république le soir,
populaire partout ». Garnier-Pagès bénéficiait des souvenirs et
des regrets qu'avait emportés, jeune encore, son frère dont le
caractère loyal et le talent oratoire, servi par une grande intelligence des affaires, avaient forcé l'estime de tous et dont la
mémoire était restée chère au parti radical. Ledru-Rollin, au
tempérament de tribun, personnifiait plus que tous les autres,
il est vrai, le mouvement révolutionnaire, mais on se plaisait
à supposer qu'appelé à prendre sa part dans le maniement des
affaires publiques, il deviendrait homme de gouvernement.

En somme, ces députés que les hasards d'une émeute triom-
phante avaient réunis pour diriger les destinées du pays, n'éveil-
laient aucune crainte de violence et de sang; ils n'avaient
contre eux que leur inexpérience du pouvoir. Ils ne devaient
pas tarder à faire la preuve de leur faiblesse et de leur impuis-
sance et la confiance qu'on était disposé à leur donner dès
la première heure devait s'éloigner d'eux lorsqu'on les verrait
à l'œuvre.

Le dimanche 27 février qui était le jour de la proclamation
solennelle de la République au pied de la colonne de la Bastille, la Caisse d'épargne ouvrit, comme à l'ordinaire, ses portes
au public, mais les barricades qui se dressaient encore dans
la ville ne permirent pas à la Caisse centrale de se mettre en
communication avec les différentes succursales de Paris et de
la banlieue où les services ne purent être installés. Le lundi, une
seule succursale tint séance, celle du premier arrondissement
située à la mairie de la rue d'Anjou. A la suite des événements
du 24 et des séances tumultueuses qui s'étaient déroulées depuis
à l'Hôtel de Ville où des bandes armées venaient assiéger le
gouvernement jusque dans le local de ses séances et où Lamartine, au péril de sa vie, avait repoussé le drapeau rouge que

la populace victorieuse voulait imposer à la France, on pouvait croire que les dépôts seraient nuls.

La fête qui se tenait le dimanche sur toute la ligne du boulevard où se pressait la population avide d'assister à la revue de la garde nationale que passait le gouvernement provisoire en descendant de la Bastille, expliquait la faiblesse des dépôts du premier jour qui n'avaient atteint que 9,505 francs. Le lendemain, 20,102 francs étaient apportés à la Caisse centrale et 360 francs à la succursale du premier arrondissement. Parmi les 219 déposants de ces deux jours dont les versements formaient un total de 29,967 francs, il y en eut 26 qui se firent ouvrir des livrets, et l'ensemble des versements effectués par ces déposants nouveaux s'éleva à 4,495 francs [1]. Le dimanche et le lundi suivants 5 et 6 mars, les versements remontèrent à 212,369 francs versés tant à la caisse centrale que dans les 16 succursales par 2,100 déposants dont 208 nouveaux.

Il y avait là certainement un signe manifeste et rassurant de l'état des esprits.

Mais pendant que les uns faisaient des dépôts, d'autres opéraient des retraits et l'on ne pouvait s'étonner que le travail étant suspendu dans tous les ateliers depuis quelque temps déjà, des besoins se fussent produits chez beaucoup de familles d'ouvriers qui voyaient chaque jour s'éloigner le moment où pourraient être reprises les occupations ordinaires.

Dans la semaine même du 24 février, on avait remboursé sur les demandes faites dix jours auparavant 792,000 francs à 2,000 déposants; dans la semaine qui suivit, les retraits, dont

---

1. Extrait de la statistique (séance des 27 et 28 février 1848).
Les 26 nouveaux déposants comprenaient :

11 ouvriers : 1 cultivateur, 2 boulangers, 1 garçon épicier, 1 charron, 1 femme d'ouvrier charron, 1 maréchal ferrant, 1 vernisseur de meubles, 1 crieur de journaux, 1 couturière, 1 brodeuse.
3 artisans patentés : 1 fabricante de cuirs à rasoir, 1 maîtresse d'hôtel meublé, 1 fille de tailleur patenté.
6 domestiques : 3 hommes, 3 femmes.
4 employés : 1 commis voyageur, 1 commis aux écritures, 1 fille de commis aux écritures, 1 employé de la poste.
1 institutrice particulière.
1 rentière.

le nombre dépassa 4,000, s'élevèrent à près de deux millions ; le 5 mars, 6,000 demandes se produisirent représentant un peu plus de trois millions. Cette progression était la conséquence d'une situation générale qui ne s'améliorait pas et dont souffrait une grande partie de la classe laborieuse. Le travail ne reprenait nulle part ; la création des ateliers nationaux destinés à engloutir sans profit les ressources disponibles, était une cause perpétuelle de désordre et la *Commission du Gouvernement pour les travailleurs* établie au Luxembourg où se discutaient les principes les plus faux et les plus subversifs, était un foyer d'agitation qui exerçait au dehors la plus pernicieuse influence.

Cependant, le gouvernement provisoire cherchait à rassurer les esprits et à pousser à la reprise des affaires. Pour répondre à des bruits fâcheux qui commençaient à se répandre sur l'état du Trésor, il décrétait le 4 mars le payement anticipé et immédiat du semestre des rentes échéant le 22. Il est vrai que, par une contradiction étrange et qui n'était pas faite pour donner confiance, il demandait en même temps et par le même décret aux contribuables, de payer d'avance les impôts de l'année pour mettre le gouvernement provisoire à même de secourir toutes les souffrances, de rendre l'activité à toutes les transactions et de répandre les bienfaits du crédit à tous ceux dont le travail augmente les richesses. Le lendemain, le ministre des finances M. Goudchaux était démissionnaire et son portefeuille échéait à Garnier-Pagès, qui passait dans le monde républicain d'alors pour avoir des aptitudes particulières à diriger ce département. Le premier acte du gouvernement provisoire, à la suite de ce changement de personne, fut l'arrêté sur les caisses d'épargne qui parut dans le *Moniteur* du 7 mars sans porter aucune date.

Il était libellé dans les termes suivants :

« Au nom du Peuple français.

« De toutes les propriétés, la plus inviolable et la plus sacrée c'est l'épargne du pauvre.

« Les Caisses d'épargne sont placées sous la garantie de la loyauté nationale.

« La situation de ces caisses a été la première sollicitude du ministre des finances et du Gouvernement provisoire.

« Le Trésor tiendra tous ses engagements.

« Ce n'est point par des paroles, c'est par des actes que le Gouvernement veut répondre à la confiance des créanciers de l'État et la maintenir sur d'inébranlables bases.

« Le Gouvernement nouveau ne se bornera point à cette loyale exécution des engagements pris. Garantir la propriété que les travailleurs ont acquise à la sueur de leur front ne suffit pas, il faut lui donner une plus grande valeur.

« En conséquence,

« Considérant que l'intérêt des bons du Trésor est fixé à cinq pour cent ;

« Considérant que la justice commande impérieusement de rétablir l'égalité entre le produit des capitaux du riche et celui des capitaux du pauvre ;

« Considérant que, sous un Gouvernement républicain, les fruits du travail doivent s'accroître de plus en plus ;

« Le Gouvernement provisoire arrête :

« ARTICLE UNIQUE. L'intérêt de l'argent versé par les citoyens dans les caisses d'épargne est fixé à cinq pour cent, à partir du 10 mars prochain. »

Au moment où était signé cet arrêté, la pensée du gouvernement était certainement d'attirer les dépôts et de modérer les retraits ; car si l'élévation des remboursements venait à se combiner avec le payement anticipé des rentes et toutes les autres dépenses dont le poids augmentait chaque jour, on aurait eu à redouter des embarras bien plus graves encore que ceux avec lesquels déjà on se sentait aux prises. Mais avant même que l'arrêté du 7 mars eût pu être connu, le gouvernement avait défait son œuvre et, par un décret du 9 mars, il limitait à 100 francs par chaque livret les remboursements en espèces, offrant le payement du surplus, moitié en bons du Trésor portant intérêt à cinq pour cent, à quatre ou six mois d'échéance selon que les comptes seraient inférieurs ou supérieurs à 1,000 francs, moitié en rente cinq pour cent au pair de cent francs. Les livrets ouverts depuis le 24 février étaient exceptés de la mesure et jusqu'à nouvel ordre tout transfert d'une caisse à une autre était interdit. Les motifs de ce décret étaient aussi surprenants qu'était inattendu le démenti que se donnait le gouvernement du jour au lendemain. Après avoir déclaré que

la royauté avait laissé à la charge de la république une somme
de 355 millions provenant de versements faits aux caisses
d'épargne et que sur cette somme il ne restait disponibles en
espèces que 65 millions, le gouvernement cherchait à justifier
la décision qu'il prenait en s'appuyant sur ce fait fort inexact
que les petits dépôts appartenaient, pour le plus grand
nombre, à des citoyens nécessiteux et que les dépôts élevés
étaient au contraire la propriété de personnes généralement
aisées. Ce qu'il aurait mieux fait d'expliquer, c'était le remboursement des livrets de caisse d'épargne en rente cinq pour
cent au pair, alors que ce fonds d'État, qui avait été coté à
116 francs le 23 février, était tombé le 9 mars à 73 francs.

Mais ce qui donnait au décret du 9 mars un caractère particulier de gravité, c'était le rapport qui le précédait, rapport
dans lequel Garnier-Pagès exposait la situation financière de
la république. Nous n'avons pas à nous arrêter ici à toutes les
critiques dirigées contre le gouvernement déchu auquel le
ministre imputait les embarras financiers du moment, ni à
apprécier l'opportunité des moyens proposés pour améliorer
la situation du Trésor, comme la vente des diamants de la
couronne, des biens de la liste civile et des bois de l'État dont
l'aliénation fut décrétée le jour même, mais on reste confondu
en lisant dans un document officiel le paragraphe qui concernait les caisses d'épargne. « Quant aux caisses d'épargne,
écrivait le ministre, tout le monde en connaît la déplorable
histoire. Sur les 355 millions versés entre les mains de la précédente administration, je n'ai trouvé en compte courant qu'une
soixantaine de millions. Le reste était immobilisé en rentes ou
en actions. D'où il suit que le gouvernement déchu s'était mis
dans l'impossibilité absolue d'opérer les remboursements qui
auraient pu lui être demandés. »

Le ministre indiquait ensuite comment se décomposait la
propriété des déposants le 7 mars au soir, au moment où il
avait pris la direction des finances de l'État. Il faisait l'énumé-
ration des rentes et des actions qui représentaient le solde dû
aux déposants, dans un tableau en tête duquel figuraient les
65 millions en compte courant au Trésor, et il reprochait avec
véhémence au gouvernement de l'ex-roi d'avoir manqué à ses
engagements en ne conservant pas libre entre ses mains, le

gagé incessamment exigible des caisses d'épargne. Le ministre avait perdu de vue la loi du 31 mars 1837 dont les prescriptions avaient été scrupuleusement exécutées jusqu'à la fin du règne; mais il aurait dû aller plus loin dans ses révélations et apprendre aux porteurs de livrets de caisse d'épargne, dont il méconnaissait aussi ouvertement les droits, la destination qu'il réservait aux 65 millions qui étaient leur propriété et dont il accusait l'existence dans les coffres du Trésor à la date du 7 mars au soir.

Pour justifier ses appréhensions, le ministre aurait pu faire connaître le montant des remboursements effectués depuis le 24 février. Il serait difficile aujourd'hui de reconstituer le chiffre exact, mais il ne faudrait pas croire qu'il ait été excessif; on est édifié à cet égard par le rapprochement de deux documents officiels d'une importance considérable.

Quel était, au 1er janvier 1848, le solde des fonds des caisses d'épargne en dépôt à la Caisse des dépôts et consignations? Le renseignement nous est fourni par la Commission de surveillance dés Caisses d'amortissement et des dépôts et consignations dont l'autorité est incontestable. Supprimée le 25 mars 1848 par le gouvernement provisoire qui lui avait substitué la personne du ministre des finances, cette Commission avait été rétablie par un décret de l'Assemblée nationale du 25 octobre et, le 3 mars suivant, elle venait rendre compte des opérations, pendant l'exercice 1847, des deux grands établissements placés sous sa surveillance [1]. Dans la partie de son rapport, relative aux caisses d'épargne, elle constatait que le solde créditeur de ces établissements était, au 1er janvier 1847, de 377,714,753 fr. 30; qu'il avait, tant en raison de la cherté des vivres que de la restriction apportée au maximum de dépôt par la loi du 22 juin 1845, subi dans l'année une diminution de 23,218,000 fr. 72 et qu'il se trouvait réduit au 1er janvier 1848, à 354,496,656 fr. 58.

A quelle somme le solde créditeur des caisses d'épargne res-

---

1. Cette Commission était composée des citoyens Goudchaux, Duclerc et Berryer, membres de l'Assemblée nationale, de Gascq, président à la Cour des comptes, d'Argout, gouverneur de la Banque de France, Legentil, président de la chambre de commerce de Paris, Marchand et de Lesseps, conseillers d'État, Montanier, directeur du mouvement des fonds au ministère des finances.

sort-il à la date du 7 mars 1848? Dans son rapport du même jour, Garnier-Pagès nous apprend qu'il s'élevait à 355,087,717 fr. 32. Loin d'avoir diminué depuis le 1er janvier, il s'était donc augmenté, malgré les retraits qui avaient marqué les premiers jours de la république. Il est hors de doute que les remboursements effectués depuis le 24 février, quelque considérables qu'ils aient pu être, n'avaient pas atteint la somme qui pendant les jours prospères de janvier et de février 1848, avait été versée à la Caisse des dépôts et consignations, puisqu'au 7 mars, le solde dû aux caisses d'épargne présentait encore, sur le solde arrêté au 1er janvier, un excédent de 591,060 fr. 74. Ces chiffres suffisent à dégager la vérité de toutes les ombres dont un zèle imprudent avait cherché à l'obscurcir.

C'était la Caisse d'épargne de Paris qui avait été le plus gravement touchée par les demandes de remboursements, car les événements qui se précipitaient avaient un effet plus direct et plus immédiat sur la capitale. Le jeudi 24 février, elle comptait 185,230 déposants, auxquels elle devait 80,900,000 francs; le jour où, après avoir fait droit aux demandes de remboursements qui s'étaient produites avant le 9 mars, elle arrêtait le cours ordinaire de ses opérations pour obéir aux prescriptions du gouvernement provisoire, elle avait 181,340 déposants dont l'avoir s'élevait encore à 74,700,000 francs. Elle avait donc perdu 3,890 déposants et le solde dont elle était redevable s'était diminué de 6,200,000 francs, mais les mesures qui venaient d'être décrétées n'étaient pas faites pour en arrêter la chute.

Le premier soin du Conseil des directeurs quand il eut connaissance de l'arrêté du 7 mars et après s'être assuré auprès du ministre que le gouvernement, en portant à cinq pour cent l'intérêt de l'argent versé par les citoyens dans les caisses d'épargne, n'avait pas eu l'intention de supprimer la retenue autorisée par la loi de 1835, fut d'augmenter de un pour cent et de porter ainsi à quatre et trois quarts pour cent à partir du dimanche 12 mars, le taux de l'intérêt à bonifier aux déposants.

Cette décision qui aurait pu produire un salutaire effet devait être impuissante à rassurer les esprits après le décret du 9 mars et le Conseil ne se fit aucune illusion sur ce qui allait suivre.

Le dimanche et le lundi 12 et 13 mars, les versements apportés par 1,180 déposants dont 108 nouveaux, furent encore de 102,000 francs, mais en même temps, plus de 10,000 déposants venaient réclamer le remboursement de leurs comptes, soit en espèces, soit en bons du Trésor, soit en rentes. Dans certaines succursales, il avait été nécessaire que les maires, sur la demande de l'agent général et avec l'assentiment du commandant supérieur des gardes nationales du département de la Seine, fissent appel à de nombreux piquets de gardes nationaux pour contenir la foule inquiète et agitée qui se pressait dans les bureaux. La Caisse centrale était protégée par une compagnie, sous les ordres d'un capitaine auquel l'état-major avait adjoint deux élèves de l'École polytechnique et quatre élèves de l'École militaire de Saint-Cyr.

Le gouvernement provisoire parut surpris de l'effet produit par ses deux décrets. Il avait cru qu'il lui suffirait d'élever l'intérêt des dépôts à cinq pour cent pour attirer les versements et réduire les retraits dans les limites mêmes des besoins, et les incidents de la journée du 12 aux abords de la Caisse d'épargne et de ses succursales lui montraient son erreur. Il crut réagir sur les esprits en déclarant que tous les porteurs de livrets, quelle que fût la date de leurs dépôts, étaient appelés à bénéficier de l'intérêt nouveau de cinq pour cent, que le décret du 9 mars n'obligeait personne à demander un remboursement et que les déposants étaient libres de laisser leurs fonds à la Caisse d'épargne. Une note fut insérée dans le *Moniteur universel* du 14 [1], mais elle n'empêcha pas que le dimanche sui-

---

1. *Moniteur universel du 14 mars 1848.* — *Caisse d'épargne. Avis.* — Le gouvernement provisoire en élevant à 5 pour cent l'intérêt des sommes déposées aux caisses d'épargne n'a pas entendu appliquer cet intérêt seulement aux sommes déposées depuis la promulgation du décret du 9 de ce mois, mais à l'intégralité du livret quelle que soit la date du dépôt.

En ce qui concerne les dispositions du même décret relatives aux remboursements à faire aux caisses d'épargne, il est bien entendu que la demande de remboursement est facultative pour les déposants. Ils sont libres ou de laisser leurs fonds à la Caisse d'épargne qui leur servira un intérêt de 5 pour cent ou bien de prendre dans les proportions indiquées au dit décret, 100 francs espèces plus des bons du Trésor et des rentes qui produiront également un intérêt de 5 pour cent; en d'autres termes, de prendre des titres négociables en échange de leurs livrets non négociables.

vant la crise ne s'accentuât encore. Le nombre des demandes
de remboursements s'éleva à 13,000, tandis que les versements
tombaient à 32,000 francs. C'est que dans la semaine, la panique
avait été portée à son comble par les expédients financiers auxquels le gouvernement provisoire avait recours chaque matin,
notamment par le décret du 15 mars, de tous cependant le moins
malfaisant, qui déclarait les billets de la banque de France
monnaie légale et dispensait la Banque de les rembourser avec
des espèces, et plus particulièrement encore par le décret du
16 mars qui ajoutait 45 centimes au montant total des quatre
contributions directes.

Dans sa séance du 23 mars, le Conseil des directeurs approuvait toutes les mesures que l'agent général avait prises pour
assurer les remboursements en espèces, la délivrance des bons
du Trésor, le transfert des rentes à ces nombreux déposants
qui envahissaient chaque jour la Caisse d'épargne.

Le personnel ordinaire eût été insuffisant pour exécuter tous
les travaux qu'exigeait l'expédition de ces nombreuses et délicates opérations qui devaient être faites rapidement, car elles
se renouvelaient chaque jour et le plus léger retard, la moindre
confusion aurait pu en compromettre la bonne exécution ; aussi,
comprenant les embarras de la Caisse d'épargne, le ministre
des finances et le directeur général de la Caisse des dépôts et
consignations avaient-ils mis à la disposition de M. Agathon
Prévost quatre-vingts employés qui venaient chaque soir et
pendant la journée du dimanche prêter leur concours aux cent
employés que l'agent général avait alors sous ses ordres.

D'autres soins s'imposaient au Conseil pour la sécurité de
l'administration qu'il dirigeait. La Caisse d'épargne détenait
une somme de 280,000 francs provenant des retenues opérées
sur les appointements du personnel et des allocations dont ces
retenues s'étaient augmentées depuis 1844. Comprise dans le
solde versé à la Caisse des dépôts et consignations, cette somme
n'était plus à la libre disposition du Conseil depuis que les remboursements se payaient avec de la rente ou des bons du Trésor.
Aussi, comme il y avait lieu de redouter, si les événements
s'aggravaient encore, que le montant des réserves ne fût en péril,
on décida que la perception des retenues serait suspendue et
en même temps le mouvement du compte de réserve. Mais en

raison des craintes qu'inspirait l'avenir, le Conseil pensa qu'il donnerait satisfaction aux besoins de chacun, s'il proposait aux employés de leur rembourser le montant de leurs comptes, en leur donnant en payement de la rente au pair. Pour réparer le préjudice que l'opération pouvait leur causer, la liquidation des comptes devait comprendre la seconde partie des allocations. Tous acceptèrent et reçurent un coupon de rente détaché de l'inscription qui appartenait à la Caisse d'épargne. Mais à quelques mois de là, le Conseil s'étant convaincu que malgré l'abandon qu'il avait fait, aucun employé n'avait encore réalisé son titre en raison de la perte qu'il aurait fallu subir, liquidait à nouveau tous les comptes, et en échange du coupon de rente dont elle reprenait possession, la Caisse remboursait en espèces le montant de chaque réserve.

D'un autre côté, la Caisse d'épargne était dépositaire des cautionnements de ses comptables qui étaient constitués en rente au pair ou en espèces. Le Conseil ne voulut pas conserver de cautionnements en espèces dont la restitution pouvait devenir une charge, et l'échange contre des cautionnements en rente qu'il prescrivit alors était accompli avant la fin de l'année.

En prenant ces mesures que la prudence commandait, le Conseil des directeurs constatait avec tristesse la fièvre qui s'était emparée des esprits et déplorait l'aveuglement du gouvernement qui, sans profit pour l'état de choses nouveau, compromettait l'Institution et ruinait la classe la plus nombreuse et la plus intéressante. Il aurait voulu effacer la fâcheuse impression qu'avaient produite le rapport financier et les motifs du décret du 9 mars; il cherchait à rassurer les déposants qui s'imaginaient qu'aucun gage ne garantissait plus leur créance. Un avis rédigé par ses soins et qui avait reçu l'approbation du ministre des finances était inséré dans les journaux, distribué à tout venant et placardé dans les bureaux pour expliquer que les fonds confiés aux caisses d'épargne étaient bien toujours représentés par des valeurs sérieuses dans le portefeuille de la Caisse des dépôts et consignations [1].

1. CAISSE D'ÉPARGNE DE PARIS. — *Avis important.* — Beaucoup de personnes mal informées propagent une grave erreur qu'il importe de détruire : elles supposent que les fonds confiés à l'État par les caisses d'épargne en exécution des lois en vigueur, ne sont représentés par aucune sorte de

Ce zèle et cette sollicitude du Conseil pour rendre le calme aux déposants étaient dignes des hommes qui sentaient que dans ce moment critique, la Caisse d'épargne avait charge d'âmes, mais aux malheureux privés de travail qui avaient besoin de se procurer du pain ou qui cherchaient les moyens de retourner dans leurs provinces, avec leurs femmes et leurs enfants, aux ouvriers étrangers qui étaient chassés de tous les ateliers et expulsés même de la rue où ils exerçaient de petites industries, à tous ceux-là auxquels on remettait de la rente au pair, qui était cotée 70 francs à la bourse, et des bons du Trésor qui s'escomptaient à 30 ou 40 pour cent de perte, que leur importait d'être rassurés sur la valeur du gage que détenait la Caisse des dépôts et consignations! Ce qu'ils demandaient, c'était leur bien! Dans l'impossibilité où l'on était de le leur restituer en espèces, il n'aurait été que juste de les rembourser en leur donnant de la rente au cours de la bourse. Ainsi, la crise aurait été moins aiguë, les souffrances atténuées et si par là il n'avait pu regagner la confiance, le gouvernement provisoire aurait du moins recueilli un peu de reconnaissance.

Cependant, la Caisse d'épargne était témoin de grandes mi-

valeurs. Le contraire résulte formellement du rapport présenté au gouvernement provisoire par M. Pagès, ministre des finances, le 9 mars 1848. Ce rapport constate que la propriété des déposants se composait à cette date de la manière suivante :

Au Trésor en compte courant à 4 0/0..........	65,703,620ᶠ40
En rentes 5 0/0 ayant coûté....................	34,106,135 25
En rentes 4 0/0..............................	202,316,175
En rentes 3 0/0..............................	34,084,447 92
En actions des quatre canaux.................	14,059,120
En actions des trois canaux ayant coûté.......	4,818,218 75
	355,087,717ᶠ32

Ainsi les *inscriptions de rentes et autres valeurs* représentatives de l'avoir des caisses d'épargne sont le gage certain, matériel de leur créance et se trouvent déposées depuis plusieurs années à la *Caisse des dépôts et consignations* chargée d'admin'strer les fonds de ces établissements en vertu de la loi du 31 mars 1837 et de celle du 22 juin 1845.

Par son décret du 9 mars 1848, le gouvernement provisoire ne s'est pas contenté de proclamer qu'il respectait le gage d'une propriété sacrée, il a en outre placé les caisses d'épargne sous la garantie de la loyauté nationale, et il a enfin augmenté de *un pour cent*, à partir du 10 mars 1848, l'intérêt des sommes versées aux caisses d'épargne à quelque époque qu'elles y aient été déposées.

sùres dont elle était la confidente ou que lui renvoyait avec de pressantes recommandations le secrétaire général du gouvernement provisoire, qui semblait ignorer la loi inexorable à laquelle tous étaient soumis. Comment n'aurait-elle pas eu pitié de malheureux qui avaient épuisé leur droit à un remboursement en espèces et auxquels elle n'avait plus à offrir en échange du livret où étaient inscrites leurs économies qu'un bon du Trésor à quatre mois d'échéance dont la négociation, trop souvent usuraire, restait la seule ressource? Les démarches entreprises par l'agent général pour arriver au soulagement de ceux des déposants qui se trouvaient véritablement dans une extrême détresse, finirent par recevoir un accueil favorable et le ministre des finances consentit à mettre une somme de 50,000 francs à la disposition d'une commission spéciale qui serait chargée d'avancer aux déposants de la Caisse d'épargne les plus nécessiteux, de petites sommes d'argent à compte sur leurs livrets. Cette commission, dont les membres désignés par le maire de Paris appartenaient à la commission administrative de l'Assistance publique, faisait recueillir à domicile des renseignements sur la situation des demandeurs que lui adressait la Caisse d'épargne, et les sommes qu'elle allouait étaient inscrites sur les livrets et payées par la caisse des hospices dont les avances furent portées au débit du compte courant de la Caisse d'épargne avec la Caisse des dépôts et consignations. Comme il était facile de se convaincre que l'on accomplissait là un acte de charité peu coûteux, le crédit fut renouvelé et on distribua de la sorte entre 1,187 déposants une somme de 116,833 francs.

La situation de certains autres déposants se trouvait singulièrement aggravée par la disposition du décret du 9 mars qui interdisait, jusqu'à nouvel ordre, aux caisses d'épargne d'effectuer aucun transfert de fonds. C'était rendre impossible toute demande de remboursement aux titulaires de livrets absents de Paris au moment du 24 février, que leurs occupations retenaient dans une nouvelle résidence. C'était atteindre plus particulièrement les déposants assez nombreux qui appartenaient aux régiments renvoyés de Paris après la révolution pour aller tenir garnison en province. Cette interdiction était inexplicable et montre bien la précipitation avec laquelle on agissait. Les transferts s'opérant par des écritures tenues à la Caisse des dépôts et consignations où se centralisaient tous les comptes des caisses d'épargne, ne pouvaient donner lieu à aucun mouvement de fonds spécial et les mesures prescrites par le décret, au sujet du mode de remboursement, auraient pu être exécutées aussi bien par la caisse d'épargne sur laquelle le transfert aurait eu lieu que par celle où le livret avait été primitivement ouvert. Bien des intérêts furent ainsi tenus en souffrance auxquels la Caisse d'épargne de Paris ne pouvait apporter aucun soulagement.

Mais, ce n'était pas seulement en privant une multitude de personnes de la disponibilité d'économies qui, pour un grand nombre, étaient le seul moyen d'existence, que les mesures prises par le gouvernement provisoire atteignirent gravement les déposants. Beaucoup en faveur desquels des dépôts avaient été faits à la Caisse d'épargne, dans l'intention de leur constituer un petit avoir pour une époque déterminée, se voyaient privés des ressources sur lesquelles ils avaient le droit de compter à l'heure prévue. Il y avait encore des orphelins de Juillet qui n'avaient pas eu le temps de devenir majeurs entre les deux révolutions; par le fait du décret du 9 mars 1848, ils se trouvaient dans l'impossibilité de recueillir les compensations que les vainqueurs de 1830 leur avaient garanties et dont les commissions de tutelle, on s'en souvient, avaient fait le dépôt à la Caisse d'épargne.

Les ouvriers et employés de la Compagnie du chemin de fer d'Orléans qui, depuis 1844, avaient l'assurance de trouver, au jour de leur retraite, une réserve proportionnée à la durée de leurs services, se trouvèrent subitement privés des avantages que leur avait garantis une administration paternelle et prévoyante. A la suite du décret du gouvernement provisoire du 30 mars 1848 qui avait ordonné la prise de possession par l'État du chemin de fer d'Orléans, l'ingénieur chargé de l'administration du séquestre s'était empressé d'autoriser tous les employés à disposer librement de leur avoir à la Caisse d'épargne. S'ils avaient pu au moins se faire rembourser les sommes dont les avait gratifiés l'administration précédente, ils auraient trouvé dans le présent une compensation à ce qu'ils perdaient pour l'avenir; mais le mode de remboursement qui leur était offert leur causait immédiatement un grave dommage.

Le trouble était partout, aussi les versements restaient-ils peu élevés. Pendant les cinq dimanches du mois d'avril les dépôts n'avaient monté qu'à 104,000 francs, donnant une moyenne hebdomadaire de 20,800 francs. En même temps, on remarquait que l'empressement à demander des remboursements se ralentissait peu à peu. Après s'être élevés pendant le mois de mars à 8,071,000 francs dont 7,600,000 francs avaient été payés en espèces, les retraits s'étaient abaissés en avril à 2,110,000 francs sur lesquels 512,000 francs étaient représentés par de la rente ou par des bons du Trésor. La rente se maintenait à des cours si bas, les bons du Trésor s'escomptaient dans des conditions tellement désastreuses, que ceux-là seulement qui s'y trouvaient contraints par la nécessité se soumettaient aux dures prescriptions du décret du 9 mars; ce décret, il faut le reconnaître, présentait au moins cet avantage de laisser chacun libre de conserver son livret et d'attendre des jours meilleurs pour en tirer parti.

La confiance parut renaître quand l'Assemblée nationale se réunit enfin le jeudi 4 mai; elle se manifesta par une élévation des dépôts qui, dans les journées du 7 et du 8, atteignirent 40,000 francs. Mais le calme n'était qu'apparent; le parti socialiste dont l'exaltation avait mis en péril, pendant deux mois, le gouvernement provisoire, se retournant maintenant contre l'Assemblée à laquelle il voulait imposer ses volontés, recommençait, en agitant le drapeau de la Pologne, à jeter de nouvelles alarmes dans la population qui était avide d'ordre et de tranquillité; le dimanche 14, les versements dépassèrent à peine 25,000 francs. Après le 15 mai, après cette journée où l'Assemblée nationale fut envahie par une foule armée conduite par les chefs des clubs et soutenue par d'anciens membres du gouvernement provisoire, on aurait pu espérer que Paris allait se ressaisir enfin. Le gouvernement comptait que la proclamation de la république au Champ de Mars, serait une occasion de rallier tous les cœurs à la même cause et que le 21 mai serait vraiment la fête de la concorde, de la paix et du travail.

Tous les corps d'état étaient représentés à cette solennité où le char de l'Agriculture apparaissait entouré de cinq cents jeunes filles vêtues de blanc qui reçurent chacune du ministre de l'Intérieur, en souvenir de la grande journée à l'éclat de laquelle elles avaient contribué, un livret de la Caisse d'épargne de Paris d'une valeur de cent francs.

Pendant vingt-quatre heures, Paris avait oublié ses préoccupations, mais quand les derniers bruits de la fête se furent évanouis, on se retrouva en présence des mêmes problèmes sociaux à résoudre et l'on se remit à vivre dans l'inquiétude du lendemain. On redoutait des événements graves; ceux qui éclatèrent le 23 juin dépassèrent en horreur toutes les insurrections populaires dont notre histoire eût jusqu'alors conservé le souvenir.

Le dimanche 25 juin, la Caisse d'épargne resta fermée. Elle rouvrit ses portes le 2 juillet, mais l'anarchie était à peine vaincue; l'Assemblée nationale qui s'était déclarée en permanence le 23 juin venait, seulement le 30, de reprendre le cours régulier de ses travaux et Paris était encore dans la stupeur du sang répandu et des ruines accumulées! Cependant il se trouva 121 déposants qui apportèrent 12,000 francs à la Caisse d'épargne. Il y avait là un symptôme favorable. La confiance était disposée à renaître avec un Chef du pouvoir exécutif sur la fermeté duquel on avait le droit de compter[1].

La situation du Trésor continuait à être l'objet des préoccupations de ceux qui se succédaient au pouvoir et M. Goudchaux qui accepta le portefeuille des finances après la chute de la Commission exécutive, s'empressa d'exposer son plan financier

---

1. Dépôts et retraits effectués pendant l'année depuis le 1er janvier jusqu'au 12 juillet.

	DÉPÔTS	RETRAITS			
		Espèces	Bons du Trésor	Rentes	Ensemble
Janvier..........	4,111,061fr	2,498,581fr20	»	»	2,498,581fr20
Février..........	2,124,010	2,680,623 83	»	»	2,680,623 83
Mars { avant le décret du 9.	315,023	3,809,436 63	»	»	} 8,071,901 15
{ après le décret du 9.	77,400	3,830,231 55	248,225fr07	175,100fr	
Avril..........	101,481	1,508,120 77	380,303 88	131,980	2,110,410 05
Mai	112,085	576,444 65	153,711 40	63,920	794,076 05
Juin..........	58,170	802,455 59	78,932 50	28,400	909,788 09
Juillet, 1er au 12 antérieurement à l'application du décret du 7 juillet, ...	51,747	341,891 66	21,387 76	5,300	368,570 42
	6,954,082fr	16,140,701fr97	882,561fr51	404,700fr	17,434,053fr48

17,434,053fr48

dans lequel figurait au premier rang, le remboursement immédiat des livrets de caisse d'épargne. Ce n'était pas, comme l'avait fait le décret du 9 mars, un mode de remboursement offert aux déposants qui seraient libres de l'adopter ou d'attendre, non; c'était l'obligation pour tous les titulaires de livrets ouverts avant le 24 février 1848 de faire liquider leurs comptes.

Le ministre exposait que le peu d'empressement des déposants à profiter du décret du 9 mars qui les autorisait à échanger leurs livrets contre de la rente ou des bons du Trésor, avait, au grand préjudice du crédit public et privé, immobilisé des sommes considérables représentées par des titres, et il ne doutait pas des excellents effets qu'allait produire la liquidation des caisses d'épargne.

Rembourser en numéraire tous les livrets dont le solde serait inférieur à 70 francs, consolider en rente cinq pour cent au cours de 70 francs tous les livrets d'une valeur égale ou supérieure, telle était la base du projet que le ministre des finances déposait le 3 juillet sur le bureau de l'Assemblée nationale. Mais le ministre reconnaissait qu'il ne pouvait oublier les malheureux déposants qui, pressés par le besoin, avaient dû accepter en payement les bons du Trésor à quatre ou six mois d'échéance et la rente au pair que leur avait généreusement offerts le décret du 9 mars. Aussi, pour réparer le préjudice causé, le projet ministériel déclarait-il que les bons du Trésor créés pour être remis en payement aux déposants seraient remboursés en numéraire à l'échéance lorsque l'émission serait antérieure au 1er juillet et qu'ils seraient assimilés aux livrets, lorsqu'ils auraient été émis après le 1er juillet, c'est-à-dire que les bons inférieurs à 70 francs seraient remboursés en numéraire et les bons supérieurs en rente cinq pour cent à 70 francs. Quant aux déposants qui avaient reçu de la rente cinq pour cent au pair, il devait leur être attribué un coupon de rente cinq pour cent représentant la différence entre le cours de 70 francs et le pair de 100 francs sur le montant du capital remboursé. Un délai de trois mois était imparti aux intéressés pour faire valoir leurs droits à cette compensation. Afin de parer aux charges que ce décret allait imposer au Trésor, la somme de rente nécessaire pour procéder à cette double opération de consolidation et de compensation devait être inscrite au grand-livre de la dette publique. En même temps, comme on prévoyait que le solde de chaque livret à rembourser ou que le montant de la compensation à liquider serait difficilement réductible en une inscription de rente d'une valeur absolument égale au montant de la créance, le ministre, pour remettre le moins possible de numéraire aux déposants, proposait d'abaisser à cinq francs la plus petite coupure de rente qui avait été fixée à dix francs par la loi du 17 avril 1822. A cette époque, Benjamin Delessert avait déjà demandé, on ne l'a pas oublié, que la moindre rente inscriptible au grand-livre de la dette publique fût abaissée à cette modique somme de cinq francs; il n'avait pu obtenir qu'on la fixât au-dessous de dix francs et vingt-six ans plus tard le Gouvernement s'emparait de son idée. La mesure proposée en 1848 devait, comme celle qui avait été votée en 1822, à l'instigation de Benjamin Delessert, contribuer, en vulgarisant la rente, à servir aussi bien l'intérêt de l'État que celui du plus petit capitaliste et il est permis de remarquer que, cette fois encore, c'est l'Institution des caisses d'épargne qui fut la cause déterminante de la réalisation d'un progrès dont les classes ouvrières plus que toutes les autres devaient, par la suite, ressentir les effets.

Enfin, poussant jusqu'aux dernières conséquences la liquidation à laquelle il entendait procéder, le ministre annulait les rentes que les lois du 31 mars 1837 et du 22 juin 1845 avaient transférées à la Caisse des dépôts et consignations en représentation des fonds dont, à ces deux époques, le Trésor s'était trouvé débiteur envers les caisses d'épargne. Quant aux autres valeurs, rentes et actions des canaux existant dans le portefeuille de la Caisse des dépôts et consignations et provenant de l'emploi des fonds des caisses d'épargne, l'État se les appropriait; elles devenaient la propriété du Trésor.

Ce projet contenait des dispositions qui ménageaient, plus que le décret du 9 mars, les droits et la fortune des déposants; il réparait la spoliation dont avaient été victimes ceux qui s'étaient trouvés réduits à accepter en payement des rentes au pair et des bons du Trésor dépréciés, enfin en fixant à 70 francs le taux de la consolidation, il s'arrêtait à un chiffre qui n'était que légèrement supérieur au cours actuellement coté à la bourse. Aussi, le Conseil des directeurs, dès qu'il en eut connaissance, n'hésita-t-il pas à remercier le ministre de ses bonnes dispositions à l'égard des déposants. Mais, s'il considérait que le mode de remboursement auquel on avait recours était une solution satisfaisante des difficultés du moment, il ne craignait pas de montrer l'importance qu'il attachait à ce que, au lieu d'être obligatoire, la mesure proposée pour assurer les remboursements, fût seulement facultative. « Nous croyons, disait-il dans la note qu'il remettait au ministre, qu'obliger ceux qui n'ont que faire de leur argent, aussi bien que ceux qui en ont le plus pressant besoin, à recevoir immédiatement en payement des valeurs réalisables, c'est dépasser le but, c'est imposer à l'État un sacrifice immense, inutile dans sa généralité et dont une partie seulement paraît nécessaire; c'est enfin provoquer une liquidation à peu près complète des caisses d'épargne à l'aide des moyens qui devaient assurer leur salut.

« Pour conserver l'Institution des caisses d'épargne, pour sauvegarder à la fois les intérêts du Trésor et ceux des déposants, il suffirait, après avoir fixé un délai pendant lequel tous ceux qui voudraient de la rente à 70 francs seraient tenus d'en faire la demande, de stipuler que, passé ce délai et tant que le Trésor ne se retrouverait pas en position de reprendre les payements en numéraire, les remboursements réclamés se feraient en rentes au cours moyen de la semaine qui aurait précédé la demande, sans que dans aucun cas, le coût de la rente pût être inférieur à 70 francs.

« Une liquidation faite ainsi, au fur et à mesure des besoins et des convenances de chaque déposant, nous paraît bien préférable à la liquidation brusque et violente qui résulterait de l'emploi en rentes immédiat et forcé de tous les fonds existants. »

En même temps, le Conseil soumettait au ministre ses appréhensions sur les conséquences fâcheuses que l'exécution précipitée de la mesure appliquée à tous les déposants pourrait avoir sur la comptabilité des caisses d'épargne. « L'expérience nous autorise à penser, ajoutait-il, que la mesure, si elle était facultative, ne dépasserait pas de beaucoup nos moyens d'exécution, que nous aurions tout au plus affaire avec le tiers de nos déposants et que les deux autres tiers s'abstiendraient de toute démarche; nous trouvons à ce sujet, notre règle de proportion dans le fait remarquable que sur

183,000 déposants qui auraient pu demander le payement de 100 francs en espèces, aux termes du décret du 9 mars dernier, 62,000 seulement ont usé en quatre mois de cette faculté. » Enfin, résumant ses impressions et ses convictions, le Conseil terminait sa note par ces lignes qui contenaient une prophétie : « L'emploi obligé entraîne pour l'État un sacrifice énorme en pure perte; l'emploi facultatif limite ce sacrifice à ceux-là seulement qui le demandent ».

Le ministre ne crut pas devoir tenir compte des considérations qui lui étaient présentées avec autant de franchise que de fermeté par la Caisse d'épargne de Paris et le projet de loi ayant été l'objet d'une déclaration d'urgence, fut délibéré dans la séance du 7 juillet.

La discussion ne porta véritablement que sur un point : le taux de l'émission des rentes qui seraient remises en payement. Un député, le citoyen Deslongrais, imbu des mêmes idées que les directeurs de la Caisse d'épargne de Paris, avait bien proposé de substituer la consolidation facultative à la consolidation obligatoire, faisant heureusement valoir les avantages que retireraient le Trésor et le crédit, de la sécurité qui serait ainsi assurée aux déposants. Mais le ministre avait répondu que l'État pour retrouver sa solidité financière devait être dégagé de toutes les obligations, de toutes les charges du passé et l'Assemblée confiante dans les déclarations qu'elle entendait, avait repoussé l'amendement. Mais le ministre ne sut pas défendre avec autant de succès le taux auquel devait se faire la consolidation. La discussion sur ce point donna lieu à des débats qui ne reposaient absolument que sur les variations des cours à la bourse du jour. La spéculation qui suivait attentivement la mise en œuvre du plan ministériel avait en quelques jours fait monter la rente de 68 francs à 80 francs et c'était à ce taux que se cotait le cinq pour cent pendant que l'Assemblée délibérait. Le baron Charles Dupin qui se retrouvait là comme représentant de la Seine-Inférieure et qui était demeuré le partisan convaincu de la cause des caisses d'épargne ne pouvait contenir le sentiment qu'il éprouvait.

« Il s'agit de savoir, s'écriait-il, si l'on transforme la tribune de l'Assemblée nationale en bureau d'agiotage. Il est quatre heures et l'on veut faire entrer en considération, quoi ? le cours de la bourse tel qu'il était coté seulement il y a une heure. Je proteste contre un semblable moyen! Comment! continuait-il, mais vous ne savez pas si une élévation soudaine et si rapide dans vingt-quatre heures n'est pas le résultat d'une combinaison quelconque! Vous n'en avez aucune preuve, et quand il s'agit de tirer avantage de cette hausse aussi extraordinaire au détriment de qui? de huit cent mille familles parmi lesquelles six cent mille appartiennent à ces ouvriers pour lesquels on invoque à tout instant votre intérêt, vous tireriez parti contre ces familles d'un cours à peine coté! Cela me semble inacceptable. Je déclare que jamais, dans aucune question de finances, jamais on n'a fait entrer dans l'évaluation d'un genre de fonds quelconque le prix de la bourse au moment même où l'on allait voter. Je proteste contre cette rigueur au nom de tous les intérêts populaires! »

Le comité des finances qui avait approuvé le prix de l'émission à 70 francs, proposait maintenant de le fixer à 76 francs. Au nom de ses collègues, M. Gouin expliquait que si le taux de 70 francs avait été d'abord accepté, c'est qu'il représentait au moment du dépôt du projet de loi le cours moyen des cinq jours précédents. Depuis, le cours moyen ayant remonté à 76 francs, le comité avait été d'avis que c'était à ce chiffre qu'il fallait s'arrêter pour agir d'une manière équitable envers des créanciers de l'État, et il le maintenait en présence de la hausse subite à 80 francs, parce qu'il ne croyait pas que pour l'élever, on pût tirer parti des incidents qui avaient pu, dans la journée même, influer sur les cours.

Mais l'Assemblée ne s'arrêta pas à ces sages observations; elle repoussa la proposition de son comité des finances et ayant à choisir entre le taux de 79 francs, auquel le ministre se ralliait parce qu'il représentait le cours moyen du jour, et le taux de 80 francs qui correspondait au cours coté à la fermeture de la bourse et qui faisait l'objet d'un amendement présenté par M. Duclerc, elle décida que la consolidation se ferait en rente cinq pour cent au cours de 80 francs.

La rente baissait dès le lendemain, elle baissa les jours suivants, et lorsqu'on procéda à la liquidation générale des livrets des caisses d'épargne, la rente délivrée en payement était loin de représenter la valeur que la loi lui avait attribuée.

C'est le propre des assemblées qui délibèrent dans des temps troublés, d'avoir recours à des expédients afin de remédier à une situation financière que la faction victorieuse a compromise pour soutenir son pouvoir éphémère. On s'en prenait toujours aux caisses d'épargne des embarras budgétaires au milieu desquels se débattait la république, mais le ministre nouveau qui s'imaginait être plus habile que le précédent, aggravait encore les fautes commises. On prétendait se décharger d'un fardeau dont on se plaisait à exagérer le poids, en faisant décréter la liquidation forcée, et l'on ne s'apercevait pas qu'en dépouillant les déposants d'une partie de leur avoir, on accomplissait l'acte le plus impolitique qui fût alors à commettre. La loi frappait dans ses intérêts dignes de tous les respects, car c'était le travail qui les avait créés, cette classe laborieuse qui avait, depuis le 24 février, montré le plus d'abnégation et fait preuve de la plus grande confiance. Pendant que des maisons, dont le crédit était le plus solidement établi, s'effondraient sous les demandes précipitées d'une clientèle qui voulait rentrer dans ses fonds, pendant que de tous les côtés, chacun cherchait à réaliser les débris de sa fortune, les caisses d'épargne, malgré les moments graves qu'elles eurent à traverser, furent les établissements où se firent le moins ressentir les effets de la tourmente qui agitait le pays; quatre mois après le 24 février, elles se trouvaient dans une situation qui aurait mérité d'être envisagée de sang-froid par des législateurs animés d'un vrai sens politique.

Le ministre qui avait été appelé à reprendre le 28 juin le portefeuille qu'il avait délaissé le 5 mars, fournissait des armes contre lui-même dans le rapport où il exposait son plan financier. Il nous apprend, en effet, qu'à la date du 30 juin 1848, la créance des caisses d'épargne s'élevait encore à 330,600,000 francs. Nous avons vu qu'au 7 mars elle était de 355 millions. Les demandes de fonds auxquelles la Caisse des dépôts avait dû donner satisfaction pendant près de quatre mois, pour permettre aux caisses d'épargne d'effectuer les remboursements qui leur étaient réclamés, avaient donc à peine atteint 24 millions et demi et cependant le nombre des déposants dépassait 700,000 [1].

1. Extrait du rapport présenté à l'Assemblée nationale, dans la séance

Dans cette créance de 330,600,000 francs, la Caisse d'épargne de Paris avait pour sa part 69 millions. Le solde dont elle devait compte à ses déposants avait éprouvé une nouvelle baisse de 5,700,000 francs, ce qui portait à 11,900,000 francs la diminution totale qu'il avait subie depuis le 24 février.

Cette liquidation générale qui venait d'être décrétée imposait une tâche énorme aux caisses d'épargne. Pour la Caisse d'épargne de Paris, les opérations portaient sur 168,000 livrets qui avant tout devaient être réglés et capitalisés. Il fallait ensuite établir, d'après le solde de chacun, le mode de remboursement à appliquer. Suivant l'importance du compte, il y avait à remettre des espèces au déposant, ou une inscription à lui délivrer presque toujours avec un léger reliquat en monnaie. C'était un travail considérable que de dresser, pour être transmis au ministère des finances auquel il appartenait d'établir les inscriptions de rente, des états individuels dont le nombre devait dépasser cent mille.

La Caisse d'épargne avait beau apporter toute la diligence possible, elle ne parvenait à donner satisfaction ni au ministre qui, sans en avoir mesuré l'étendue pour les bureaux du Trésor et pour ceux de la Caisse d'épargne, avait hâte de voir achevée son œuvre que la baisse de la rente compromettait chaque jour davantage, ni aux déposants qui étaient inquiets des conséquences de cette conversion. Effrayés par les journaux où se colportaient les nouvelles les plus alarmantes pour discréditer l'établissement et faire douter de l'exactitude scrupuleuse de ses opérations, ils venaient en foule assaillir les bureaux, se plaignant de n'être pas mis avec assez de rapidité

du 3 juillet 1848, par M. Goudchaux, ministre des finances, à l'appui du décret relatif au remboursement des livrets des caisses d'épargne.

« A cette dernière date (30 juin) la créance des caisses d'épargne était de 330,608,134 fr. 52 représentée comme suit :

En compte courant au Trésor public.............	58,586,015fr75
En rentes 5, 4 et 3 0/0 ayant coûté..............	253,539,280 02
En actions des canaux.........................	18,482,833 75
Somme égale.........................	330,608,129fr52

« Le montant des versements opérés depuis le 24 février est compris dans ce total et ne peut être exactement déterminé, mais il est de faible importance et la somme ci-dessus doit être considérée comme représentant à très peu près celle qui serait soumise aux dispositions du décret. »

en possession de leurs créances. Il était impossible de donner
satisfaction à tous le même jour, à la même heure; il était surtout impossible que de nombreux et violents mécontentements
ne surgissent pas, alors que la rente tombait jusqu'à 64 francs.
Cependant, on était parvenu à établir près de 5,000 inscriptions
par semaine et au commencement de décembre 107,899 comptes
avaient été liquidés en rentes. Les 107,899 inscriptions qui
avaient été établies représentaient 4,197,898 francs de rente.
Quant aux sommes absorbées par la conversion elles s'élevèrent à 67,168,759 francs 11 c. [1]. En même temps que l'inscription qui lui appartenait, on remettait à chaque déposant
la somme qui, étant inférieure à 16 francs, valeur d'un franc de
rente, n'avait pu être comprise dans la conversion.

Pendant que cette liquidation se terminait, les prévisions de
la Caisse d'épargne de Paris se réalisaient. Le Conseil des
directeurs avait dit à M. Goudchaux que la conversion forcée
à 70 francs serait contraire aux intérêts des déposants et
entraînerait une charge énorme pour le Trésor. Le ministre
avait passé outre en élevant de 10 francs le taux de la conversion. Mais la réaction s'opérait. L'Assemblée nationale elle-
même devait finir par reconnaître l'injustice qu'elle avait
commise et lorsque le ministre des finances qui avait proposé
et fait voter la conversion se fut retiré le 25 octobre, son successeur n'hésita pas à présenter un projet de loi qui avait
pour but d'accorder une compensation à tous ceux en vue
desquels avait été rendu le décret du 7 juillet. Le nouveau
ministre, M. Trouvé-Chauvel, dit à l'Assemblée : « Pendant
trente ans la monarchie n'a reculé devant aucun sacrifice pour
remplir les engagements de la France. La république à sa
naissance ne laissera pas subsister une décision qui, contrairement à vos intentions, ne liquiderait la dette de l'État qu'à la
condition d'une perte grave pour ses créanciers. » Et il proposa de donner à chacun de ceux dont les comptes avaient
été ou seraient consolidés, un livret nouveau sur lequel le
titulaire serait crédité de la différence entre le taux de 80 francs

1. Ce capital comprenait 2,391 francs 11 c. formant le complément d'inscriptions qui avaient dû être déposées à la Caisse des dépôts et consignations, les comptes qu'elles représentaient ayant été frappés de saisies-
arrêts.

et le cours moyen de la rente cinq pour cent depuis le 7 juillet
précédent. Il faut reconnaître, à l'honneur de l'Assemblée
nationale, que personne ne protesta contre cet acte de répa-
ration et de justice, lorsqu'il lui fut présenté. Le comité des
finances, par l'organe de M. Lanjuinais, exposa que le cours
moyen avait paru devoir être arrêté à 71 francs 60 et en conséquence il proposait de fixer à 8 francs 40 pour chaque coupure de cinq francs de rente consolidée au cours de 80 francs,
l'indemnité en argent à allouer à chaque déposant. Une seule
voix, faut-il le dire? s'éleva avec persistance contre ces conclusions du comité des finances; le précédent ministre voulait non
seulement justifier ses intentions dont personne ne suspectait
la sincérité, mais encore faire maintenir le taux de 80 francs.
C'était aller trop loin, et son successeur n'eut pas de peine à
démontrer à l'Assemblée qu'en accordant une compensation
équitable, elle ferait non seulement une chose juste et loyale,
mais une chose politique.

« Politiquement et moralement, disait-il, il s'agit de l'honneur de la république, financièrement, il s'agit de son crédit
dans le présent et dans l'avenir. Il s'agit encore d'une institution démocratique qui a pris naissance sous la monarchie et
que la république ne voudra pas laisser mourir : les Caisses
d'épargne! »

La compensation de 8 francs 40 fut votée; elle devait porter
intérêt à cinq pour cent à compter du 7 juillet précédent. Mais
un délai était donné au gouvernement pour le remboursement
du montant des livrets qui allaient être rouverts. Personne ne
se dissimulait que le règlement de cette compensation imposerait un lourd sacrifice au Trésor et l'on ne voulait pas augmenter ses embarras en le mettant en demeure d'agir avec
précipitation. D'un autre côté, on sentait qu'après toutes les
épreuves que venaient de traverser les caisses d'épargne, il
serait nécessaire de reviser une législation à laquelle plus d'une
atteinte avait été portée depuis le 24 février. C'est ainsi qu'on
avait été amené à déclarer dans l'article premier que la compensation serait remboursable conformément à la loi sur les
caisses d'épargne qui serait présentée dans le cours de
l'année 1849.

L'article 2 contenait une disposition qui n'était pas dans le projet ministériel et qui fut l'objet d'un amendement dont la discussion fit reconnaître l'utilité. Des hommes d'affaires peu scrupuleux avaient fait le trafic des livrets, après que le décret du 7 juillet eut prescrit la consolidation des comptes et, au mépris de la loi qui interdisait de posséder plus d'un livret, certains cessionnaires en avaient accumulé plusieurs entre leurs mains. L'article introduit dans la loi par voie d'amendement, excluait du bénéfice de la compensation les tiers porteurs qui avaient acheté le titre par voie de négociation après le décret du 7 juillet.

L'article 3 faisait droit aux réclamations adressées vainement jusqu'alors au ministre des finances par la Caisse d'épargne de Paris qui succombait sous le poids des dépenses extraordinaires que lui imposaient, depuis le mois de mars, toutes les mesures ordonnées par le gouvernement et dont l'exécution ne pouvait supporter de retard. Elle avait parlé en même temps au nom des caisses d'épargne des départements qui avaient à souffrir des mêmes exigences; sa voix avait enfin été écoutée et l'Assemblée nationale reconnaissait qu'à toutes il devait être tenu compte de l'excédent des frais d'administration en 1848 et en 1849.

L'ensemble de la loi qui réglait également la compensation à attribuer aux porteurs de bons du Trésor et qui comprenait certaines mesures d'ordre, fut adopté par 405 voix contre 106 le 21 novembre 1848.

Au moment où les opérations de la conversion allaient être terminées, de nouveaux travaux s'imposaient donc encore à la Caisse d'épargne. Elle allait avoir une nouvelle comptabilité à ouvrir pour faire revivre tous les livrets que la conversion en rente avait fait éteindre. Le Conseil des directeurs ne le regrettait pas puisque ses idées avaient fini par prévaloir et que l'Institution était sauvée. Mais cette succession d'événements qui entraînaient une surveillance de tous les instants et qui imposaient à tous un surcroît énorme d'occupations, absorbait tous les moments du Conseil comme ceux de l'agent général; aussi dut-on se résoudre à ne pas réunir l'Assemblée générale à laquelle on n'aurait pu présenter un compte rendu détaillé des opérations effectuées en 1847. Dans sa séance du 20 novembre, le Conseil décida qu'on se bornerait à publier les comptes de l'exercice auxquels serait joint un rapport sommaire des opé-

rations; c'était la première fois, depuis 1818, qu'il manquait au
devoir qu'il s'était imposé de faire connaître chaque année aux
administrateurs, la situation de la Caisse d'épargne, mais c'était
aussi la première année où l'Institution avait eu à traverser
une crise dont l'intensité et la durée lui auraient été fatales si,
au milieu des dures épreuves qu'elle avait subies, elle n'eût été
soutenue par l'énergique volonté de ses directeurs.

Une autre préoccupation était venue s'ajouter à toutes celles
qui avaient assiégé le Conseil pendant cette année 1848. L'acte
constitutif de la Caisse d'épargne qui avait été dressé en 1818,
n'assignait aucune limite à la durée de la société, mais l'autorisation donnée par l'ordonnance royale du 29 juillet ne valait
que pour trente ans. Les statuts avaient subi des modifications
fréquentes et il était devenu utile de les coordonner à nouveau
en les mettant en harmonie avec la législation. Le Conseil des
directeurs avait soumis au gouvernement le projet qu'il avait
arrêté, mais le Conseil d'État refusait de lui laisser la libre disposition de ses valeurs mobilières, car il n'admettait pas que la
Caisse d'épargne pût se reconstituer sous la forme anonyme.
Suivant une jurisprudence constante qui datait de 1836, il
prétendait la soumettre aux obligations auxquelles étaient
assujettis les établissements d'utilité publique. Comme, dans le
même moment, elle ne trouvait le moyen de faire face à toutes
les charges qui pesaient sur elle, par le fait du décret du 7 juillet,
qu'en puisant dans sa fortune propre, elle s'élevait contre les
restrictions que l'on voulait apporter à sa liberté d'action. Tout
en protestant contre le caractère nouveau qu'on voulait lui
imprimer, elle admettait bien que ses statuts ne lui permissent
plus d'aliéner ses immeubles sans une autorisation préalable,
mais elle faisait remarquer qu'exiger la même formalité pour
l'aliénation de ses valeurs mobilières, c'était l'exposer à des
difficultés sérieuses et aggraver encore le péril de sa situation.
Le ministre du commerce comprenant ce que les circonstances
actuelles avaient d'impérieux pour la Caisse d'épargne, accueillit
l'idée qu'il serait préférable d'ajourner à une autre époque la
préparation de nouveaux statuts, et l'autorisation accordée par
l'ordonnance du 29 juillet 1818 fut prorogée jusqu'au 31 décembre 1850, par un arrêté que signa le Chef du pouvoir exécutif
le 11 décembre 1848.

Le Conseil des directeurs dressait alors son bilan. Le solde dû aux déposants qui était de 80 millions au 1er janvier était tombé au 31 décembre à 10 millions; le nombre des déposants qui était remonté à 168,000 par l'ouverture de livrets de compensation à chacun des titulaires dont les comptes avaient été liquidés, se trouvait encore diminué de 15,000 au dernier jour de l'année. Quant au fonds de réserve, il restait amoindri de 286,000 francs. Malgré la situation qui ressortait des chiffres mêmes dont il constatait l'exactitude, le Conseil estima que ce n'était pas le moment d'abaisser l'intérêt bonifié aux déposants; il croyait qu'avant de songer à reconstituer son capital, il avait le devoir de soutenir ceux qui ne perdaient pas courage et qui à force de patience et de volonté, parvenaient encore à réaliser quelques économies. Pendant l'année 1849 il maintint à quatre et trois quarts pour cent le taux de l'intérêt, continuant à retenir seulement un quart pour cent dont le produit lui parut devoir suffire à ses dépenses ordinaires.

Au moment où l'avenir paraissait s'éclaircir, le Conseil voulut ne laisser subsister aucune trace du trouble que les événements avaient pu jeter dans l'administration; il décida qu'à partir du mois de janvier 1849, on procéderait à l'établissement de nouveaux comptes individuels de réserve pour les employés titulaires, d'après les règles en vigueur au moment de la liquidation qui avait été faite.

La Caisse d'épargne se relevait; les versements qui avaient été plus nombreux en décembre, après l'élection présidentielle, prirent, dès le mois de janvier, une importance croissante. Dans les trois premiers mois de l'année 1849, ils s'élevèrent à 2 millions, dépassant de 173,000 francs ceux qui avaient été reçus en dix mois, du 1er mars au 31 décembre 1848.

C'était d'un augure favorable. La Caisse d'épargne de Paris ne négligeait rien pour effacer de l'esprit des déposants le souvenir des inquiétudes et des souffrances passées et elle apportait la plus grande hâte à établir les livrets de compensation qui devaient, en montrant à tous que l'État acquittait loyalement sa dette, encourager à faire de nouveaux dépôts. Dès le 10 mars, on commençait la remise des 108,563 livrets, dont le solde arrêté à 7,067,934 francs représentait la créance que faisait peser sur le Trésor, au profit seulement des déposants de la

Caisse d'épargne de Paris, la compensation de 8 fr. 40 accordée par la loi du 21 novembre 1848 à tous les comptes qui avaient reçu de la rente à 80 francs, en exécution du décret du 7 juillet [1].

Ce fut vers cette époque que le préfet de la Seine fit appel à la Caisse d'épargne dans le but d'encourager au travail la jeunesse des écoles et d'améliorer le sort de nombreux ouvriers employés par la ville de Paris.

Pour marquer l'intérêt que l'autorité municipale attachait au progrès des enfants qui recevaient l'enseignement primaire, le préfet décidait, par un arrêté auquel le ministre de l'agriculture et du commerce donnait son approbation, le 14 mars 1849, que les sommes allouées par le Conseil municipal, à titre de prix d'apprentissage, aux meilleurs élèves des écoles municipales, seraient versées sur des livrets de la Caisse d'épargne. Mais sa sollicitude ne s'arrêtait pas là; il voulait que l'enfant en grandissant restât digne de la libéralité qui lui aurait été attribuée; aussi, le montant du compte en capital et intérêts ne devait-il être remboursé au titulaire au cours ou à la fin de son apprentissage que sur la production d'un arrêté préfectoral indiquant la somme dont le payement était autorisé. Dans le cas où l'apprenti aurait démérité, le montant du compte faisait retour à la ville de Paris; il en était de même si l'apprenti étant décédé, le Conseil municipal ne jugeait pas à propos de faire à ses héritiers ou ayants droit l'attribution des sommes portées au livret.

Un peu plus tard par un autre arrêté du 5 février 1850, le préfet prenait des dispositions pour assurer aux cantonniers paveurs de la ville de Paris un petit capital au moment de la cessation de leurs services. Afin d'augmenter d'une manière sûre et régulière le produit des retenues, quelque faibles qu'elles fussent, opérées sur leurs salaires, il décidait que chaque mois le montant de ces retenues ainsi que la moitié de toute gratification, serait versé à la Caisse d'épargne et porté sur des livrets individuels qui ne seraient remis aux ayants

---

1. Dans le compte rendu des opérations des caisses d'épargne pendant l'année 1850, on voit que la somme payée, seulement à titre de compensation, en exécution de la loi du 21 novembre 1848, à toutes les caisses d'épargne, y compris la Caisse d'épargne de Paris, s'est élevée à 35,055,744 fr. 67.

droit qu'à leur sortie du service du pavé de Paris et en vertu
seulement d'une autorisation préfectorale donnée sur la proposition des ingénieurs. Cette mesure qui garantissait un petit
pécule à l'ouvrier laborieux fut successivement étendue au
nombreux personnel dont la voirie de Paris ne tardait pas à
avoir besoin pour le service des eaux et des égouts, pour l'en-
tretien des promenades et des jardins publics, du bois de Boulogne et du bois de Vincennes, et l'on peut dire qu'elle a produit les effets les plus salutaires sans imposer une lourde
charge à l'administration municipale.

De son côté, la compagnie du chemin de fer d'Orléans délivrée
du séquestre mis sur son exploitation en vue d'un projet de
rachat par l'État auquel le gouvernement avait sagement fait
de renoncer, ne tardait pas à reprendre l'habitude de verser à la
Caisse d'épargne au profit de son personnel, des gratifications
dont le montant formait au jour de la retraite, comme pour les
employés de la Caisse d'épargne, un capital proportionné à la
nature et à la durée des services rendus.

Tout rentrait peu à peu dans l'ordre. Les choses reprenaient
leur cours naturel et l'on recommençait enfin à s'occuper
des vrais intérêts de cette population qui n'avait pour vivre
que son travail, et qui avait besoin qu'on lui assurât l'ordre
et la tranquillité. Avec ses premières économies, elle revenait à
la Caisse d'épargne et, ce qui était un signe caractéristique de
l'état des esprits, pendant que les versements dépassaient
15 millions au 31 décembre 1849, les retraits n'atteignaient pas
2,600,000 francs [1].

[1]. État mensuel des dépôts effectués en 1848 et en 1849 et des retraits
opérés en 1849.

	DÉPÔTS EN 1848.	DÉPÔTS EN 1849.	RETRAITS EN 1849.
Janvier......................	4,111,961ᶠʳ	533,993ᶠʳ	107,510ᶠʳ
Février......................	2,121,016	507,851	90,482
Mars.........................	302,522	878,558	112,022
Avril........................	101,481	1,070,462	124,093
Mai..........................	112,085	733,532	258,240
Juin.........................	58,170	790,434	208,080
Juillet......................	215,227	1,009,132	200,703
Août.........................	121,531	1,326,857	245,178
Septembre....................	170,253	1,034,023	215,707
Octobre......................	270,857	1,769,160	298,134
Novembre.....................	159,488	1,022,448	320,171
Décembre.....................	231,203	1,858,343	310,250
	8,071,791ᶠʳ	15,445,300ᶠʳ	2,508,108ᶠʳ

Néanmoins, le Conseil n'avait pas trouvé dans le produit des opérations de l'année une rémunération suffisante pour solder ses dépenses et, par le fait des travaux extraordinaires, il avait un découvert de près de 450,000 francs. Il était bien en instance auprès du ministre des finances pour réclamer l'exécution de l'article 3 de la loi du 21 novembre, mais il pouvait craindre que des lenteurs ne fussent apportées au règlement de l'indemnité et il dut se résigner à élever, pendant l'année 1850, le taux de la retenue que, pour la première fois, il fixa à un demi pour cent.

Les soucis d'une administration qui avait à liquider les charges du passé et à pourvoir aux besoins du présent pour assurer la sécurité de l'avenir, n'avaient pas empêché les directeurs d'étudier les questions auxquelles allait donner lieu l'élaboration du projet dont la loi du 21 novembre 1848 avait prescrit la présentation. Il est intéressant de suivre dans leur développement les délibérations du Conseil qui recherchait les moyens les plus propres à conjurer les crises dont l'éclat subit mettait l'Institution en péril, et ce n'est pas sans surprise que l'on voit se produire alors certaines idées, surgir certaines propositions dont la Caisse d'épargne de Paris aura été la première à rechercher l'application et dont la réalisation, poursuivie un peu plus tard pour le plus grand profit de la fortune publique, aura été due en partie peut-être à son initiative.

Dans ces délibérations, les uns, faisant un retour vers le passé, pensaient que le mieux serait de revenir au point de départ, c'est-à-dire à l'emploi en rente, au nom du déposant, du capital versé, dès que ce capital permettrait d'acheter dix francs et même cinq francs de rente, mais on reconnaissait bientôt les inconvénients de ce système qui, lorsque l'ouvrier avait besoin de son argent, consistait à lui mettre entre les mains un titre dont la possession et la transmission étaient entourées pour lui de difficultés de toutes sortes. Les autres auraient voulu que tout en reconnaissant l'obligation de rembourser les livrets en numéraire, l'État, dans des circonstances extraordinaires et en vertu d'une loi spéciale qui en déclarerait la nécessité, fût autorisé à se libérer en numéraire jusqu'à 200 francs et pour le surplus en rente au cours moyen du jour de la demande. Quelques-uns se demandaient si, tout en maintenant le principe de la loi de 1837 qui obligeait la Caisse des dépôts et consignations à recevoir et à faire emploi des fonds des caisses d'épargne, on ne pourrait pas autoriser celles-ci à placer directement les fonds des déposants; mais cette idée était repoussée par la grande majorité du Conseil qui voyait un danger pour l'Institution à se charger d'une gestion des plus délicates et des plus compliquées et qui pourrait entraîner de graves responsabilités.

On abordait alors la question de l'emploi des fonds par la Caisse des dépôts et consignations. On reconnaissait que c'était une fâcheuse tendance de concentrer tous les dépôts de l'épargne sur la dette publique et l'on se demandait s'il n'y aurait pas lieu de chercher à introduire en France le régime du crédit foncier tel qu'il existait depuis longtemps en Prusse et en Pologne où il rendait les plus grands services à la propriété, et contribuait puissamment à la prospérité de l'agriculture. Là, ce genre d'établissement fonctionnait à l'aide d'associations de propriétaires fonciers qui prêtaient sur hypothèque jusqu'à concurrence de la moitié ou des trois cinquièmes de la valeur des immeubles, un capital pour lequel l'emprunteur payait un intérêt modéré, augmenté d'une quotité déterminée, à titre d'amortissement. Pour se procurer les fonds nécessaires à leurs opérations, ces associations émettaient des cédules hypothécaires ou lettres de gage qui étaient recherchées par le public comme un placement sûr et avantageux. Si des associations analogues parvenaient à s'organiser en France dans le même but, il n'était pas douteux, disait-on, qu'elles n'offrissent la plus grande solidité et une solvabilité incontestable. Le papier qu'elles créeraient, qui serait garanti par un gage certain, jouirait d'une faveur d'autant plus grande qu'il pourrait se négocier à tout instant et il offrirait, particulièrement aux caisses d'épargne, pour l'emploi de leurs fonds, un placement solide et facilement réalisable. Les directeurs, qui tous approuvaient ces idées et qui étaient d'accord sur les nombreux et très sérieux avantages que procurerait à la France l'introduction dans les départements d'institutions de crédit foncier, comme celles qui s'étaient développées avec succès dans plusieurs pays du nord de l'Europe, se divisaient seulement sur le meilleur moyen de les établir. Selon les uns, elles devaient être créées et administrées par des associations privées, mais selon les autres, qui estimaient que l'extrême morcellement de la propriété permettrait difficilement la constitution d'associations régionales assez fortes pour agir utilement, elles devaient être confiées à l'État qui, par les receveurs généraux, les receveurs particuliers et les percepteurs, par les directeurs de l'enregistrement, des domaines et des contributions directes aurait de larges moyens d'action, propres à en assurer le succès.

A la suite de ses délibérations, le Conseil reconnut qu'il y avait lieu de chercher, si cela était possible, la solution de la difficile question de l'emploi des fonds des caisses d'épargne dans la solution même de cette autre question non moins difficile et plus importante encore, de la consolidation en France du crédit foncier, au moyen de l'introduction d'une institution analogue à celle qui était en vigueur en Prusse et en Pologne. Dans sa séance du 19 mai 1849, il décidait que M. Agathon Prévost serait chargé d'aller visiter les principales associations de ce genre pour en étudier l'organisation et le mécanisme et rendre compte de l'application qu'elles seraient susceptibles de recevoir en France; néanmoins il subordonnait cette mission à l'approbation du ministre des finances à qui l'on demanderait d'en faciliter l'exécution.

Mais les membres de la représentation nationale qui détenaient le pouvoir à cette époque, se montraient peu disposés à encourager de semblables projets. Si, dans l'Assemblée, quelques esprits plus hardis ne craignaient pas de proposer des mesures favorables au développement de la propriété foncière, il faut reconnaître que les innovations qu'ils indiquaient réunissaient peu de suffrages. Nous en trouvons la preuve dans le rapport général présenté par M. Thiers, le 26 janvier 1850, au nom de la commission de l'assistance et de la prévoyance publiques. Le système de crédit foncier s'y trouvait examiné, car il était signalé comme un moyen sérieux de faire cesser l'usure qui dévorait les campagnes, de faciliter partout le travail et d'améliorer le sort de la classe ouvrière. Mais le rapporteur, parlant au nom de la commission, se demandait s'il était facile, s'il était désirable d'encourager la passion des paysans

qui achetaient plus de terre qu'ils n'en pouvaient payer, qui
les achetaient plusieurs années avant d'en pouvoir acquitter
le prix, qui s'épuisaient pour en créer la valeur et qui, au lieu
d'employer en améliorations les économies qu'ils parvenaient
à faire, les employaient en nouvelles acquisitions dont ils
élevaient sans cesse le taux par leur concurrence? Est-il désirable, disait encore le rapporteur, de fournir aux constructeurs
de nouveaux encouragements à construire, quand déjà il y a
beaucoup plus de maisons dans nos villes qu'on ne peut en
habiter? Et après avoir exposé le système mis en pratique
dans les pays du nord, il doutait fort qu'il fût possible de l'im-
porter en France où pour l'appliquer on aurait, disait-il, à
faire subir à la législation hypothécaire les changements les
plus regrettables.

En présence d'appréciations aussi nettement exprimées, il
n'y a pas lieu de s'étonner que le ministre des finances n'ait
attaché aucune importance à la résolution que la Caisse
d'épargne de Paris portait à sa connaissance. M. Hippolyte
Passy se borna à répondre au président François Delessert,
qu'il avait déféré la revision de la législation des caisses
d'épargne à une commission dans laquelle la Caisse d'épargne
de Paris devait nécessairement être représentée, et il invitait
le Conseil des directeurs à désigner trois de ses membres pour
prendre part aux délibérations qui allaient s'ouvrir sous sa
présidence.

La mission donnée à M. Agathon Prévost ne devait donc pas
s'accomplir et le Conseil désigna son agent général pour soutenir devant la commission, de concert avec les directeurs
Legentil et Vernes, les idées que la Caisse d'épargne s'efforçait
de faire prévaloir dans l'intérêt des déposants; mais il est
impossible de ne pas remarquer ici que trois ans ne s'étaient
pas encore écoulés, depuis que le Conseil avait abordé la question du crédit foncier et résolu de procéder à une enquête,
lorsque le 28 février 1852, sur le rapport de M. de Persigny,
ministre de l'intérieur, de l'agriculture et du commerce, le
Président de la république signait un décret pour régler les
conditions auxquelles pourraient être autorisées les sociétés
de crédit foncier qui voudraient se former dans certaines circonscriptions territoriales. Ces sociétés avaient le droit d'émettre

des obligations ou lettres de gage et elles recevaient des subventions de l'État. Un mois plus tard, le 28 mars, le gouvernement autorisait la constitution d'une société de crédit foncier dont le privilège d'abord limité aux sept départements situés dans le ressort de la Cour d'appel de Paris, était bientôt étendu à tout le territoire, et qui prenait, en vertu du décret impérial du 10 décembre 1852, le titre de Crédit foncier de France.

Au cours des séances de la commission qui avaient eu lieu au ministère des finances, au mois de juillet 1849, les représentants de la Caisse d'épargne de Paris n'avaient pas été sans parler de la possibilité d'employer un jour, en lettres de gage, une partie des fonds des caisses d'épargne, s'il arrivait que des institutions de crédit territorial solidement constituées et jouissant de la confiance publique fussent introduites en France et établies sur le modèle de celles qui existaient de l'autre côté du Rhin. Mais, après l'accueil qu'avait reçu du ministre la communication du Conseil, ils ne pouvaient qu'exprimer un vœu qui était destiné à demeurer stérile, car jamais la Caisse des dépôts et consignations ne crut devoir se mettre en mesure d'employer une partie quelconque des fonds des caisses d'épargne en obligations du Crédit foncier.

Si, par l'organe de ses délégués, le Conseil des directeurs avait été sans pouvoir pour déterminer la commission à faire poursuivre l'enquête dont le premier il avait eu l'idée, il était du moins parvenu à faire écarter certaines dispositions qui auraient été la ruine de l'Institution. A l'aide des documents fournis par les opérations journalières dont aucun détail ne pouvait échapper à leurs investigations, MM. Vernes, Legentil et Agathon Prévost surent montrer que la Caisse d'épargne n'était pas seulement utile en facilitant l'accumulation des économies, mais qu'elle était aussi le banquier ou le caissier du peuple et qu'elle rendait ainsi aux hommes industrieux, aux artisans, aux petits fabricants, des services incalculables; ils furent assez heureux pour faire comprendre que les restrictions excessives que l'on apporterait aux facilités données aux déposants soit en abaissant le versement hebdomadaire à 100 francs ou à 50 francs, soit en réduisant le maximum de dépôt à 500 francs ou à 400 francs, comme on n'avait pas craint de le proposer, auraient infailliblement pour résultat de mutiler l'Institution et de la dépouiller de ses principaux avantages.

Ce fut à eux que l'on dut le vote de la commission qui maintenait la faculté de verser 300 francs par semaine, qui fixait le maximum de dépôt à 1,000 francs et qui permettait au compte de s'élever jusqu'à 1,250 francs par l'accumulation des intérêts. Mais, comme corollaire à cette extension du maximum, on décidait que les intérêts accumulés, lorsqu'ils élèveraient le solde à 1,250 francs, seraient employés d'office en rente. Quant au taux d'intérêt à servir aux caisses d'épargne, la commission estimait qu'il devait être fixé à quatre et demi pour cent. Enfin, on ne pouvait oublier que la loi que l'on préparait devait déterminer l'époque à laquelle seraient rendus disponibles les livrets de compensation et l'on fixait au mois d'avril la date à laquelle ils pourraient être remboursés.

Il y avait d'autres questions que la Caisse d'épargne de Paris aurait voulu voir résolues par le projet de loi qui était à l'étude. Elle demandait que l'on facilitât la liquidation des petites successions pour lesquelles les formalités ordinaires étaient fort onéreuses; elle avait émis le vœu que les femmes mariées et les mineurs fussent libres, comme en Angleterre, de faire des dépôts et des retraits tant que les maris ou les pères ou tuteurs n'auraient pas signifié leur opposition; enfin il lui paraissait utile de soumettre les comptes aux règles de la prescription.

Mais la commission ne voulut trancher aucune de ces questions sur lesquelles, déjà en 1835, au moment de la discussion de la loi du 5 juin, Benjamin Delessert avait attiré l'attention de la Chambre des députés.

Le projet qui venait d'être élaboré n'avait pas encore été présenté à l'Assemblée législative lorsque, le 31 octobre, le Président de la république, usant de son initiative constitutionnelle, nommait un nouveau ministère. M. Fould qui succédait à M. Passy soumit le travail de la commission au Conseil d'État, qui ne jugea pas que des modifications dussent être apportées à la loi de 1845, et répondit qu'il ne lui appartenait pas plus d'émettre un avis sur le nouveau taux de l'intérêt que sur l'époque à laquelle la compensation accordée aux déposants par la loi du 21 novembre 1848, deviendrait remboursable.

En présence de cette singulière attitude, le ministre, qui ne croyait pas pouvoir se soustraire aux injonctions de cette dernière loi, présenta, le 31 décembre, à l'Assemblée législative, un projet de loi en quatre articles qui abaissait à 100 francs le versement hebdomadaire, qui fixait à quatre et demi pour cent le taux de l'intérêt à servir aux caisses d'épargne et qui rendait les livrets de compensation disponibles à partir du 1ᵉʳ avril 1850.

La commission à laquelle fut renvoyé ce projet se mit aussitôt à l'œuvre et l'un de ses premiers soins fut de se rendre compte par elle-même de la manière dont fonctionnait la Caisse d'épargne de Paris. Elle voulut voir de près et à plusieurs reprises ces déposants qu'on persistait à représenter comme étant bien plutôt des gens aisés, des spéculateurs même, que des ouvriers, des artisans ou des domestiques. Reçue par le Conseil au moment où tous les bureaux étaient envahis par leur clientèle ordinaire, elle ne négligea aucun moyen d'information. Après s'être renseignée sur l'ordre du travail, sur le mécanisme de la comptabilité ; après avoir constaté la régularité qui présidait aux diverses opérations et s'être pénétrée de l'importance des services qui étaient rendus à la classe laborieuse, elle fut convaincue de la vérité qui se dégageait de toutes les statistiques, elle comprit qu'elle était en présence d'une Institution vraiment populaire et dont les avantages pour le bien-être et la moralité du peuple étaient incontestables. Elle écarta les deux premières dispositions du projet du gouvernement qui, dans son opinion, devaient avoir pour résultat de restreindre les avantages garantis par les lois antérieures, et elle apporta à la législation existante des améliorations favorables aux déposants. Le rapporteur qu'elle avait choisi pour être devant l'Assemblée l'interprète de son opinion, était cher à la Caisse d'épargne de Paris. Fils du président François Delessert, neveu du fondateur de l'Institution dont le nom revivait en lui, M. Benjamin Delessert, par ses fonctions de censeur de la Caisse d'épargne, possédait de la tradition et des détails de l'administration, une connaissance qui devait ajouter à l'autorité de sa parole. Mais, au moment où le rapport allait être déposé, le ministre des finances, qui alors n'envisageait pas assez en homme politique la question des caisses d'épargne, venait déclarer à la commission qu'il repoussait le contre-

projet et qu'il préférait renoncer à donner suite aux propositions contenues dans les deux premiers articles du projet qu'il
avait présenté. En présence de la démarche du ministre qui
n'insistait pas, au nom du gouvernement, pour le maintien des
mesures restrictives qu'elle avait rejetées, la commission ne
fit pas de difficulté pour réduire le projet à l'article qui devint
la loi du 29 avril 1850 et qui concernait uniquement les livrets
de compensation dont la disponibilité fut fixée au 1er juin suivant.

C'était la dernière mesure qui restât à prendre pour réparer
le préjudice causé aux déposants des caisses d'épargne par le
gouvernement de 1848. Les engagements de l'État se trouvaient
ainsi loyalement et scrupuleusement remplis, mais les décrets
du 9 mars et du 7 juillet faisaient subir au Trésor public, il ne
faut pas l'oublier, une perte de plus de 140 millions [1].

Pendant qu'il délibérait en 1849 sur les graves questions
qui viennent d'être exposées, le Conseil avait eu à pourvoir à
deux vacances qui s'étaient produites dans son sein. M. Moreau
père, directeur depuis 1828, eut pour successeur M. Morier, qui
était administrateur depuis quinze ans et que ses collègues
avaient élu censeur en 1845, au moment où il venait de se
démettre des fonctions de chef de bureau au ministère des
finances. Au plus fort de la crise de 1848, en servant d'intermédiaire entre la Caisse d'épargne et le ministère des finances
où il était tenu, même après sa retraite, en grande considération, il avait su prévenir bien des embarras, aplanir bien des
difficultés et rendre ainsi des services qui ne s'oublient pas.
Au fauteuil laissé vacant par M. Martineau, le Conseil appela
M. Lanjuinais, représentant du peuple, qui venait de quitter
le ministère du commerce. Dans le cours de sa vie parlementaire, en dernier lieu, comme rapporteur de la loi du
21 novembre 1848, il avait montré dans l'appréciation des
différentes questions qui touchaient à l'existence même des
caisses d'épargne, un jugement que n'auraient pas désavoué
les fondateurs mêmes de l'Institution et, dans un moment où

1. Rapport présenté au nom de la commission du budget de 1852, sur
la proposition de M. Benjamin Delessert, tendant à modifier la législation
des caisses d'épargne, par M. Gouin, représentant du peuple, dans la séance
du 25 avril 1851.

l'on était toujours dans l'appréhension d'une revision de la législation, il devait apporter dans le Conseil l'appui d'une conviction qui s'était formée en dehors du maniement journalier des affaires de la Caisse d'épargne, par l'étude et l'observation des faits accomplis.

La loi du 29 avril ne contenait pas une solution, elle ne marquait qu'un ajournement et l'on ne perdait pas de vue les Caisses d'épargne. Le législateur montrait l'estime où il les tenait, au moment où il créait, par la loi du 18 juin 1850, la Caisse de retraites pour la vieillesse et lorsque, réglant par la loi du 15 juillet de la même année, les conditions auxquelles devaient se soumettre les sociétés de secours mutuels qui demandaient à être reconnues d'utilité publique, il fixait le mode d'emploi de leurs fonds.

Dans la loi du 18 juin, il désignait les caisses d'épargne pour servir d'intermédiaires entre les déposants et l'établissement qui allait se constituer pour servir des rentes viagères. C'était une charge qu'on imposait à l'Institution; elle était acceptée d'avance, mais le règlement d'administration publique du 27 mars 1851 pour l'exécution de la loi, ayant omis de s'expliquer sur le rôle qu'auraient à remplir les caisses d'épargne et le mode suivant lequel elles opéreraient, elles attendirent jusqu'en 1857 les instructions de l'administration supérieure.

La loi du 15 juillet donnait aux sociétés de secours mutuels l'autorisation de faire aux caisses d'épargne des dépôts de valeur égale à la totalité de ceux qui étaient permis au profit de chaque sociétaire individuellement. C'était là un beau présent, car ces sociétés qui devaient se composer de cent membres au moins, et pouvaient en compter plus de 2,000 avec une autorisation ministérielle spéciale, auraient pu apporter des fonds considérables. Mais, comme en même temps la loi leur prescrivait de verser à la Caisse des dépôts et consignations l'excédent des fonds qu'elles étaient autorisées à conserver pour leurs opérations courantes, les avantages qui semblaient être faits aux caisses d'épargne se trouvaient fort amoindris. Celles-ci cependant n'avaient pas besoin de ce contingent pour attirer de nouveau l'attention. De 74 millions qu'elles possédaient au 31 décembre 1849, elles s'étaient relevées au 31 décembre 1850 à 135 millions. La Caisse d'épargne de Paris avait pour sa part, dans ce solde général, une somme de 37 millions; dans l'année, elle avait gagné 14 millions et demi. On sentait se raffermir l'édifice politique et les caisses d'épargne ressentaient un peu partout les effets de la reprise du travail et du relèvement des affaires. Mais déjà l'on se préoccupait de leur prospérité renaissante et dans l'exposé des motifs du budget de 1852 qui était présenté dès les premiers jours de 1851, le ministre des finances disait que le compte des caisses d'épargne demandait à être surveillé non seulement dans son développement, mais encore sous le rapport des charges qu'il imposait au Trésor. La commission du budget prêtait l'oreille à ces déclarations et les partisans de l'Institution pouvaient craindre que l'on ne revint, en les aggravant encore, aux mesures qui avaient été écartées de la loi du 29 avril 1850.

Pour prévenir le danger que l'on redoutait, M. Benjamin Delessert déposa, le 20 février 1851, une proposition dans laquelle se retrouvaient les principales dispositions adoptées par la commission extra-parlementaire de 1849 et qui avaient été l'objet des études de la commission de l'Assemblée législative sur le rapport de laquelle avait été votée la loi du 29 avril 1850. Le maximum de dépôt était ramené à 1,000 francs, mais le livret pouvait atteindre 1,250 francs par l'accumulation des intérêts. Une fois cette limite atteinte, l'excédent des 1,000 francs était employé d'office en rente. Les sociétés de secours mutuels dont les versements étaient limités à 6,000 francs pouvaient, par l'accumulation des intérêts, élever leur crédit jusqu'à 8,000 francs. Tout déposant dont le compte présentait une somme suffisante pour acheter 10 francs de rente au moins pouvait faire établir une inscription à son nom par l'intermédiaire de la caisse d'épargne. Tant qu'il n'en prenait pas possession, l'inscription restait en dépôt à la caisse d'épargne qui percevait les arrérages et les portait au crédit du titulaire. L'intérêt à servir aux caisses d'épargne était fixé à quatre et demi pour cent et la retenue que celles-ci étaient autorisées à prélever pour leurs frais de loyer et d'administration, obligatoire pour un quart, facultative pour un autre quart, ne pouvait s'élever au-dessus d'un demi pour cent.

Cette proposition abaissait sensiblement le maximum du dépôt, mais sous un autre rapport, en prescrivant l'emploi en

rente des sommes excédant le maximum, elle marquait un
progrès sensible sur la loi de 1845 qui, malgré toutes les protestations de la Caisse d'épargne de Paris, avait supprimé tout
intérêt au compte du déposant dès qu'il atteignait la limite
légale. D'un autre côté, elle offrait encore aux déposants titulaires d'inscriptions de rente un grand avantage en les autorisant à laisser leurs titres en dépôt à la caisse d'épargne qui
était chargée d'en administrer les arrérages. Cette dernière disposition qu'on n'avait pas insérée dans la loi de 1845, il était
indispensable de l'inscrire dans la loi nouvelle, car le portefeuille de la Caisse d'épargne de Paris contenait plus de
3,000 titres qu'on lui laissait en dépôt et dont elle ne pouvait
toucher les termes échus, le ministère des finances refusant de
reconnaître aux administrateurs des caisses d'épargne le droit,
inscrit cependant dans la loi du 22 floréal an VII, pour tout porteur d'extraits d'inscriptions au grand-livre, de toucher les
arrérages de rentes perpétuelles.

Sur le rapport de M. Gouin, la proposition de M. Benjamin
Delessert, soumise aux trois délibérations réglementaires, souleva d'intéressants débats. Dominés par la crainte de créer des
embarras au Trésor, la commission et le ministre des finances
firent repousser la faculté pour les déposants de laisser leurs
comptes s'élever jusqu'à 1,250 francs par l'accumulation des
intérêts. M. Benjamin Delessert demandait par voie d'amendement que, dans les villes de 80,000 âmes et au-dessus où la
population ouvrière est le plus agglomérée, où les salaires sont
plus élevés parce que les nécessités de la vie sont plus coûteuses, les caisses d'épargne eussent la faculté de recevoir des
dépôts jusqu'à 1,250 francs. Quatre villes seulement devaient,
avec Paris, bénéficier de cette exception [1]; cependant, bien
qu'appuyé par une partie de l'Assemblée, cet amendement fut
repoussé. Dans un ordre d'idées opposé, une voix s'éleva pour
faire réduire à 100 francs le montant du versement hebdomadaire, comme l'avait demandé le ministre des finances en 1850,
mais l'amendement ne fut pas appuyé même par ce ministre
qui se trouvait avoir repris depuis le 10 avril 1851, le portefeuille des finances.

- 1. Ces quatre villes étaient alors : Bordeaux, Lyon, Marseille et Rouen.

Sur la question de l'achat d'office, certains représentants auraient voulu que la loi obligeât les caisses d'épargne à prévenir les déposants dont les livrets dépasseraient le maximum, qu'ils eussent à les réduire s'ils voulaient éviter un emploi en rente. Le rapporteur et M. Vuitry, commissaire du gouvernement, répondaient que cette obligation causerait aux caisses d'épargne un embarras extrême; que dans les grandes villes, le nombre des dépôts excédant 1,000 francs était beaucoup plus considérable qu'on ne le supposait, qu'il y aurait donc une grande quantité d'avis à donner à un moment où la capitalisation de tous les comptes imposait déjà un travail extraordinaire. D'autre part, ils faisaient observer que les caisses d'épargne ne seraient certainement pas tenues au courant des changements d'adresse des déposants et que les titulaires qui n'auraient pas été touchés par l'avis confié à la poste, pourraient élever des protestations. Il se produirait par là, entre les déposants et les administrations des caisses d'épargne, des difficultés et des collisions qui pourraient diminuer la confiance et ébranler la force morale de la loi.

Ces observations étaient trop judicieuses pour ne pas frapper les esprits et aucune suite ne fut donnée à la proposition. Il est regrettable que plus tard on ait cru devoir insérer dans l'instruction ministérielle du 17 décembre 1852 une disposition qui avait été rejetée par le législateur.

Aucune discussion ne s'éleva sur la réduction à quatre et demi pour cent du taux de l'intérêt à servir par la Caisse des dépôts et consignations; quant à la quotité de la retenue, il ne fut pas difficile de prouver à l'Assemblée que la Caisse d'épargne de Paris, en raison de la situation particulière que les événements lui avaient créée, en raison du nombre de ses déposants et de la multiplicité de ses opérations, qui dépassaient de beaucoup tout ce qu'on pouvait observer dans les caisses d'épargne des départements, avait besoin de recevoir un traitement exceptionnel. On faisait très justement remarquer, qu'après avoir pendant quelques années bonifié à ses déposants le plein de l'intérêt qui lui était servi, en exécution de l'ordonnance de 1829 d'abord, de la loi de 1835 ensuite, elle n'avait jamais, depuis 1840, usé de la retenue que dans la limite de ses besoins : un quart pour cent jusqu'en 1849, un demi pour cent en 1850 et en 1851. La commission et le gouvernement reconnurent que la Caisse d'épargne de Paris devait être autorisée à se soustraire au droit commun et l'Assemblée décida qu'en sus de la retenue obligatoire d'un quart, elle aurait la faculté de retenir trois quarts sans que la retenue totale pût jamais excéder un pour cent.

Il était un dernier point sur lequel l'entente ne se fit pas aussi facilement. La commission avait, à la demande du gouvernement, fixé au 1er juillet 1851 le départ des intérêts abaissés de cinq à quatre et demi pour cent. En obligeant les caisses d'épargne à arrêter leurs écritures au milieu de l'année, c'était leur imposer un double travail de capitalisation et soumettre de nouveau leur comptabilité aux difficultés qu'elles avaient eu à surmonter depuis 1848. On n'en disconvenait pas, mais la commission qui s'appliquait à ne créer aucun embarras au ministre des finances s'en rapportait à lui pour déterminer l'époque à laquelle serait appliquée la réduction de l'intérêt et l'Assemblée, après avoir repoussé la date du 1er octobre que demandait le ministre, se décida pour celle du 1er janvier qui était indiquée par M. Benjamin Delessert. Enfin, retombant dans la même erreur que le législateur de 1845, la majorité de l'Assemblée supprimait le service des intérêts aux livrets qui, contenant plus de 1,000 francs au moment de la promulgation de la loi, n'auraient pas été ramenés, dans un délai de trois mois, au-dessous de ce maximum.

L'Institution sortait un peu meurtrie de cette discussion où le maximum de dépôt avait été abaissé au delà des limites proposées par M. Benjamin Delessert. En voulant modérer les caisses d'épargne dans leur développement pour donner satisfaction au Trésor, on avait amoindri les effets moraux qu'elles étaient appelées à produire et les services qu'on devait en attendre.

Mais la Caisse d'épargne de Paris ne se découragea pas et elle fut bientôt en mesure d'exécuter toutes les prescriptions concernant les achats de rente et la perception des arrérages. Dès les premiers mois qui suivirent la promulgation de la loi du 30 juin 1851, les demandes d'emploi en rente affluèrent surtout de la part des déposants dont les comptes dépassaient le maximum nouveau, et à la fin de l'année on avait acheté

339,504 francs de rente qui avaient coûté 6,349,500 francs. Ce chiffre, qui n'avait jamais été atteint, n'a été dépassé qu'en 1889 et en 1890. La Caisse d'épargne était prête pour agir vite et avec précision. Mais, comme dans bien des circonstances précédentes, les administrations auxquelles il appartenait d'établir les inscriptions et de les livrer à la Caisse d'épargne prenaient des délais préjudiciables aux intérêts des déposants.

Les nouveaux services qu'il avait fallu établir n'avaient pas été sans augmenter les dépenses qui atteignirent encore une fois le fonds de réserve. Heureusement, le moment approchait où le Conseil d'État allait statuer sur le différend auquel avait donné lieu entre le ministère des finances et le Conseil des directeurs, le règlement de l'indemnité garantie par l'article 3 de la loi du 21 novembre 1848. Par un arrêt du 13 août 1851, la décision du ministre des finances, qui avait offert 1 fr. 25 centimes par livret, était réformée et il était jugé que cette indemnité devait être calculée à raison de 1 fr. 75 centimes par chacun des livrets existants au 24 février 1848. La Caisse d'épargne demandait 415,000 francs, somme représentant l'excédent de ses frais d'administration sur ses ressources pendant les années 1848 et 1849. Par suite du mode de liquidation qui avait été adopté par le Conseil d'État, l'indemnité que le Trésor eut à payer ne s'éleva qu'à 324,152 fr. 50 centimes; elle était inférieure de 91,000 francs à celle que la Caisse d'épargne pensait avoir le droit de réclamer. Aussi, après avoir rendu compte du résultat de ce litige dans son rapport à l'Assemblée générale du 22 juillet 1852, le président François Delessert, parlant au nom du Conseil qui avait si vaillamment prêté son concours à l'État sans penser aux garanties à demander ni aux comptes à faire, ajoutait-il avec tristesse : « Nous devons nous soumettre à l'arrêt de la Justice, mais nous regrettons d'avoir à constater dans nos écritures et d'avoir à signaler cette dernière trace des événements de 1848 ».

Il y avait urgence pour le Conseil à solder l'arriéré et à rétablir l'équilibre de son budget, aussi n'hésita-t-il pas à fixer le taux de la retenue à un pour cent. L'horizon qui avait paru s'éclaircir s'était rembruni de nouveau; pendant les six premiers mois de l'année 1851 le mouvement de 1850 s'était continué et au 30 juin, les versements montaient déjà à plus de

15 millions tandis que les remboursements restaient au-dessous de 7 millions. Mais, après le vote de la loi du 31 mai, pendant qu'à l'Assemblée, les attaques les plus violentes se renouvelaient sans cesse contre le pouvoir présidentiel et que les partis inquiétaient et agitaient la nation en entreprenant de reviser la Constitution sans pouvoir même parvenir à former une majorité, un état de malaise envahissait le pays; partout le travail se ralentissait, la misère augmentait et les intérêts s'effrayaient d'une situation que les passions anarchiques, toujours aux aguets, pouvaient rendre redoutable. Les opérations de la Caisse d'épargne devaient se ressentir de l'inquiétude des esprits, de l'ajournement des affaires, de la diminution des salaires. Dès le mois de juillet, les retraits augmentent dans une notable proportion et pendant les six derniers mois de l'année ils dépassent 12 millions. Pour les dépôts, ils restent à 10 millions, alors que, dans la période correspondante de 1850, ils avaient atteint 14 millions. Mais le dernier dimanche de 1851, après la proclamation du plébiscite du 20 décembre, les versements qui, les semaines précédentes, avaient été le 7 de 113,000 francs, le 14, de 218,000 francs, le 21 de 245,000 francs montent tout d'un coup à 465,000 francs. Pendant le mois suivant, en janvier 1852, ils allaient s'élever à 3,840,000 francs [1].

L'avenir de la Caisse d'épargne était de nouveau assuré et

1. État comparatif des dépôts et des retraits pendant les années 1850 et 1851.

	1850		1851	
	DÉPÔTS	RETRAITS	DÉPÔTS	RETRAITS
Janvier.....	2,453,580fr	365,239fr00	2,806,808fr	1,171,158fr50
Février.....	2,141,707	467,078 01	2,910,580	892,218 30
Mars........	1,728,368	783,397 08	3,079,880	887,001 30
Avril.......	1,646,320	720,601 13	2,259,348	1,235,688 47
Mai........	1,198,076	859,177 »	1,903,690	1,670,340 07
Juin........	2,383,776	1,039,655 11	2,123,855	1,607,678 58
	11,548,996fr	4,335,149fr43	15,174,179fr	6,955,027fr37
Juillet......	2,587,001fr	1,018,577fr84	1,780,853fr	1,590,808fr86
Août.......	2,415,526	882,416 44	2,361,882	2,128,322 79
Septembre..	2,521,811	786,085 83	1,576,401	2,266,086 01
Octobre....	2,132,341	1,154,937 03	1,799,148	2,358,501 75
Novembre..	2,031,028	903,510 39	1,557,023	1,292,008 40
Décembre..	2,443,429	912,138 40	1,043,858	2,450,117 04
	14,131,737,06	5,658,575 88	10,131,255	12,093,920 74
Ensemble ..	25,678,692fr	9,893,725fr31	25,305,434fr	19,048,957fr11

l'on rendait grâce à la Providence d'avoir eu la force de lutter pendant quatre ans contre la mauvaise fortune. Le passé était déjà tombé dans le domaine de l'histoire. Il est permis à ceux qui vont y puiser des enseignements de s'arrêter devant ces directeurs qui surent dans les temps les plus troublés dominer les événements et prêter un secours utile au peuple qui travaille. Il n'y en avait pas un parmi eux qui n'eût personnellement des intérêts graves en jeu pendant la tourmente révolutionnaire dont l'édifice social était encore ébranlé et pourtant on les retrouve partout, occupés tous les jours à défendre l'Institution confiée à leur garde. Ce n'est pas l'intérêt qui les conduit, leur mission est gratuite. Ce n'est pas leur fortune qu'ils ont à protéger, à défendre, à sauver! Ils n'ont pas une parcelle de leurs biens engagée dans ces opérations sur lesquelles s'exerce leur vigilance. L'idée qui les anime est plus haute. En poursuivant leur œuvre simplement et obstinément, ils ne font qu'accomplir ce qu'ils considèrent comme un devoir sacré; leur dévouement les guide, leur conscience les soutient et l'on doit saluer d'un respectueux hommage ces hommes qui n'ont jamais recherché la popularité pour eux-mêmes, dont les noms ne se retrouvent que dans les archives de leur bienfaisance et qui resteront grands par leur désintéressement et l'élévation de leurs caractères.

CHAPITRE VIII

1852-1870. Développement des opérations. — Décret du 14 mars 1852; conversion de la rente 5 p. 100. — État des rentes appartenant aux déposants. — Décret du 15 avril 1852. — Mesures d'ordre intérieur. — Loi du 7 mai 1853. — Décret du 6 janvier 1854 approuvant les nouveaux statuts de la Caisse d'épargne. — Distribution de livrets aux jeunes détenus. — Livrets ouverts au personnel de grandes compagnies de transport. — La grande Chancellerie de la Légion d'honneur. — Ouverture d'une nouvelle succursale. — Crise alimentaire, la caisse de la Boulangerie. — Les grands travaux à Paris. — Élévation du taux de l'intérêt bonifié aux déposants. — Guerre d'Orient. — Emprunts. — État général des caisses d'épargne en France en 1857. — Ouverture de nouvelles succursales. — Élévation de la subvention départementale. — Les caisses d'épargne et la loi sur les Sociétés en commandite. — Élection de directeurs. — Instruction ministérielle du 4 juin 1857. — Un jugement du Tribunal de 1re instance de la Seine. — Projet du ministre des finances sur les caisses d'épargne. — La guerre d'Italie et l'emprunt de 500 millions. — Extension des limites de Paris. — Nouvelle distribution des succursales; élévation de la subvention municipale. — Mort du comte Pillet-Will. — Élection de directeurs. — Création de la caisse de réserve des caisses d'épargne. — Ouverture de nouvelles succursales. — Les versements sont reçus tous les jours à la Caisse centrale. — La Société du Prince Impérial et la Caisse d'épargne. — Conversion facultative de la rente 4 1/2 p. 100 en rente 3 p. 100. — Arrêté du Préfet de la Seine relatif aux concierges des établissements scolaires. — Livrets ouverts aux ouvriers des manufactures de tabac. — Élection de directeurs. — Situation de la Caisse d'épargne en 1864, mesures proposées par le Conseil pour l'améliorer. — Rapport de M. Agathon Prévost sur la Caisse d'épargne postale anglaise. — Note de M. Couder sur la comptabilité de la Caisse d'épargne. — Premier projet de loi sur les caisses d'épargne envoyé au Conseil d'État. — Influence des événements de 1866. — Développement des opérations de la Société du Prince Impérial. — L'enquête sur l'agriculture. — Nomination d'une Commission spéciale chargée de rechercher les modifications à apporter au régime des caisses d'épargne. — Rapport de M. Agathon Prévost sur la législation belge. — Exposition universelle de 1867. — Cinquantième anniversaire de la fondation de la Caisse d'épargne. — Mort du Président François Delessert. — Mort du baron James de Rothschild. — Élection de directeurs. — M. François Bartholony est élu Président. — La question des caisses d'épargne devant le Sénat. — Résolutions de la Commission spéciale. — Nouveau projet de loi présenté au Conseil d'État. — Mort de M. Agathon Prévost. — M. Faudon est nommé Agent général. — Ouverture de nouvelles succursales. — Situation au 31 décembre 1869 de la Caisse d'épargne de Paris et des caisses d'épargne des départements.

La confiance qui s'était répandue dans toutes les classes de la société quand le pouvoir présidentiel eût été élevé au-dessus des partis par la volonté de la nation, donna sur tous les points du territoire une vigueur nouvelle à l'Institution et, dès les premiers jours de 1852, les opérations de la Caisse d'épargne de Paris se développèrent avec une rapidité qui dépassait toutes les prévisions. Cependant, les livrets ne pouvaient plus contenir une somme supérieure à 1,000 francs et le Conseil avait ramené de quatre et demi à trois et demi pour cent l'intérêt dont ils seraient désormais crédités. Cet intérêt même avait été amoindri encore dans sa durée par une mesure qui avait été rendue applicable à toutes les caisses d'épargne. Pour soumettre à une durée uniforme la retenue opérée sur les comptes des déposants, et en même temps pour compenser la perte que la Caisse des dépôts et consignations faisait subir aux caisses d'épargne, en ne leur servant des intérêts qu'à compter du dernier jour de la dizaine pendant laquelle elles avaient effectué leurs versements, une circulaire ministérielle du 16 décembre 1851 avait prescrit qu'à l'avenir les intérêts alloués aux déposants ne commenceraient à courir qu'une semaine après le jour du dépôt et s'arrêteraient au dimanche qui précéderait le jour fixé pour le retrait. Mais aucune de ces restrictions, quelque gêne qu'elle imposât, ne pouvait arrêter le mouvement qui se produisait. Partout, le travail reprenait à l'abri d'un gouvernement assez fort pour rassurer tous les intérêts, et la classe ouvrière appréciant les solides garanties que la Caisse d'épargne lui offrait, venait à elle avec plus d'empressement que jamais.

Ce n'était pas seulement l'importance des versements pris dans leur ensemble qui était remarquable, c'était la quantité même de ces versements et principalement l'affluence des déposants nouveaux. Dans l'année, on reçut 265,263 versements qui s'élevèrent ensemble à 33,700,000 francs, dépassant en nombre

de 59,500 et en somme de 8 millions et demi ceux qui avaient
été apportés en 1851. Il fallait remonter à la période de 1841
à 1846, alors que les dépôts étaient limités à 2,000 francs,
pour trouver des chiffres supérieurs. Quant aux livrets nouveaux, on en ouvrit 40,599 et ce nombre qui jamais encore
n'avait été atteint ne devait être dépassé que 26 ans plus tard,
en 1878. En même temps, on remarquait que les livrets soldés
étaient en décroissance et que les remboursements qui atteignaient 19,000,000 francs restaient inférieurs aux versements
de plus de 14 millions [1]. Le résultat de ces opérations avait été
d'augmenter de 18,954 le nombre des comptes courants et d'élever le solde de 12 millions; ainsi au 31 décembre 1852, la Caisse
d'épargne de Paris devait à 194,950 déposants 51,800,000 francs.

On avait eu à faire au cours de cette année une opération
importante. Un décret du 14 mars 1852 prescrivait la conversion
en quatre et demi de toutes les rentes cinq pour cent dont le
remboursement au pair, offert pendant vingt jours par le Trésor
public, n'aurait pas été réclamé par le titulaire de la rente avant
le 3 avril suivant. La Caisse d'épargne était alors dépositaire
d'un assez grand nombre d'inscriptions de rentes appartenant
à ses déposants; quelques-unes dataient de la période antérieure à 1830, beaucoup provenaient de la consolidation
ordonnée par le décret du 7 juillet 1848, d'autres avaient été
achetées à la demande des déposants depuis la loi du 22 juin
1845. Ces différents reliquats comprenaient 4,157 inscriptions
représentant 82,892 francs de rente cinq pour cent. Le Conseil
avait cherché depuis longtemps à faire aux ayants droit la
délivrance de leurs titres, car le ministère des finances ayant
persisté jusqu'en 1852 à refuser de lui payer les arrérages échus,
il souffrait de la perte que subissaient les titulaires. Mais était-
ce oubli? était-ce indifférence? les lettres individuelles que, sur
les prescriptions du Conseil, on avait à plusieurs reprises fait
porter à domicile, étaient restées sans effet de même que les

---

1. Mouvement des opérations en 1851 et en 1852.

ANNÉES	DÉPÔTS			RETRAITS		
	Sommes	Nombre	Nouveaux	Sommes	Nombre	Soldés
1851....	25,305,434ᶠʳ	205,751	26,516	19,018,057ᶠʳ	65,403	21,403
1852....	33,703,578	265,203	40,599	19,050,368	70,741	20,180

avis qui avaient été fréquemment insérés dans les journaux.
Cependant les dispositions comminatoires du décret du 14 mars
imposaient l'obligation de renouveler les avertissements pour
mettre chaque intéressé en mesure d'exprimer son intention.
Malgré tout ce qu'on put faire, on n'obtint que peu de réponses,
et des demandes de remboursements ne se produisirent que
pour 473 inscriptions formant un total de 1,906 francs de rente.
Ce résultat était peu important, mais il n'y a pas lieu de s'en
étonner; il était la preuve de la facilité avec laquelle on acceptait cette conversion dirigée par un ministre habile qui parvenait
à diminuer les charges du Trésor sans appauvrir les rentiers.
Le jour où, sur la proposition de M. Bineau, le décret était
signé par l'Empereur, le cinq pour cent faisait au plus haut
cours 103 francs 40 et le quatre et demi ancien 89 francs 50;
le 5 avril, au moment où le délai de vingt jours étant expiré,
les rentes cinq pour cent non remboursées étaient converties,
le quatre et demi était coté 101 francs 40. Ces simples indications suffisent à montrer que la mesure n'avait rien de désa-
vantageux pour les rentiers dont le capital n'avait à subir
aucune atteinte. Les inscriptions dont la conversion fut laissée
aux soins de la Caisse d'épargne de Paris restèrent au nombre
de 3,684 qui représentèrent, quand fut faite par le Trésor la
remise des nouveaux titres, 71,043 francs de rente.

Lorsque cette opération fut terminée, on dut dresser un nouvel état du portefeuille et à la date du 14 septembre 1852, on
reconnaissait que les inscriptions appartenant aux déposants
étaient au nombre de 5,144 représentant en quatre et demi et
en trois pour cent une somme de rente de 87,923 francs [1].

Le décret du 14 mars avait dû ralentir pendant un moment
les demandes d'achats de rente; l'habitude était depuis trop
longtemps prise, de considérer le cinq pour cent comme la
valeur presque unique de placement, pour que les déposants,
dont les livrets se trouvaient tous maintenant ramenés dans
les limites du maximum fixé par la dernière loi, n'aient pas eu.

---

1. Les 5,144 inscriptions se répartissaient de la manière suivante :

Rente 4 1/2 p. 100....	3,749 inscriptions pour 73,513 fr. de rente.	
Rente 3 p. 100.........	1,395 inscriptions pour 14,410 fr. de rente.	
Ensemble :	5,144 inscriptions pour 87,923 fr. de rente.	

un peu d'hésitation avant d'entrer dans une valeur nouvelle qui, au premier abord, ne paraissait pas leur offrir les mêmes avantages. Aussi, le capital employé en rente pour le compte des déposants, était-il resté en 1852 assez inférieur à ce qu'il avait été en 1851. Mais en 1853, il devait se relever et, en effet, il remontait à plus de 6 millions [1].

Ce n'était pas assez pour la Caisse d'épargne de Paris de voir revivre sa prospérité et d'avoir, pendant les rudes épreuves qu'elle venait de traverser, acquis de nouveau la certitude que ses moyens de comptabilité étaient aussi solides et aussi sûrs dans les temps où les opérations suivaient un cours régulier que dans les années où elles s'effectuaient au milieu de crises violentes traversées par de brusques changements dans la législation. L'année 1852 lui réservait une autre satisfaction. La loi du 30 juin 1851 avait renvoyé à un règlement d'administration publique, le soin de déterminer le mode de surveillance de la gestion et de la comptabilité des caisses d'épargne. Pendant les graves événements que l'on venait de traverser, on avait été amené à reconnaître que les caisses d'épargne avaient été un peu trop laissées à elles-mêmes et que, sur certains points du territoire, elles avaient été compromises par l'inexpérience de leurs comptables; on avait senti qu'il était dangereux, pour l'avenir de l'Institution, de leur permettre d'opérer d'après des systèmes différents qui souvent ne présentaient pas des garanties suffisantes d'exactitude et de régularité. Il était important, si l'on voulait les soumettre à une surveillance sérieuse, de leur imposer le même mode de gestion et de comptabilité. Devant tendre toutes au même but, toutes, elles devaient suivre les mêmes voies et obéir à un règlement unique. Appelé à faire partie de la commission qui avait reçu du ministre des finances la mission de préparer ce règlement, l'agent général de la Caisse d'épargne de Paris, M. Agathon Prévost, fut invité à exposer et à développer le système de comptabilité qui, mis en pratique depuis plus de vingt ans sous son habile direction,

---

1. Capital employé en rente pour le compte des déposants :

En 1851 *Exécution de la loi du 30 juin 1851*	0,349,522 fr.
En 1852 *Conversion du 5 0/0 en 4 1/2 0/0*	3,821,251 fr.
En 1853	6,142,283 fr.

avait été successivement imité avec un égal succès en France et dans certains pays étrangers par des caisses d'épargne importantes. Il eut à faire connaître également la comptabilité spéciale tenue pour les inscriptions de rente telle qu'il l'avait organisée depuis que la loi de 1845 était entrée en vigueur.

Ce fut l'ensemble de ce système étudié par la commission, soumis ensuite à l'examen du Conseil d'État, qui réunit tous les suffrages et qui devint la loi de l'Institution. Les résultats constatés chaque année dans les rapports ministériels ont prouvé que l'on ne s'était pas trompé en s'en rapportant à l'expérience de la Caisse d'épargne de Paris et en généralisant les principes mêmes de son organisation.

Après avoir assujetti toutes les caisses d'épargne à un mode de comptabilité uniforme, le décret du 15 avril 1852 leur prescrit de verser immédiatement tous les fonds qu'elles reçoivent à la Caisse des dépôts et consignations et il arrête les mesures de surveillance dont elles doivent être l'objet. Dans les départements, les agents préposés à la direction du service, à la tenue des écritures, à la manutention des fonds et valeurs, sont placés sous la surveillance des receveurs des finances qui doivent une fois au moins par trimestre, vérifier par eux-mêmes ou par leurs fondés de pouvoirs les écritures et la situation des caisses d'épargne ouvertes dans leurs circonscriptions.

Quant à la Caisse d'épargne de Paris, elle est placée sous la surveillance directe du ministre des finances qui en fait vérifier, quand il le juge convenable, la situation et les écritures.

De plus, toutes les caisses d'épargne sont soumises aux vérifications des inspecteurs des finances.

Enfin, le décret soumet tous les caissiers et sous-caissiers des caisses d'épargne à l'obligation de fournir un cautionnement dont le montant est fixé par le Conseil des directeurs ou des administrateurs, et qui doit être versé en numéraire à moins que le ministre ne donne l'autorisation de le réaliser en rente.

Ce décret, complété par deux instructions des 17 décembre 1852 et 4 juin 1857 dans lesquelles les ministres du commerce et des finances précisaient, en ne négligeant aucun détail, les procédés à suivre pour la tenue des écritures, pour le calcul et la capitalisation des intérêts, pour les relations avec les déposants, renfermait toutes les garanties d'une bonne administration. Exécutées ponctuellement par les caisses d'épargne, les mesures qui y sont prescrites assurent l'ordre et la régularité dans toutes les parties de la comptabilité. Exercée avec exactitude et avec un soin vigilant, la surveillance confiée aux receveurs des finances est suffisante à protéger les caisses d'épargne contre leurs propres erreurs ou les malversations de comptables infidèles. Soumise enfin à l'inspection des finances, l'Institution est sans cesse exposée à des vérifications qui, se portant sur tous les points et sur les moindres opérations, permettent de découvrir et de redresser les plus légères infractions. Aussi, est-il permis de dire que la protection dont le législateur de 1852 a entouré la gestion des économies des déposants ne saurait être plus judicieuse ni plus prévoyante. Les règles qu'il a prescrites n'ont encore été l'objet d'aucune révision ni d'aucun remaniement.

Le Conseil des directeurs n'avait aucune transformation à faire subir à ses services pour appliquer le règlement nouveau. Mais sentant la Caisse d'épargne plus solidement établie et fort de la confiance qu'on lui témoignait, il crut pouvoir apporter un certain allégement au travail qui pesait sur son personnel. Jusqu'alors les bureaux avaient été ouverts tous les dimanches et dans aucune circonstance il n'était fait d'exception à cette règle. On ne pouvait penser à supprimer le travail du dimanche; c'eût été priver des bienfaits de l'Institution une notable partie de la classe ouvrière, mais sur la proposition de son président, le Conseil estimant que, sans nuire aux services qu'elle était appelée à rendre, la Caisse d'épargne pouvait s'abstenir de recevoir le public les jours consacrés aux grandes solennités religieuses, décida qu'à l'avenir tous les bureaux de la Caisse centrale et des succursales de Paris et de la banlieue seraient fermés aux fêtes de Pâques, de l'Ascension, de la Pentecôte, de l'Assomption, de la Toussaint, de Noël et le premier jour de l'année. En même temps, il augmenta le nombre des employés afin que chacun, à tour de rôle, pût avoir un dimanche de repos.

Cette dernière mesure, ainsi que le développement des opérations en 1852, avait fait monter les frais d'administration à une somme assez élevée, et au moment où il avait à fixer pour l'année 1853, la quotité de la retenue à opérer sur l'intérêt bonifié par la Caisse des dépôts et consignations, le Conseil eut la sagesse de la maintenir à un pour cent. S'il lui paraissait opportun de profiter des circonstances pour relever un peu son fonds de réserve qui venait d'être gravement atteint, il avait aussi la crainte de voir, dans un temps prochain, l'intérêt servi aux caisses d'épargne subir un certain abaissement.

Le gouvernement, en effet, ne tardait pas à soumettre au Conseil d'État un projet de loi qui avait principalement pour but de ramener à quatre pour cent le taux de l'intérêt alloué aux fonds des caisses d'épargne. Mais, cette mesure ne suffisait pas aux deux ministres du commerce et des finances pour ralentir les progrès de l'Institution; ils croyaient devoir apporter encore une restriction à la faculté donnée aux déposants par la loi de 1835, en abaissant à 200 francs le versement hebdomadaire. En même temps, on mettait fin à une situation exceptionnellement rigoureuse dont avaient à souffrir les déposants qui n'ayant pas encore, pour une cause quelconque, satisfait aux prescriptions de la loi du 30 juin 1851, avaient laissé sur leurs livrets un solde supérieur au nouveau maximum. Depuis deux ans, leurs comptes étaient improductifs d'intérêt. L'article 2 du projet de loi ordonnait de faire rentrer dans la règle commune tous les livrets de cette catégorie en employant d'office en rente l'excédent qui serait constaté sur chacun d'eux au 1er janvier 1854. Enfin, par une dernière disposition, on faisait droit à un vœu souvent exprimé par la Caisse d'épargne de Paris en étendant aux certificats de propriété, destinés à constater les qualités des héritiers ou ayants droit des titulaires de livrets, les immunités accordées par la loi du 28 floréal an VII pour la transmission des titres de la dette publique.

Pour revenir à l'intérêt de quatre pour cent, on faisait valoir que ce taux avait été en vigueur jusqu'en 1848 et que si, pendant le temps qui avait suivi, il avait dû être élevé jusqu'à cinq pour cent et fixé, en dernier lieu, à quatre et demi pour cent, aucune considération ne s'opposait plus à ce qu'il fût mis en harmonie avec l'amélioration qui s'était produite depuis le 2 décembre 1851, dans les rapports du capital avec l'intérêt, amélioration qui s'était manifestée par la hausse de toutes les valeurs, l'abaissement de l'escompte de la Banque de France, la conversion de la rente et enfin par la reprise des grands travaux d'utilité publique et le développement sur tout le territoire de l'Empire des affaires industrielles et commerciales.

Sur le rapport de Michel Chevalier, le Conseil d'État adopta la disposition qui fixait l'intérêt à quatre pour cent à compter du 1er juillet 1853, mais, plus libéral que les ministres, il repoussa la proposition de réduction du versement hebdomadaire. Il ne se borna pas à donner son approbation à la mesure qui faisait disparaître la catégorie exceptionnelle des livrets non productifs d'intérêt et à l'article relatif aux certificats de propriété, il introduisit dans le projet soumis à ses délibérations une disposition nouvelle qui, comme les deux précédentes, étaient réclamées par la Caisse d'épargne de Paris et que Benjamin Delessert avait vainement tenté de faire introduire dans la loi de 1835. L'article nouveau qui sortit des délibérations du Conseil d'État était destiné à appliquer dans une certaine mesure les principes de la prescription, à tout titulaire de livret qui aurait laissé écouler trente ans sans faire aucune opération sur son compte. A l'expiration de ce délai et après une publication préalable restée sans effet des comptes ainsi abandonnés, les sommes que détiendraient encore les caisses d'épargne leur resteraient acquises et les inscriptions de rentes achetées soit à la demande des déposants depuis plus de trente ans, soit d'office, seraient remises à la Caisse des dépôts et consignations pour être tenues à la disposition des ayants droit; le service des arrérages devait être suspendu jusqu'au jour où les titres seraient réclamés.

Lorsque le projet fut transmis au Corps législatif, il aurait été surprenant que pour le combattre on n'eût pas essayé de ramasser quelques-unes des vieilles armes qui s'étaient émoussées dans les discussions des lois de 1835, de 1837, de 1845, de 1851. Des amendements se produisirent, en effet, qui mettaient en question l'existence même de l'Institution. On ne se contentait pas de poursuivre l'abaissement jusqu'à 500 francs du maximum des livrets et la réduction à 50 francs du versement hebdomadaire; on proposait de prolonger les délais entre la demande de retrait et la remise des espèces et de fractionner les remboursements par acomptes de 200 francs échelonnés de

deux mois en deux mois. On demandait enfin que les femmes
mariées et les mineurs qui voudraient faire des dépôts, fussent
dans l'obligation de justifier d'un intérêt distinct de celui du
mari ou des père et mère. L'auteur de ces amendements s'imaginait qu'il écarterait ainsi des caisses d'épargne les déposants
appartenant aux classes riches ou aisées qui, selon lui, faus-
saient l'esprit de l'Institution, et qu'il préserverait le Trésor
public du danger auquel l'exposaient, dans des moments de
crise, les demandes subites de remboursements. Mais il ne
s'apercevait pas qu'en voulant protéger le Trésor dans des circonstances exceptionnellement graves, on tarissait les épargnes à leur source même dans les temps ordinaires; il ne se
rendait pas compte que pour empêcher quelques familles
d'éluder la loi, on en soumettait un très grand nombre à des
mesures inquisitoriales que les caisses d'épargne seraient le
plus souvent impuissantes à exécuter.

La commission voulut entendre les représentants de la
Caisse d'épargne de Paris, elle tint à s'assurer par elle-même
du véritable état des choses et elle vint un dimanche assister
pendant plusieurs heures aux opérations des déposants, aux
travaux du personnel.

Après avoir examiné et discuté toutes les questions que soulevaient les amendements dont elle était saisie, la commission
les rejeta. Elle ne contestait pas que le chiffre toujours croissant des dépôts dont le remboursement était instantanément
exigible, ne dût être pour le gouvernement un juste sujet de
préoccupation et de vigilance, mais elle signalait les précieux
avantages que le gouvernement recueillait de cette grande et
populaire Institution des caisses d'épargne. Sans insister sur la
moralisation des classes ouvrières par l'esprit d'économie et
par le bien-être, ni sur le lien étroit qui rattachait les déposants
à la cause de l'ordre et à la stabilité du pouvoir, elle signalait
la salutaire et notable influence que les caisses d'épargne exerçaient sur le crédit public par l'abondance des capitaux qu'elles
accumulaient. En constatant que c'était à juste titre que la
France s'enorgueillissait des grands travaux qu'elle exécutait
depuis quelque temps, elle faisait remarquer que les seuls
revenus budgétaires n'auraient présenté que des ressources
insuffisantes s'il n'était venu s'y joindre cette accumulation des

petites épargnes qui, moins exigeantes que les gros capitaux, se contentent d'un intérêt modeste et sont pour l'État un auxiliaire puissant. D'un autre côté, la commission recherchait s'il était vrai que le compte général des caisses d'épargne en France fût beaucoup grossi par des dépôts appartenant aux classes riches ou aisées. Elle ne méconnaissait pas qu'il pouvait exister quelques abus regrettables, mais les observations que chacun de ses membres avait pu faire en province, l'autorisaient à penser que ces abus n'étaient pas nombreux. « Quiconque assiste à une séance de la Caisse d'épargne de Paris, disait-elle par l'organe de son rapporteur, M. Louvet, demeure convaincu que les nombreux clients qui affluent à cet établissement appartiennent presque tous à la classe ouvrière pour laquelle l'Institution a été fondée. Dans nos départements, les dépôts abusifs ne forment qu'une très minime exception. Quels sont d'ailleurs, pour la majeure partie, ces déposants parasites que l'on voudrait écarter? Des ouvriers à façon, de petits fabricants, de petits marchands, quelques artisans retirés avec une modeste aisance. Eh bien! ce sont précisément ces déposants, élite de la société industrieuse, capitalistes de la petite propriété, comme les appelait si justement M. Saint-Marc Girardin dans la discussion de la loi de 1845 à la Chambre des députés, qui ont montré aux autres le chemin de la caisse d'épargne et qui maintiennent la confiance dans l'Institution. » D'un autre côté, si l'on devait exclure certaines catégories de déposants, il n'aurait pas suffi d'inscrire dans la loi que les femmes et les mineurs devraient justifier d'un intérêt distinct de celui du mari ou des père et mère, il aurait fallu définir nettement les conditions légales qui auraient déterminé l'existence d'un intérêt distinct; on n'aurait pas pu laisser les administrateurs juges de ces questions et le législateur qui aurait voulu les résoudre n'aurait pas fait une œuvre durable.

Pour remédier au mal qu'on lui signalait en en exagérant la portée, la commission refusait d'abaisser le maximum du versement hebdomadaire, car si cette mesure pouvait avoir pour effet d'écarter les quelques personnes riches qui seraient disposées à abuser de l'Institution, elle aurait certainement pour conséquence d'occasionner de grandes pertes de temps aux véritables déposants; le temps est précieux pour l'ouvrier, c'est une partie de son capital et l'on se rendait compte que dans les campagnes où les cultivateurs sont souvent éloignés de plusieurs lieues du siège de la caisse d'épargne, que dans les villes manufacturières où les ouvriers sont payés à des intervalles éloignés et reçoivent, en une seule fois, des sommes assez fortes, les restrictions qu'on apporterait au dépôt hebdomadaire seraient funestes au développement de l'épargne.

On estimait qu'il en serait de même de la réduction à 600 francs ou à 500 francs du maximum des livrets; on faisait remarquer que tandis qu'en Angleterre ce maximum avait toujours été maintenu à 3,750 francs, et à 5,000 francs par l'accumulation des intérêts, en France, il avait été successivement abaissé de 3,000 francs à 1,500 francs et à 1,000 francs et qu'il était impossible de descendre plus bas sans altérer profondément l'esprit de l'Institution. Au-dessous de ce dernier maximum, le déposant n'aurait plus une somme suffisante pour satisfaire à ses besoins, car l'expérience avait démontré que quel que fût le maximum de dépôt, si la moyenne dont chaque compte était créditeur atteignait dans certaines localités la moitié de ce maximum, la moyenne générale se maintenait à un niveau assez inférieur [1]. Si l'on s'était arrêté aux résultats fournis par la Caisse d'épargne de Paris, on aurait trouvé une moyenne encore bien moins élevée [2].

1. Moyennes générales des livrets ouverts dans toutes les caisses d'épargne y compris celle de Paris.

MAXIMUM DU LIVRET	AU 31 DÉCEMBRE	NOMBRE DE CAISSES	NOMBRE DE DÉPOSANTS	SOLDE	MOYENNES
	1845	312	684,226	393,508,013fr	575fr11
	1846	351	735,841	386,178,888	524 81
2,000fr Loi de 1845.	1847	354	736,051	358,405,024	486 33
	1848	355	561,440	73,917,556	131 00
	1849				
	1850	340	565,995	134,917,011	238 37
1,000fr	1851	340	611,086	158,102,137	258 82
Loi de 1851.	1852	311	742,889	245,410,603	330 35

2. Moyennes des livrets de la Caisse d'épargne de Paris comparées aux moyennes générales.

MAXIMUM DU LIVRET	AU 31 DÉCEMBRE	NOMBRE DE DÉPOSANTS	SOLDE	MOYENNES
	1845	178,250	100,037,370fr	561fr10
	1846	184,908	91,804,574	496 81
2,000fr Loi de 1845.	1847	183,440	80,146,423	436 88
	1848	168,643	10,151,440	60 10
	1849	173,029	23,003,628	133 46
	1850	171,723	37,746,794	219 81
1,000fr	1851	175,905	39,708,489	226 13
Loi de 1851.	1852	194,050	51,816,037	265 70

La commission ne pouvait pas s'arrêter davantage à la proposition de donner à l'État de plus longs délais pour répondre aux demandes de retraits, et de fractionner les remboursements par acomptes de 200 francs échelonnés à deux mois d'intervalle. Elle répondait à ceux qui se montraient partisans de l'amendement : « La libre disponibilité du capital est, après la sécurité du placement, la première condition des caisses d'épargne. Si vous touchez à cette condition fondamentale, vous dénaturez l'Institution. Les déposants ont fréquemment des besoins supérieurs aux acomptes que vous voulez bien leur assigner. Que feront-ils alors? Ils iront escompter leurs livrets chez des agents d'affaires, intermédiaires dangereux qui ne manqueront pas de s'établir autour des caisses d'épargne et qui feront l'usure au détriment des titulaires de livrets pressés par le besoin. » Et le rapporteur, résumant sur ces différents amendements les sentiments de la commission tout entière, terminait en disant : « Il est bon, sans doute, de prévoir les crises et les révolutions; il est mieux de savoir les prévenir. Et parmi les institutions destinées à empêcher le retour de ces terribles épreuves, ou tout au moins à en amortir les effets quand elles surgissent, les caisses d'épargne figurent sans contredit au premier rang. Sachons donc accepter bravement cette Institution telle qu'elle est dans son ensemble, c'est-à-dire avec ses avantages et ses inconvénients. Vouloir conserver les avantages en écartant les inconvénients, c'est poursuivre une chimère. Le législateur de 1851 a fait tout ce qu'il était possible de faire. En tentant quelque chose au delà, on frapperait l'Institution d'un coup plus ou moins funeste et il n'est personne qui puisse avoir cette pensée. »

La commission, après avoir dégagé le projet de loi des divers amendements qui n'auraient pu qu'en dénaturer le caractère, porta toute son attention sur la disposition de l'article 4 relative aux livrets abandonnés qui était la plus importante et la plus délicate du projet élaboré par le Conseil d'État. Elle reconnaissait la nécessité de ne pas laisser aux caisses d'épargne le soin de gérer indéfiniment des comptes sur lesquels aucune opération soit de dépôt, soit de retrait n'était plus faite par leurs propriétaires, ou dont la liquidation n'était pas demandée par les ayants droit, mais au point de vue de l'équité et des principes du droit, elle soulevait certaines objections contre la mesure proposée. Si le versement aux caisses d'épargne est un dépôt, disait-elle, il est imprescriptible de sa nature; si c'est un compte courant, il devient très difficile de préciser l'époque à laquelle la prescription commence à courir. En se demandant s'il était juste et convenable de procurer ainsi un bénéfice aux caisses d'épargne au détriment des déposants, elle fut amenée à se prononcer contre la disposition du projet de loi qui consacrait la prescription en faveur des caisses d'épargne. Remaniant l'article 4 dans son esprit et dans ses termes, elle en fit disparaître le mot de prescription et proposa de décider que des achats de rente devraient avoir lieu d'office, à l'expiration des trente ans, pour la valeur des sommes inscrites aux livrets non réclamés. « De cette manière, expliquait le rapporteur, la *déchéance* trentenaire encourue par les déposants au profit des caisses d'épargne ne s'appliquera plus qu'aux sommes ou aux reliquats de sommes qui, à raison de leur insuffisance, ne pourront alors être converties en rente sur l'État. »

Le Conseil d'État donna son adhésion à cette importante modification et lorsque le projet vint en délibération au Corps législatif, toutes les questions qu'il soulevait avaient été exposées et discutées dans le rapport avec une telle compétence, avec une telle autorité, qu'aucune voix ne s'éleva pour le combattre et qu'il fut voté sans opposition.

Si la loi du 7 mai 1853 ne donnait pas encore aux caisses d'épargne toutes les satisfactions qu'elles pouvaient désirer, elle était du moins empreinte de sollicitude pour l'Institution et pour les déposants. En levant l'interdit qui avait été mis par la loi du 30 juin 1851 sur les livrets demeurés supérieurs à 1,000 francs et qui, au 31 décembre 1853, faisait subir aux déposants seuls de la Caisse d'épargne de Paris une perte d'intérêt de 39,550 francs, somme importante pour eux que la Caisse des dépôts et consignations avait comprise dans ses bénéfices propres, elle mettait fin à une véritable iniquité; en fixant des règles positives et des moyens peu coûteux pour permettre aux ayants droit à la propriété de livrets, de justifier de leurs qualités, elle se montrait équitable et favorisait les transmissions héréditaires; en limitant, quant à la durée, la responsabilité des caisses d'épargne, tout en respectant les droits des déposants, elle facilitait la tâche de ceux qui sans autre ambition que de venir en aide à leurs semblables, prenaient soin de gérer et d'administrer les intérêts des travailleurs. Enfin, cette loi consacrait l'existence même de l'Institution et les principes que la Caisse d'épargne de Paris s'était toujours appliquée à faire prévaloir.

Rassuré désormais sur la stabilité de la législation, le Conseil des directeurs reporta toute son attention sur la constitution même de la société qui n'existait plus qu'en vertu d'autorisations provisoires dont la dernière avait été, par un décret du 8 novembre 1850, limitée au 31 décembre 1853. Il reprit le travail qu'il avait préparé en 1848. Tout en maintenant les principes fondamentaux de l'acte social du 22 mai 1818 dont une expérience de trente-cinq années avait permis de reconnaître la force et la solidité, il ne reproduisait pas, dans le projet qu'il soumettait à l'approbation du gouvernement, les dispositions qui depuis 1818 étaient entrées dans le domaine de la loi, des décrets et des instructions ministérielles; mais il y inscrivait certains articles dans lesquels se trouvaient mentionnées et définies des fonctions qui avaient été créées par des règlements intérieurs et qui étaient inhérentes à l'administration même de la Caisse d'épargne, telles que celles exercées par les censeurs, par le comité de direction, par l'agent général.

Le Conseil aurait voulu conserver à la Caisse d'épargne sa forme primitive, mais il se trouva en présence des mêmes objections et des mêmes difficultés qu'en 1848. Si elle avait été admise à s'organiser en société anonyme, en 1818, à une époque où le législateur n'avait pas encore déterminé le caractère de l'Institution nouvelle et où les directeurs fondateurs avaient pû être considérés, par une fiction de droit, comme de simples particuliers administrant en qualité d'agents d'affaires les fonds qu'on leur confiait, il était difficile de la maintenir dans la même condition, depuis que l'Institution avait une existence légale en vertu de la loi de 1835. La jurisprudence constamment suivie depuis cette époque, s'était formée à la suite d'une délibération du comité de l'intérieur et du commerce, du Conseil d'État qui, sous la présidence de M. Maillard, avait émis l'avis que l'association qui peut résulter de l'ouverture de souscriptions volontaires destinées à assurer l'établissement d'une caisse d'épargne ne présente point le caractère d'une société commerciale, lesdites souscriptions étant uniquement déterminées par des motifs de bienfaisance et d'utilité publique [1].

Adopté par le gouvernement comme un article de loi, cet avis était opposé à la Caisse d'épargne de Paris quand elle défendait sa constitution primitive et qu'elle demandait à être laissée dans l'état d'indépendance où elle s'était créée, grâce auquel elle avait pu, prompte dans ses décisions, résolue et ferme dans l'action, se maintenir inébranlable et respectée au

---

1. *Avis du Conseil d'État du 28 août 1835.* — Les membres du Conseil d'État composant le comité de l'intérieur et du commerce qui, sur le renvoi ordonné par M. le ministre du commerce, ont pris connaissance d'un rapport et d'un projet d'ordonnance royale portant autorisation de la société anonyme formée par l'établissement d'une caisse d'épargne et de prévoyance à Limoges (Haute-Vienne);

Vu le projet de statuts à l'appui, les relevés des souscriptions volontaires recueillies pour la dotation de la caisse montant en total à 6,708 francs, et toutes les autres pièces du dossier;

Vu les articles 19, 29 à 37, 40 et 45 du code de commerce, tous relatifs aux sociétés anonymes;

Vu la loi du 5 juin 1835 sur les caisses d'épargne et notamment l'article 10 qui statue que lesdites caisses pourront, dans les formes et selon les règles prescrites pour les établissements d'utilité publique, recevoir les dons et legs qui seraient faits en leur faveur;

Considérant que l'association qui peut résulter de l'ouverture de souscriptions volontaires, destinées à assurer l'établissement d'une caisse d'épargne, ne présente point les caractères d'une société commerciale, ces souscriptions ne devant faire l'objet d'aucune spéculation, d'aucun trafic, n'étant soumises à aucune chance de gain ou de perte et étant uniquement déterminées par des motifs de bienfaisance et d'utilité publique; — que des souscriptions de cette nature n'entraînent évidemment de la part de ceux qui les ont consenties d'autre obligation que celle d'en réaliser la valeur; qu'elles ne peuvent, en aucun cas, leur faire contracter aucune obligation personnelle, ni solidaire, relativement aux engagements de la caisse d'épargne dont elles ont en vue la dotation; — que l'application de ces principes qui ont plusieurs fois éveillé l'attention du Conseil d'État, ne saurait inspirer aucune défiance aux esprits les plus timides, depuis que la loi du 5 juin 1835 est intervenue et qu'elle a rendu les caisses d'épargne aptes à recevoir les dons et legs;

Sont d'avis : 1° Qu'il y a lieu d'adopter pour le projet d'ordonnance royale relatif à la ville de Limoges la rédaction suivante :

La caisse d'épargne et de prévoyance fondée dans la ville de Limoges est autorisée;

2° Qu'il conviendrait de ne plus proposer d'établissement de caisses d'épargne sous forme de société anonyme, sauf à insérer dans les ordonnances royales portant institution de caisses d'épargne dotées au moyen de souscriptions volontaires, l'autorisation de recevoir les dons résultant desdites souscriptions.

milieu des crises les plus graves, et qui lui avait valu sa prospérité et sa considération. Mais elle ne pouvait se soustraire à
la loi commune dont il lui était difficile d'ailleurs de contester
la force juridique, et l'on cherchà à la lui rendre plus douce
en apportant un tempérament à la règle qui ne permet pas aux
établissements d'utilité publique d'aliéner leur fonds capital.
On reconnaissait les exigences auxquelles elle pouvait avoir
à satisfaire dans un bref délai, et on lui laissait la liberté de
disposer d'une somme égale au double de la somme moyenne
de ses frais généraux d'administration acquittés pendant les
trois dernières années. C'était le fonds de réserve dont l'importance était essentiellement variable. Quant au fonds de dotation
dans lequel était comprise toute la partie du fonds capital qui
ne constituait pas le fonds de réserve, il devait être employé
soit en immeubles, soit en rente sur l'État et il ne pouvait être
aliéné sans l'autorisation du gouvernement.

Une question importante'était encore à régler. Dans l'acte de
1818, il avait été dit que la dissolution de la société arrivant
pour quelque cause que ce fût, les valeurs qui resteraient
libres après le remboursement de tous les dépôts et le payement de toutes les dettes, seraient réparties entre les déposants et les titulaires d'inscriptions de rente. Le gouvernement
repoussait l'attribution que l'on faisait ainsi des bénéfices réalisés, mais il ne refusa pas de laisser au Conseil des directeurs
la faculté de régler le mode d'emploi et la répartition de l'excédant de l'actif, en réservant toutefois son droit d'approbation.

Enfin, le Conseil dut accepter comme conséquence du nouveau caractère imprimé à la Caisse d'épargne, que la nomination des directeurs serait soumise à l'approbation du gouvernement. Il avait cru voir dans cette mesure l'indice d'une
défiance imméritée. Il reconnut son erreur. Au cours de ses
délibérations, l'Assemblée générale du Conseil d'État, par l'organe de son éminent Président, M. Baroche, rendait pleine
justice à l'administration de la Caisse d'épargne. Si quelqu'un
dans le Conseil d'État avait pu ignorer ce qu'était cette administration, le maître des requêtes, chargé de présenter et de
développer les résolutions arrêtées dans la section de l'agriculture, du commerce et des travaux publics, n'aurait pas
manqué de l'éclairer. Rapporteur scrupuleux, le baron de

Montour n'avait pas voulu se contenter d'étudier par les pièces du dossier l'affaire dont il était chargé, il avait tenu à connaître par lui-même l'organisation et le mécanisme de la Caisse d'épargne et à recueillir, sur place, tous les renseignements sur la valeur d'une réglementation dont les résultats ne s'étaient encore jamais démentis.

L'existence de la Caisse d'épargne de Paris, comme établissement d'utilité publique, fut consacrée par le décret impérial du 6 janvier 1854 [1], mais comme le disait avec juste raison, le président François Delessert, dans son rapport annuel, ce n'était pas une nouvelle carrière qui s'ouvrait pour l'Institution, c'était la même que tous, directeurs et administrateurs, allaient continuer de parcourir avec le même zèle, avec le même dévouement pour les intérêts de la belle et bonne cause à laquelle ils se consacraient depuis trente-six ans déjà.

Dès les premiers jours du nouveau règne, ils avaient été entourés de la considération et de la sympathie des pouvoirs publics. Ne travaillaient-ils pas à l'amélioration des classes laborieuses qui était la préoccupation constante de l'Empereur et de son gouvernement? La bienfaisance impériale qui se manifestait sous tant de formes diverses et qui devait emprunter souvent les livrets de la Caisse d'épargne pour donner aux ouvriers des encouragements ou des récompenses, avait fait ouvrir, au mois de mars 1853, par l'entremise de l'administration de l'assistance publique, 500 livrets à des enfants auxquels la libre disposition du don qu'ils recevaient et des intérêts en provenant, était assurée pour l'époque de leur majorité ou au moment de leur mariage.

On reconnaissait que les livrets conditionnels portaient en eux une vertu particulière, car ils étaient l'occasion d'une cérémonie intéressante qui avait lieu le 24 juillet à la prison de la Roquette. Assisté de M. Béranger, de la Drôme, fondateur et président de l'œuvre du patronage des jeunes détenus et entouré de plusieurs membres de cette œuvre intéressante, auxquels s'étaient joints les aumôniers de la prison et les employés supérieurs du service pénitentiaire, M. l'inspecteur général Méraud distribuait, au nom du ministre de l'Intérieur,

1. Voir le texte des statuts à la page 377.

des livrets de la Caisse d'épargne de Paris aux jeunes détenus qui s'étaient fait remarquer par leur bonne conduite.

« Ces livrets que je viens délivrer, au nom du Ministre, à ceux d'entre vous qui en ont été jugés les plus dignes, disait l'inspecteur général, sont destinés à stimuler et à récompenser ce respect de la religion et de la discipline, cet esprit d'ordre et d'économie, cet amour du travail, cette émulation du devoir qu'un gouvernement réparateur s'efforce de ranimer dans tous les rangs de la société. L'autorité ne pouvait vous donner un gage plus sensible de l'intérêt qu'elle vous porte, ni proposer un plus digne prix à vos efforts. Indépendamment, en effet, de la valeur réelle qu'ils représentent et qui sera pour leurs possesseurs une précieuse ressource pour le jour où ils seront rendus à la liberté, ces livrets ont une valeur morale infiniment supérieure et qui doit faire le principal objet de votre ambition. Récompense de l'application au travail et de la bonne conduite, ils seront entre les mains de ceux qui les auront mérités, de véritables titres de réhabilitation qui, abolissant le passé et garantissant l'avenir, leur ouvriront toutes les portes, toutes les carrières.... Vous avez la noble ambition de reconquérir votre propre estime en même temps que celle de vos semblables; tous donc vous lutterez de générosité avec vos bienfaiteurs, tous vous rivaliserez de zèle et de courage pour vous rendre dignes de ces livrets de Caisse d'épargne dont nous inaugurons aujourd'hui l'institution et dont le nombre augmentera infailliblement en même temps que vos efforts pour les mériter [1]. »

En parlant ainsi, le représentant du gouvernement confirmait par les renseignements qu'il avait puisés dans l'exercice même de ses fonctions, les observations recueillies par l'honorable fondateur et président de l'œuvre du patronage qui, dans son dernier rapport, montrait que les soins que l'on avait pris, que les sacrifices que l'on avait su faire pour ramener au bien les jeunes détenus n'avaient pas été perdus. On était alors à une époque où l'on pouvait dire que le nombre des récidivistes décroissait progressivement et dans des proportions remarquables; tout en poursuivant sans cesse des progrès nouveaux, on avait le droit de se féliciter des résultats obtenus.

---

1. Journal officiel du 25 juillet 1853.

De toutes parts on ne cessait de confier, en vue de l'avenir, des libéralités à la Caisse d'épargne. De grandes administrations comme la compagnie générale des omnibus, les compagnies des chemins de fer du Nord et de Paris à Lyon, assuraient alors, à l'imitation de la compagnie d'Orléans, des réserves à leur personnel, par des comptes ouverts à la Caisse d'épargne. Le grand chancelier de la Légion d'honneur faisait établir des livrets au nom des dames novices et des dames dignitaires de la maison de Saint-Denis et les versements qu'il effectuait à leur profit, incessibles et insaisissables comme les intérêts, ne devaient être retirés qu'avec son consentement exprès.

Heureux de voir que partout son action était utile, le Conseil se montrait toujours disposé à accueillir les offres qui lui étaient faites de se transporter dans les centres où le développement des affaires amenait une augmentation de population. A la demande du maire de Grenelle, une succursale était ouverte, le 20 novembre, dans cette commune dont l'importance croissait rapidement par suite de la création d'usines et de grands établissements industriels qui employaient une quantité considérable d'ouvriers.

Le travail ne manquait nulle part et le nombre des déposants augmentait dans l'année de plus de 16,000; cependant une crise alimentaire, comme on n'en avait pas vu depuis longtemps, commençait à sévir et allait se prolonger pendant trois ans. Les conséquences auraient pu en être redoutables si le gouvernement n'avait pris rapidement les mesures nécessaires pour favoriser l'importation et le transport des grains et des farines. L'organisation à Paris de la Caisse de la boulangerie qui, par un mécanisme ingénieux, sauvegardait les intérêts du commerce sans compromettre les finances municipales, était venue atténuer les effets de la disette. Mais ce qui contribua le plus à éloigner la misère en 1853 et pendant les années qui suivirent, ce fut l'activité inouïe imprimée aux travaux entrepris par l'État, par la ville, par les particuliers, travaux qui transformèrent la capitale et firent circuler l'air et la lumière dans des quartiers dont l'aspect rappelait au XIX° siècle l'obscurité du moyen âge. La population ouvrière s'accrut, les salaires s'élevèrent; malgré la cherté générale des subsistances, on constata à la fin de l'année que les versements à la Caisse d'épargne avaient dépassé 30 millions et demi et que les déposants avaient fait employer en achats de rente sur l'État un capital de plus de six millions. Il est vrai que les retraits qu'ils avaient effectués atteignaient 24 millions, mais le solde dont ils restaient créditeurs au 31 décembre était encore de 54 millions et demi [1].

En même temps une progression marquée se faisait sentir en province où l'augmentation du nombre des Caisses d'épargne, en attirant de nouveaux déposants, contribuait à l'élévation du solde général [2].

Par l'économie avec laquelle elle réglait ses dépenses, la Caisse d'épargne de Paris avait amélioré sa fortune personnelle qui, au 31 décembre 1853, était remontée au-dessus de 1,700,000 francs; aussi crut-elle pouvoir réduire à trois quarts pour cent la quotité de la retenue destinée à solder ses frais d'administration; dès lors l'intérêt bonifié aux déposants à compter du 1er janvier 1854, fut porté à trois et un quart pour cent.

Le Conseil voulait ainsi, dans la mesure où il lui était permis de le faire, encourager chacun à conserver l'habitude de l'épargne au milieu des difficultés du moment, auxquelles venaient bientôt se joindre les préoccupations de la guerre. Mais l'abaissement assez notable des versements et l'élévation des retraits en 1854, eurent pour cause le malaise amené par la cherté des subsistances plutôt que l'appréhension des événements qui se passaient en Orient. Si les 23,700,000 francs de dépôts reçus dans l'année se répartissaient assez également entre les deux semestres, il n'en était pas de même des retraits qui après s'être élevés à la date du 30 juin, à 17 millions, tombaient à 9,800,000 francs pendant les six derniers mois, alors que les troupes françaises débarquaient en Crimée, étaient victorieuses à l'Alma et mettaient le siège devant Sébastopol. Personne ne

1. Mouvement des opérations en 1853.		Situation au 31 décembre 1853.		
DÉPÔTS	RETRAITS	NOMBRE DE DÉPOSANTS	SOLDE	MOYENNE
30,740,280fr	21,132,788fr	211,440	54,413,164fr	257fr33

2. Situation générale des caisses d'épargne y compris la Caisse de Paris.				
AU 31 DÉCEMBRE 1853.	NOMBRE DE CAISSES	NOMBRE DE DÉPOSANTS	SOLDE	MOYENNE
	350	844,040	285,573,378fr	337

doutait du succès. Mais le cours des effets publics qui se tenait assez bas, et surtout l'emprunt de 250 millions pour la réalisation duquel une souscription publique avait été ouverte au milieu de mars, attiraient une masse de petits capitaux qui se trouvaient ainsi détournés de la Caisse d'épargne. Les souscriptions étant reçues depuis 10 francs de rente, le plus modeste artisan, l'ouvrier même pouvait profiter de cette occasion pour placer avantageusement ses économies sur le grand-livre de la dette publique. Il faut reconnaître que l'Institution qui s'efforçait, depuis trente-huit ans, de familiariser les classes laborieuses avec la possession de rentes sur l'État n'était pas étrangère au succès de ce premier appel direct au crédit public, auquel répondirent 98,000 personnes dont les souscriptions s'élevèrent ensemble à 467 millions. Lors de l'emprunt de 500 millions qui eut lieu au mois de janvier 1855, l'empressement fut encore plus grand, 177,000 personnes prirent part à la souscription qui s'éleva à 2 milliards 175 millions ; les seules souscriptions de 500 francs et au-dessous avaient dépassé de 336 millions le capital demandé. Enfin, lors du troisième emprunt de 750 millions, qui se fit au mois de juillet suivant, le nombre des souscripteurs s'éleva à 316,864 et le capital souscrit monta à 3 milliards 652 millions.

L'effet de tous ces emprunts sur la Caisse d'épargne n'était pas pour disparaître avec la cause qui l'avait produit; les petites souscriptions inférieures à 50 francs étant irréductibles, c'était au Trésor que beaucoup d'économies, qui dans un autre temps seraient venues à la Caisse d'épargne, allaient être portées avec une certaine continuité, car si le dixième du capital avait dû être acquitté au moment de la souscription, le reste était payable en dix-huit termes égaux qui s'échelonnaient, suivant la date de l'émission, jusqu'en 1857.

Ces emprunts n'étaient pas les seuls qui, à la même époque, faisaient appel aux capitaux de placement. En vertu d'une loi du 2 mai 1855, la ville de Paris émettait au mois de juin suivant 150,000 obligations au capital de 400 fr. pour poursuivre le dégagement des abords de l'Hôtel de ville et de la caserne Napoléon, pour ouvrir entre la place de l'Hôtel de ville et celle du Châtelet une grande voie publique qui recevait bientôt le nom d'avenue Victoria, en l'honneur de la reine d'Angleterre venue à Paris au moment de l'exposition universelle, enfin pour achever la rue de Rivoli et le boulevard du Centre qui après la chute de Sébastopol, devait perpétuer au milieu de la capitale le souvenir d'une campagne glorieuse pour notre drapeau et dont l'éclat faisait remonter la France à son rang dans le monde.

Les souscriptions à cet emprunt de 60 millions qui avaient, comme les autres, dépassé de beaucoup la somme à réaliser, étaient payables de même en plusieurs termes dont le dernier échéait également en 1857. Aussi, la situation créée par les événements se prolongea-t-elle jusqu'à la fin de cette année. Si elle eut pour conséquence de faire baisser le solde jusqu'à 44 millions et demi, elle n'empêcha pas que le nombre des déposants ne se trouvât alors augmenté de 15,000, ce qui prouve que les services rendus par la Caisse d'épargne doivent se mesurer par le nombre des déposants plutôt que par le solde dont ils sont crédités. Pendant que les versements s'élevaient dans l'espace de ces quatre années, de 1854 à 1857, à 96,382,000 francs, balançant presque les retraits qui ne les dépassaient que de 500,000 francs, les titulaires de livrets qui tous bénéficiaient de la capitalisation annuelle des intérêts à laquelle venaient s'ajouter, pour un certain nombre, les arrérages des inscriptions de rente dont ils étaient propriétaires, profitaient des avantages que leur offrait le marché pour améliorer leur condition en faisant consolider une partie de leurs économies. Sur les demandes qui lui étaient adressées, la Caisse d'épargne faisait acheter pour un grand nombre d'entre eux 800,000 livres de rentes qui représentaient un capital de 16,878,000 francs [1].

1. Mouvement des opérations de 1854 à 1857.

ANNÉES	DÉPÔTS	RETRAITS		
		Espèces.	Achats de rentes.	Ensemble.
1854	23,723,311ᶠ	26,902,189ᶠ	4,843,102ᶠ	31,745,291ᶠ
1855	24,530,874	23,350,002	4,230,299	27,581,201
1856	24,581,258	23,982,074	3,973,291	27,955,365
1857	23,538,053	22,669,557	3,832,052	26,501,609
	96,382,496	96,901,722	16,878,744	113,783,466

Situation de la Caisse d'épargne :

AU 31 DÉCEMBRE	NOMBRE DE DÉPOSANTS	SOLDE	MOYENNES
1854	212,308	48,182,475ᶠ	220ᶠ04
1855	216,052	46,944,324	217 28
1856	221,370	45,771,080	206 75
1857	226,224	44,607,254	197 18

Cet état n'était pas spécial à la Caisse d'épargne de Paris ; les caisses d'épargne des départements étaient exposées aux mêmes influences et, de plus, elles subissaient le contre-coup des événements qui pouvaient se produire dans leurs circonscriptions. C'est ainsi qu'en 1856, plusieurs d'entre elles s'étaient ressenties des désastres causés par le débordement des rivières qui, s'élevant sur certains points à des hauteurs inconnues jusqu'alors, avait causé de si grands désastres que l'Empereur était allé au milieu des campagnes et des villes inondées relever les courages et secourir personnellement d'effroyables misères. Des comptes rendus officiels des opérations des caisses d'épargne pendant ces quatre années, il ressort que le solde général qui avait baissé de 14 millions en 1854, n'avait encore regagné au 31 décembre 1857 que 6 millions et demi· et restait à 278,900,000 francs ; quant aux déposants dont le nombre n'avait pas cessé d'augmenter, on en comptait à cette dernière date 978,800 : c'était 133,850 de plus qu'au 31 décembre 1853 [1].

Les dépenses de la Caisse d'épargne de Paris se ressentaient de l'accroissement des livrets et des opérations plus nombreuses auxquelles donnaient lieu les retraits ; ce n'était pas le moment de diminuer ses ressources par un abaissement de la quotité de la retenue. Sans parler du fonds de réserve dont l'élévation était désirable, le Conseil ne pouvait méconnaître que le personnel dont la tâche augmentait tous les jours n'était pas suffisamment rémunéré et qu'il y avait lieu de relever, si peu que ce fût, les appointements, surtout dans les années calamiteuses que l'on traversait. Il n'était pas maître non plus d'arrêter le mouvement qu'il avait encouragé, et quand de nouvelles voies de communication larges et spacieuses s'ouvrirent dans Paris, quand les démolitions et les reconstructions qu'elles avaient amenées eurent de plus en plus éloigné du centre et refoulé aux extrémités et même en dehors de la capitale, les populations

1. Situation générale des caisses d'épargne y compris la Caisse de Paris :

AU 31 DÉCEMBRE	NOMBRE DE CAISSES	NOMBRE DE DÉPOSANTS	SOLDE	MOYENNES
1854	363	805,478	271,556,008ᶠ	313ᶠ77
1855	365	803,750	272,182,542	301 54
1856	370	936,188	275,342,013	294 11
1857	370	978,802	278,021,220	284 86

laborieuses, la Caisse d'épargne pensa que c'était un devoir pour elle de suivre les ouvriers dans ce mouvement d'émigration, afin de leur permettre de retrouver au milieu des localités où ils se transportaient, les facilités qu'ils avaient eues jusqu'alors pour le placement de leurs économies. Ce fut ainsi qu'après l'établissement, en 1856, d'une succursale à Boulogne, on en organisa de nouvelles, en 1857, dans les communes de Sceaux, de Montrouge, de Montmartre, de Passy, de la Chapelle. Pour atténuer le surcroît de charges qu'allait avoir à supporter la Caisse d'épargne, le Conseil général du département, sur la proposition du préfet de la Seine, avait porté à 12,000 francs la subvention de 6,000 francs qu'il était dans l'habitude de lui allouer chaque année.

En multipliant ses moyens d'action, le Conseil des directeurs répondait aux préoccupations du gouvernement qui venait de présenter au Corps législatif un projet de loi dont le but était de faire cesser les abus et la fraude auxquels donnaient lieu les sociétés en commandite. Avec la faculté laissée à ces sociétés de fractionner indéfiniment le capital social, on en était arrivé à émettre des actions de la plus extravagante exiguïté. Il y en avait de 25 francs, de 10 francs, de 5 francs et même d'un franc.

« De pareilles valeurs, disait le conseiller d'État Duvergier dans l'exposé des motifs, sont destinées à ceux qui par leur condition sociale sont le moins capables d'apprécier les chances auxquelles ils s'exposent; évidemment elles sont faites pour s'introduire dans les plus petites bourses, celles précisément pour lesquelles les pertes sont le plus cruelles; elles sont préparées pour s'emparer des modestes économies qui, au lieu de se hasarder dans les périls de la spéculation, doivent aller s'accumuler dans les caisses d'épargne. C'est surtout pour la protection de ces intérêts que la loi doit se montrer vigilante et sévère. » De son côté, le député Langlais disait dans son rapport : « Les vraies sociétés ne comportent pas de pareils titres, ce ne sont plus des actions, ce sont des billets de loterie. » La loi du 17 juillet 1856, en réglementant les sociétés en commandite, devait donc mettre fin à de graves désordres, aussi était-elle accueillie avec reconnaissance par tous ceux qui s'intéressaient aux classes laborieuses que la Caisse d'épargne pouvait sauver de bien des mécomptes.

Pendant les années qui s'écoulaient, le Conseil des directeurs éprouvait des pertes sensibles. Pour remplacer M. Locquet, mort en 1853, il avait élu M. Grondard, ancien négociant, ancien maire du sixième arrondissement, administrateur depuis 1831 et censeur depuis 1843. Lui-même avait bientôt pour successeur le comte de la Panouse, membre du comité de censure, dont le père avait été l'un des signataires de l'acte social de 1818. Au commencement de 1854, M. Antoine Odier mourait à quatre-vingt-sept ans. Il avait été nommé directeur peu de mois après la constitution de la Caisse d'épargne dont il était devenu l'un des vice-présidents et dans sa longue carrière industrielle qui lui avait valu, sous la monarchie de Juillet, les honneurs de la pairie, il avait été pour l'Institution un appui solide et un conseil éclairé. M. Poullain Deladreue avait été frappé presque en même temps, à un âge où il semblait avoir de longues années encore à consacrer à la Caisse d'épargne. Ils eurent pour successeurs dans le Conseil deux membres du comité de censure : M. Benjamin Delessert qui avait été le rapporteur à l'Assemblée législative de la loi de 1851 et M. Moinery qui venait de remplir les hautes fonctions de président du Tribunal de commerce. M. Legentil, qui avait été mêlé à toutes les négociations auxquelles avait donné lieu, en 1848 et pendant les années suivantes, la défense des intérêts de la Caisse d'épargne, succombait à son tour en 1856; il était remplacé par M. Henry Davillier, ancien juge au Tribunal de commerce, qui, depuis plusieurs années, prenait en qualité d'administrateur et de censeur une part active à l'administration de la Caisse d'épargne suivant l'exemple de son père qui avait été l'un des premiers fondateurs de l'Institution. Enfin, M. Germain Thibaut, député au Corps législatif, membre du Conseil municipal de Paris, président de la Chambre de commerce, avait été appelé à occuper le fauteuil laissé vacant au commencement de 1857, par la mort de M. Jacques Lefebvre qui, après avoir été l'un des fondateurs et l'un des vice-présidents de la Caisse d'épargne à laquelle il s'était consacré jusqu'à sa dernière heure, venait de s'éteindre dans sa quatre-vingt-troisième année.

Le Conseil pouvait se renouveler, ses sentiments restaient les mêmes, la même considération l'entourait. Au contact des anciens qui étaient les fidèles gardiens de la tradition, les nouveaux élus apprenaient à maintenir à l'Institution la renommée qu'elle s'était acquise par son désintéressement et par son expérience. On écoutait la Caisse d'épargne de Paris quand elle signalait les lacunes, les imperfections que la pratique rendait chaque jour plus sensibles dans les rapports des caisses entre elles ou avec les déposants.

Lorsqu'en 1852, l'instruction ministérielle du 17 décembre avait été rédigée pour fixer le sens et la portée du décret du 15 avril, on avait, malgré l'avis de certains membres de la commission, négligé plusieurs questions qu'il aurait été cependant utile de ne pas laisser en suspens. Aussi, l'administration supérieure s'était-elle trouvée à plusieurs reprises dans l'obligation d'intervenir pour résoudre certaines difficultés d'exécution et prescrire plusieurs mesures d'ordre. En 1857, elle finit par reconnaître qu'il était indispensable de compléter et de refondre dans une nouvelle instruction, toutes les prescriptions utiles à la marche des caisses d'épargne.

Sur un point particulièrement, il était nécessaire de s'expliquer. Nulle part encore on n'avait indiqué les règles à suivre pour permettre à l'Institution de servir d'intermédiaire entre les déposants et la Caisse de retraites pour la vieillesse. C'était un oubli regrettable, car on sembla un moment faire un grief de son abstention à la Caisse d'épargne de Paris. Les obligations qu'elle aurait désormais à remplir, comme toutes les caisses d'épargne des départements, furent alors déterminées et elle mit tout en œuvre pour donner le concours que l'on attendait d'elle. Après trente-trois années écoulées, il ne semble pas que le service onéreux dont on chargeait l'Institution ait produit les résultats sur lesquels comptait le directeur général de la Caisse des dépôts et consignations. La Caisse d'épargne de Paris ne négligea rien cependant pour faire connaître aux déposants l'aide qu'elle pouvait leur prêter afin de leur permettre de se constituer une rente viagère, soit en aliénant leur capital, soit en stipulant le retour de ce capital à leurs héritiers. Les opérations restèrent sans importance pendant plusieurs années; aujourd'hui encore elles sont dans une proportion infiniment petite si on les rapproche du solde général et du nombre des déposants.

Cette instruction, qui porte la date du 4 juin 1857, était un véritable code pour les caisses d'épargne auxquelles elle indiquait la marche à suivre pour exécuter toutes les dispositions contenues dans les lois, décrets et instructions antérieurs; au moment où elle leur signalait les précautions à prendre pour assurer leur garantie personnelle tout en veillant aux intérêts des déposants, le tribunal civil de la Seine rendait un jugement sur une question de principe qui venait, pour ainsi dire, compléter les prescriptions ministérielles. Il s'agissait de l'interprétation à donner à la loi du 30 juin 1851, lorsqu'un compte dépassant le maximum se trouvait frappé d'opposition par un tiers au moment où le livret devait être ramené, par un achat de rente d'office, dans la limite légale. La Caisse d'épargne de Paris avait exécuté la loi qui lui prescrivait d'abaisser tous les comptes dépassant 1,000 francs à la date du 1er avril. Le créancier opposant se plaignit que l'on eût transformé en valeur insaisissable une partie des valeurs qui étaient saisissables de leur nature et qui, comme telles, avaient été frappées de saisie-arrêt et il demanda à la Caisse d'épargne le remboursement intégral en espèces de la somme portée au compte du titulaire antérieurement à l'achat d'office. Mais le tribunal saisi du différend et faisant droit aux conclusions développées par Mᵉ Allou, jugea que la Caisse d'épargne de Paris étant, aux termes de la loi du 30 juin 1851, obligée de convertir en rente sur l'État tous les dépôts dépassant un certain chiffre, l'opposition formée entre ses mains par le créancier d'un déposant ne pouvait faire obstacle à l'exécution des lois et à la conversion en rente du montant des dépôts effectués [1].

1. Jugement rendu par le tribunal civil de la Seine le 8 avril 1858. — Le Tribunal, attendu que la Caisse d'épargne est soumise à des règles spéciales et particulière qui sont déterminées par des dispositions législatives auxquelles elle doit obéir; — attendu qu'aux termes de la loi du 30 juin 1851, elle est obligée de convertir en rentes sur l'État tous les dépôts lorsqu'ils dépassent un certain chiffre; — attendu que si une opposition a été formée entre ses mains à la requête de la femme Ribes sur Vaché et si, à cette époque, elle était débitrice seulement d'une somme en espèces, cette opposition ne pouvait faire obstacle à l'exécution de la loi et à la conversion en rentes du montant des dépôt effectués; — que ladite opposition était une mesure conservatoire qui n'avait pas pour effet d'attribuer à la femme Ribes les sommes dont elle pouvait être créancière et que la Caisse devait appliquer à Vaché comme à tous les autres déposants les principes qui règlent son institution; — Par ces motifs, déboute la femme Ribes de la demande par elle formée et la condamne aux dépens.

Après le temps d'arrêt qu'elle avait subi dans sa marche par suite des circonstances diverses qui avaient pu ralentir les versements et affaiblir leur importance, la Caisse d'épargne voyait remonter au-dessus de 48 millions l'avoir de ses déposants et il semblait qu'elle n'eût plus aucun écueil à redouter. Cependant, au moment où cette année 1858 se terminait, le ministre des finances manifestait ses inquiétudes au sujet de l'accroissement du solde des caisses d'épargne qui s'était relevé d'une manière sensible et qui allait atteindre 310 millions au 31 décembre. Dans ce temps-là, le budget de l'État était préparé par les ministres pour être discuté et voté six mois avant le commencement de l'exercice auquel il s'appliquait. Dans le rapport qu'il adressait, le 11 décembre 1858, à l'Empereur sur la situation générale des finances, au moment où le Conseil d'État allait être saisi des éléments du budget de 1860, M. Magne exprimait la crainte que les fonds des caisses d'épargne poussés au delà d'une certaine limite ne laissassent pas au Trésor l'entière sécurité que comportait un bon système financier. Il se demandait si le maximum de dépôt fixé à 1,000 francs par la loi du 30 juin 1851, n'était pas en désaccord avec les progrès accomplis depuis cette époque, et si une limite plus réduite, qui aurait pour effet de diriger une partie de l'épargne sur les fonds publics et les autres valeurs, ne serait pas avantageuse aux déposants en même temps qu'elle servirait les intérêts du crédit. Il émettait l'avis que l'étude de cette question qui méritait un examen sérieux fût soumise au Conseil d'État en même temps que le budget.

Le Conseil des directeurs fut ému d'une pareille déclaration. Il avait toujours considéré comme fâcheux pour les caisses d'épargne les changements apportés dans la législation qui les régissait, mais il considérait comme destructive de l'Institution une mesure qui, en abaissant encore le maximum, aurait pour conséquence immédiate de diminuer les ressources nécessaires à l'administration de l'épargne des déposants. Il crut utile pour sauvegarder les intérêts communs à tous ceux qui se consacraient à la même tâche que lui, de chercher à s'éclairer sur les projets du gouvernement et il entretint de ses pressentiments les deux ministres du commerce et des finances. Il reçut l'assurance que si l'on donnait suite à la proposition insérée dans le rapport du 11 décembre, on s'efforcerait de ne pas compromettre l'existence des caisses d'épargne et qu'aucune modification ne serait apportée à l'état de choses existant sans qu'il ait été appelé à faire entendre ses observations. Cette réponse indiquait suffisamment qu'aucun projet n'avait encore été formulé. Il ne rentrait pas en effet dans la pensée de l'Empereur de restreindre les avantages que l'Institution offrait au peuple laborieux. D'ailleurs, l'horizon politique qui s'assombrissait du côté de l'Italie devait détourner les esprits d'une question qu'il aurait été dangereux d'agiter au moment où l'on allait avoir à faire un nouvel appel au crédit public. Au mois de mai 1859, un emprunt de 500 millions était souscrit plus de cinq fois; mais en deux mois la guerre était finie, et la rapidité de la victoire n'avait pas laissé le temps à la Caisse d'épargne de se ressentir des événements qui venaient de s'accomplir. Les versements avaient dépassé 24 millions, on avait retiré 22 millions; 192,000 francs de rentes représentées par un capital de 4 millions avaient été achetées pour le compte des déposants et, à la date du 31 décembre, le solde, après avoir subi dans l'année certaines variations, se retrouvait comme au 1er janvier, à 48 millions et demi.

Pendant que la France portait ses armes en Italie, le gouvernement réalisait à l'intérieur un projet considérable. Le périmètre de la ville de Paris agrandi du territoire des communes qui l'entouraient était étendu jusqu'au pied du glacis de l'enceinte fortifiée que l'on considérait depuis longtemps comme devant déterminer les limites naturelles de la capitale. La nouvelle organisation donnée au département de la Seine et la division en vingt arrondissements de la ville de Paris dans laquelle venaient se confondre quatre communes et des portions de territoire détachées de vingt autres communes limitrophes, appelaient des modifications dans les services de la Caisse d'épargne. Huit succursales qui étaient établies dans la banlieue furent maintenues dans les nouvelles circonscriptions dont elles firent partie et deux furent créées, l'une à la mairie de Reuilly pour le douzième arrondissement, l'autre pour le treizième arrondissement, à la mairie des Gobelins. Comme il en existait déjà neuf dans les anciennes limites, le nombre des succursales ouvertes au public le dimanche et le lundi dans la capitale se trouva porté à dix-neuf. Le premier et le deuxième arrondissement furent les seuls où l'on n'installa aucune succursale, le Conseil ayant estimé que la Caisse centrale qui était dans le voisinage des mairies de Saint-Germain-l'Auxerrois et de la Bourse pourrait suffire comme par le passé aux habitants des différents quartiers au centre desquels elle se trouvait placée. Cinq communes du département de la Seine continuaient, comme par le passé, à être desservies le dimanche. Ainsi, au premier jour de l'année 1860, la Caisse d'épargne de Paris avait 24 succursales [1].

Mais en s'étendant, la Caisse d'épargne s'imposait de lourdes dépenses, et de plus elle allait cesser de toucher la contribution qui lui était payée par plusieurs des communes annexées. Aussi, crut-elle pouvoir s'adresser au préfet de la Seine pour obtenir une certaine augmentation de la subvention qui lui

---

1. Désignation des succursales situées :

Hors Paris avant 1860.	Dans Paris depuis 1860.
Montrouge.....	14° arrond¹, Mairie de l'Observatoire.
Grenelle.......	15° arrond¹, Mairie de Vaugirard.
Passy..........	16° arrond¹, Mairie de Passy.
Batignolles.....	17° arrond¹, Mairie de Batignolles-Monceau.
Montmartre....)	18° arr.) Mairie de la Butte-Montmartre.
La Chapelle....)	) Justice de paix du 18° arr., r. de la Chapelle.
La Villette......	19° arrond¹, Mairie des Buttes-Chaumont.
Belleville.......	20° arrond¹, Mairie de Ménilmontant.

Désignation des arrondissements où étaient établies les succursales.

Avant le 1ᵉʳ janvier 1860.	Après le 1ᵉʳ janvier 1860.
1ᵉʳ arrond¹, rue d'Anjou, 9.	8° arrond¹, Mairie de l'Élysée.
2° arrond¹, rue Drouot, 6.	9° arrond¹, Mairie de l'Opéra.
5° arr., rue du faubourg St-Martin, 72.	10°arr., Mairie de l'Enclos St-Laurent.
6° arrond¹, rue de Vendôme, 11.	3° arrond¹, Mairie du Temple.
7° arr., r. Stᵉ-Croix de la Bretonnerie.)	) 4° arrond¹, Mairie de l'Hôtel-de-Ville.
9° arrond¹, Hôtel de ville.)	)
8° arrond¹, place Royale, 14.	11° arrond¹, Mairie de Popincourt.
10° arr., r. de Grenelle-St-Germain, 7.	7° arrond¹, Mairie du Palais-Bourbon.
11° arrond¹, Place Saint-Sulpice.	6° arrond¹, Mairie du Luxembourg.
12° arrond¹, Place du Panthéon.	5° arrond¹, Mairie du Panthéon.

Commune de Saint-Denis, chef-lieu d'arrondissement.
Commune de Neuilly, chef-lieu de canton.
Commune de Boulogne.
Commune de Sceaux, chef-lieu d'arrondissement.
Commune de Choisy-le-Roi.

était précédemment allouée tant par la ville que par le département. En répondant au président François Delessert, le baron Haussmann reconnaissait la légitimité de cette demande. « Je ne puis encore vous fixer, disait-il, sur la quotité de l'augmentation, mais le désir que j'ai de m'associer à vos généreux efforts pour le développement d'une Institution qui rend de si grands services à la classe ouvrière, vous est un sûr garant de mon intention de satisfaire, dans la mesure des besoins, à la demande de la Caisse d'épargne de Paris. » Dans les quatre années qui suivirent, le Conseil municipal éleva successivement ses allocations de 10,000 à 18,000 francs; cette somme venant s'ajouter aux 12,000 francs votés par le Conseil général, portait à 30,000 francs la subvention totale que reçut annuellement la Caisse d'épargne de Paris à compter du 1er janvier 1864.

Si les années, en se succédant, apportaient constamment à l'Institution une force nouvelle, elles n'épargnaient pas ceux qui l'avaient au premier jour entourée de leurs soins et soutenue depuis avec toute l'ardeur de leurs convictions. Trois hommes qui étaient associés depuis plus de vingt-cinq ans au gouvernement de la Banque de France, le premier comme gouverneur, les deux autres en qualité de sous-gouverneurs, et qui s'étaient retrouvés réunis dans le Conseil de la Caisse d'épargne étaient morts presque à la même heure, en 1858, laissant le souvenir d'une haute intelligence des affaires financières et d'un grand dévouement au bien public. Le comte d'Argout avait, dans toutes les situations où, pendant sa longue carrière, la politique l'avait élevé, contribué à affermir la Caisse d'épargne dans sa marche et à étendre son influence; comme lui, M. Gautier avait toujours montré la plus grande sollicitude pour écarter les difficultés qu'elle pouvait rencontrer; M. Charles Vernes avait travaillé pendant quarante ans avec une assiduité et une persévérance dont les procès-verbaux ont conservé la trace, à son organisation, à la défense de ses intérêts, à l'élaboration des projets destinés à donner à l'Institution une base forte et durable.

A ces deuils vinrent bientôt s'en ajouter d'autres : M. Lebobe, M. Boicervoise, le comte Pillet-Will succombaient à leur tour. Le comte Pillet-Will était resté le dernier survivant des vingt signataires de l'acte social du 22 mai 1818, et en annonçant sa mort à l'Assemblée générale du 21 juin 1860, le président François Delessert disait combien l'honorabilité de son caractère et ses hautes lumières avaient toujours rendu son concours précieux pour le Conseil.

Les successeurs donnés à ces six directeurs furent M. Denière, juge au Tribunal de commerce, et M. Pierre Houette, tous les deux censeurs ; M. Ernest André, ancien banquier, député au Corps législatif, l'un des administrateurs de la Caisse d'épargne ; M. le marquis d'Audiffret, qui était alors président de chambre à la Cour des comptes ; M. Argand, ancien banquier, membre du comité de censure ; M. le comte de Germiny, gouverneur de la Banque de France.

Si la Caisse d'épargne savait s'entourer des hommes les plus distingués, tous à quelque situation qu'ils appartinssent se sentaient honorés de prendre part à la direction de ses affaires. Il en était de même dans les départements et le ministre de l'agriculture, du commerce et des travaux publics, M. Rouher, en rendant compte à l'Empereur des opérations générales annuelles, avait raison de dire que l'Institution devait ses progrès au zèle et au dévouement des directeurs et des administrateurs, que l'on trouvait partout empressés à mettre à son service les lumières et l'activité désintéressée qui les signalaient depuis longtemps à la reconnaissance publique.

Le gouvernement avait su tenir compte de la démarche de la Caisse d'épargne de Paris venant lui signaler l'émotion qu'avait provoquée la proposition du ministre des finances émise dans le rapport du 11 décembre 1858. Il pensa que pour prévenir les embarras que redoutait le Trésor, il y avait mieux à faire que d'amoindrir, par l'abaissement du maximum, le courant qui portait les épargnes du peuple à la Caisse des dépôts et consignations. L'État étant garant des dépôts qu'il recevait, il fallait atténuer et rendre insignifiantes pour lui les conséquences de cette garantie. Pour atteindre ce but, un arrêté fut signé à la date du 20 décembre 1860, aux termes duquel, d'accord avec la commission de surveillance de la Caisse des dépôts et consignations et le ministre du commerce, le ministre des finances créait cette caisse de réserve où allait être versé chaque année, après le payement de l'intérêt de quatre pour cent assuré aux caisses d'épargne, le surplus du produit des

valeurs provenant de l'emploi de leurs fonds, ce qui devait
permettre, en temps de crise, de faire face à toutes les difficultés sans qu'aucune charge fût imposée au Trésor. A peine
cette sage mesure était-elle prise que le Conseil des directeurs
recevait communication d'une circulaire du ministre du commerce qui invitait les caisses d'épargne à se rapprocher davantage des populations en créant autour d'elles des succursales,
principalement dans les chefs-lieux de canton. Il y avait encore
cinq cantons dans le département de la Seine qui n'étaient pas
dotés d'un service spécial. Le 23 mai 1861, le Conseil décidait
que des succursales seraient installées à Courbevoie, à Pantin,
à Charenton, à Vincennes, à Villejuif; elles furent ouvertes le
7 juillet, mais on reconnut bientôt par le néant des opérations
constaté chaque dimanche que si cette dernière localité était
bien placée pour être un centre judiciaire, le centre industriel
et commercial était à Ivry et ce fut dans cette commune qu'était
bientôt transporté le siège de la succursale. Le Conseil toujours
attentif au mouvement de la population dans le département
remarquait le développement que prenait la commune d'Au-
bervilliers où se réfugiaient plusieurs des industries qui avaient
dû s'éloigner de la Villette, au moment de l'annexion. En deux
ans, le nombre des habitants s'était considérablement augmenté dans cette localité où une succursale était établie le
10 novembre 1862. Mais, autant la Caisse d'épargne était disposée à se transporter partout où, en dehors du mur d'enceinte,
se créaient des agglomérations ouvrières, autant elle se montrait résolue à repousser les demandes que certaines municipalités des départements voisins lui adressaient pour qu'elle
étendît jusqu'à elles le cercle de ses opérations. Elle sentait
qu'en multipliant ses efforts au delà des limites qu'elle s'était
assignées, elle disséminerait ses ressources au grand préjudice
de la population de Paris et du département de la Seine à
laquelle elle entendait les consacrer.

Ce ne fut pas seulement par l'extension donnée à ses services
extérieurs que le Conseil se plut à entrer dans les vues du gouvernement. Reprenant une idée qui avait été émise pour la
première fois, en 1836, par l'un des directeurs, M. Adolphe
d'Eichthal, mais qui avait été écartée par raison d'économie, il
décida dans sa séance du 9 octobre 1862, que les versements,

qui n'étaient encore admis que le dimanche et le lundi, seraient
dorénavant reçus tous les autres jours de la semaine pendant
trois heures à la Caisse centrale dont l'accès était ainsi ouvert
au public, sans interruption durant toute l'année. Si on maintenait toujours les délais pour effectuer les retraits, on donnait
néanmoins aux déposants de plus grandes facilités pour faire
leurs opérations et on apportait dans l'organisation de l'Institution une amélioration qui devait être favorablement accueillie.

Cette organisation se prêtait à toutes les combinaisons que
pouvait faire naître dans les âmes élevées, l'esprit de charité.
Sur la haute initiative de l'Impératrice, une société venait de
se former, en 1862, sous le patronage du Prince Impérial dans
le but de donner à l'ouvrier, à l'artisan, au travailleur quel qu'il
fût, le moyen de mettre en œuvre sa force, son intelligence, sa
volonté. La bienfaisance privée fournissait des capitaux qui
étaient distribués en prêts destinés à faciliter l'achat des ins-
truments, outils, ustensiles et autres objets mobiliers ou
matières premières nécessaires au travail et à venir en aide
pour des besoins accidentels et temporaires à des familles laborieuses. La durée de ces prêts, qui pour le plus grand nombre
ne s'élevaient pas au-dessus de 200 francs, ne pouvait dépasser
trois ans et les emprunteurs devaient se libérer par des payements successifs fractionnés par semaine ou par mois. Pour
assurer la régularité de ces remboursements et affranchir la
société des embarras d'une comptabilité que le grand nombre
d'opérations s'effectuant à jour fixe aurait rendu difficile, le
vice-président de la Commission supérieure, M. Frémy, demanda
à la Caisse d'épargne de Paris de se rendre l'intermédiaire de
la société et de recevoir, pour les lui transmettre à chaque
échéance semestrielle, les petites sommes qui seraient destinées à libérer les emprunteurs. Dès qu'un prêt serait consenti,
la société ferait à la Caisse d'épargne le dépôt de la somme de
un franc pour être portée sur un livret qui serait ouvert à l'intéressé et qui lui serait remis. Ce serait désormais à la Caisse
d'épargne que celui-ci devrait faire, aux époques fixées dans
l'acte constitutif du prêt, les remboursements partiels qui
seraient successivement constatés sur le livret. A la fin de
chaque semestre, la Caisse d'épargne devrait régler en capital
et intérêts tous les comptes de la société à laquelle serait remis

le montant des sommes reçues pour elle. C'était bien toujours des économies individuelles volontairement réalisées par des titulaires de livrets que la Caisse d'épargne recevait en dépôt; seulement, ces économies lui seraient versées avec une destination déterminée et pour le compte d'une société dont faisait partie chacun des déposants. Ce genre d'opération n'avait rien de contraire à la loi; la forme seule était inusitée et pour ne laisser aucun doute sur la régularité de l'opération projetée, on en référa au ministre de l'agriculture, du commerce et des travaux publics qui répondit que rien n'empêchait la société du Prince Impérial, ni aucune autre société régulièrement autorisée, d'avoir à la Caisse d'épargne autant de livrets que cette société comptait de membres. Aucune considération ne pouvait donc plus retenir le Conseil, il promit son concours et se trouva ainsi associé à une œuvre éminemment secourable qui devait prendre un rapide développement.

Tout en donnant ses soins aux dispositions importantes qu'il y avait à prendre pour assurer l'exécution des différentes mesures qui marquèrent l'année 1862, la Caisse d'épargne avait à procéder à un travail extraordinaire que lui imposait l'opération financière de la conversion facultative de la rente quatre et demi en rente 3 pour cent. Dépositaire de 6,741 inscriptions de rente appartenant à ses déposants, la Caisse d'épargne se retrouvait, comme précédemment, dans l'obligation de porter à la connaissance de chacun les dispositions de la loi. Comme il y avait à payer par 4 fr. 50 de rente une soulte de 5 fr. 40, on s'explique qu'il n'y ait pas eu un grand empressement à user de la faculté qui était offerte. Il y eut 1,551 déposants qui se firent remettre leurs titres et la conversion toucha seulement 1,686 inscriptions pour lesquelles la Caisse d'épargne acquitta la soulte dont elles étaient redevables, au moyen de prélèvements effectués sur les livrets des titulaires. Les inscriptions de rente quatre et demi qui restèrent dans son portefeuille furent au nombre de 3,504, représentant plus de la moitié du dépôt existant au 12 février. La loi relative à la conversion contenait cependant une disposition qui aurait dû être appréciée par les petites bourses; au lieu de se percevoir par semestre, les arrérages des nouvelles rentes trois pour cent étaient payables par trimestre. Peut-être qu'au premier mo-

ment, les déposants qui laissaient à la Caisse d'épargne le soin
de conserver leurs titres, n'apprécièrent pas autant que d'autres
ce léger avantage qui leur était offert et dont les rentes converties étaient seules encore à profiter. Bientôt cependant, la
loi du 2 juillet 1862 portant fixation du budget de 1863 faisait
bénéficier du même régime toutes les rentes trois pour cent,
tandis que les anciennes rentes quatre et demi conservaient
jusqu'à la conversion de 1887, la double échéance du 22 mars
et du 22 septembre. Est-ce à cette faveur étendue à tous les
porteurs de trois pour cent qu'il faut attribuer l'abandon où,
peu à peu, les déposants laissèrent la rente quatre et demi
pour donner la préférence au trois pour cent? On peut le
supposer si l'on se reporte au cours des valeurs qui était tout
à l'avantage du quatre et demi. Quant aux achats que les caisses
d'épargne, en conformité de la loi de 1851, devaient effectuer
d'office pour les déposants, ils continuèrent à se faire en quatre
et demi tant que cet ancien fonds, qui remplaçait le cinq pour
cent, resta au-dessous du pair. L'avantage qu'il présentait
devait être apprécié lorsque les livrets dépassant le maximum,
il s'agissait de convertir en rente les sommes destinées à s'accumuler pour constituer un fonds de retraite; aussi était-il préféré par la compagnie du chemin de fer d'Orléans pour son
personnel, pour les cantonniers du service municipal, par la
préfecture de la Seine qui, satisfaite de l'expérience qu'elle
poursuivait depuis l'année 1851, décidait en 1863, au moment
où elle s'occupait de régler d'une manière uniforme la situation
des concierges des établissements scolaires de la ville de Paris,
que les retenues opérées sur les gages de ces employés seraient
versées tous les mois à la Caisse d'épargne pour leur constituer
une réserve au moment de leur retraite.

A la même époque, le directeur de la manufacture des tabacs
du Gros-Caillou décidait que ceux de ses nombreux ouvriers
pour lesquels, en raison de leur âge, on ne pouvait faire des
versements profitables à la Caisse de retraites pour la vieillesse
recevraient des livrets de la Caisse d'épargne sur lesquels
seraient inscrites les retenues que subiraient leurs salaires.
Presque en même temps, une mesure analogue était prise dans
l'intérêt des ouvrières de la manufacture de Reuilly.

En 1863, le Conseil avait eu à remplacer deux directeurs

morts en 1862; à M. Ferdinand Beau et à M. De in, il avait
donné pour successeurs M. Duverger, ancien directeur des
douanes, membre du comité de censure, et le comte Alexis
Pillet-Will, banquier, régent de la Banque de France, qui,
depuis vingt-huit ans, remplissait avec une scrupuleuse exactitude les fonctions d'administrateur. En 1864, M. Vuitry, vice-
président honoraire du Conseil d'État, qui venait d'être appelé
au gouvernement de la Banque de France, était élu en remplacement de M. Ernest André dont le précieux concours faisait
défaut à la Caisse d'épargne au moment même où allaient
s'agiter dans le monde politique de graves questions intéressant l'Institution.

Après être resté stationnaire, le solde des dépôts confiés à
la Caisse d'épargne de Paris tendait à baisser; en même temps,
le nombre des déposants augmentait et leurs opérations plus
multipliées entraînaient pour l'administration des frais qui, en
1864, n'avaient pu être couverts par le produit de la retenue.
Cette insuffisance menaçait de se reproduire pendant les exer-
cices suivants. Depuis 1861, en effet, les versements balan-
çaient à peine les remboursements et en restaient même assez
éloignés si l'on tenait compte des achats de rente qui, favorisés
par le cours avantageux des fonds publics, employaient chaque
année un capital important[1]. Les services rendus par la Caisse
d'épargne étaient considérables par le nombre de ceux qui en
profitaient, mais, si l'on n'y prenait garde, ils menaçaient de
devenir onéreux au fonds de réserve qu'il était prudent de
ménager. Ce qui frappait surtout, quand on observait l'ensemble
des opérations de toutes les caisses d'épargne, c'est qu'il y
avait une progression constante du solde des dépôts tandis que
le solde de la Caisse d'épargne de Paris, après être remonté à

1. Mouvement des opérations de 1858 à 1864 :

ANNÉES	DÉPÔTS	RETRAITS		
		Espèces	Achats de rente	Ensemble
1858	21,449,310ᶠʳ	19,107,055	2,832,373ᶠʳ	21,030,428
1859	21,338,720	22,127,220	4,091,303	26,218,523
1860	25,132,630	21,184,834	3,536,165	24,720,999
1861	23,576,633	22,176,223	3,713,836	25,890,059
1862	22,501,212	21,326,974	2,781,991	24,108,965
1863	22,288,831	22,198,284	3,222,059	25,420,343
1864	20,050,158	21,263,221	3,223,651	24,486,872

48 millions en 1858, demeurait stationnaire avec une tendance à baisser. Ainsi, pendant que du 31 décembre 1858 au 31 décembre 1864 le solde général avait augmenté de 151 millions et demi, le solde de la Caisse d'épargne de Paris avait diminué de 1,366,000 francs [1]. Il est vrai que tous les ans de nouvelles caisses d'épargne venant à s'ouvrir, on était arrivé en 1864 à en compter 471 ayant ensemble 430 succursales, et que la part proportionnelle de la Caisse d'épargne de Paris devait s'en ressentir. Néanmoins, il y avait là une situation qui devait préoccuper le Conseil. Après tous les efforts qu'il avait faits pour donner à la Caisse d'épargne une extension plus grande, il devait chercher non la cause de cet affaiblissement, il la connaissait, mais un remède pour la combattre.

Le maximum de dépôt qui avait été considéré comme fixé à un niveau trop bas quand il avait été ramené à 1,000 francs, était devenu tout à fait insuffisant depuis que, par son abondance même, le numéraire ayant subi une dépréciation assez sensible, toutes les choses nécessaires à la vie avaient augmenté de prix. Pendant que le travail était rémunéré par un salaire plus élevé et que les économies devaient nécessairement se hausser pour être toujours en rapport avec la valeur vénale des besoins, la Caisse d'épargne conservait immuable son maximum de dépôt. Pour se servir utilement de l'Institution, il fallait que

1. Situation générale des caisses d'épargne y compris la Caisse de Paris :

AU 31 DÉCEMBRE	NOMBRE DE CAISSES	NOMBRE DE DÉPOSANTS	SOLDE	MOYENNES
1858	401	1,042,205	310,500,212f	297f93
1859	415	1,121,465	336,461,832	300 02
1860	433	1,218,122	377,270,092	300 71
1861	440	1,300,521	401,313,151	308 57
1862	450	1,370,180	424,200,662	307 58
1863	467	1,471,347	447,077,314	304 46
1864	471	1,551,151	462,075,515	297 34

Situation de la Caisse d'épargne de Paris :

AU 31 DÉCEMBRE	NOMBRE DE DÉPOSANTS	SOLDE	MOYENNES
1858	231,647	48,783,366f	210f50
1859	236,719	48,668,246	205 59
1860	242,881	50,947,816	209 76
1861	245,833	50,529,212	205 54
1862	247,814	50,701,230	204 59
1863	250,111	49,412,801	197 56
1864	250,827	47,416,806	189 04

l'ouvrier, l'artisan, le petit industriel réduisit son pécule à une somme presque insignifiante avec laquelle il . . pouvait rien faire, ni rien entreprendre, particulièremen . . as une ville comme Paris, et alors, comme l'intérêt qui lui était bonifié était peu élevé relativement au cours des effets publics, comme il ne trouvait aucun avantage à subir les conditions trop étroites que lui offrait la Caisse d'épargne, il s'en éloignait pour se laisser trop souvent entraîner à placer ses économies sur des valeurs qu'on lui représentait comme facilement réalisables, mais qui étaient pour la plupart indignes de sa confiance.

En élevant le maximum et en faisant disparaître les entraves surannées apportées au versement hebdomadaire qui ne pouvait toujours dépasser trois cents francs, on aurait répondu aux besoins de ceux à qui la Caisse d'épargne était particulièrement destinée et qui, à un intérêt élevé, préféreraient la sécurité pour leurs épargnes.

Telles étaient les idées qui faisaient l'objet des entretiens fréquents du Conseil et qui furent exposées au ministre du commerce, M. Armand Béhic, dans une lettre du 15 janvier 1865. On lui demandait qu'il fût permis à la Caisse d'épargne de Paris d'élever le maximum de dépôt à 2,000 francs dont le versement pourrait avoir lieu en une ou plusieurs fois. Pour justifier le traitement exceptionnel qu'il sollicitait, le Conseil montrait qu'à Paris, les ouvriers, les domestiques recevaient des salaires plus forts que partout ailleurs, que les loyers et le prix de la vie y étaient plus élevés que dans aucune autre ville. Il faisait remarquer en outre que si l'on supprimait toute limite au versement hebdomadaire, les écritures seraient simplifiées et deviendraient moins coûteuses puisque celui qui aurait une somme disponible supérieure à 300 francs et qui était actuellement dans l'obligation de fractionner son dépôt, n'aurait plus à faire qu'une seule opération. Enfin, il priait le ministre de considérer que, restreintes à la Caisse d'épargne de Paris, les deux modifications proposées n'augmenteraient que dans une proportion fort modérée l'ensemble des capitaux confiés à la Caisse des dépôts et consignations et n'auraient pas pour conséquence de surcharger le Trésor.

La réponse du ministre était pleine de promesses; s'il ne croyait pas possible d'accueillir la mesure proposée en en restreignant l'application à la Caisse d'épargne de Paris, M. Armand Béhic inclinait à croire cependant, qu'il y avait lieu d'apporter d'une manière générale un changement dans le maximum des versements comme dans le montant des dépôts, et il annonçait que la question allait être mise à l'étude.

Vers le même temps, on commençait à s'occuper en France de l'expérience qui se faisait de l'autre côté du détroit d'une caisse d'épargne desservie par l'administration des postes, fonctionnant sur tous les points de la Grande-Bretagne et de l'Irlande sous la garantie directe et absolue du gouvernement. Le Conseil des directeurs pensa qu'il lui serait utile d'être renseigné sur l'institution nouvelle et, comme en 1833, il invita l'agent général à se rendre à Londres pour étudier sur place la loi anglaise et recueillir tous les renseignements de nature à faire connaître les règles auxquelles obéissait la caisse d'épargne postale.

Dans un rapport qu'il adressa en 1865 au Conseil des directeurs sur le système adopté en Angleterre pour favoriser l'expansion de l'épargne, M. Agathon Prévost donnait des éclaircissements et des détails pleins d'intérêt sur l'origine, l'organisation et les premiers développements de cette caisse qui était administrée par le directeur général des postes au moyen de tous les agents du service postal du royaume britannique.

Enhardi par l'exemple de l'Angleterre que n'arrêtait pas la crainte de multiplier le nombre des bureaux et les facilités données aux économies pour former un capital qui pouvait s'élever jusqu'à 200 livres, soit 5,000 francs de notre monnaie, le Conseil des directeurs renouvela ses démarches pour obtenir qu'il fût donné suite à ses propositions du 15 janvier 1865. Par une lettre du 10 mars 1866, le président François Delessert faisait ressortir la disproportion qui existait entre le maximum de 5,000 francs libéralement accordé par la loi anglaise et celui de 1,000 francs strictement fixé par la loi française; il insistait sur la nécessité d'élever le maximum de dépôt à 2,000 francs versés en une ou plusieurs fois et il exprimait le vœu que, suivant la pratique suivie par la Caisse d'épargne de Paris, antérieurement à la loi de 1845, tout compte arrivé à 2,000 francs pût atteindre, mais seulement par l'accumulation des intérêts, la somme de 3,000 francs. Le Conseil au nom duquel il parlait, était tellement convaincu de l'efficacité de ces moyens pour relever le niveau de la Caisse d'épargne de Paris qu'il se montrait décidé, aussitôt que sa proposition serait adoptée, à augmenter d'un quart l'intérêt alloué aux déposants et de l'élever ainsi à trois et demi pour cent.

En même temps, pour répondre à des insinuations qui ne manquaient jamais de se produire quand la Caisse d'épargne parlait de ses charges et de ses frais d'administration relativement élevés, le Conseil avait recours aux lumières et à l'expérience d'un homme qui se faisait remarquer alors par une rare compétence en matière de comptabilité. Avec l'assentiment du ministre des finances, il chargeait M. Couder, qui occupait déjà dans les bureaux du ministère une situation importante [1], d'examiner et d'apprécier les procédés suivis par la Caisse d'épargne de Paris pour assurer la régularité et l'exactitude de sa gestion. A ceux qui, un peu trop prompts à la critique, lui reprochaient d'avoir monté sa comptabilité d'une manière trop compliquée, la Caisse d'épargne aurait été fondée à répondre que si, en effet, elle avait été la première à imaginer pour la tenue de ses écritures un système particulier au genre d'opérations auxquelles elle se livrait, on n'avait, à sa suite, rien inventé encore de meilleur, puisque les règles qu'elle avait établies pour elle, avaient été rendues communes à toutes les caisses d'épargne. Mais, pour bien montrer que sur ce point, comme sur tous les autres, elle ne repoussait aucune amélioration, elle-même provoquait une vérification complète et approfondie de ses procédés, et l'on ne pouvait pas dire qu'elle craignît la lumière, car l'arbitre devant lequel elle se présentait, elle le choisissait dans un milieu où se trouvaient ceux-là mêmes qui étaient chargés de la surveiller et d'inspecter la marche de ses services.

La note rédigée par M. Couder fit justice du reproche adressé à la Caisse d'épargne de Paris d'avoir augmenté ses charges par une extension abusive des formes de la comptabilité. Après une étude approfondie du travail qui s'exécutait dans chaque

1. Quand il prit sa retraite le 9 juin 1887, M. Couder était directeur général de la comptabilité publique, au ministère des finances.

bureau, après les investigations les plus consciencieuses sur les phases successives de chacune des opérations de recette et de dépense, après l'examen des moyens de contrôle organisés pour saisir les erreurs au moment même où elles se produisaient, il était reconnu et affirmé que la comptabilité, telle qu'elle était organisée, était d'une excessive simplicité et ne comportait que des rouages strictement nécessaires.

Devant les conclusions de ce rapport, les plus incrédules devaient reconnaître que l'Institution était sagement administrée. L'un des directeurs qui, pendant plus de trente ans, avait contribué par son zèle et par ses lumières à lui mériter cet éloge, le baron Henri Hottinguer, avait été enlevé, au commencement de 1866, à l'estime et à l'affection de ses collègues. Il eut pour successeur son fils, le baron Rodolphe Hottinguer qui, pour nous servir des heureuses paroles prononcées par M. le comte de Germiny à l'Assemblée générale qu'il présidait en 1866, « allait continuer à représenter dans le Conseil une famille chez laquelle le dévouement à la Caisse d'épargne était héréditaire ».

Les déclarations de M. Couder portèrent-elles la conviction dans l'esprit des ministres? Il n'est pas téméraire de le penser, car le 5 mai, le Conseil d'État était saisi d'un projet de loi ayant pour objet d'élever à 600 francs par semaine, le versement que les caisses d'épargne étaient autorisées à recevoir de chacun de leurs déposants. En même temps le maximum de dépôt était fixé à 2,000 francs, et l'on admettait que, par l'accumulation des intérêts, les livrets pourraient monter jusqu'à 3,000 francs. En vertu d'une disposition particulière, la Caisse d'épargne de Paris ne pourrait plus désormais exercer sur l'intérêt servi par la Caisse des dépôts et consignations une retenue supérieure à un demi pour cent qu'en vertu d'une décision spéciale du ministre du commerce prise d'accord avec le ministre des finances.

Le Conseil obtenait un commencement de satisfaction à un moment où les faits venaient malheureusement confirmer ses prévisions. En 1865, les versements avaient encore baissé, les retraits d'espèces et les emplois en rente s'étaient maintenus plus élevés et le solde dû aux déposants était descendu au-dessous de 46 millions. Le produit de la retenue avait subi en

même temps une diminution assez sensible et les revenus propres à la Caisse d'épargne ayant été de nouveau insuffisants
pour couvrir les dépenses, un prélèvement avait dû être opéré,
comme en 1864, sur le fonds de réserve. Il devait en être de
même encore en 1866.

Les événements qui entraînaient peu à peu la Confédération
germanique sur le champ de bataille de Sadowa causaient partout une certaine inquiétude et la ville de Paris, comme toujours
plus sensible à toutes les impressions, devait en ressentir plus
vivement les effets. Les versements, surtout pendant le premier semestre de 1866, se ralentissaient encore; ils restaient
inférieurs à tous ceux qui avaient marqué les années écoulées
depuis 1850.

La Caisse d'épargne n'en poursuivait pas moins sa tâche. Les
opérations de la Société du Prince Impérial avaient pris une
grande extension; dans le cinquième arrondissement en particulier, le développement avait été tellement considérable qu'il
était devenu nécessaire d'ouvrir à la mairie du Panthéon une
seconde succursale spécialement affectée à recevoir les remboursements des emprunteurs. D'un autre côté, la Société, pour
faciliter ses vérifications, avait demandé des écritures plus nombreuses et d'un caractère spécial. Il était juste qu'elle participât
aux dépenses qui étaient faites en vue du service extraordinaire
qu'elle exigeait et le 13 décembre 1866, le Conseil des directeurs était informé que la commission supérieure avait fixé à
30 centimes par opération l'indemnité que désormais elle aurait
à acquitter. C'était un soulagement pour la Caisse d'épargne à
laquelle on tenait compte dans une certaine mesure, des peines
dont son personnel déchargeait l'administration de la Société,
mais ce n'était pas là qu'était pour le Conseil la question qui
lui importait le plus.

Le projet de loi soumis au Conseil d'État et dont il attendait
de si utiles **résultats** était tenu en suspens. La grande enquête
qui avait été décidée par un décret du 28 mars 1866 pour constater la situation et les besoins de l'agriculture avait déjà
montré que souvent dans les campagnes, certaines institutions
utiles faisaient défaut, notamment les caisses d'épargne et l'on
s'était demandé si les changements proposés à la législation
qui régissait ces établissements, répondaient bien aux néces-

sités générales du pays, si les mesures projetées n'avaient pas trop exclusivement en vue de favoriser les habitants des villes et si l'on ne devrait pas satisfaire à des besoins nouveaux en mettant l'Institution plus en contact avec les populations des campagnes. Le 22 décembre de la même année, l'Empereur approuvait un rapport dans lequel les ministres du commerce et des finances proposaient à Sa Majesté la nomination d'une commission de quinze membres chargée de rechercher les modifications à apporter au régime des caisses d'épargne. Après avoir exposé les résultats obtenus depuis 1852, ils exprimaient la crainte que l'Institution, par suite de l'organisation restreinte qu'elle avait reçue, ne s'arrêtât dans ses développements ; ils pensaient que pour assurer ses progrès, il fallait lui donner des moyens d'action plus étendus, soit en suivant l'exemple de l'Angleterre où l'État recueillait directement les épargnes par l'intermédiaire de la poste, soit en imitant ce qu'on faisait en Belgique où une loi récente venait d'établir sous la garantie de l'État une vaste administration autorisée à fonctionner dans tout le royaume par l'intermédiaire des agents de la banque nationale avec un centre unique dans la capitale.

La Caisse d'épargne de Paris était représentée dans la commission par le comte de Germiny, l'un des vice-présidents du Conseil des directeurs, et par M. Agathon Prévost, agent général.

Pour s'éclairer sur la législation anglaise, la commission fut mise en possession d'un travail important qui n'avait pas encore été imprimé et qui était dû à M. Brincard, auditeur au Conseil d'État, que le ministre des finances avait, en 1862, chargé d'une mission spéciale en Angleterre ; elle avait également, sur le même sujet, le rapport de M. Agathon Prévost. Ce fut encore à l'agent général de la Caisse d'épargne de Paris que fut confiée la mission de se rendre à Bruxelles pour étudier la législation belge et le système en vigueur en Belgique.

Pendant que les travaux de la commission se poursuivaient, la Caisse d'épargne de Paris ressentait les effets de l'Exposition universelle de 1867 qui, par la splendeur de son organisation, par l'éclat qu'elle projeta sur la France, marqua d'un rayon lumineux les magnifiques progrès de l'industrie nationale. Les économies arrivèrent plus abondantes, les retraits

demeurèrent moins élevés et le solde, remonté le 31 décembre
à 49,700,000 francs, se répartissait entre 252,000 déposants.
C'était, sur les résultats constatés le 31 décembre 1866, une
augmentation de 3 millions et demi. En même temps le solde
moyen des livrets s'était relevé de 185 fr. à 197 francs. Mais
les 252,000 comptes qui servaient à établir cette moyenne
ne comprenaient pas plus que précédemment, ceux des emprunteurs de la Société du Prince Impérial dont le montant ayant
été versé à la Société antérieurement au 31 décembre, ne figurait pas dans le solde général arrêté à cette date. Comme on
comptait alors 8,722 livrets de cette nature le nombre total des
déposants dont la Caisse d'épargne avait eu à gérer les intérêts
ressortait à 260,751 ; il s'était augmenté dans l'année de 4,367.

Cette amélioration ne devait pas s'effacer avec l'événement
qui l'avait amenée ; à la fin de 1868, le solde montait à 52 millions et demi et le nombre des déposants dépassait 266,000 [1].
C'était une heureuse fortune pour la Caisse d'épargne de voir
sa prospérité s'accroître au moment même où s'accomplissait
le cinquantième anniversaire de sa fondation. L'Empereur
voulut, à cette occasion, lui donner un témoignage éclatant de
son approbation et le décret signé le 22 juillet qui nommait
chevalier de la Légion d'honneur M. Bourceret, le doyen des
vice-présidents du Conseil, en même temps qu'il faisait justice
au mérite du directeur, affirmait hautement les services rendus
depuis un demi-siècle par la Caisse d'épargne de Paris.

1. Mouvement des opérations de 1865 à 1868 :

ANNÉES	DÉPÔTS	RETRAITS		
		Espèces	Achats de rente	Ensemble
1865	19,535,087ᶠʳ	20,366,730ᶠʳ	2,415,020ᶠʳ	22,781,756ᶠʳ
1866	19,306,456	18,483,110	2,383,630	20,866,740
1867	21,468,433	17,194,314	2,455,288	19,649,602
1868	22,367,023	18,723,137	2,699,810	21,422,947

Situation de la Caisse d'épargne de Paris :

AU 31 DÉCEMBRE	NOMBRE DE DÉPOSANTS		SOLDE	MOYENNES
	y compris les déposants de la Société des prêts	non compris les déposants de la Société des prêts		
1865	252,589	248,242	45,086,076ᶠʳ	185ᶠʳ25
1866	256,384	249,203	46,155,620	185 21
1867	260,751	252,020	49,702,348	197 21
1868	266,230	254,677	52,491,933	200 11

Pourquoi fallait-il que cet anniversaire fût attristé par de nouveaux deuils? Au commencement de l'année, le Conseil avait perdu M. Benjamin Delessert. Le père suivait bientôt le fils dans la tombe; le 15 octobre le président François Delessert mourait à 89 ans. Que dire de lui après le récit des faits qui se sont écoulés depuis le jour où, en 1847, il était élu pour succéder à son frère Benjamin? Il n'avait pas démenti les prévisions du Conseil; il avait été dans les conjonctures les plus graves, dans les temps les plus troublés, le ferme représentant de la Caisse d'épargne. Travaillant avec une ardeur infatigable à la grandeur de l'Institution, aucun détail de l'administration ne lui échappait; sans cesse il se tenait en rapport avec les caisses d'épargne des départements; il suivait leurs progrès dont il ne manquait jamais d'entretenir l'Assemblée générale, cherchant à réunir en un même faisceau les intérêts communs pour les faire valoir auprès des ministres, auprès des grands corps de l'État quand des questions étaient soulevées qui pouvaient porter atteinte à l'Institution. Il avait dignement suivi la tradition de son frère. S'inspirant de lui, il avait su, par l'exemple qu'il donnait comme citoyen et comme chrétien, entretenir dans le Conseil les sentiments qui le dominaient et M. Guizot, dans la belle lettre qu'il écrivait au *Journal des Débats* après la mort de François Delessert, caractérisait bien les deux présidents de la Caisse d'épargne de Paris lorsqu'il disait : « C'est de tels hommes que la France a besoin; non seulement d'eux-mêmes, mais aussi des groupes d'hommes et des habitudes sociales qui par leur influence se forment autour d'eux [1] ».

Avant que l'année fût terminée, le Conseil avait encore la douleur de perdre trois de ses membres : le baron James Mallet, qui avait pendant vingt ans suivi les travaux de la Caisse d'épargne dont son père avait été, en 1820, l'un des administrateurs fondateurs; le comte Lanjuinais, envers qui la Caisse d'épargne demeurait reconnaissante de l'appui qu'il lui avait prêté comme député et comme ministre, et du dévouement avec lequel il l'avait servie comme directeur; enfin le baron James de Rothschild qui, malgré l'importance et le poids des affaires qui avaient occupé sa longue carrière, n'avait

---

1. *Journal des Débats* du 8 novembre 1868.

jamais su se désintéresser de l'Institution à laquelle il s'était attaché dès l'origine. Dernier survivant des vingt-cinq directeurs qui avaient présidé à l'ouverture de la première séance de la Caisse d'épargne, le dimanche 15 novembre 1818, le baron de Rothschild, par une coïncidence digne d'être remarquée, rendait le dernier soupir cinquante ans après, le dimanche 15 novembre 1868.

Dans la séance du 19 mars 1868, M. Édouard Delessert, administrateur depuis treize ans, avait été nommé directeur en remplacement de M. Benjamin Delessert; il était le fils de Gabriel Delessert qui n'avait eu que le titre de directeur honoraire, mais qui, dans la fonction élevée qu'il avait occupée sous la monarchie de Juillet, avait vu de près tout le bien que la Caisse d'épargne répandait autour d'elle et avait contribué à l'accroître personnellement par ses sentiments généreux. En même temps, M. Vuitry, qui venait d'être nommé ministre présidant le Conseil d'État, se trouvant dans l'impossibilité de suivre désormais les délibérations de ses collègues, s'était séparé d'eux en emportant dans la haute situation à laquelle il était appelé, le titre de directeur honoraire. Il avait eu pour successeur M. Goffin qui par son esprit de charité, son dévouement aux pauvres et l'oubli de soi-même s'était acquis dans le monde de la bienfaisance parisienne une renommée de vertu qu'il était le seul à ignorer. Il avait été nommé administrateur en 1856 et élu censeur en 1858.

Le Conseil se complétait bientôt en appelant à prendre part à ses travaux M. Devinck, ancien président du Tribunal de commerce; M. le baron Alphonse Mallet, banquier, régent de la Banque de France ; M. le baron Alphonse de Rothschild qui, à la double qualité de banquier et de régent de la Banque de France, joignait celle d'administrateur de la Caisse d'épargne depuis le 24 avril 1856; M. Augustin Cochin, membre de l'Institut, qui pendant dix-huit ans avait également rempli les fonctions d'administrateur et dont le père avait si bien apprécié, en 1820, le caractère de l'Institution et le but poursuivi par ceux qui l'avaient créée.

Le 14 janvier 1869, M. François Bartholony était élu président de la Caisse d'épargne. Le Conseil ne pouvait confier à un esprit plus digne, à un cœur plus convaincu, la mission de diriger ses délibérations. Dès 1819, M. Bartholony, entraîné par l'exemple du duc de la Rochefoucauld et de Benjamin Delessert, s'inscrivait parmi les fondateurs de leur œuvre dont il était depuis cinquante ans l'un des plus fermes soutiens, et son autorité en matière financière avait heureusement secondé en maintes circonstances le dévouement qu'il mettait au service de l'Institution.

Il y avait peu de temps qu'il avait pris possession de la présidence du Conseil lorsqu'il fut appelé à participer aux travaux de la commission instituée pour rechercher les moyens de favoriser la diffusion des caisses d'épargne. Cette même question donnait lieu alors au Sénat à un débat solennel qui allait fournir à la commission un élément nouveau pour ses délibérations. De plusieurs points de la France, il était venu des pétitions par lesquelles on demandait que les caisses d'épargne fussent répandues en plus grand nombre, de manière qu'elles se trouvassent, dans les campagnes comme dans les villes, à la portée des populations. Sur le rapport de M. Boinvilliers qui, dans un exposé remarquable de l'état de l'Institution en France, avait indiqué les emprunts qu'on pourrait faire aux législations étrangères pour l'améliorer et le compléter, le Sénat, après une longue et intéressante discussion, avait voté le renvoi au gouvernement des pétitions dont il avait été saisi. Il n'avait entendu recommander plus particulièrement aucun des systèmes qui lui avaient été présentés; il n'avait pas davantage donné son approbation à l'opinion personnelle du rapporteur qui aurait voulu que chaque dimanche, les dépôts pouvant s'élever jusqu'à 3,000 francs par livret, fussent reçus dans toutes les communes par un conseiller municipal assisté du secrétaire de la mairie, pour être, dès le lendemain, recueillis par le percepteur et transmis par lui au directeur général de la Caisse des dépôts et consignations aux soins duquel les intéressés auraient dû de recevoir, par les mêmes intermédiaires, leurs livrets réglés et le montant des retraits demandés.

Toutes les questions soulevées par les pétitionnaires avaient été examinées dans le rapport, la discussion avait mis en lumière plusieurs points qui pouvaient être étudiés pour permettre de généraliser les bienfaits de l'Institution; le Sénat, par son vote, les signalait à l'attention du gouvernement.

Les idées qui avaient été développées à la tribune, répondaient à celles qui s'étaient produites dans la commission spéciale à la suite d'une enquête attentive où tous les systèmes avaient été analysés. La commission reconnaissait qu'en Angleterre comme en Belgique, le nombre des livrets et le solde dû aux déposants s'étaient développés sous l'influence de moyens nouveaux offerts pour centraliser les épargnes, mais, en Belgique, la Caisse générale d'épargne et de retraite, à laquelle il était permis de faire l'escompte et diverses opérations de crédit, reposait sur une combinaison financière qui l'autorisait à recevoir de chaque déposant des versements dont la loi ne limitait pas l'importance et qui pouvaient élever le compte bien au-dessus de 3,000 francs, tant que le Conseil d'administration ne jugeait pas utile d'inviter le déposant à ramener à ce maximum le solde de son livret. En Angleterre, où un développement extrême était donné au service postal, l'organisation de nombreux bureaux en relation immédiate avec la direction centrale, avait pu suffire aux exigences d'un service nouveau et en assurer le succès. Mais en France, où les bureaux de poste étaient moins répandus et, sur un territoire plus vaste, avaient à desservir une population plus considérable et plus disséminée, il était douteux que l'administration des postes pût se prêter à une semblable expérience et supporter sans inconvénient l'accroissement de charges qui lui serait imposé. Le directeur général, M. Vandal, soucieux, avant tout, d'assurer le transport des dépêches, la distribution des lettres et la marche exacte et rapide du service en vue duquel avait été organisée la grande administration placée sous sa responsabilité, avait facilement démontré qu'avec le personnel restreint dont il disposait et qui ne se rattachait que par des chefs intermédiaires à l'administration centrale, l'installation d'un service analogue à celui que l'on avait mis en pratique en Angleterre, ne pourrait se faire qu'au prix de grandes dépenses dont il était impossible de déterminer l'étendue. Ce ne furent cependant pas seulement les difficultés budgétaires auxquelles aurait pu donner lieu l'application du système anglais qui arrêtèrent la commission ; une considération d'un ordre supérieur l'avait frappée et avait exercé sur ses déterminations une influence décisive. Il faut, en effet, reconnaître qu'elle répondait à un sentiment général

quand elle écartait l'idée de centraliser dans les mains de l'État
le service des caisses d'épargne, et lorsque dans le rapport que
par l'organe de M. le comte de Germiny, elle adressait aux deux
ministres du commerce et des finances, en leur rendant compte
du résultat de ses travaux, elle disait :

« Combien n'a-t-il pas été reproché au gouvernement de se
substituer trop souvent à l'initiative privée ! Ne justifierait-il
pas ces reproches, si après avoir provoqué les épargnes les
plus humbles qui s'accumulent à ce point qu'on ne désespère
pas de les voir dépasser un milliard, il devenait l'unique gérant
de ces immenses capitaux? A un point de vue plus pratique,
la commission a reculé devant la création d'une caisse centrale
ayant pour clients les habitants de près de 40,000 communes,
encaissant et remboursant chaque année plusieurs centaines
de millions par minimes fractions, nécessitant dès lors un
nombreux personnel et de vastes locaux.... Aussi, la commission, s'associant à la pensée généreuse et philanthropique qui
a présidé, en France, à la fondation des caisses d'épargne, s'est-
elle attachée à laisser à l'Institution ce qu'elle tient de l'initiative de ses créateurs dont le dévouement noble et désintéressé
est la marque de son origine. Elle a tenu, en d'autres termes,
à maintenir l'autonomie administrative de chacun des établissements répandus sur tous les points de l'Empire, institués,
surveillés et gérés par des conseils locaux, exerçant gratuitement des fonctions qu'ils se sont volontairement imposées et
contribuant par l'influence directe et pour ainsi dire immédiate de la plus honorable notoriété, autant que par l'activité
généralement soutenue de leur contrôle, à faire affluer dans
les caisses en exercice les économies même les plus modestes,
issues du travail et encouragées par la confiance. »

Mais, en se prononçant sur la conservation dans sa complète
intégrité, d'un état de choses consacré par l'expérience et
sanctionné par la loi, la commission était d'avis qu'il y avait
lieu d'offrir aux caisses d'épargne les moyens de développer
les bienfaits qu'elles étaient appelées à rendre, en étendant
jusqu'aux limites du département dans lequel elles étaient placées, la sphère de leur action. Elle pensait que les plus grandes
facilités à cet égard pouvaient être obtenues par le concours des percepteurs et des receveurs des postes, qui seraient

chargés, moyennant une rémunération de cinquante centimes pour cent, à la charge des caisses d'épargne, de l'encaissement et du remboursement des fonds des déposants, dans les localités où il n'y aurait ni caisse d'épargne ni succursale. Cette combinaison à laquelle s'arrêtait la commission avait pu lui être suggérée par ce qui se faisait en Angleterre, mais elle présentait sur le système anglais cet avantage très sérieux que tout en mettant l'Institution en contact avec les populations partout où, à défaut de caisse d'épargne, il y avait un bureau de poste ou un percepteur, elle n'imposait aucune charge au Trésor, et que les frais de ce nouveau service seraient supportés en totalité par les caisses d'épargne, dans la proportion des avantages que chacune devait retirer du concours qui serait prêté par les comptables de l'État.

Enfin, la commission proposait de maintenir le maximum de dépôt à 1,000 francs, mais de laisser chacun libre de verser cette somme en une ou plusieurs fois.

Le gouvernement s'appropria les conclusions de la commission, et à la fin du mois de novembre il envoyait au Conseil d'État un projet de loi dont les dispositions libérales devaient donner satisfaction à tous ceux que le développement des caisses d'épargne intéressait réellement [1].

Les événements politiques qui surgirent à la fin de 1869 et qui ramenèrent la France au régime parlementaire ne permirent pas que ce projet, dont le ministère du 2 janvier 1870 ne voulait accepter la responsabilité qu'après une étude nouvelle,

---

1. *Projet de loi relatif aux caisses d'épargne.* — (M. Goussard, conseiller d'État, rapporteur.)

ARTICLE 1er. — Est abrogée la disposition de l'article 1er de la loi du 22 juin 1845 qui limite de 1 à 300 francs par semaine le chiffre des versements des déposants aux caisses d'épargne.

ARTICLE 2. — Dans les localités où il n'existe ni caisse d'épargne ni succursale, les percepteurs et les receveurs des postes recevront pour le compte des caisses d'épargne du département désignées par les déposants, les versements qui leur seront faits et effectueront le remboursement des sommes déposées.

Un règlement d'administration publique déterminera le chiffre, les bases et les proportions de répartition d'une commission allouée aux comptables des finances, dans la limite d'un maximum de 50 centimes pour 100.

Cette commission sera prélevée sur l'ensemble des intérêts servis à la caisse d'épargne par l'État.

vînt en discussion devant le Corps législatif et quand la France
entière, quelques mois plus tard, se levait pour lutter contre l'in-
vasion étrangère, si l'on pensait encore aux caisses d'épargne,
c'était pour sauver une partie du patrimoine national dont
elles étaient dépositaires.

M. Agathon Prévost n'eut pas la douleur de pareilles angoisses. Celui qui avait été l'ouvrier de la première heure et qui
de l'emploi le plus modeste était arrivé à un rang supérieur,
celui dont les travaux et l'expérience faisaient autorité partout
où l'esprit de bienfaisance cherchait à soulager l'humanité par
l'épargne, était mort le 21 octobre 1869, laissant à la Caisse
d'épargne de Paris des regrets profonds et un vide difficile à
combler. Pendant cinquante ans, il s'était consacré tout entier à
l'œuvre à côté de laquelle il avait grandi lui-même. D'autres
auraient pu trouver trop modeste pour leur mérite le rôle qu'il
remplissait avec une science, une distinction, un dévouement
auxquels rendaient hommage les hommes les plus considérables
et que le gouvernement avait su reconnaître en lui conférant le
grade d'officier de la Légion d'honneur, mais il voulut borner son
ambition à travailler à la prospérité de l'Institution qu'il avait
contribué à créer et à laquelle, comme récompense suprême
réservée à une vie noblement remplie, son nom devait rester
indissolublement attaché. Ses funérailles se firent aux frais de
la Caisse d'épargne et sur sa tombe, le Conseil des directeurs,
par la voix du comte de Germiny, l'un de ses vice-présidents,
donnait une haute marque d'estime et de reconnaissance à
celui qu'il s'honorait d'avoir eu pour collaborateur.

A l'Assemblée générale annuelle du 19 mai 1870, l'un des administrateurs s'associant à l'hommage contenu dans le rapport du
président Bartholony demandait que le souvenir des services
de M. Agathon Prévost fût consacré par un signe commémoratif
placé dans une des salles publiques de la Caisse d'épargne. Ce
vœu répondait au sentiment de tous et le Conseil chargea le
sculpteur Dumont, dont le ciseau illustrait l'école française,
d'exécuter en marbre le médaillon d'Agathon Prévost qui fut
placé en face des bustes de Benjamin Delessert et du duc de
la Rochefoucauld.

Le 18 novembre 1869, les directeurs avaient nommé M. Rémy
Faudon, agent général de la Caisse d'épargne. Élevé à l'école

de M. Agathon Prévost qui l'avait appelé auprès de lui avec la
pensée de se préparer un successeur, M. Faudon, dans les différents services qu'il avait dirigés depuis dix ans, avait donné
à l'Institution des preuves d'intelligence et de dévouement qui
justifiaient la confiance que le Conseil mettait en lui.

Il entrait en fonction au moment où la Caisse d'épargne
recueillait le bénéfice d'une longue suite d'efforts et d'une persévérance qui ne s'était jamais ralentie. La considération dont
le gouvernement impérial l'entourait sans que jamais son
indépendance ait eu à en souffrir la moindre atteinte, l'avait
fait pénétrer chaque jour davantage dans les masses profondes
de la classe laborieuse et c'était avec juste raison que, dans son
rapport du 19 mai 1870, le président Bartholony constatait la
situation prospère de l'Institution à la tête de laquelle il se
trouvait placé.

Le nombre des succursales venait d'être porté à trente-deux
par suite de deux créations nouvelles, l'une dans la commune
de Montrouge où les opérations avaient commencé le 4 juillet
1869, l'autre dans la commune de Levallois-Perret où la première séance allait avoir lieu le 2 juillet 1870. Dans le cours
de l'exercice écoulé, les versements avaient dépassé 23 millions, et cette somme, qui n'avait pas été atteinte depuis 1861,
balançait presque le montant des retraits réuni au capital
employé en achats de rente. Les déposants dont le nombre
avait grossi tous les ans dépassaient 271,000 et le solde s'était
relevé au-dessus de 54 millions, comme en 1853 [1].

De plus, le service du portefeuille qui, au 31 décembre 1853,
n'était dépositaire que de 4,022 inscriptions d'une valeur en
rente de 80,784 francs et en capital de 2,053,600 francs, avait,
au 31 décembre 1869, la garde et la gestion de 13,870 inscriptions formant ensemble 333,544 francs de rente qui valaient, au

1. Mouvement des opérations en 1869 :

DÉPÔTS	RETRAITS		
	Espèces	Achats de rente	Ensemble
23,003,774ᶠ	20,427,701ᶠ	2,929,708ᶠ	23,357,460ᶠ

	NOMBRE DE DÉPOSANTS			
SITUATION AU 31 DÉCEMBRE 1869	y compris les déposants de la Société des prêts	non compris les déposants de la Société des prêts	SOLDE	MOYENNE
	271,069	249,310	54,180,747ᶠ	208ᶠ04

dernier jour de l'exercice, 8,015,541 francs. Enfin, la fortune
personnelle de la Caisse d'épargne qui avait eu, pendant plusieurs années, à supporter des excédents de dépenses, s'était
relevée à 2,204,000 francs avec un accroissement sur ce qu'elle
était au 31 décembre 1853, de 467,000 francs.

C'étaient là des résultats dont se félicitait à bon droit le Conseil
des directeurs, car ils étaient l'indice de l'influence continue
qu'exerçait la Caisse d'épargne dans le milieu où elle était
appelée à se mouvoir. Si, tout en demeurant la première par le
nombre de ses déposants, l'importance de ses opérations, le
solde dont elle était dépositaire, elle avait vu cependant baisser
sa part proportionnelle dans l'ensemble des résultats fournis
annuellement par toutes les caisses d'épargne, cette diminution
tenait au développement qu'avait pris l'Institution, à mesure
que des caisses nouvelles se créaient, groupant autour d'elle
des déposants nouveaux.

Au moment où la loi de 1835 venait de donner une existence
légale à l'Institution, il y avait en France 122 caisses d'épargne
ayant 55 succursales, et pendant que dans les départements on
comptait 56,000 déposants dont l'avoir était de 24 millions, le
solde de la Caisse d'épargne de Paris s'élevait à 38 millions
appartenant à 63,000 déposants.

Mais si l'Institution était connue à Paris et dans le département de la Seine elle ne l'était pas encore dans bien des
parties de la France en 1835 et même en 1851, et il était naturel
que les nouvelles populations qu'elle gagnait peu à peu à sa
cause dussent élever la part proportionnelle qui revenait aux
caisses d'épargne dont s'enrichissaient les départements.

En 1851, la moyenne générale des livrets était de 258 fr. 82;
en rapprochant du chiffre de la population qui était alors
de 35,874,000 âmes, le nombre total des déposants et le solde
qui leur était dû, on trouve qu'il y avait alors en France
un déposant sur 58 habitants et que la part de chaque habitant dans le solde eût été de 4 fr. 44.

En 1869, par suite des progrès réalisés et la population,
augmentée de 7 p. 100, restant fixée à 38,067,000 âmes, on
comptait *un* déposant sur 18 habitants et la part de chaque habitant dans le solde aurait été de 18 fr. 08. Quant à la moyenne
générale des livrets elle n'avait monté qu'à 333 fr. 77.

Les habitudes d'ordre et le besoin d'épargner, tout en se propageant en province, ne se ralentissaient pas à Paris où la Caisse d'épargne suivait avec une régularité pour ainsi dire mathématique le mouvement de la population. Pendant que de 1851 à 1869 le nombre des habitants du département de la Seine s'élevait de 57 pour 100, le nombre des déposants progressait dans la proportion de 54 pour 100. En rapprochant du chiffre des déposants celui de la population, on trouve qu'en 1851, il y avait *un* déposant sur 7.75 habitants et qu'en 1869 il y a encore *un* déposant sur 7.93 habitants. Si le solde dû aux déposants de la Caisse d'épargne de Paris eût été divisé entre tous les habitants du département de la Seine, la répartition aurait attribué 20 francs par tête en 1851, et 25 francs en 1869.

La population ouvrière à mesure qu'elle s'accroissait dans le département de la Seine, fournissait donc son contingent de déposants et sous une apparence d'immobilité, la Caisse d'épargne de Paris se maintenait à un niveau toujours élevé, montrant ainsi comment l'esprit de prévoyance et d'économie contribuait à la richesse de cette grande ville d'où était parti l'exemple.

Ils avaient été heureusement inspirés ceux qui l'avaient donné en 1818, car, un demi-siècle plus tard, il existait en France plus de 500 caisses d'épargne, ayant ensemble 648 succursales; et, au 31 décembre 1869, l'avoir des déposants dépassait 711 millions répartis sur 2,130,000 livrets [1].

Ainsi, sous l'empire de la législation qui de 1835 à 1853 avait organisé les caisses d'épargne, grâce aux sages prescriptions du décret de 1852 et de l'Instruction ministérielle de 1857, l'Institution de jour en jour plus appréciée avait poursuivi sa carrière utile et bienfaisante. Les garanties qu'elle offrait, les avantages qu'elle procurait, avaient resserré encore les liens de

1. Situation générale des caisses d'épargne y compris la Caisse de Paris :

AU 31 DÉCEMBRE	NOMBRE DE CAISSES	NOMBRE DE DÉPOSANTS	SOLDE	MOYENNES
1865	477	1,644,703	493,272,410	299.01
1866	482	1,748,044	528,017,200	302 25
1867	488	1,845,003	570,800,170	309 31
1868	503	1,971,523	633,238,270	321 10
1869	508	2,130,708	711,174,833	333 77

solidarité qui s'étaient formés entre elle et la population laborieuse du pays. La confiance qu'elle inspirait à tous était assez
solidement établie pour résister aux événements les plus graves
et les plus imprévus, et les mesures que les circonstances allaient
bientôt commander et qui eurent pour effet de suspendre la
marche régulière des caisses d'épargne sur tous les points du
territoire, devaient être acceptées sans protestation par plus de
2 millions de déposants qui surent mettre leur patriotisme
au-dessus de leurs besoins !

CHAPITRE IX

1870-1890. — Mouvement des opérations en 1870. — Emprunt de 750 millions. — Circulaire du 19 août. — Décret du 17 septembre; son application, ses effets. — Le siège. — L'ambulance de la Caisse d'épargne. — L'armistice. — Les opérations pendant la Commune. — L'ordre rentre à Paris. — Élection de directeurs. — Loi du 20 juin 1871; emprunt de 2 milliards; avantages faits aux déposants des caisses d'épargne. — Abrogation du décret du 17 septembre; loi du 12 juillet 1871. — Reconstitution des actes de l'état civil; loi du 12 février 1872. — Les collections administratives des Archives nationales; lettre du directeur général. — Timbre des quittances; loi du 23 août 1871. — Emprunt de 3 milliards. — Proposition de loi relative aux caisses d'épargne et de prévoyance. — Rapport de M. Denormandie. — Discussion devant l'Assemblée nationale. Retrait du projet de loi. — Le décret du 23 août 1875 admet les caisses d'épargne à demander le concours des percepteurs et des receveurs des postes. — Œuvre des orphelins de la guerre. — Legs de 40,000 francs à la Caisse d'épargne. — Les caisses d'épargne scolaires. — La ville de Paris substitue aux livrets représentant les bourses d'apprentissage des livrets à distribuer entre les meilleurs élèves des écoles communales. — Transfert des livrets de caisses d'épargne de l'Alsace-Lorraine. — Élection de directeurs. — Projets du Conseil pour améliorer les services. — Mort de M. Faudon, agent général. — Nomination de son successeur. — Réalisation des idées du Conseil. — Remboursements à vue. — Remise des livrets aux déposants après chaque opération. — Remboursements dans les succursales. — Création de succursales. — Projet d'établissement d'une succursale de la Caisse d'épargne de Paris à Constantinople. — Élection de directeurs. — M. Henry Davillier est élu président du Conseil. — M. Bartholony président honoraire. — Exposition universelle de 1878. — Situation générale des caisses d'épargne au 31 décembre 1879. — Proposition de loi de M. Arthur Legrand tendant à créer une caisse d'épargne postale. — Projet de loi présenté par le gouvernement. — Loi du 9 avril 1881. — Mort de M. Bartholony. — Travaux de viabilité; la rue du Louvre. — Agrandissement de l'hôtel de la Caisse d'épargne. — Mort de M. Henry Davillier. — M. Denormandie est élu président. — L'intérêt servi aux déposants est porté à trois et demi pour cent. — État des versements scolaires. — Extension des services. — Vérification de la Caisse d'épargne par l'Inspection des finances. — La question du livret au porteur. — Élection de directeurs. — La médaille de la Caisse

20

d'épargne. — Création de nouvelles succursales. — Exposition universelle de 1889. — Situation générale des caisses d'épargne. — La Caisse
d'épargne de Paris au 31 décembre 1890.

Les déposants de la Caisse d'épargne de Paris ne paraissaient
pas se préoccuper de l'évolution qui s'opérait à la fin de 1869
et au commencement de 1870, dans la politique intérieure du
gouvernement impérial. Le travail ne subissait aucun ralentissement et les économies continuaient à venir avec confiance
augmenter le solde que l'accumulation des épargnes avait
porté au 31 décembre 1869 à 54 millions. Après s'être élevé en
février et en mars 1870 au-dessus de 55 millions, il se trouvait
encore à 54 millions et demi à la date du 16 juillet. Il ne faudrait pas croire que les lois qui furent alors votées d'urgence en
vue de la défense, pour ouvrir des crédits extraordinaires aux
ministres de la guerre et de la marine, pour appeler la garde
mobile à l'activité, élever à 140,000 hommes le contingent de la
classe de 1870 et favoriser les engagements volontaires en les
limitant à la durée de la guerre, jetèrent l'alarme parmi les
déposants, les détournèrent de faire des versements et les
entraînèrent à opérer des retraits considérables. Il est certain
que dans la seconde quinzaine de juillet les remboursements
furent plus élevés que dans la première et que les versements
baissèrent, mais si l'on considère le nombre de familles et d'individus qui étaient directement frappés par les graves mesures
que les circonstances commandaient, on peut s'étonner que le
solde n'ait pas tout d'un coup subi une plus forte atteinte.

Au 30 juin, les dépôts et les retraits comparés à ceux qui
avaient été effectués pendant les six premiers mois de 1869 ne
présentaient pas de différences appréciables. Il en était encore
de même le 16 juillet, date à laquelle le solde se trouvait
encore supérieur de plus de 250,000 francs à ce qu'il était
au 31 décembre précédent [1]. Mais pendant la seconde moitié

1. Situation au 16 juillet 1870 :

	NOMBRE DE DÉPOSANTS		
	y compris les déposants de la Société des prêts	non compris les déposants de la Société des prêts	SOLDE
Au 31 décembre 1869.	271,009	250,318	54,180,747ᶠ
Au 16 juillet 1870.....	273,903	250,080	54,430,807
Différence.............	en plus 2,831	en moins 238	en plus 250,000

du mois, les remboursements montent à 1,800,000 francs tandis que les versements dépassent encore 700,000 francs. Les dépôts s'abaissèrent en août à 442,000 francs et les retraits alors progressèrent de semaine en semaine. Bien des causes en justifiaient l'élévation. Sans parler des ouvriers allemands qui devaient regagner leur pays et qui faisaient liquider leurs livrets, beaucoup de déposants retiraient tout ou partie de leurs épargnes parce qu'ils étaient appelés sous les drapeaux ; d'autres, le travail leur manquant, retournaient dans leurs départements, d'autres enfin qui séjournaient à Paris voyaient diminuer leurs moyens d'existence. Il y en eut qui, entraînés par leur patriotisme, ne craignirent pas d'engager une partie de leur léger pécule dans l'emprunt de 750 millions dont l'émission avait lieu les 23 et 24 août.

Dans le courant de ce mois, la Caisse d'épargne effectuait 17,938 remboursements dont 5,727 éteignaient autant de comptes et elle payait 5,460,000 francs. Bien qu'elle ne représentât qu'un retrait moyen de 304 fr. cette somme était importante. On peut s'étonner cependant qu'elle n'ait pas été plus élevée encore. Depuis le 5 août, la frontière était envahie, on travaillait à mettre Paris en état de défense ; des lois augmentaient les forces militaires de la France et la vie civile se trouvait pour ainsi dire suspendue. A Paris, on pressentait déjà de grandes souffrances, car une loi du 17 août avait autorisé la Ville à prélever sur le produit d'une émission de bons de la Caisse municipale, une somme de 5 millions pour venir en aide aux familles dont les soutiens étaient appelés sous les drapeaux.

Le gouvernement ne faisait rien pour entraver les retraits. Il se borna à recommander aux caisses d'épargne, par une circulaire du 10 août signée par le ministre du commerce, d'observer entre la clôture des bordereaux de demandes et la remise des espèces, le délai de quinzaine prescrit par l'instruction ministérielle du 4 juin 1857. Il était important, en effet, dans les terribles conjonctures où l'on se trouvait, que les opérations des trésoriers payeurs généraux et des receveurs particuliers des finances ne fussent pas troublées par des retraits de fonds effectués sans règle précise.

Tout en déférant aux justes observations qui lui étaient

adressées comme à toutes les autres caisses d'épargne, la Caisse d'épargne de Paris ne cessa pas cependant, avec l'assentiment du ministre des finances, de rembourser à bref délai les livrets des hommes appelés à rejoindre l'armée ou à faire partie de la garde nationale mobile, ainsi que ceux qui appartenaient à des déposants de nationalité allemande et particulièrement à des cantonniers du service municipal auxquels le préfet de la Seine donnait d'urgence l'autorisation de retirer le montant de leurs comptes.

Au 3 septembre, la Caisse d'épargne comptait encore 249,311 déposants dont l'avoir représentait un solde de 46,682,000 francs. Depuis le 16 juillet, elle avait perdu près de 10,000 déposants et 7,754,000 francs; la moyenne des livrets s'était abaissée de 208 fr. à 187 fr. Il n'y avait rien d'exagéré dans le mouvement qui s'était opéré sous le coup des événements qui prenaient un aspect de plus en plus sinistre [1].

Après le 4 septembre, à mesure que l'armée allemande s'avançait sur Paris, on voyait s'augmenter les demandes de remboursements; aucune panique cependant ne s'empara des esprits. On retirait l'argent en dépôt parce que l'on prévoyait que des jours de gêne et de souffrance étaient proches. Mais on ne se déshabituait pas pour cela de mettre en sûreté les économies que, dans la classe laborieuse, beaucoup pouvaient encore réaliser par leur travail et par leur industrie. Pendant le mois de septembre, la Caisse d'épargne délivra 225 livrets nouveaux, et 4,150 versements produisaient 134,000 francs. Le 13 même, elle recevait 1,275 francs; c'était le jour où la population s'était portée en masse sur les boulevards où le président du gouvernement de la Défense nationale passait la revue des 90 bataillons de la garde nationale mobile et des 300 bataillons de la garde nationale sédentaire échelonnés depuis la place de la

---

1. Situation au 3 septembre 1870.

	NOMBRE DE DÉPOSANTS		
	y compris les déposants de la Société des prêts	non compris les déposants de la Société des prêts	SOLDE
Au 16 juillet 1870.....	273,003	259,080	54,436,807
Au 3 septembre 1870.	264,349	249,311	46,682,282
Diminution............	9,554	9,769	7,754,525

Bastille jusqu'au rond-point des Champs-Élysées et dans la rue de Rivoli jusqu'à l'Hôtel de ville. Par ses acclamations, toute cette foule manifestait sa résolution de soutenir la lutte suprême à laquelle on se préparait et elle se montrait pleine de confiance dans le succès de la défense.

On se soumettait alors à toutes les mesures que prenait le gouvernement, et quand parut le décret du 17 septembre portant que les demandes de remboursements de fonds des caisses d'épargne, exigibles à partir du 22 septembre, ne seraient provisoirement acquittées en espèces que jusqu'à concurrence de 50 francs par livret et pour le surplus, en un bon du Trésor à trois mois d'échéance produisant cinq pour cent d'intérêt à compter du jour de la demande, ceux qu'il touchait directement ne firent entendre aucune protestation ; il est vrai qu'avant le jour où les déposants auraient pu en ressentir les funestes effets, le Conseil des directeurs était intervenu pour que les différentes questions qu'il soulevait fussent interprétées d'une manière favorable à leurs intérêts. Non seulement ce décret ne faisait pas un sort bien heureux aux déposants en ne leur garantissant à tous, quelle que fût l'importance de chaque livret, qu'un seul remboursement en espèces et en leur offrant pour le surplus des bons du Trésor à cinq pour cent, mais il semblait suspendre la faculté donnée aux déposants de faire employer leurs fonds en rente par l'intermédiaire de la Caisse d'épargne ; de plus, il était conçu dans des termes qui pouvaient faire craindre qu'il eût un effet rétroactif à l'égard des remboursements demandés et non encore effectués, ce qui aurait eu des conséquences graves pour bien des déposants car depuis le 5 septembre, plus de 5,000 retraits, représentant ensemble 1,400,000 francs, avaient été réclamés et devaient être payés dans les délais impartis par l'instruction ministérielle de 1857.

Il était essentiel qu'aucun doute ne subsistât sur les instructions de l'autorité supérieure et, au nom du Conseil des directeurs, deux de ses vice-présidents, MM. Bourceret et Henry Davillier, exposèrent les préoccupations de la Caisse d'épargne au ministre des finances chez lequel ils trouvèrent les dispositions les plus bienveillantes à l'égard de l'Institution. Le ministre exprima le regret que le Conseil des directeurs n'eût pas pu être consulté sur le fond même du décret, par suite de la rapidité avec laquelle l'imminence de l'investissement de Paris avait obligé le gouvernement à prendre une décision, et il ne fit aucune difficulté de déclarer que tous les remboursements promis devaient être effectués en espèces à l'heure indiquée, le décret n'étant exécutoire qu'à compter du jour où il avait été publié au journal officiel. Il ne fit non plus aucun obstacle à autoriser la Caisse d'épargne, au moins provisoirement, à acheter des rentes pour ceux de ses déposants qui en feraient la demande.

Le Conseil faisait encore ressortir les rigueurs du décret à l'égard des livrets ouverts aux sociétés de secours mutuels dont les ressources, déposées à la Caisse d'épargne, allaient être plus que jamais nécessaires pour aider au soulagement des sociétaires malades, blessés ou infirmes. Le ministre reconnut qu'il y avait lieu, en effet, d'apporter sur ce point certains tempéraments à la lettre du décret et il se réserva d'accorder pour les livrets des sociétés, des autorisations de payement spéciales. Sa bienveillance du premier jour ne se démentit pas; toutes les demandes des sociétés de secours mutuels reçurent du ministère un accueil favorable et quand il n'y était pas satisfait immédiatement, elles n'avaient à subir que des ajournements de courte durée.

Il était encore indispensable d'interpréter sur un point important le décret du 17 septembre. S'appliquerait-il à tous les déposants indistinctement? Alors, les versements s'arrêteraient immédiatement car il était bien certain que personne ne se dessaisirait de ses fonds si, après un premier retrait de 50 francs, l'on ne devait retrouver son dépôt que sous la forme de bons du Trésor remboursables à trois mois. Et cependant, était-ce bien le moment de repousser les petits capitaux de l'épargne assez confiants pour ne pas rester enfouis dans quelques cachette obscure, alors qu'en vue d'augmenter les ressources dont le gouvernement sentait qu'il aurait besoin, le ministre des finances prenait une décision aux termes de laquelle l'intérêt attaché aux bons du Trésor de trois mois à un an était uniformément fixé à cinq et demi pour cent à partir du 17 septembre inclusivement? D'un autre côté, le Conseil appelait l'attention du ministre sur la perte que devaient subir les déposants qui, pressés par des besoins malheureusement trop réels, se trouveraient dans la nécessité de négocier avant l'échéance les bons du Trésor qu'ils auraient reçus en payement, et il exprimait le vœu que si les ressources du Trésor le permettaient, au lieu de ne rembourser qu'une seule fois cinquante francs par livret, des acomptes de pareille somme fussent mis à la disposition des déposants à intervalles déterminés de deux ou de quatre semaines.

Le Conseil des directeurs n'eut qu'à se louer de l'accueil fait par le ministre aux représentations qui lui étaient soumises par ses deux vice-présidents. Dès le 28 septembre, il était informé que les versements effectués depuis la promulgation du décret du 17, seraient remboursables en numéraire, dans les conditions ordinaires; quant aux dépôts faits à une époque antérieure au décret, le ministre n'avait pu que recueillir le vœu qui lui avait été exprimé, mais il sut s'en souvenir et sur son initiative, le gouvernement de la Défense nationale rendait les 16 octobre, 17 décembre 1870 et 17 janvier 1871 des décrets aux termes desquels une nouvelle somme de 50 francs en espèces par livret était successivement mise à la disposition des déposants. Ceux-ci furent maintenus dans les mêmes avantages par des décisions ministérielles qui se renouvelèrent chaque mois depuis le 18 février jusqu'au 12 juillet, époque à laquelle les caisses d'épargne rentrèrent dans la plénitude de leurs droits.

Le décret du 17 septembre était général et la promulgation en avait pu être faite de manière à le rendre immédiatement applicable à toutes les caisses d'épargne. Il n'en fut pas de même des décrets qui autorisèrent successivement de nouveaux remboursements en espèces. Bien qu'ils fussent libellés de façon à toucher tous ceux que le décret du 17 septembre avait atteints, ils ne pouvaient franchir les lignes ennemies et ne devaient profiter qu'aux déposants de la Caisse d'épargne de Paris.

Le rapport du ministre du commerce dans lequel se trouvent réunies les opérations des caisses d'épargne pendant les années 1870 et 1871, ne contient aucun renseignement sur les effets du décret du 17 septembre, soit à Paris, soit dans les départements. Mais quand on se reporte aux comptes rendus des caisses d'épargne les plus importantes, on voit que de grandes souffrances auraient pu être évitées si la délégation du gouvernement eût jugé la situation avec le même bon sens et la même équité que le ministre des finances resté à Paris.

On voit qu'à Bordeaux, à la date du 4 novembre, le conseil des directeurs pour adoucir le sort des déposants avait, mais en vain, sollicité de la délégation de Tours le renouvellement de payements de 50 francs par livret et d'une somme proportionnellement plus élevée en faveur des sociétés de secours mutuels. La même demande était formulée dans le même temps par la caisse d'épargne de Lyon qui était témoin de grandes misères mais qui se heurtait au même refus.

Pendant qu'à Lille, la caisse d'épargne n'obtenait aucune réponse à la demande qu'elle avait adressée au gouvernement pour obtenir de faire bénéficier ses déposants du décret du 17 janvier 1871 qui, par suite du rétablissement des communications, avait été porté à la connaissance de tous, à Marseille, le conseil des directeurs considérait que ce décret était de droit applicable aux déposants et il se bornait à informer l'administration supérieure qu'il allait immédiatement l'exécuter. L'effet produit par cette résolution fut excellent, la caisse d'épargne de Marseille recommença à recevoir des dépôts et elle put faire face à tous les remboursements sans avoir à demander de fonds à la Caisse des dépôts et consignations.

On est autorisé à penser que si le décret du 17 septembre avait pu être appliqué d'une manière générale, avec les tempéraments qui y furent apportés à Paris, il n'aurait donné lieu à aucun abus et aurait diminué bien des souffrances.

Ce qui se passa dans la capitale assiégée prouve bien que le Conseil des directeurs de la Caisse d'épargne de Paris ne s'était pas trompé dans ses prévisions; le ministre des finances n'eut pas à regretter de s'être fié à ses déclarations et à son expérience. Les déposants acceptèrent sans peine le nouveau régime auquel ils étaient soumis et pendant la crise terrible qui ébranla le pays durant une année entière, les caisses d'épargne, pas plus la Caisse d'épargne de Paris qui se trouva dans une situation privilégiée que les caisses d'épargne des départements qui subissaient dans toute sa rigueur le décret du 17 septembre, ne suscitèrent au gouvernement le moindre embarras; les opérations suspendues ou ralenties pendant la tempête déchaînée sur la France reprirent leur cours normal et régulier quand la nation se remit en possession d'elle-même, et l'on recueillit alors le prix de la sagesse avec laquelle on avait agi en ménageant une Institution qui était dépositaire de si nombreux et de si sérieux intérêts.

Pour assurer la régularité des opérations pendant l'époque transitoire que l'on allait traverser, la Caisse d'épargne de Paris décida que tous ceux qui continueraient à faire des versements dont ils pouvaient obtenir le remboursement intégral en argent, recevraient un second livret et qu'une comptabilité nouvelle, distincte de celle qui était tenue pour les livrets ouverts précédemment aux mêmes déposants, serait créée. Les titulaires de livrets anciens qui, après avoir épuisé leur droit à un retrait en espèces, demandaient de nouveaux remboursements, recevaient des bons du Trésor au porteur établis par coupures de 10 francs ou de multiples de 10 francs, que le détenteur avait la faculté de rendre nominatifs et dont les intérêts se payaient en même temps que le capital. Ces bons affectés spécialement au service de la Caisse d'épargne étaient remis par le caissier payeur central du Trésor public au caissier général de la Caisse des dépôts et consignations qui, chaque semaine, en faisait la délivrance à la Caisse d'épargne dans la mesure des remboursements à effectuer.

En raison des délais qui devaient être observés entre le jour de la demande de retrait et le jour du payement, le décret du 17 septembre ne put être appliqué par la Caisse d'épargne de Paris avant le 2 octobre.

Depuis le dimanche 18 septembre, les dernières voies du chemin de fer d'Orléans qui maintenaient la capitale en relation avec le dehors avaient été coupées à l'endroit où elles franchissaient le mur d'enceinte et Paris se trouvait définitivement isolé du reste du monde.

Il eût été imprudent à la Caisse d'épargne de continuer à se transporter dans les communes suburbaines, même dans celles dont le territoire touchait les fortifications, bien qu'elles se trouvassent protégées par les batteries de la place et des forts; le service fut dès lors interrompu dans toutes les succursales de la banlieue; il était maintenu à Paris où la Caisse centrale et ses dix-huit succursales restaient ouvertes au public.

L'appel sous les drapeaux des soldats de la réserve, des

citoyens de vingt-cinq ans à trente-cinq ans non mariés ou veufs
sans enfants et du contingent de 1870, ainsi que la mise en
activité de la garde nationale mobile avait diminué d'une manière assez sensible le personnel de la Caisse d'épargne, et quand
la garde nationale sédentaire réclama ce qui restait d'hommes
valides en état de porter les armes, les difficultés intérieures
devinrent plus grandes encore; cependant le zèle de chacun
permit de les surmonter et en consacrant à leurs fonctions tout
le temps dont le service de la garde nationale leur permettait
de disposer, les employés, par un travail assidu dont la durée
se prolongeait souvent fort avant dans la soirée, arrivaient à
terminer dans les délais voulus toutes les écritures qu'exigeaient
les opérations de versements et de remboursements qui se pour-
suivirent, sans s'interrompre un seul jour, à travers toutes les
péripéties, toutes les misères, toutes les angoisses du siège et
de la Commune jusqu'au 27 mai 1871.

Le Conseil des directeurs avait adouci autant qu'il l'avait pu
les charges que les événements faisaient peser sur les employés
de la Caisse d'épargne. Il avait décidé en faveur de tous ceux
qui devaient rejoindre l'armée ou faire partie de la garde nationale mobile, que leurs places leur seraient conservées et leurs
appointements payés jusqu'à la fin de la guerre. Pour les autres,
auxquels des dépenses exceptionnelles étaient imposées, aussi
bien par la nécessité de s'habiller et de s'équiper comme gardes
nationaux que par le prix élevé des subsistances, il avait voté,
au commencement de septembre, des allocations extraordinaires qui, pour 1870, s'élevèrent ensemble à plus de 15,000
francs. Au mois de janvier, de nouvelles allocations montant à
pareille somme furent inscrites au budget pour être distribuées
en 1871.

Le Conseil ne s'en tint pas là, il crut que le caractère philanthropique de la Caisse d'épargne lui imposait de contribuer au
soulagement des maux que la guerre allait causer et, dès le
14 septembre, avec l'approbation de la société internationale
de secours aux blessés, une ambulance avait été installée au
premier étage de l'hôtel dans un local bien exposé qui se trouvait complètement indépendant des bureaux. La supérieure et
deux des sœurs de la maison de Saint-Vincent-de-Paul de
Créteil qui avaient dû rentrer à Paris, prodiguèrent pendant

quatre mois leurs soins aux malades sous la direction d'un médecin aussi habile que dévoué, dont la Caisse d'épargne s'était assuré le concours.

Un jour du mois de novembre, les blessés recueillis dans cette ambulance furent visités par l'Archevêque de Paris qui apportait aux malheureux frappés en remplissant leurs devoirs de citoyens et de soldats, des paroles de consolation, d'encouragement et d'espérance; après avoir rempli sa sainte mission, le vénéré prélat exprimait toutes ses sympathies pour l'œuvre moralisatrice que s'étaient proposée les fondateurs de la Caisse d'épargne et que poursuivaient sans relâche leurs successeurs, avec le même zèle et le même esprit de charité.

Cette visite dont les procès-verbaux du Conseil ont consacré le souvenir est un des plus touchants hommages dont doive s'honorer la Caisse d'épargne de Paris !

Toutes les mesures étaient prises pour protéger l'établissement. On avait préparé tous les moyens nécessaires pour combattre l'incendie en cas de bombardement, et d'accord avec l'administration municipale du premier arrondissement, un emplacement avait été disposé pour recevoir un poste de vétérans qui devait, en veillant sur le quartier, garantir plus particulièrement la sécurité des personnes et des intérêts qu'abritait l'Institution.

La journée du 31 octobre était faite pour inspirer des inquiétudes. A l'heure où se répandait dans Paris la nouvelle de la reddition de Metz, on apprenait que l'armée d'investissement venait de resserrer ses lignes, en occupant le Bourget défendu héroïquement contre une division tout entière de la garde prussienne, par une poignée de braves à la tête desquels le commandant Ernest Baroche, chef du 12e bataillon des mobiles de la Seine, avait trouvé une mort glorieuse !

Ces désastres qui auraient dû enflammer tous les courages pour un suprême effort contre les envahisseurs de la patrie furent, au contraire, le signal d'un mouvement insurrectionnel sous les efforts duquel le gouvernement aurait disparu s'il ne s'était pas trouvé dans la garde nationale de nombreux bataillons pour venir le délivrer à l'Hôtel de ville des étreintes de l'anarchie. La rapidité avec laquelle, ce jour-là, la sédition fut désarmée, ne laissa pas le temps de prendre peur à la population qui sentit la situation se raffermir après le scrutin du 3 novembre où 557,000 suffrages contre 67,000 se prononcèrent pour le maintien du pouvoir établi.

Les versements qui étaient encore de 94,000 francs en octobre avaient baissé à 77,000 francs en novembre, et en décembre ils restaient au même chiffre. Cependant ce mois de décembre avait été pénible. Les premiers jours avaient été marqués par la bataille de Champigny où les efforts de nos troupes restèrent infructueux; le 21, des forces considérables étaient réunies pour reprendre à l'ennemi la position du Bourget qu'au 30 octobre on avait considérée comme inutile et qu'on avait laissé tomber en son pouvoir; après une journée meurtrière, il fallait rallier les avant-postes. Les combats de Ville-Évrard et de Maison-Blanche n'étaient pas plus heureux et l'occupation du plateau d'Avron par l'armée assiégeante, le 27 décembre, ne permettait plus guère de se faire illusion sur l'issue de la défense. En même temps, on était éprouvé par un hiver rigoureux. Les réquisitions qui étaient faites de tous les grains et des farines ainsi que des bois de chauffage existants dans l'enceinte de Paris et de la banlieue, la défense à tout détenteur de chevaux, ânes et mulets de les vendre à d'autres qu'aux délégués des ministères de la guerre et du commerce, étaient des mesures qui s'imposaient et que tous acceptaient. Les dépenses de chacun se trouvaient réduites et il devenait tous les jours plus difficile de se procurer, à quelque prix que ce fût, d'autres denrées alimentaires que les rations de pain et de viande fournies au prix taxé, par les boulangeries et les boucheries municipales. Aussi, ne faut-il pas être trop surpris de voir que des déposants venaient encore à la Caisse d'épargne faire de bien légers versements. C'étaient des ouvriers, des domestiques qui prélevaient sur la rémunération que leur valaient leur travail ou leurs services de petites sommes qu'ils avaient le bon sens de ne pas porter au cabaret. Mais le nombre était plus grand de ceux qui avaient besoin de retirer leurs économies antérieures pour se pourvoir et pourvoir leur famille des ressources indispensables qui étaient tenues à leur disposition. Cependant leurs livrets s'épuisaient et les retraits en espèces qui, après la mise en vigueur du décret du 17 septembre, avaient été en octobre de 712,000 francs, s'abaissaient en novembre à 283,000 francs et à 272,000 francs en décembre. Au premier moment, beaucoup, en prévision des besoins à venir, ne s'étaient pas contentés de 50 francs en espèces qui leur étaient garantis et il avait été délivré dans le mois d'octobre pour 222,000 francs de bons du Trésor. Mais bientôt les demandes s'étaient ralenties et les retraits de cette nature tombèrent à 76,000 francs en novembre, à 20,000 francs en décembre. D'autres déposants faisaient faire emploi d'une partie de leurs fonds en rente sur l'État dont les titres, toujours réalisables à la bourse, pouvaient être un placement avantageux pour eux jusqu'au jour où ils se trouveraient dans la nécessité de s'en défaire. Ces achats de rente, qui s'étaient maintenus à 64,000 fr. en octobre et en novembre, ne représentaient plus qu'un capital de 46,000 francs en décembre.

Quand, au dernier jour de 1870, la Caisse d'épargne de Paris arrêta son bilan, elle devait à 240,508 déposants, 43,031,726 francs. Depuis le 4 septembre, le nombre des comptes avait diminué de 8,800 et le solde de 3,650,000 francs. Si l'on rapproche ce bilan de celui qui avait été arrêté au 31 décembre 1869, on constate une perte de 18,800 déposants et un abaissement du solde de 11 millions [1]. Sans contredit, cette différence était sensible, mais on peut s'étonner qu'après les événements qui s'étaient succédé depuis le 15 juillet, en présence des désastres et des douleurs qui s'accumulaient de toutes parts, en face des inquiétudes toujours grandissantes qui envahissaient les cœurs

1. Mouvement des opérations en 1870 :

	DÉPÔTS	RETRAITS			
		Espèces	Bons du Trésor	Achats de rentes	Ensemble
Janvier à juin.	11,949,034	10,275,859	»	1,610,346	11,886,205
Juillet........	1,775,177	3,185,492	»	372,441	3,557,933
Août.........	442,810	5,461,887	»	285,996	5,750,883
Septembre...	134,046	4,503,170	»	99,993	4,603,163
Octobre à décembre..	249,450	1,267,081	324,810	173,530	1,766,321
	14,550,517	21,697,380	324,810	2,542,300	27,564,505

SITUATION AU 31 DÉCEMBRE 1870	NOMBRE DE DÉPOSANTS		SOLDE	MOYENNE
	y compris les déposants de la Société des prêts	non compris les déposants de la Société des prêts		
	254,416	240,508	43,031,726	178ᶠ02

les plus robustes, les déposants de la Caisse d'épargne de Paris n'aient pas usé plus largement des facilités particulières qui leur étaient données pour se faire rembourser le montant de leurs livrets, partie en espèces, partie en bons du Trésor ou en rente. Ce fait vraiment digne de remarque, qui était un signe caractéristique de la confiance inspirée par la Caisse d'épargne, provoquait de la part du président Bartholony cette réflexion que nous relevons dans son rapport sur les opérations de 1870 : « que s'il est vrai que l'exigibilité des fonds des caisses d'épargne peut devenir un embarras pour le Trésor dans des temps de crise intense, on s'exagère hors de toute proportion ces embarras quand on les mesure au montant total des dépôts ».

Cette opinion ne cessa pas d'être justifiée pendant les sombres événements qui se continuèrent en 1871. Dès le premier jour de cette nouvelle année, la situation de la ville de Paris allait en s'aggravant. Le bombardement qui commençait à atteindre les arrondissements situés sur la rive gauche de la Seine depuis le Jardin des Plantes jusqu'aux Invalides, créait de nouveaux dangers dont on supportait les conséquences avec la même énergie que les privations auxquelles on s'était habitué, et les retraits demandés à la Caisse d'épargne ne dépassaient pas ceux qui avaient été effectués précédemment. Pendant qu'elle remboursait 288,000 francs en espèces, 30,000 francs en bons du Trésor et qu'elle employait 87,000 francs en rentes, elle recevait encore en dépôt 144,000 francs.

Après la dernière bataille livrée à Buzenval et à Montretout par une armée courageuse qui malgré la vaillance des chefs et la bravoure des soldats succomba sans avoir pu rompre le cercle de fer qui enserrait la capitale, quand le gouvernement eut reconnu qu'il n'allait plus avoir de pain à distribuer à la population, lorsqu'il se fut convaincu que la tentative d'une sortie en masse avec la garde nationale, réclamée par le parti de l'émeute qui reparaissait comme au 31 octobre, ne produirait que des sacrifices inutiles et pourrait même se transformer en un désastre irréparable, il n'y avait plus qu'à se soumettre aux arrêts du destin.

Le jour où la convention d'armistice conclue le 28 janvier fut connue, Paris commença à revivre ; le ravitaillement permit do soulager immédiatement bien des maux et provoqua un peu partout la reprise du travail. La Caisse d'épargne devait être la première à en ressentir les effets, car si, d'une part, les besoins augmentaient avec la facilité de les satisfaire, si, d'autre part, les salaires étaient plus rémunérateurs et étaient plus répandus, les retraits comme les dépôts devaient croître en nombre et en importance.

Les versements, pendant les 28 jours de février, s'élevèrent au-dessus de la somme reçue en janvier; ils dépassèrent 148,000 francs. Il en fut de même des remboursements; on paya 208,000 francs en espèces et 35,500 francs en bons du Trésor; 123,800 francs furent employés en rente.

La situation matérielle s'améliorait mais lentement; la gradation qui se remarquait chaque semaine dans les dépôts en était la preuve, et déjà il avait été versé 178,000 francs depuis le commencement du mois de mars, lorsque, le 18, éclata l'insurrection devant laquelle le gouvernement se retira à Versailles. C'était une nouvelle crise plus grave encore que la précédente; l'ennemi n'était plus tenu à distance par les bastions et les forts, il était dans la place même et il y répandait la terreur. Des devoirs nouveaux et qui n'étaient pas sans péril, s'imposaient à la Caisse d'épargne de Paris, et ceux qui la dirigeaient s'appliquèrent à ce que pendant la Commune elle restât ouverte, comme pendant le siège, à tous ceux qui pouvaient avoir besoin de son assistance. Pour ne pas interrompre ses opérations et spécialement le service des remboursements, elle devait conserver ses communications avec la Caisse des dépôts et consignations qui avait dû, comme le ministère des finances, se transporter à Versailles. C'étaient ces deux administrations qui lui délivraient les espèces et les bons du Trésor destinés à ses déposants. Mais on n'avait pas tardé à reconnaître les dangers que présentaient, autant pour les valeurs transportées que pour la sécurité de l'établissement, les voyages fréquents à Versailles. Dans une séance extraordinaire du Conseil des directeurs tenue le 4 avril, il fut décidé qu'on suspendrait les payements en bons du Trésor dont il paraissait impossible de se munir désormais, et qu'on se bornerait momentanément à faire des remboursements de 50 francs en espèces jusqu'à épuisement des fonds en caisse et de ceux qui étaient déposés à la Banque de France; en même temps, comme à tout moment des difficultés pouvaient surgir qui auraient besoin d'être résolues sans retard, M. Henry Davillier était investi par le Conseil des pouvoirs les plus étendus pour agir dans l'intérêt de l'Institution comme dans celui des déposants, de la manière qui lui paraîtrait le plus convenable ; l'agent général était chargé, sous sa haute direction, d'assurer, suivant que le permettraient les circonstances, la marche des opérations.

Aucune modification ne fut apportée dans l'ordre des séances publiques à la Caisse centrale. Les séances du dimanche et du lundi dans les succursales furent même maintenues, sauf les jours où il y avait danger de se rendre ou de séjourner dans les mairies. Suspendu le 19, en raison des événements du samedi 18 mars, à la suite desquels les ministères avaient été envahis et l'Hôtel de ville occupé par le Comité central de la garde nationale, dont l'action répandait la plus grande effervescence dans toutes les mairies, le service des succursales n'avait pu être repris le dimanche 26, jour fixé pour les élections que le Comité central avait décrétées la veille et qui avaient lieu de huit heures à minuit dans toutes les mairies ; mais il fut rétabli d'une manière générale la semaine suivante.

Les nouvelles municipalités marquaient d'ailleurs par des communications verbales ou écrites leur désir que la Caisse d'épargne ne changeât rien aux usages établis, voulant montrer sans doute que sous le régime qu'elles inauguraient, tout continuerait à se passer comme précédemment. Le 26 mars, le maire de Montmartre écrivait que « la salle dans laquelle se tenait la Caisse d'épargne était complètement à sa disposition comme d'habitude; que les craintes qu'on avait pu avoir quant aux troubles n'avaient pas leur raison d'être, que le service pourrait se faire tranquillement ». Peu après, c'était le maire du cinquième arrondissement qui envoyait l'autorisation d'occuper la salle affectée ordinairement aux séances. Le 3 avril, un incident se produisit à la succursale du Temple : au moment où il allait se retirer, avec le montant de sa recette et toutes les pièces de comptabilité, le sous-caissier fut retenu par suite d'un ordre du Comité central de la garde nationale enjoignant de ne rien laisser sortir de la mairie. Sur la réclamation de l'agent général, qui se transporta auprès de l'un des membres de la

Commune délégués à la municipalité du troisième arrondissement, les portes furent immédiatement ouvertes au sous-caissier et promesse fut faite de laisser, à l'avenir, le service de la Caisse d'épargne s'accomplir sans entraves.

Il est à remarquer qu'il ne se passa pas un jour sans que l'on apportât quelques versements à la Caisse centrale, versements bien faibles, il est vrai, même comparés à ceux qui lui avaient été confiés pendant les jours les plus douloureux de l'investissement. Mais il n'en fut pas de même dans les succursales où l'on pouvait craindre la surveillance dont chacun était l'objet de la part des nombreux pouvoirs qui se partageaient alors l'exercice de la tyrannie. Pendant que du 19 mars au 21 mai, on recevait à la Caisse centrale 3,155 versements dont 116 sur livrets nouveaux et que les sommes versées s'élevaient ensemble à 74,218 francs, dans les succursales où des séances entières se passaient sans qu'il se présentât un déposant, les versements, au nombre de 134 dont 17 sur livrets nouveaux, montèrent à 10,386 francs.

Parmi ces ouvriers de toutes professions, qui ne craignaient pas d'apporter leurs épargnes à une pareille heure, il y en avait quelques-uns que leurs démarches honoraient particulièrement, car c'était pour acquitter la dette contractée à l'égard de la Société des prêts de l'enfance au travail qu'ils avaient réuni leur petit pécule et que, sans penser peut-être à la gêne qui pouvait en résulter pour eux, ils en faisaient consciencieusement le dépôt. Pendant les soixante-quatre jours que dura la Commune, la Caisse d'épargne avait donc reçu en 3,289 versements, une somme de 84,604 francs, soit une moyenne qui par jour ressortait à 1,321 francs et qui n'atteignait pas 26 francs par versement. Ce n'était rien, mais cet esprit d'économie chez les uns, et chez les autres cette scrupuleuse exécution des engagements contractés, n'était-ce pas une lueur au milieu des ténèbres, lueur entretenue par une foi instinctive dans la destinée humaine qui ne pouvait être longtemps à la merci d'une domination criminelle et de la force brutale?

Cependant, vers le milieu d'avril, les ressources que la Caisse d'épargne avait tenues en réserve étaient épuisées et les remboursements auraient dû être interrompus si la Banque de France, grâce à l'intervention de M. Henry Davillier, assisté de M. Denière, membre, comme lui, du Conseil de régence, n'eût consenti, en dehors des conditions et des formalités ordinaires, à ouvrir un crédit à la Caisse d'épargne qui donnait en garantie une partie des rentes dépendant de sa fortune personnelle. Les emprunts faits au fur et à mesure des besoins, depuis le 26 avril jusqu'au 31 mai, s'élevèrent à 290,000 francs et permirent de satisfaire sans interruption, aux demandes de retraits dont le nombre s'éleva à 4,400. C'était un chiffre qui n'avait rien d'exagéré si l'on considère que la Caisse d'épargne comptait encore 237,000 déposants dont les livrets réunis représentaient un solde de 41,715,800 francs. Dans les premiers jours du mois de juin, la Banque de France était remboursée en capital et intérêts et il ne restait plus de cette opération que le souvenir ineffaçable d'un service qui, nulle part ailleurs, n'aurait pu être rendu au moment où l'on se trouvait.

Les transferts de livrets demandés à Paris sur les caisses d'épargne départementales ou dans les départements sur la Caisse d'épargne de Paris, les placements à la Caisse de retraites qui ne pouvaient se faire que par l'intermédiaire de la Caisse des dépôts et consignations, les achats de rentes pour lesquels était indispensable le concours du bureau des transferts qui avait cessé de fonctionner à Paris où la bourse était fermée, toutes ces opérations qui avaient repris leur cours ordinaire dès le jour où, à la suite de l'armistice, les communications avaient été rétablies, furent de nouveau suspendues à la fin du mois de mars. Il fut de même impossible de toucher, aux échéances du 22 mars et du 1ᵉʳ avril, et de porter suivant les prescriptions légales, aux comptes individuels, les arrérages des inscriptions de rentes quatre et demi et trois pour cent qui avaient été déposées au Trésor antérieurement au 18 mars.

La Caisse d'épargne ne se trouvait pas dans un état à attirer les convoitises de ceux qui se trouvaient momentanément maîtres de Paris. Si l'on était venu exercer chez elle des réquisitions, elle n'aurait eu à donner que la provision qui lui était fournie suivant ses besoins par la Banque de France, et en présence des déposants auxquels était réservée chaque jour cette provision, il est permis de supposer que l'on ne se serait pas risqué dans de nouvelles tentatives d'intimidation.

Cependant, au mois d'avril, la Caisse d'épargne, comme la plupart des contribuables, fut mise en demeure d'acquitter ses impôts; mais les avertissements qu'elle reçut, elle les laissa sans réponse et put éviter de faire le payement qu'on lui réclamait. Jusqu'au 15 mai, le drapeau de la France n'avait cessé de rester arboré sur la porte principale, au-dessus de l'écusson de la Caisse d'épargne. Ce jour-là, un ordre écrit au crayon, daté de six heures du soir, signé par le secrétaire aux délégations et portant le timbre de la Commune de Paris, enjoignait « au citoyen directeur de la Caisse d'épargne d'avoir à retirer le drapeau national et de le remplacer par le drapeau de la Commune ». Il eût été périlleux de se soustraire à l'ordre; on amena le drapeau tricolore, mais le drapeau rouge n'avait pas encore été hissé quand le mercredi 24 mai à sept heures et demie du matin, la brigade du général L'hériller, après avoir franchi la moitié de Paris au milieu des barricades et des palais incendiés, arrivait devant la Banque de France et prenait possession de ses abords.

La Caisse d'épargne se sentant désormais protégée contre un retour offensif de l'insurrection, releva le drapeau tricolore. Elle avait heureusement échappé à toutes les atteintes dont sa sécurité avait été menacée, mais elle devait se ressentir des désastres que dans ces derniers jours l'anarchie vaincue accumulait de toutes parts pour ralentir sa défaite. Si les livrets classés dans les mairies des quatrième, dixième et onzième arrondissements que le feu ruina en partie, avaient pu être sauvés, il n'en avait pas été de même partout. Quand la mairie de Reuilly fut livrée aux flammes, plusieurs milliers de livrets qui s'y trouvaient déposés et qu'on ne put enlever du local où la succursale du douzième arrondissement tenait ses séances, furent détruits. Un grand nombre qui appartenaient aux enfants assistés furent consumés en même temps que les bureaux et les archives de l'administration de l'Assistance publique. Dans l'incendie qui avait dévoré le ministère des finances, 4,366 inscriptions de rente quatre et demi pour cent appartenant aux déposants, dont les arrérages auraient dû être perçus le 22 mars, avaient été détruites. Ces pertes étaien importantes. La Caisse d'épargne possédait, il est vrai, tous les éléments nécessaires pour délivrer de nouveaux livrets et aider à la reconstitution des inscriptions de rente, mais pour effectuer cette reconstitution, le Trésor devait prendre des délais assez longs, au grand détriment des déposants qui se trouvèrent privés pendant plus de six mois de la disponibilité de leurs titres. Les 4,366 inscriptions qu'il fallut rétablir ne furent, en effet, restituées à la Caisse d'épargne que le 15 novembre. Quant aux livrets, ils étaient reconstitués au fur et à mesure que se présentaient ceux au nom desquels ils avaient été ouverts.

Lorsque, Paris étant redevenu libre, le Conseil des directeurs s'assembla, la première préoccupation du président Bartholony que les événements de la guerre avaient mis dans l'impossibilité de rentrer dans la capitale avant l'investissement, fut de remercier les membres du Conseil qui avaient pu, pendant les temps difficiles que l'on venait de traverser, donner leur précieux concours à l'administration de la Caisse d'épargne et en particulier ses deux éminents collègues du bureau MM. Bourceret et Henry Davillier, dont le dévouement, pendant qu'ils l'avaient suppléé, avait été aussi éclairé qu'infatigable. Ils avaient eu à côté d'eux un collaborateur qui, à cette heure, ne pouvait être oublié, et au nom du Conseil, le président rendait hommage au dévouement et à l'intelligence avec lesquels M. l'agent général Faudon s'était acquitté de la tâche lourde et difficile que lui avaient imposée les circonstances.

Mais deux directeurs parmi les plus empressés à suivre les travaux du Conseil manquaient à cette séance du 15 juin : M. le comte de Germiny et M. le comte Pillet-Will. Le comte de Germiny était mort pendant le siège; on a vu avec quelle conviction il s'intéressait à l'Institution, avec quel jugement sage et réfléchi il travaillait à son développement. La Caisse d'épargne perdait en lui un défenseur éclairé et toujours prêt à lui donner son concours. Le comte Pillet-Will n'avait pas cessé, pendant le siège et pendant les premiers jours de la Commune, de prêter au Conseil des directeurs de la Caisse d'épargne comme au Conseil de régence de la Banque de France, l'appui de son expérience et de son autorité. Sa grande fortune, dont il n'avait jamais su faire que le plus noble et le plus généreux usage, devait lui attirer les haines de la Commune qui avait décidé son arrestation. Il avait pu se soustraire aux recherches dont il était l'objet, mais sa santé déjà ébranlée s'altéra rapidement et il mourait avant d'avoir pu rentrer à Paris. Le Conseil se trouvait ainsi frappé de deux deuils cruels.

M. Eugène Dupont, notaire honoraire, administrateur depuis vingt et un ans, membre du comité de censure depuis 1863, et M. le comte Frédéric Pillet-Will, régent de la Banque de France, furent élus pour occuper les deux fauteuils devenus vacants.

Cependant, peu à peu, l'ordre se rétablissait; on sentait la vie renaître partout et les affaires reprenaient un cours régulier. La Caisse d'épargne qui avait fermé ses portes le dimanche 21 à l'issue de la séance publique, les avait rouvertes seulement le samedi 27, afin de se tenir à la disposition de ceux des déposants qui avaient été ajournés à cette date pour recevoir les remboursements qu'ils avaient demandés. Il ne s'en présenta qu'un petit nombre et aucun versement ne fut effectué ce jour-là. Ce ne fut que le surlendemain, qui était le lundi de la Pentecôte, que l'on recommença à recevoir des dépôts à la Caisse centrale. On en compta dix pour 752 fr. Dès le 11 juin, les opérations furent reprises dans les succursales de Paris, et de semaine en semaine le nombre et les sommes augmentèrent d'une manière sensible [1].

Le service dans les succursales de la banlieue, suspendu depuis le 18 septembre, fut successivement réorganisé suivant les besoins de chaque localité, la facilité des communications et la possibilité de tenir dans les mairies, des séances régulières. Ce fut à Saint-Denis que les opérations furent d'abord rétablies; la première séance s'y tint le 25 juin. La succursale dans laquelle le service fut réinstallé le plus tard fut celle de Leval-

[1]. Progression des dépôts du 29 mai au 10 juillet 1871 :

	NOMBRE DES DÉPÔTS	SOMMES DÉPOSÉES
Le lundi 29 mai................	10	752ᶠ
Du 30 mai au 5 juin............	106	18,544
Du 6 au 12 juin	520	46,084
Du 13 au 19 juin..............	610	63,514
Du 20 au 26 juin..............	1,060	157,589
Du 27 juin au 3 juillet........	1,604	132,260
Du 4 au 10 juillet.............	1,716	194,048

lois-Perret, où la première séance n'eut lieu que le 10 décembre [1].

Les caisses d'épargne étaient toujours soumises au régime du décret du 17 septembre. Les déposants qui avaient usé du droit de retirer une somme unique de 50 francs dans les départements ou 50 francs par mois à Paris, et auxquels il ne convenait pas de recevoir pour le surplus de leurs comptes des bons du Trésor, attendaient avec impatience qu'on levât l'interdit qui pesait sur leurs livrets. Mais le gouvernement avait une certaine crainte des embarras qu'il pouvait se créer à lui-même en rendant trop tôt disponible le solde des caisses d'épargne qui dépassait encore 600 millions, et il n'avait pris aucune mesure à cet égard lorsque l'Assemblée nationale eut à voter l'emprunt de deux milliards en rente cinq pour cent qui était destiné à assurer la libération du territoire. Voulant donner aux populations laborieuses, clientes habituelles des caisses d'épargne, un témoignage de sympathie et de reconnaissance pour l'abnégation avec laquelle elles avaient accepté le sacrifice qui leur avait été imposé, l'Assemblée nationale ajouta, par voie d'amendement, au projet du gouvernement, un article aux termes duquel elle déclarait qu'en sus des rentes à créer pour la somme de deux milliards et les frais, le ministre des finances était autorisé à remettre aux déposants des caisses d'épargne qui en feraient la demande avant la clôture de la souscription, un titre libéré de l'emprunt par multiple de cinq francs de rente, pour une somme n'excédant pas le montant de leurs livrets, et aux conditions stipulées pour la souscription de l'emprunt.

---

1. Les succursales de la banlieue furent rouvertes aux dates suivantes :

25 Juin......................	Saint-Denis.
16 Juillet	Vincennes.
30 juillet	Courbevoie.
—	Neuilly.
6 août	Montrouge.
13 août.......	Charenton.
27 août................	Boulogne.
17 septembre.........	Pantin.
—	Aubervilliers.
—	Ivry.
1er octobre.................	Sceaux.
3 décembre........	Choisy-le-Roi.
10 décembre........	Levallois-Perret.

Il y eut 112,665 déposants tant à Paris que dans les départements qui usèrent de la faculté exceptionnelle accordée par l'article 2 de la loi du 20 juin 1871. Leurs souscriptions réunies s'élevèrent à 3,920,115 francs de rente correspondant à un capital de 62,569,200 francs. La Caisse d'épargne de Paris figurait dans cet ensemble pour 132,275 francs de rente représentant un capital de 2,096,747 francs qui fut prélevé sur 4,509 livrets. On pourrait s'étonner qu'elle n'eût pas eu une part plus importante si l'on ne se rappelait les avantages dont avaient bénéficié ses déposants depuis le 18 septembre. Au contraire, dans les départements, où l'on était encore soumis à toutes les rigueurs du décret du 17 septembre, on pouvait trouver dans la conversion un moyen de se procurer des ressources nécessaires.

Tous ne devaient pas tarder à rentrer dans le droit commun, grâce au succès de l'emprunt qui, le 30 juin, avait été près de deux fois couvert. Le gouvernement était rassuré et le 7 juillet, il proposait l'abrogation du décret du 17 septembre. « L'éclatante manifestation de confiance dont l'émission de l'emprunt vient d'être l'occasion, disait le ministre des finances dans l'exposé des motifs du projet de loi qu'il présentait à l'Assemblée nationale dans la séance du 7 juillet, le mouvement de reprise générale des affaires qui s'accentue chaque jour et assure au Trésor toutes les ressources qu'exigent les services publics, permettent sans préoccupation de rentrer, vis-à-vis des caisses d'épargne, dans le droit commun. Cette facilité de retrait de dépôts ne créera d'ailleurs aucun embarras au Trésor; déjà le mouvement des caisses d'épargne tend à se rétablir; des dépôts nouveaux s'effectuent; chaque semaine ces dépôts sont plus abondants et nul doute qu'ils n'atténuent sensiblement l'importance des remboursements. »

La loi était votée d'urgence le 12 juillet et la Caisse d'épargne de Paris reprenait immédiatement le cours régulier de ses opérations.

Il lui restait à liquider l'arriéré. En exécution des décrets du gouvernement de la Défense nationale qui avaient suspendu pendant la durée de la guerre le cours des prescriptions et des péremptions en matière civile, l'achat de rente d'office, au 1er avril, sur les comptes qui excédaient le maximum légal au

1er janvier 1871, avait dû être ajourné; de même avait été suspendue la conversion en rente des comptes abandonnés depuis trente ans à la date du 31 décembre 1870. La loi du 26 mai 1871 ayant fait cesser les exceptions apportées à la marche régulière des affaires, il put être procédé dans le courant du mois de septembre à ces diverses opérations.

Mais d'autres obligations s'imposaient bientôt à la Caisse d'épargne. Lorsque le gouvernement entreprit la reconstitution des actes de l'état civil de Paris dont les registres établis en double avaient été consumés dans l'incendie de l'Hôtel de Ville et du Palais de Justice où ils étaient en dépôt, un travail exceptionnel et important dut être entrepris. Plus que personne, la Caisse d'épargne de Paris était touchée par l'article 6 de la loi du 12 février 1872 qui prescrivait à tout détenteur, à quelque titre que ce fût, d'un extrait authentique d'un acte de l'état civil dressé à Paris avant 1860, et pour la mairie du douzième arrondissement entre le 1er janvier 1870 et le 25 mai 1871, d'en faire, dans le délai d'un an, la remise au bureau central établi à cet effet. Pour obéir à cette loi, la Caisse d'épargne dut se livrer à des recherches qui portèrent sur plus de trois millions de quittances successivement classées dans ses archives depuis 52 ans et auxquelles des extraits authentiques d'actes de l'état civil avaient pu être annexés au moment du payement ou de la remise d'inscriptions de rente. Ce travail, qui était terminé au mois de novembre, avait permis de réunir 5,162 extraits d'actes authentiques dont la Commission des actes de l'état civil était mise en possession avant l'expiration du délai légal.

Les événements que l'on venait de traverser devaient exciter la vigilance de tous ceux auxquels était confiée la garde de dépôts qui constituent une partie importante de la richesse intellectuelle d'une nation.

Dans les immenses désastres accomplis par la Commune de Paris, les bibliothèques, les ministères, les administrations publiques avaient fait des pertes dont la plupart étaient irréparables. Partout on recherchait à reconstituer ce que le feu avait détruit; il était difficile, souvent même il était impossible de retrouver des imprimés qui avaient été autrefois en usage et qui présentaient pour l'étude de certaines matières administratives un caractère d'utilité et d'intérêt incontestable. Heureusement que depuis longtemps les Archives nationales avaient réuni des collections d'instructions, de tableaux, de lettres, de circulaires que des administrations de l'État faisaient imprimer pour leur service intérieur et qui n'étaient pas mis dans le commerce. On ne trouvait ces documents nulle part ailleurs qu'aux Archives nationales où l'on remarquait qu'elles étaient consultées journellement avec non moins d'utilité que les pièces d'archives. Ce fut dans ces collections que le ministère des finances put retrouver des documents se rapportant à l'ancienne administration des finances qui avaient été anéantis dans ses propres archives. En prévision de catastrophes qui pourraient se reproduire, l'homme érudit qui était alors préposé à la direction générale des Archives nationales, considéra que c'était servir l'intérêt public que de compléter et d'étendre ces précieux dépôts où les administrations seraient assurées de retrouver ceux de leurs imprimés qui viendraient à être détruits ou perdus. Par une lettre du 20 novembre 1872, M. Alfred Maury demandait à l'agent général de la Caisse d'épargne de Paris que chaque imprimé émanant de son administration et notamment ce qui pouvait concerner le mouvement des caisses d'épargne, fût envoyé en double exemplaire aux Archives nationales pour s'ajouter aux collections existantes.

« En vous adressant cette demande, écrivait-il, je crois, Monsieur le directeur, servir l'intérêt public et voilà ce qui m'enhardit à vous la présenter. Au demeurant, je ne fais ici que solliciter de vous une mesure que plusieurs administrations ont jadis prise spontanément. »

L'agent général s'empressa de déférer au désir qui lui était exprimé en faisant remettre au directeur général des Archives une double collection des imprimés anciens aussi complète qu'il était possible de la reconstituer et une double collection de ceux qui étaient actuellement en usage.

Les épreuves auxquelles la Caisse d'épargne était soumise depuis plus d'un an ne touchaient pas encore à leur terme. Bien que pendant le dernier semestre de 1871 les versements se fussent relevés, ils restaient très inférieurs aux remboursements; le solde tombait au-dessous de 37 millions et le nombre des déposants était réduit à 229,000[1]. Ce fut à ce moment, alors que le produit de la retenue était loin de lui fournir les ressources nécessaires pour faire face aux dépenses de toute nature qui dans les heures de calamité publique tendent toujours à s'élever, qu'elle se trouva menacée d'avoir à supporter une charge qui aurait été d'un poids accablant pour ses finances.

La loi du 23 août 1871 qui avait établi des augmentations d'impôts et des impôts nouveaux relatifs à l'enregistrement et au timbre, contenait un article aux termes duquel étaient soumis à un droit de timbre de 10 centimes, à partir du 1er décembre 1871, les quittances, reçus ou décharges de sommes ou titres de quelque nature qu'ils soient qui emporteraient libération, reçu ou décharge.

Si cet article devait s'appliquer aux caisses d'épargne dans leurs rapports avec les déposants, c'était un impôt très lourd qui allait peser sur des établissements d'utilité publique, ne réalisant aucun bénéfice et n'ayant d'autre préoccupation que de couvrir leurs frais en rendant aux classes laborieuses les services pour lesquelles ils avaient été créés. On ne pouvait penser à faire supporter ce droit de quittance de dix centimes

1. Mouvement des opérations en 1871 :

	DÉPÔTS	RETRAITS			
		Espèces	Bons du Trésor	Achats de rentes	Ensemble
Janvier............	144,141f	288,564fr	30,240fr	87,542fr	406,346fr
Février............	148,255	208,646	35,550	123,803	457,999
Mars { 1er au 18.	178,951 }	356,020	55,660	211,310	623,008
{ 19 au 31.	43,910 }				
Avril	20,102	210,110	1,000	»	217,116
Mai { 1er au 21.	11,406 }	154,618	300	»	155,008
{ 20 au 31.	1,838 }				
Juin	284,675	263,136	41,070	106,079	411,185
Juillet	957,704	482,110	360,070	196,537	1,048,617
Août	880,820	1,880,840	100	211,054	2,101,003
Septembre........	760,605	1,712,706	»	323,858	2,036,624
Octobre..........	1,031,124	1,306,108	»	230,792	1,542,900
Novembre........	841,777	1,000,040	»	185,355	1,185,395
Décembre	605,812	875,167	»	64,970	940,137
	5,938,378fr	8,844,049fr	531,070fr	1,747,309fr	11,126,328fr

SITUATION AU 31 DÉCEMBRE 1871	NOMBRE DE DÉPOSANTS		SOLDE	MOYENNE
	y compris les déposants de la Société des prêts	non compris les déposants de la Société des prêts		
	243,750	220,875	36,000,000fr	160fr92

aux déposants dont les comptes ne présenteraient en général qu'une moyenne peu élevée et dont les versements et les retraits, qui n'étaient jamais que de petites sommes, se renouvelaient assez fréquemment. D'un autre côté, n'y avait-il pas lieu de tenir compte de la loi de 1835 qui avait exempté des droits de timbre les livrets et les registres des caisses d'épargne? La mention du remboursement inscrite au livret échappant à l'impôt nouveau, n'était-il pas permis de supposer que la quittance donnée sur une feuille volante dût profiter de la même dispense?

Ces diverses considérations furent exposées aux deux ministres du commerce et des finances par la Caisse d'épargne de Paris qui faisait remarquer que le nombre moyen de ses remboursements étant de 100,000 environ par an, l'impôt que, de ce chef seulement, elle aurait à payer serait de 10,000 francs; que s'il devait s'étendre aux versements dont le nombre pouvait alors être évalué en moyenne à 250,000, il s'élèverait dès la première année à 35,000 francs. Elle demandait donc, dans son propre intérêt, comme dans l'intérêt des caisses d'épargne départementales dont beaucoup s'étaient mises en rapport avec elle, que, par application de la loi de 1835, les mentions de versements et de remboursements portées aux livrets ne fussent pas soumises au timbre non plus que les quittances, reçus et décharges qui constateraient ces opérations entre les caisses d'épargne et leurs déposants, mais elle n'hésitait pas à reconnaître qu'en dehors de ces exemptions, justifiées par le caractère spécial de l'Institution, les caisses d'épargne seraient, dans tous les autres cas, soumises au droit commun.

Cette interprétation reposait sur des raisons solides, il était difficile de les réfuter et le silence gardé par l'administration semblait indiquer qu'elles avaient prévalu, lorsque le 6 juin 1872, une circulaire émanée du ministère des finances vint faire connaître aux caisses d'épargne que l'impôt était dû pour toutes les quittances proprement dites lorsqu'il en était délivré en dehors des livrets. C'était une solution inacceptable. Si la signature du déposant au pied d'un livret soldé en totalité, pouvait à la rigueur constituer pour la Caisse d'épargne, qui ne s'en dessaisissait plus, une décharge suffisante, il n'en devait pas être de même dans les cas infiniment plus fréquents de remboursements partiels après lesquels les livrets demeuraient entre les mains des titulaires. Aussi, le Conseil ne pouvait-il, sous peine de compromettre gravement les intérêts de la Caisse d'épargne, se dispenser d'avoir recours, quelque gêne que ses services dussent en ressentir, aux moyens que la loi de 1835 mettait à sa disposition, afin de soustraire l'Institution à un impôt trop lourd pour ses forces. Les registres à l'usage des caisses d'épargne étant, comme les livrets, exempts du timbre, il décida qu'à l'avenir les payements en espèces et les remises d'inscriptions de rente seraient constatés sur des registres, servant en même temps de bordereaux de caisse, qui contiendraient en regard de la mention du payement demandé et effectué, la signature de la partie prenante dûment contrôlée.

L'administration supérieure voulut contester à la Caisse d'épargne de Paris, qui avait été imitée par les caisses d'épargne des départements, la légalité de ce procédé, mais le Conseil des directeurs, fort de son droit, maintint la décision qu'il avait prise et l'on ne songea plus à l'inquiéter.

On reconnaissait qu'il était utile que la situation des caisses d'épargne se raffermît ; on sentait qu'il y avait un intérêt supérieur à encourager les petits capitaux à reprendre confiance et quand, au commencement de l'année 1872, le président Bartholony soumettait au ministre du commerce et au ministre des finances les idées du Conseil pour donner un champ plus large à l'action des caisses d'épargne, par l'adjonction des agents des postes, par l'élévation du maximum de dépôt et par le relèvement de l'intérêt qui ne se trouvait plus en rapport avec le taux actuel de l'argent, il recevait l'assurance que ces questions étaient l'objet des préoccupations du gouvernement.

La nécessité de favoriser le développement des caisses d'épargne avait frappé en même temps certains membres de la représentation nationale qui, le 12 août 1872, déposaient une proposition importante sur le bureau de l'Assemblée. Le projet de MM. Henri Fournier, Eugène Tallon et Arthur de Chabaud-Latour dans lequel était refondue, pour ainsi dire, toute la législation sur la matière, réalisait sur certains points les vues de la Caisse d'épargne de Paris.

L'intérêt bonifié par la Caisse des dépôts et consignations était porté à quatre et demi pour cent (art. 3).

La femme mariée pouvait, sauf opposition de son mari, faire sans le concours de celui-ci des versements et des retraits; le mineur de dix-huit ans était admis à retirer les sommes par lui déposées (art. 9).

Le crédit d'un compte pouvait s'élever à 3,000 francs versés en une ou plusieurs fois (art. 10).

Les remboursements étaient soumis à des délais variant suivant l'importance de la somme demandée, et en temps de crise, l'État pouvait restreindre et limiter à 50 francs par quinzaine le *quantum* de chaque remboursement (art. 14 et 15); c'était une sauvegarde inspirée par les mesures prises en 1870.

Dans les localités où il n'existait ni caisse d'épargne ni succursale, les percepteurs des contributions directes pouvaient être, avec l'autorisation du ministre des finances, des agents de transmission entre les déposants et les caisses d'épargne établies au chef-lieu du département ou de l'arrondissement (art. 16).

Telles étaient les principales dispositions du projet de loi. Mais les députés qui l'avaient préparé, cherchant avant tout à assurer la prospérité des caisses d'épargne et à développer, par leur diffusion, l'esprit d'économie, crurent qu'il ne serait pas inutile de consulter les Conseils de direction de ces établissements et, par les soins du ministre du commerce, une circulaire les invita à présenter leurs observations.

La commission chargée de l'examen de la proposition de M. Fournier et de ses deux collègues, se trouva ainsi éclairée par l'expérience de ceux qui, depuis longtemps à l'œuvre, pouvaient se rendre compte de l'utilité des réformes proposées; aussi, le projet qui sortit de ses délibérations devait-il contenir l'expression du sentiment général.

Dans un rapport qui est resté un document historique et législatif de la plus haute importance, M. Denormandie exposait, avec une science peu commune et une grande clarté de discussion, tous les points sur lesquels devait porter la revision des lois qui régissaient les caisses d'épargne.

La commission estimant que c'était une entreprise grave et dangereuse que de détruire une législation entière pour la refondre, surtout quand cette législation, qui s'était faite avec le temps, reposait sur des textes nombreux, n'avait conservé de la proposition primitive que les articles qui contenaient des dispositions nouvelles et vraiment importantes. Quant à la fixation du taux de l'intérêt, elle n'avait pas cru devoir s'en occuper, jugeant sans doute que ce n'était pas à un projet dû à l'initiative parlementaire qu'il appartenait de soulever une question du domaine exclusif du ministre des finances.

Elle acceptait que les percepteurs servissent d'auxiliaires aux caisses d'épargne, mais elle craignait les préventions de la population à l'égard d'agents qui, étant chargés de recevoir les impôts, pourraient, en recueillant les épargnes du déposant, saisir le secret du contribuable, et en même temps que ces comptables, elle désignait dans l'article premier pour prêter leur concours à l'Institution, les receveurs des postes.

Par l'article 2, elle limitait le capital déposé à 2,000 francs, mais elle permettait qu'il pût s'élever à 2,500 francs par l'accumulation des intérêts.

Les exceptions à la loi civile en faveur des femmes mariées et des mineurs faisaient l'objet de l'article 3, et l'article 4, tout en maintenant les règles fixées pour les remboursements par les lois et les décrets en vigueur, contenait la clause de sauvegarde dont l'application ne pouvait résulter que d'un décret rendu par le Président de la République en Conseil des ministres.

L'article 5 avait pour but de décharger les caisses d'épargne de toutes quittances et pièces remontant à plus de trente ans.

Enfin, dans l'article 6, il était déclaré que toutes les dispositions légales auxquelles il n'était pas dérogé par les articles précédents restaient en vigueur.

En résumé, le projet de loi sur lequel avait à délibérer l'Assemblée nationale lorsque s'ouvrit la discussion, le 12 mai 1875, tendait à relever les caisses d'épargne françaises au niveau atteint dans les pays les plus avancés en civilisation; et cependant le maximum de dépôt, tout en étant sensiblement remonté, restait encore inférieur au maximum fixé par la loi de 1835 et à la limite adoptée dans la plupart des pays d'Europe. En même temps, il assurait l'État contre les crises et les déposants contre des décisions imprévues et arbitraires, en rendant légale une mesure qui avait été mise très heureusement en pratique à Paris, pendant les événements de 1870 et de 1871.

Après le vote de l'article premier, les dispositions de l'Assemblée se manifestèrent clairement contre le projet. Il ne s'agissait cependant que des intérêts des classes laborieuses et aucune des propositions de la commission n'était de nature à passionner la discussion, mais la politique peut-elle jamais s'abstenir de mêler ses ardeurs à tout débat parlementaire quel qu'il soit? Malgré les efforts du rapporteur qui, dans une discussion aussi solide que brillante, soutenait le projet de la commission et l'opinion d'une partie de l'Assemblée, malgré l'intervention des auteurs de la proposition, malgré les déclarations que vint faire à la tribune le ministre du commerce, le relèvement du maximum de dépôt fut repoussé; fut repoussé également un amendement qui tendait à restreindre l'effet de l'article 2, aux caisses d'épargne de Paris et des huit grandes villes dont la population dépassait 100,000 âmes [1].

L'article 3 qui donnait aux femmes mariées et aux mineurs le droit de faire des opérations à la Caisse d'épargne sans le concours de leurs maris ou de leurs représentants légaux ne fut pas davantage adopté, et quand on arriva à l'article 4 où se trouvait inscrite la clause de sauvegarde, disposition bien digne cependant de fixer l'attention du législateur, la majorité se leva pour le rejeter.

En présence du mouvement manifestement défavorable qu'elle constatait dans l'Assemblée, et avec la pensée que le gouvernement pourrait, par une simple mesure administrative, faire bénéficier les caisses d'épargne de l'intervention des percepteurs des contributions directes et des receveurs des postes, la commission, d'accord avec les auteurs de la proposition, déclara alors, par l'organe de son rapporteur, qu'elle retirait le projet de loi.

Tel était le résultat auquel une étude qui avait été longue, approfondie et consciencieuse aboutissait après trois jours de discussion. Quelques années plus tard, il ne faudra pas un temps aussi long pour que ces mêmes propositions si mal appréciées en 1875 soient votées sans hésitation.

Cependant, sur un point, les travaux de la commission et le

---

1. Les villes qui devaient, avec Paris, profiter de l'exception proposée par la commission étaient Lyon, Marseille, Bordeaux, Lille, Toulouse, Nantes, Saint-Étienne et Rouen.

vote émis par l'Assemblée nationale sur l'article premier ne restèrent pas inutiles. Le 23 août 1875, un décret était rendu concernant l'intervention des percepteurs des contributions directes et des receveurs des postes dans le service des caisses d'épargne.

Par une disposition insérée dans l'article 9 de ce décret, le gouvernement donnait une nouvelle satisfaction à la commission en déclarant, conformément à l'opinion développée par M. Denormandie, dans son rapport, que les quittances des sommes déposées aux caisses d'épargne ainsi que les quittances des sommes remboursées aux déposants étaient exemptes de timbre.

Les caisses d'épargne et leurs déposants méritaient bien qu'on s'occupât de leurs intérêts. Leur bonne contenance en 1870 et en 1871 ne s'était pas démentie quand les opérations eurent repris leur libre cours. De 515 millions où il était tombé en 1872, le solde général des caisses d'épargne remontait à 573 millions en 1874 et le nombre des déposants s'était élevé dans le même temps de 2,016,552 à 2,170,000 [1].

La Caisse d'épargne de Paris subissait une épreuve plus longue que les caisses d'épargne considérées dans leur ensemble. Par suite de la faiblesse des versements qui restaient inférieurs aux remboursements, le solde dû à ses déposants s'était abaissé au 31 décembre 1872 jusqu'à 35 millions. Il est vrai qu'au cours de cette année avait été émis l'emprunt de 3 milliards. La clause de faveur qui avait été insérée dans la première loi d'emprunt du 20 juin 1871, au profit des déposants des caisses d'épargne, n'ayant pas été reproduite dans la loi du 15 juillet 1872, les souscriptions directes avaient dû détourner de la Caisse d'épargne certaines économies. Parmi les déposants, il y en eut 1,372 qui demandèrent que pour une partie le montant de leurs livrets fût affecté à cet emprunt. Leurs sous-

1. Situation générale des caisses d'épargne y compris la Caisse de Paris :

AU 31 DÉCEMBRE	NOMBRE DE CAISSES	NOMBRE DE DÉPOSANTS	SOLDE	MOYENNES
1870	489	2,079,141	632,225,195ᶠ	304ᶠ08
1871	489	2,021,228	537,489,034	265 92
1872	500	2,016,552	515,218,527	255 40
1873	508	2,079,196	535,096,737	257 36
1874	512	2,170,000	573,408,907	264 28

criptions montèrent à 36,240 francs de rente, mais elles furent réduites à 6,880 francs dont le capital s'élevant à 114,100 francs était intégralement versé au moment de la répartition.

Au moment où tant de petites économies avaient besoin de se reconstituer, les avantages qu'offrait à tous l'Institution devaient être recherchés par les œuvres que l'esprit de charité inspirait alors pour atténuer les malheurs de la guerre.

A toutes les associations de bienfaisance qui, depuis 1837, et elles étaient nombreuses, constituaient la Caisse d'épargne de Paris gardienne de leurs offrandes, jusqu'au jour marqué pour le remboursement du capital et des intérêts au profit ou entre les mains mêmes des bénéficiaires, on avait vu se joindre dès 1871 des sociétés de prévoyance, de secours mutuels, de patronage qui s'étaient formées pour prêter aide et assistance aux Alsaciens-Lorrains dont la ville de Paris était devenue le refuge.

Une œuvre nationale, l'œuvre des Orphelins de la guerre, qui venait de s'organiser sous la présidence de Mme Thiers, Mme la maréchale de Mac-Mahon en étant la vice-présidente, avait demandé au Conseil des directeurs, pour faire fructifier et pour administrer les fonds dont elle était la dispensatrice, que l'Institution lui donnât également son concours et la Caisse d'épargne de Paris se trouva chargée ainsi d'assurer le payement trimestriel de la pension des enfants et d'assurer à ces infortunés un petit pécule à l'époque de leur majorité.

Les archives où la Caisse d'épargne conserve le souvenir des libéralités dont elle est dépositaire, s'était enrichie, en 1872, d'un nouveau bienfaiteur. M. Lavocat, ancien commerçant à Paris, qui avait acquis par son travail, son économie, son honorabilité une situation indépendante et respectée, était mort en faisant à la Caisse d'épargne un legs de 60,000 francs. Cette somme devait être convertie en 1,200 livrets de 50 francs chacun à distribuer par portions égales entre 1,200 enfants des deux sexes, âgés de dix à quinze ans. Les titulaires devaient être choisis par l'administration de la Caisse d'épargne dans les écoles communales, dans les ouvroirs, dans les ateliers, et ils ne pourraient disposer de leurs livrets avant leur majorité.

Pour exécuter les volontés du testateur, le Conseil des directeurs crut devoir répartir la somme léguée entre tous les établissements qui, dans Paris et dans le département de la Seine, s'occupaient de l'enfance et proportionnellement au nombre de filles et de garçons de dix à quinze ans qui y étaient admis. Les écoles communales tant congréganistes que laïques reçurent les deux tiers des livrets; le troisième tiers fut réparti entre les écoles libres dirigées par les Sœurs ou par les Frères de la doctrine chrétienne, les écoles libres protestantes et israélites, les écoles professionnelles, la société Fénelon, les écoles d'apprentis. Les intérêts produits par la somme léguée jusqu'au jour de la répartition permirent de porter à 1,256 le nombre des livrets qui furent ainsi distribués, dans 307 écoles de garçons et dans 334 écoles de filles, aux enfants que leur travail, leur bonne conduite, leur intelligence rendaient les plus dignes d'être encouragés [1].

L'attention était appelée dans le même temps sur une question qui, à un titre différent, intéressait encore l'enfance. On commençait à parler en France d'un système d'épargne introduit dans les écoles de Gand, grâce à l'initiative et aux efforts d'un professeur de l'Université de cette ville, M. Laurent, qui se proposait de donner aux enfants, dès le premier âge, des habitudes d'économie et de prévoyance. L'importance de cette tentative avait paru assez grande en Belgique pour qu'on ait décerné à un petit ouvrage intitulé *Conférence sur l'épargne* dans lequel

---

1. Ces 1,256 livrets formaient ensemble un capital de 62,761 fr. 80, le reliquat de 61 fr. 80 ayant été divisé en deux livrets de 30 fr. 90 chacun.

Ouverts à des enfants âgés, le 4 décembre 1873, de dix à quinze ans, les livrets devenaient libres entre les mains des titulaires dans un espace de temps compris entre le 4 décembre 1879 et le 4 décembre 1884. Or, on constate, au 31 décembre 1890, que ce capital de.........   62,761 fr. 80
s'est augmenté depuis le jour de la distribution des livrets, des versements directement effectués par les titulaires s'élevant ensemble à la somme de.....................   84,932 fr.
laquelle représente 135 pour 100 de la somme léguée.
Les intérêts capitalisés ayant été de.....................   24,076 fr. 78
le profit de la libéralité de M. Lavocat s'est élevé au 31 décembre 1890 à...   171,770 fr. 58
La valeur du legs était augmentée de 174 pour 100. En 1890, au 31 décembre, 87 livrets restaient encore ouverts, présentant ensemble un solde de 9,024 fr.
En raison de l'importance des versements effectués spontanément par les titulaires eux-mêmes, on est fondé à croire, que beaucoup d'entre eux ayant touché le montant de leurs livrets après l'accomplissement de la condition imposée, ont dû se faire ouvrir des livrets ordinaires.

M. Laurent avait développé ses idées, un prix de 10,000 francs fondé par un Gantois en faveur de celui qui aurait fait le meilleur ouvrage ou la meilleure invention dans le but d'améliorer la position matérielle ou intellectuelle de la classe ouvrière.

Pour être complètement édifié sur la mise en pratique des procédés de M. Laurent et sur les résultats obtenus, le Conseil des directeurs avait chargé M. Faudon, d'aller en Belgique et de lui rendre compte du système suivant lequel fonctionnait la caisse d'épargne établie à Gand. Il n'ignorait point que l'idée de l'épargne scolaire n'était pas nouvelle, mais il savait aussi qu'en France où elle était née, elle n'avait pu se développer parce qu'elle aurait eu besoin d'une impulsion qui avait fait défaut. Dans le rapport qu'il présentait le 25 avril 1839 sur les opérations de la Caisse d'épargne de Paris, Benjamin Delessert entretenait l'Assemblée des efforts faits dans quelques départements pour rendre les caisses d'épargne accessibles même aux enfants. « On vient de fonder, disait-il, une petite caisse d'épargne dans l'école primaire du Mans; on y reçoit depuis cinq centimes jusqu'à un franc. Aussitôt que l'épargne a atteint cette dernière somme, elle est versée dans la caisse d'épargne du département où elle porte intérêt. Le total des dépôts faits la même année pour les 250 élèves de l'école a été de 7,980 fr. 50. »

Le créateur de cette petite institution, M. Dulac, qui ne fut guère connu de son vivant en dehors de l'école où il enseignait l'enfance, avait commencé vers 1834 à apprendre à ses jeunes élèves que le travail sans l'économie est improductif et que les plus petites épargnes, quand on a la patience de les faire fructifier, sont le commencement de la richesse. Après sa mort, il ne resta de son œuvre que des notes et les modèles des registres qui lui servaient à tenir sa comptabilité. Bien des années s'étaient écoulées lorsqu'on tenta de répandre dans les écoles primaires de la Belgique un système de caisse d'épargne scolaire qui avait une grande analogie avec celui qui avait été inauguré en 1834, et lorsqu'à l'exposition universelle de 1889, la caisse d'épargne du Mans eut la bonne pensée de rappeler l'œuvre organisée et poursuivie par le modeste instituteur, le jury des récompenses rendait un hommage mérité à la mémoire de M. Dulac en gravant son nom sur une médaille d'or.

M. Faudon avait rapporté de Belgique des renseignements qui ne laissaient aucun doute sur la faveur dont jouissait dans les écoles primaires communales de Gand et de plusieurs autres villes du royaume, l'institution des caisses d'épargne scolaires. Comme au Mans, en 1834, on recevait dans ces petites caisses les moindres économies des enfants et quand les fonds recueillis formaient une somme suffisante, ils étaient versés à la Caisse générale d'épargne et de retraite sur des livrets ouverts au nom des enfants. Les résultats étaient vraiment dignes de remarque. Au 31 décembre 1873, dans la ville de Gand, sur une population scolaire de 14,324 enfants, 13,390 étaient titulaires d'un livret de la Caisse d'épargne belge et le montant de tous ces livrets réunis s'élevait à 368,167 francs ; la moyenne dépassait 27 francs par livret.

Le Conseil des directeurs fut d'avis que la Caisse d'épargne de Paris devait prendre toutes les mesures nécessaires pour aider à propager dans les écoles primaires l'institution de la caisse d'épargne scolaire. Il ne se dissimulait pas que des livrets dont le solde ne s'élèverait guère au-dessus de quelques francs pourraient devenir une charge assez onéreuse, si le nombre s'accroissait dans la proportion de la population scolaire, mais ne voulant pas, pour se soustraire à une dépense, refuser son appui à une œuvre qui lui paraissait viable et qui devait contribuer à l'éducation morale et intellectuelle des enfants, il arrêta les prescriptions à suivre pour administrer avec la plus grande économie, les livrets à provenir de l'épargne recueillie dans les écoles. Il fit établir tous les imprimés, registres, cahiers, bordereaux nécessaires aux petites caisses qui pourraient se constituer et il les tint à la disposition des instituteurs qui voudraient les mettre en usage. Il ne pouvait faire plus. Son action devait s'arrêter au seuil de l'école sous peine de faire naître des conflits qui auraient pu ruiner l'entreprise à sa naissance.

Ce fut dans l'établissement de Saint-Nicolas, dirigé par les Frères de la doctrine chrétienne que fut organisée, à Paris, la première caisse d'épargne scolaire. Dans la classe des apprentis où les enfants faisaient déjà de petits profits par leur travail, les sous épargnés étaient recueillis par le maître. Chaque déposant avait un compte spécial, et dès que son crédit atteignait un franc, l'élève devenait titulaire d'un livret de la Caisse d'épargne de Paris, d'une série spéciale, sur lequel étaient portées ses économies successives dès qu'une nouvelle somme d'un franc était réalisée.

L'expérience parut satisfaisante. En quatre mois, des livrets avaient été délivrés à 89 enfants qui avaient fait 206 dépôts s'élevant ensemble à 742 francs. Néanmoins, l'idée fut lente à se propager et des années se passèrent avant qu'elle pénétrât dans les écoles communales.

Les livrets de la Caisse d'épargne de Paris n'étaient pourtant pas inconnus dans les établissements scolaires de la ville et il n'aurait fallu qu'un bien petit effort pour apprendre aux enfants les premières notions pratiques de la prévoyance et de l'économie.

Chaque année, des livrets donnés soit par des particuliers, soit par les municipalités ou les caisses des écoles qui commençaient à se généraliser, étaient distribués en prix et le nombre s'en était accru en 1872. A cette époque, le Conseil municipal supprimait les bourses d'apprentissage qui ne paraissaient plus répondre au but que l'on s'était proposé en 1849. En même temps, il décidait que le crédit ouvert pour ces bourses serait à l'avenir consacré à des livrets de caisse d'épargne de 100 à 150 francs destinés à être attribués chaque année aux plus méritants parmi les enfants qui resteraient à l'école jusqu'à l'obtention du certificat d'étude et parmi les apprentis qui fréquenteraient les cours d'adultes avec le plus de suite et de profit [1].

A tous les déposants que la Caisse d'épargne était heureuse de voir se grouper autour d'elle pour reconstituer les économies que la guerre avait anéanties, étaient venus se joindre en 1873 quelques-uns de ces malheureux qui, pour ne pas changer de patrie et ne voulant pas retourner dans leur pays d'origine, même pour y chercher le petit bien qu'ils pouvaient y avoir laissé, avaient demandé le transfert sur la Caisse d'épargne de Paris des livrets dont ils étaient titulaires dans une des caisses de l'Alsace-Lorraine.

---

1. Rapport de M. Beudant au Conseil municipal sur la création d'une école d'apprentis. — Séance du 8 mai 1872.

Pour l'exécution de la décision qu'avait prise la Commission mixte de liquidation instituée par l'article 11 de la convention du 11 décembre 1871 additionnelle au traité de paix entre la France et l'Allemagne, une circulaire ministérielle du 22 janvier 1873 avait fait appel aux caisses d'épargne pour seconder l'administration, en recevant les demandes de transfert et en les faisant parvenir à la Caisse des dépôts et consignations avant le 31 mars 1873, délai de rigueur. Les demandes transmises par la Caisse d'épargne de Paris ne furent pas nombreuses, peut-être à cause des difficultés que les intéressés éprouvaient à fournir les pièces qu'on exigeait d'eux pour la justification de leurs droits. Cependant un certain nombre d'ouvriers, de domestiques, d'employés, de personnes n'exerçant aucune profession purent être ainsi remis par l'intermédiaire de la Caisse d'épargne de Paris en possession de leur avoir.

Au milieu de tous ses travaux, la Caisse d'épargne avait le chagrin de voir que la mort frappait ceux qui avaient contribué à la conduire si heureusement au milieu des épreuves de toute nature qu'elle avait eu à traverser. M. Devalois nommé administrateur en 1820 et qui avait été pendant quarante-deux ans membre du Conseil où son opinion faisait autorité, M. Cochin dont la pensée toujours occupée de l'amélioration morale et sociale des classes laborieuses s'associait si utilement à celle de ses collègues qui cherchaient à combattre la misère en stimulant l'esprit de prévoyance, avaient succombé en 1872. En même temps mourait M. Goffin, dont le président Bartholony disait : « Il est mort plein de jours et cependant sa vie paraît encore trop courte quand on songe que sa présence sur cette terre était marquée par de continuels bienfaits. Sa charité était inépuisable et toutes les fois qu'il trouvait une bonne œuvre à accomplir, il était prêt à payer non seulement de sa bourse, mais, ce qui est plus rare, de sa personne. On a dit de lui qu'il était un saint Vincent de Paul laïque. La philanthropie éclairée de M. Goffin appréciait à sa haute valeur notre Institution dont le but est de combattre la misère, non pas comme la charité par des dons et des secours, mais en stimulant l'esprit de prévoyance. »

M. Goffin, qui avait vécu en s'oubliant lui-même et dont les pauvres ont emporté le souvenir dans la tombe, méritait que la Caisse d'épargne lui adressât ce dernier hommage.

Pour remplacer ces trois hommes de bien qui avaient honoré l'Institution, le Conseil avait porté ses suffrages sur M. Édouard Devalois qui pendant vingt ans avait été administrateur et qui avait été élu conseur en 1867; sur le comte Hippolyte de la Rochefoucauld, le petit-fils du duc de la Rochefoucauld-Liancourt qui, le premier, avait présidé à la direction de la Caisse d'épargne et dont la mémoire, comme celle de Benjamin Delessert, était vénérée de tous; sur M. Alfred André, régent de la Banque de France, membre de l'Assemblée nationale, qui était d'une famille dont la Caisse d'épargne avait, dès les premiers jours de son existence, apprécié les sentiments. Ces trois directeurs, par leur expérience et leur dévouement, devaient rendre à la Caisse d'épargne les forces dont elle venait d'être privée.

En 1874, M. Frédéric Moreau, censeur de la Banque de France, ancien juge au tribunal de commerce, qui, nommé administrateur depuis quatorze ans, était entré dans le comité de censure en 1808, venait occuper dans le Conseil le fauteuil devenu vacant par la mort de M. Argand dont le concours assidu n'avait jamais pendant douze ans fait défaut à la Caisse d'épargne.

Peu de temps après cette dernière nomination, M. Houette, contraint par l'état de sa santé à donner sa démission, était nommé directeur honoraire et le Conseil, dans sa séance du 10 juin 1875, nommait pour le remplacer M. Denormandie, membre de l'Assemblée nationale, qui, en pénétrant dans l'histoire des Caisses d'épargne, était devenu un des plus fermes soutiens de l'Institution.

Bien que les opérations se fussent un peu relevées [1], les

1. Situation de la Caisse d'épargne de Paris :

AU 31 DÉCEMBRE	NOMBRE DE DÉPOSANTS		SOLDE	MOYENNES
	y compris les déposants de la Société des prêts	non compris les déposants de la Société des prêts		
1870	254,416	210,508	43,031,726ʳ	178ʳ03
1871	243,756	220,875	26,090,003	100 04
1872	241,155	227,826	35,451,123	155 80
1873	240,792	227,352	36,110,907	158 99
1874	245,735	232,302	37,857,772	162 05

années qui venaient de s'écouler avaient été, on l'a vu, laborieuses pour la Caisse d'épargne et en même temps, elles
avaient laissé dans l'esprit de ceux qui avaient mission de la
diriger, certaines impressions qui devaient leur servir à
s'orienter dans l'avenir. Le Conseil sentait, en effet, que les
règlements dans lesquels il se renfermait ne répondaient plus
aux nécessités, aux aspirations de l'heure présente. Quand,
après de grands troubles, la tranquillité reparaît, il semble que
les coutumes anciennes aient besoin d'être rajeunies et que,
pour se réhabituer aux usages d'autrefois, il faille les voir sous
un aspect nouveau. Le Conseil était de l'avis de ceux qui
croyaient qu'il y avait des améliorations à apporter dans l'organisation des services des caisses d'épargne ; il avait reconnu
avant même que la pensée des membres de l'Assemblée nationale eût été consignée dans le rapport de M. Denormandie,
que les déplacements qu'entraînaient les opérations étaient
fréquents, que l'obligation de laisser son livret dans les bureaux
pendant une semaine après chaque versement ou chaque remboursement, que la nécessité de se présenter pour faire une
demande de retrait qui ne recevait son effet que plusieurs
jours après, pouvaient, en effet, causer aux déposants des
pertes de temps regrettables et souvent onéreuses, mais il rappelait que ces pratiques, qui n'avaient d'ailleurs rien de contraire aux règlements ministériels, avaient été établies dans
l'intérêt des déposants et de l'accroissement de l'épargne. Lorsqu'en 1825, on avait résolu de conserver le livret après chaque
opération, c'était pour donner satisfaction aux déposants qui
étaient retenus des heures entières pendant que la comptabilité
enregistrait le dépôt ou le retrait d'après le livret même. Le
Conseil faisait encore remarquer que la Caisse d'épargne en
retenant les livrets pour passer les écritures avec le titre même
qui constatait l'opération, assurait à la comptabilité une précision absolue et que le travail réparti sur une semaine entière
pouvait ainsi être exécuté par un personnel relativement restreint. Néanmoins il n'était pas opposé au mouvement qui
s'était manifesté ; mais comme il avait souci de maintenir les
frais d'administration dans les plus justes limites, il avait voulu
attendre, pour aborder la question des réformes, que des ressources plus abondantes lui fussent assurées et il comptait sur

une augmentation du produit de la retenue par le relèvement du maximum de dépôt. L'issue de la discussion parlementaire avait ruiné ses espérances, mais ne lui avait rien enlevé de son esprit de décision et il pensa qu'il fallait rechercher comment, sans compromettre la bonne tenue de la comptabilité et sans faire des dépenses trop considérables, on pourrait rendre plus facile l'accès de la Caisse d'épargne.

Dans sa séance du 21 juillet 1875, le Conseil confiait cette tâche à l'agent général qui étudiait les graves et délicates questions que soulevait la réalisation du projet dont on l'avait entretenu, lorsque la mort l'atteignit subitement.

Le 21 octobre 1875, M. Faudon succombait dans son cabinet, frappé d'une attaque d'apoplexie foudroyante.

Quand il se réunit après ce douloureux événement, le Conseil rendit à la mémoire de son agent général un hommage mérité; pendant les six années qu'il avait occupé les fonctions auxquelles il avait été appelé après le décès de M. Agathon Prévost, M. Faudon avait servi la Caisse d'épargne avec intelligence et dévouement; il est même juste d'ajouter qu'il l'avait servie avec courage, car pendant la Commune il était dangereux de faire son devoir et l'agent général de la Caisse d'épargne de Paris n'avait pas failli à celui que lui avait imposé la confiance du Conseil. En reconnaissance de ses services, il fut décidé que les frais de ses funérailles seraient à la charge de la Caisse d'épargne.

Ce fut au successeur que, dans la séance du 15 novembre, le Conseil donna à M. Faudon, qu'incomba la tâche que celui-ci n'avait pu remplir [1].

L'année qui s'achevait dans des conditions très favorables pour les caisses d'épargne considérées dans leur ensemble, avait été marquée par certains progrès dans les opérations de la Caisse d'épargne de Paris. Les versements qui depuis 1872 restaient assez bas, avaient dépassé 16 millions, les remboursements n'avaient atteint que 12 millions et demi et le solde

1. M. Eugène Bayard qui était appelé par la confiance du Conseil des directeurs à occuper la place si dignement remplie par M. Agathon Prévost et par M. Faudon, avait appartenu de 1855 à 1870 au Conseil d'État. Au moment du 4 septembre, il était maître des requêtes de première classe, commissaire du Gouvernement près le Conseil d'État délibérant au contentieux. Depuis 1871, il était réinscrit au tableau de l'ordre des avocats près la Cour d'appel de Paris.

qui, après être tombé à 35 millions en 1872, s'était peu à peu relevé pendant les deux années suivantes, montait au 31 décembre 1875, à 40,809,000 francs, appartenant à 241,253 déposants [1].

Quant à la fortune personnelle de la Caisse d'épargne, comprenant ses fonds de dotation et de réserve, qui était au 31 décembre 1869 de 2,204,374 francs, elle était descendue à 1,983,347 francs, se trouvant ainsi diminuée en six ans de 221,000 francs.

Le Conseil n'avait donc pas tort de chercher à obtenir pour les déposants un maximum plus élevé. La moyenne de 169 francs qui ressortait des chiffres arrêtés au 31 décembre 1875 était d'une faiblesse extrême et n'indiquait pas que les capitalistes, comme on l'avait dit dans la discussion du mois de mai, abusassent de la Caisse d'épargne pour le placement de leurs fonds.

Les réformes que l'on allait entreprendre dans les rapports de la Caisse d'épargne avec les déposants auraient-elles pour effet de ramener les opérations dans la voie qu'elles suivaient autrefois et de relever la moyenne des livrets? On devait l'espérer. Si, en effet, le déposant avait à souffrir des démarches qu'entraînait un retrait et du délai qui s'écoulait entre le jour de la demande et celui du payement, il n'aurait plus lieu de se plaindre quand il lui suffirait de présenter son livret et de signer une quittance pour être remboursé de la somme dont il pourrait avoir besoin.

1. Mouvement des opérations de 1872 à 1875 :

ANNÉES	DÉPÔTS	RETRAITS	ACHATS DE RENTES
1872	12,620,128fr	12,676,391fr	2,073,606fr
1873	13,548,771	11,619,476	2,880,051
1874	11,433,670	11,561,010	2,732,932
1875	16,372,655	12,541,063	2,665,213

Situation de la Caisse d'épargne de Paris :

AU 31 DÉCEMBRE	NOMBRE DE DÉPOSANTS		SOLDE	MOYENNE
	y compris les déposants de la Société des prêts	non compris les déposants de la Société des prêts		
1875	254,011	241,253	40,809,505fr	160fr46

- Situation générale des caisses d'épargne y compris la Caisse d'épargne de Paris au 31 décembre 1875 :

NOMBRE DE CAISSES	NOMBRE DE DÉPOSANTS	SOLDE	MOYENNE
515	2,365,567	660,113,908fr	270fr18

Ce fut le 5 septembre 1876 que commença le service des remboursements à vue. Il avait fallu pour l'organiser que les bureaux reçussent une distribution nouvelle, afin que tous les éléments de vérification et de contrôle réunis sur un même point, permissent de donner rapidement satisfaction à un public qui se renouvelait sans cesse. Le montant des retraits n'était pas limité, mais cependant il ne pouvait comprendre la totalité du compte, car alors, il y aurait eu à opérer une liquidation qui, si elle avait été faite pendant la séance, aurait nécessairement ralenti les opérations de ceux qui demandaient un remboursement partiel et dont le temps devait être ménagé.

Cette première mesure en commandait une autre. Il était essentiel, en effet, pour que le déposant fût toujours à même d'agir à son gré que le livret lui fût remis aussitôt après qu'un versement y aurait été inscrit, de même qu'il lui était rendu au moment du remboursement. Le mode nouveau adopté pour recevoir les dépôts fut introduit d'abord à la Caisse centrale où il fut mis en exercice le 12 décembre 1876. Quand il eut été expérimenté et qu'il fut reconnu qu'il donnait pour la tenue de la comptabilité les mêmes garanties d'exactitude et de sécurité que les pratiques suivies jusqu'alors, il fut sans retard appliqué dans les succursales.

Le déposant, à moins qu'il ne préférât laisser son livret à la Caisse d'épargne, en restait donc continuellement détenteur et, contrairement à ce qui se passait dans le temps où il en était dépossédé pendant une semaine à la suite de l'opération qu'il avait effectuée, il lui était permis maintenant de faire des opérations de toute nature aussi souvent qu'il le voulait.

Ainsi, il pouvait suivant ses convenances apporter en une seule fois ou fractionner en plusieurs versements la somme qu'il se proposait de déposer, sans jamais cependant dépasser le maximum de 300 francs par semaine fixé par la loi. De même, il était libre de renouveler ses retraits dans la même semaine ou dans la même journée s'il le jugeait utile à ses intérêts. Concurremment avec les dépôts et les retraits pour lesquels il était libre de choisir son heure, il pouvait faire faire emploi en rente de ses économies, souscrire un placement à la Caisse des retraites, demander le transfert de ses fonds sur une caisse d'épargne départementale s'il changeait de résidence. La même rapidité était imprimée à l'exécution de ces différentes opérations. Les achats de rente qui précédemment ne s'effectuaient qu'une fois par semaine sur des bordereaux où étaient réunies toutes les demandes reçues dans les sept jours précédents, se faisaient tous les jours maintenant. Ce système de règlement journalier des opérations qui était devenu la loi de la Caisse d'épargne de Paris, ne tarda pas à être appliqué également aux transferts sur les caisses d'épargne départementales qui chaque jour furent envoyés à la Caisse des dépôts et consignations.

Tous ces avantages que procurait aux déposants la possession de leurs livrets, n'étaient pas les seuls dont le Conseil devait les faire profiter. Il voulut que la Caisse d'épargne se rapprochât d'eux et il ouvrit les succursales, alors au nombre de trente-deux, aux demandes d'achats de rente et aux remboursements qui n'avaient jamais eu lieu encore autre part qu'à la Caisse centrale. Seulement il n'était pas possible dans ce cas d'effectuer les payements à vue; comme les livrets pouvaient être présentés indistinctement dans toutes les succursales, où ne pouvaient être transportés en même temps tous les registres sur lesquels étaient consignés les renseignements qui permettaient de constater l'identité des déposants et l'état de leurs comptes, il y eut nécessité absolue de conserver l'obligation de la demande préalable. Pour ceux donc qui étaient moins pressés d'opérer un retrait ou qui se trouvaient empêchés de se déranger pendant la semaine et de venir, de très loin souvent, jusqu'à la Caisse centrale, ils avaient la faculté de se présenter le dimanche dans telle succursale qui leur convenait pour demander un remboursement qu'ils touchaient le dimanche suivant à cette même succursale. D'abord appliqué en 1877 sur les points les plus éloignés de Paris, ce système fut étendu successivement dans la banlieue et dans la ville même, et, au commencement de 1879, toutes les succursales étaient dotées d'un service nouveau très apprécié des déposants.

Les améliorations que recherchait le Conseil se portèrent également sur le régime des livrets qui provenaient des caisses d'épargne scolaires. Il constatait avec regret que l'exemple donné par l'établissement de Saint-Nicolas n'était pas suivi. En 1876, l'épargne avait été recueillie seulement dans trois nou-

velles petites écoles ; il y avait eu un léger accroissement en
1877, on avait compté quatre écoles de plus. Ce résultat était
de nature à faire douter de l'avenir de cette œuvre intéressante
et le Conseil pensa qu'il devait chercher à assurer le développement de l'épargne scolaire en donnant aux instituteurs
toutes les facilités d'action qui seraient de nature à assurer
leur concours. On modifia le règlement primitif et les instituteurs furent admis à faire à leur gré, soit à la Caisse centrale,
soit dans les succursales, les dépôts et les retraits qu'ils avaient
à effectuer pour leurs écoliers et qui primitivement ne devaient
avoir lieu qu'à la Caisse centrale.

La Caisse d'épargne qui avait accueilli avec reconnaissance
le décret du 23 août 1875 comptait que pour accomplir l'œuvre
de régénération qu'elle avait entreprise, elle trouverait chez les
percepteurs et chez les receveurs des postes d'utiles et puissants
auxiliaires. L'occasion s'était présentée immédiatement pour
elle de faire appel à l'autorité supérieure afin de donner satisfaction aux conseils municipaux d'Arcueil et de Puteaux qui
sollicitaient, à la fin de 1875, l'établissement de succursales dans
leurs communes. Le Conseil des directeurs avait pris une délibération aux termes de laquelle il demandait le concours des
percepteurs et des receveurs des postes de ces deux communes,
pour mettre la Caisse d'épargne à la portée des habitants.

Le ministre des finances, par une décision du 20 juin 1876,
avait bien autorisé le concours des deux receveurs des postes,
mais il avait refusé celui des percepteurs en faisant remarquer
que ces comptables avaient des attributions trop étendues pour
qu'il fût possible, sans nuire au service de la perception dont
ils étaient chargés, de les astreindre à participer aux opérations de la Caisse d'épargne.

Il restait à régler les rapports administratifs et les mouvements de trésorerie entre les comptables de l'État et la Caisse
d'épargne de Paris. Des instructions avaient été rédigées, des
formules imprimées avaient été préparées afin d'assurer l'exécution du décret du 23 août, mais elles n'avaient, les unes
et les autres, en vue que les caisses d'épargne qui, dans les
départements, étaient rattachées à la Trésorerie générale où
se centralisaient en même temps tous les mouvements de fonds
des comptables de l'État. La Caisse d'épargne de Paris ne pou-

vait se les approprier car, établie dans le département de la
Seine où les services financiers avaient une organisation particulière, elle n'entretenait de rapports directs qu'avec la Caisse
des dépôts et consignations dont ne relevaient, à aucun titre,
les percepteurs et les receveurs des postes.

Elle crut donc devoir, avec l'assentiment du ministère du
commerce, présenter certaines propositions pour déterminer
les relations qu'elle allait avoir à entretenir avec ses nouveaux
auxiliaires et pour régler les différentes questions qui touchaient au mouvement des fonds. En même temps, le Conseil
transmettait à l'administration supérieure une délibération
qu'il avait prise le 28 septembre 1876, à l'effet d'obtenir le
concours des comptables de l'État dans six communes de l'arrondissement de Saint-Denis et dans quatorze communes de
l'arrondissement de Sceaux où il n'avait établi encore aucune
succursale. Le préfet de la Seine appuyait les démarches de la
Caisse d'épargne et le ministre du commerce les accueillait
favorablement, mais retenu sans doute par la crainte d'ajouter
aux charges croissantes du service postal, le ministre des
finances n'avait pris encore aucune décision quand les communes de Clichy, de Montreuil, de Vanves sollicitèrent avec
instance la création de succursales.

Le Conseil fidèle à la loi qu'il s'était faite de mettre la Caisse
d'épargne à la portée de la population industrielle et agricole
du département de la Seine, tant que ses ressources le lui
permettraient, accueillit les demandes qui lui étaient adressées,
et trois nouvelles succursales étaient ouvertes le 8 décembre
1878 à Clichy, le 20 juillet 1879 à Montreuil, le 20 juillet 1880
à Vanves.

Pendant que la Caisse d'épargne de Paris cherchait, en 1877,
à établir des rapports réguliers avec les comptables de l'État
pour être utile aux habitants du département de la Seine, elle
était sollicitée de prêter son concours à une entreprise qui lui
aurait permis de porter en Orient son influence et ses bienfaits.
Des circonstances indépendantes de la volonté de celui qui
avait conçu ce généreux projet en arrêtèrent la réalisation, au
moment où tout semblait faire croire à une heureuse issue.

L'ambassadeur de France à Constantinople, M. le comte de
Bourgoing, avait été frappé de l'état toujours précaire d'un
grand nombre de Français établis en Orient, qui, ne trouvant

aucun placement sûr pour leurs économies, les perdaient dans des aventures ou les dépensaient sans prévoyance. Il avait pensé que la Caisse d'épargne de Paris pourrait venir en aide à cette population dont la situation, loin de la mère patrie, était particulièrement intéressante, en créant d'abord à Constantinople, une succursale qui recevrait et ferait fructifier, pour les rembourser ou les employer en rentes, les fonds qu'on lui confierait. Plus tard on aurait étendu la mesure à plusieurs villes des échelles du Levant.

Le comte de Bourgoing ne s'était pas trompé en comptant sur la sympathie que devait rencontrer ce projet et le Conseil lui exprima le désir de le seconder dans ses efforts. Le président et les vice-présidents se réservèrent le soin d'examiner la suite dont sa proposition était susceptible et d'arrêter, d'accord avec le ministre des affaires étrangères, les relations à établir entre la Caisse d'épargne de Paris et les Français résidant à Constantinople.

A la demande de l'ambassadeur un projet de règlement fut rédigé où se trouvaient fixés, en outre des rapports entre la Caisse centrale à Paris et la succursale à Constantinople, le mode d'opérer vis-à-vis des déposants, la tenue des écritures, les vérifications à exercer et les formalités auxquelles serait soumis le mouvement des fonds. Des modèles de formules pour toutes les opérations de comptabilité, de contrôle, d'envois de pièces et de valeurs étaient joints à ce travail que M. le comte de Bourgoing, pendant son séjour à Paris, avait transmis au chargé d'affaires à Constantinople pour être étudié sur place. Ce projet de règlement n'avait été l'objet que de certaines réserves qui portaient sur des points dont l'appréciation devait être laissée au ministre des affaires étrangères.

La chute du ministère à la suite des élections du 14 octobre 1877, entraîna la retraite de M. le comte de Bourgoing et les archives de l'ambassade de France seules peuvent savoir ce qu'est devenu le travail de la Caisse d'épargne de Paris [1].

1. Le *Journal officiel* du 4 novembre 1885 contient un rapport au Président de la République dans lequel M. le ministre des postes et télégraphes expose que des Français résidant à Constantinople ayant demandé que le bénéfice de la loi du 9 avril 1881 relative à la caisse d'épargne postale fût étendu aux nationaux établis dans les stations du Levant,

Pour mener à bonne fin la tâche qu'il s'était proposée, le Conseil avait besoin de l'expérience de chacun de ses membres, et il se voyait privé successivement de ceux qu'une longue carrière avait initiés plus particulièrement à tous les détails de son administration. M. Morier qui avait été d'un secours si utile à la Caisse d'épargne dans certains moments difficiles qu'elle avait eu à traverser, sentant ses forces l'abandonner, avait donné sa démission et venait de s'éteindre au commencement de 1877 avec le titre de directeur honoraire. Peu de jours après, mourait M. Duverger dont l'esprit investigateur, servi par un sens droit et une grande expérience des affaires, se portait sans cesse sur tous les détails de la comptabilité. Presque à la même heure, la Caisse d'épargne perdait encore M. Bourceret qui pendant cinquante-trois ans comme administrateur, comme censeur, comme directeur et vice-président du Conseil, avait été un des plus solides soutiens de l'Institution sur laquelle il veillait avec une ardeur et une sollicitude que le poids de ses quatre-vingt-dix ans n'avait pu ralentir.

Deux membres du comité de censure, M. Clausse et M. Antonin Bourceret, administrateurs tous les deux de la Nationale, de cette compagnie, qui, en 1818, sous la dénomination de Compagnie royale, avait donné naissance à la Caisse d'épargne de Paris, furent nommés directeurs en remplacement de MM. Morier et Duverger. Le successeur de M. François Bourceret fut un administrateur, M. Baudelot, président du tribunal de commerce, censeur de la Banque de France, qui fut élu le 4 avril 1878. Dans cette même séance, le Conseil devait se donner un nouveau président. M. Bartholony, craignant que les années qui cependant lui conservaient une verte vieillesse, ne lui permissent plus bientôt de remplir les devoirs que la présidence lui imposait, avait obligé ses collègues à accepter sa démission, mais non pas à se séparer de lui, car ils le maintenaient parmi eux avec le titre de président honoraire.

M. Henry Davillier, qui fut élu président, était d'avance désigné aux suffrages du Conseil. Pénétré des traditions de la

une commission avait été chargée d'étudier les moyens de concilier les facilités à accorder aux Français résidant à l'étranger avec les règles auxquelles était assujetti le fonctionnement de la Caisse d'épargne postale. Ce rapport était suivi d'un décret conforme signé le 20 octobre 1885.

Caisse d'épargne, il avait pris, depuis 1840, une part considérable à ses travaux et dans la crise terrible de 1871, il avait montré, en veillant sur la Caisse d'épargne pendant qu'il protégeait la Banque de France, ce que vaut un grand dévouement uni à une grande force de caractère.

A peine le Conseil se trouvait-il ainsi réorganisé qu'il était de nouveau cruellement frappé. M. Germain Thibaut mourait à la fin d'avril. Homme laborieux et bienfaisant, il avait trouvé dans la présidence de la Chambre de commerce la consécration d'une grande carrière commerciale. Comme membre du conseil général, il avait été un intermédiaire utile entre la Caisse d'épargne et l'administration préfectorale au moment où, en 1860, l'élargissement des limites de Paris imposait au Conseil des obligations et des charges nouvelles et l'Institution lui en était restée reconnaissante. En même temps que lui, le marquis d'Audiffret succombait en pleine possession de ses facultés. Il avait quatre-vingt-neuf ans. Peu de carrières pouvaient être comparées à la sienne, et sa connaissance profonde du système financier de la France lui avait acquis au ministère des finances, à la Cour des comptes, à l'Institut, à la Chambre des pairs, au Sénat, une haute réputation de savoir et d'expérience. Il avait prouvé maintes fois en prenant part aux travaux du Conseil que la comptabilité de la Caisse d'épargne devait rester au-dessus des attaques irréfléchies dont elle était trop souvent l'objet. Pendant vingt-deux ans, et jusqu'au jour où, en 1859, il avait été élu directeur, il n'avait pas dédaigné de remplir les fonctions d'administrateur.

M. Daguin, ancien président du tribunal de commerce, fut le successeur de M. Germain Thibaut et en appelant au second fauteuil vacant, M. Edmond Odier, le fils de l'un des fondateurs de la Caisse d'épargne, les directeurs se donnaient un collègue qui avait hérité des convictions paternelles.

Avant la fin de cette année 1878, la mort devait encore une fois toucher l'Institution. Un des vice-présidents du Conseil dont le caractère attirait toutes les sympathies, s'éteignait en laissant autour de lui les plus vifs regrets. M. Devinck qui n'avait jamais cessé, dans le cours de sa longue et honorable carrière, de suivre avec un intérêt dont rien ne pouvait le détacher, le développement des œuvres destinées à améliorer les conditions d'existence de la classe ouvrière, était entré dans le Conseil, en 1869, au moment où le corps électoral oubliait la persévérance du député à soutenir et à protéger, non sans succès, dans toutes les questions budgétaires, les intérêts des contribuables et du commerce parisien. Il se félicitait de voir s'accomplir des réformes dont on ressentait déjà les heureux effets. C'était lui qui, dans la séance du Conseil des directeurs du 23 mai 1878, avait exprimé le regret que la Caisse d'épargne de Paris qui, disait-il, avait apporté depuis deux ans tant de notables améliorations dans ses rapports avec les déposants, n'eût pas été appelée à figurer à l'Exposition universelle à côté des œuvres de l'assistance publique et privée, des établissements reconnus d'utilité publique et des sociétés de secours mutuels, pour faire connaître les progrès qu'elle avait réalisés dans l'intérêt des classes laborieuses. Il avait fait partager au Conseil le sentiment qui l'animait et, sur-le-champ, il avait été décidé que des démarches seraient immédiatement faites pour obtenir qu'une place fût réservée à la Caisse d'épargne de Paris, soit dans l'une des sections de l'Exposition universelle qui venait de s'ouvrir, soit dans l'une des divisions du ministère de l'intérieur dont l'exposition spéciale dans les jardins du Champ de Mars était encore en voie d'organisation.

La demande de la Caisse d'épargne reçut de toutes parts un favorable accueil et, le 8 juin, des tableaux où se trouvaient indiqués les différentes phases qu'avait traversées l'Institution et le résultat de ses opérations annuelles, occupaient dans l'une et l'autre de ces expositions la place qui leur avait été assignée. Malgré la précipitation qui avait dû être apportée à l'exécution de ces tableaux et à la notice qui les accompagnait, le public parut se rendre compte des progrès réalisés et des résultats acquis. Le diplôme de médaille d'or qui fut décerné à la Caisse d'épargne par le jury des récompenses, le diplôme d'honneur qu'elle reçut du ministre de l'intérieur, couronnèrent dignement le soixantième anniversaire de sa fondation.

Il était incontestable en effet que les résolutions qui avaient été prises par le Conseil pour imprimer aux opérations une marche plus active et que les mesures qui avaient été appliquées depuis deux ans, avaient augmenté d'une manière sensible l'importance de l'Institution. En 1875, les dépôts avaient

été de 16 millions; ils montaient à 18 millions en 1876 et atteignaient 20 millions en 1877. En 1878, ils restaient au-dessus
de 26,600,000 francs et ils se maintenaient à 28 millions et
demi en 1879 et en 1880 ; enfin en 1881, ils dépassaient
33,700,000 francs, s'élevant ainsi à plus du double de ce qu'ils
étaient six ans auparavant. Les retraits devaient naturellement suivre la même marche, mais pendant cette période de
six années, de 1876 à 1881, ils demeuraient inférieurs aux versements de 42 millions et demi.

Dans le même temps, le solde augmentait dans la proportion de 66 pour cent; de 43 millions il montait à 72 millions.

La fortune personnelle de la Caisse d'épargne devait se ressentir de l'élévation constante des opérations. En 1878, pour la
première fois depuis neuf ans, les ressources ordinaires permirent de faire face à toutes les dépenses et de plus, une somme
de 44,700 francs put être portée au fonds de réserve qui remontait ainsi à 1,000,000 francs et qui depuis lors n'a cessé de
s'accroître d'année en année.

Enfin, ce qu'il y avait d'intéressant à observer à cette époque,
c'était la progression non interrompue du nombre des déposants. Ils étaient 241,000 en 1875. On en comptait 253,000 en
1876 et 275,000 en 1877.

Dans ces nombres ne figuraient plus les emprunteurs de la
Société des prêts de l'enfance au travail. Les remboursements
devenant plus rares tous les jours, les livrets avaient été fermés,
les quelques comptes qu'il pourrait être utile de rouvrir pour
certains retardataires ne devant plus présenter aucune importance. D'ailleurs, depuis que la Société était entrée en liquidation, les remboursements ne passaient plus aussi exactement
que précédemment par la Caisse d'épargne. Cette Société, il faut
le reconnaître, avait rendu, pendant huit ans, de précieux services à la classe ouvrière et l'on doit dire, à son éloge, que le
plus grand nombre de ceux qui étaient ses débiteurs ont tenu à
honneur de remplir leurs engagements. Sur les vingt-trois mille
prêts s'élevant ensemble à 6,465,000 francs qui avaient donné
lieu à l'ouverture de livrets spéciaux de la Caisse d'épargne de
Paris, il fut remboursé par des versements effectués directement sur ces livrets, la somme de 4,972,000 francs.

Après 1877, chaque année continue à être marquée par une

plus grande affluence de déposants. De 1878 à 1881 leur nombre augmente de 100,000 et il dépasse 400,000 au 1er janvier 1882 [1].

Tous ces chiffres avaient leur importance, car si le Conseil y trouvait la preuve qu'il avait répondu aux besoins nouveaux en multipliant les accès de la Caisse d'épargne et en rendant les opérations plus rapides, il constatait, en consultant les relevés annuels des professions exercées par les déposants qui se faisaient ouvrir des livrets, que l'esprit d'économie ne cessait pas de se développer dans la population.

Et cependant, il n'y avait rien de changé aux règles fondamentales sur lesquelles reposait l'Institution. Il n'y avait que le mode de procéder qui se trouvait modifié. Le maximum de dépôt était toujours fixé à 1,000 francs et il était interdit de verser plus de 300 francs par semaine. Mais les déposants pouvaient agir à l'heure qui leur convenait, et toujours en possession de leurs livrets, ils n'éprouvaient plus aucune gêne pour effectuer leurs opérations.

En 1879, de nouveaux directeurs avaient pris rang dans le Conseil. M. Bercand, administrateur de la Caisse d'épargne depuis vingt ans, dont le nom était attaché aux œuvres de la bienfaisance du septième arrondissement, qui était président de la Société de secours mutuels du quartier de Saint-Thomas d'Aquin et secrétaire de la Société philanthropique, avait été élu pour occuper le fauteuil de M. Devinck. M. Félix Vernes qui, depuis 1830, était administrateur de la Caisse d'épargne

1. Mouvement des opérations de 1876 à 1881 :

ANNÉES	DÉPÔTS	RETRAITS	ACHATS DE RENTE
1876	18,007,580f	13,055,000f	3,203,285f
1877	19,003,062	13,150,480	3,239,510
1878	20,059,524	15,740,688	3,174,331
1879	28,441,211	21,810,518	4,035,370
1880	28,771,017	22,307,907	4,271,888
1881	33,704,108	26,020,800	4,814,702

Situation de la Caisse d'épargne de Paris :

AU 31 DÉCEMBRE	NOMBRE DE DÉPOSANTS	SOLDE	MOYENNES
1876	266,376	43,614,015f	172f45
1877	275,082	47,270,102	171 88
1878	304,074	57,207,808	188 43
1879	327,922	61,618,128	188 »
1880	358,003	66,418,882	185 00
1881	403,206	72,403,820	179 53

et que le soin de ses affaires avait tenu trop longtemps éloigné du Conseil, avait été appelé à succéder à M. le comte de la Panouse qui, pendant trente-huit ans, avait suivi l'exemple de son père en s'occupant avec un zèle ardent de tout ce qui touchait aux intérêts de l'Institution. Mais M. Félix Vernes succombait avant d'avoir pu être installé et il était remplacé par M. le comte Raoul de la Panouse, membre du comité de censure. En 1880, M. Jacques Lefebvre, membre du comité de censure, avait remplacé M. Francis Lefebvre, son père, qui venait de mourir après avoir été pendant plus de trente ans l'un des directeurs les plus écoutés.

Le Conseil en se renouvelant avait besoin de ne former toujours qu'une seule pensée pour soutenir l'Institution dont les intérêts étaient encore une fois menacés par un nouveau remaniement de la législation.

Les caisses d'épargne qui avaient préoccupé le gouvernement et le législateur quand le solde de leurs dépôts s'était abaissé en 1872 jusqu'à 515 millions, appartenant à 2 millions de déposants, avaient reconquis en quelques années une situation importante [1]. Au 31 décembre 1879, dans les 531 caisses d'épargne qui avaient fonctionné avec 830 succursales et le concours de 500 comptables de l'État, percepteurs ou receveurs des postes, on comptait 3,507,711 déposants, et le solde qui leur était dû montait à 1,154,545,000 francs. Les nombres avaient augmenté de soixante-quinze pour cent et le solde avait plus que doublé. Ces progrès obtenus en sept ans ne paraissaient pas suffisants. On se plaisait à comparer l'Angleterre à la France et l'on déplorait l'infériorité des caisses d'épargne françaises. On était sous cette impression, lorsqu'un député de la Manche, M. Arthur Legrand, qui était familiarisé avec toutes les questions dont la solution importait aux travailleurs des villes et des campagnes, présenta à la Chambre

1. Situation générale des caisses d'épargne y compris la Caisse de Paris :

AU 31 DÉCEMBRE	NOMBRE DE CAISSES	NOMBRE DE DÉPOSANTS	SOLDE	MOYENNES
1876	521	2,625,266	769,034,686	292 04
1877	523	2,868,263	802,831,155	300 82
1878	526	3,173,721	1,010,166,402	320 18
1879	531	3,507,711	1,154,515,700	329 15
1880	536	3,841,104	1,280,202,604	333 20
1881	541	4,109,228	1,408,003,630	335 52

une proposition dans le but de fonder une caisse d'épargne qui aurait fonctionné sous la garantie de l'État, par l'intermédiaire des receveurs des bureaux de poste dans la circonscription desquels il n'existerait ni caisse d'épargne ni succursale. Le maximum des livrets ouverts par cette caisse pouvait atteindre 4,000 francs. Peu après, au commencement de 1880, le gouvernement déposait un projet de loi portant création d'une caisse d'épargne postale qui avait été préparé par le Conseil d'État. Si M. Arthur Legrand laissait en dehors de sa proposition les caisses d'épargne existantes, c'était sans doute parce qu'il supposait qu'elles n'auraient rien à redouter, dans les villes où elles étaient établies, du voisinage de la nouvelle institution qui ne devait agir qu'en dehors de leurs limites. Néanmoins, il les plaçait dans un état d'infériorité notoire en ne les admettant à jouir d'aucune des libertés exceptionnelles qu'il accordait à la caisse d'épargne postale telle qu'il la comprenait.

Le projet du gouvernement allait plus loin. Il ne s'occupait pas davantage des caisses d'épargne, mais il ouvrait tous les bureaux de poste de la France et de l'Algérie au service de la caisse d'épargne postale. Si le maximum de dépôt eût été celui qui avait été fixé par la loi de 1851 et si la législation en vigueur eût été appliquée aux livrets de la caisse d'épargne dont on projetait la création, il n'y aurait eu qu'une institution d'épargne de plus et personne n'aurait paru fondé à se plaindre. Mais il n'en était pas ainsi. Une législation spéciale était faite pour la nouvelle institution; le maximum de dépôt était porté à 2,000 francs qui pouvaient être versés en une ou plusieurs fois. Ce maximum même trouvé trop peu élevé fut porté à 3,000 francs par la commission de la Chambre. Comme la proposition de M. Arthur Legrand, ce projet contenait la clause de sauvegarde pour restreindre les retraits en temps de crise et il affranchissait la femme mariée et le mineur de toute autorisation pour se faire ouvrir des livrets et disposer des fonds dont ils auraient effectué le dépôt. Mais les caisses d'épargne existantes étaient exclues du bénéfice de ces différentes dispositions ainsi que de quelques autres encore qu'elles avaient été les premières à soumettre à l'examen des Corps délibérants et dont, à plusieurs reprises, elles avaient demandé l'insertion dans les lois qui régissaient leur constitution.

On pouvait croire que ce projet serait examiné par la commission avec le désir de sauvegarder les droits et les intérêts des caisses d'épargne. Celles-ci ne furent pas mises en mesure de se faire entendre et, dans la séance du 2 juillet 1880, après une déclaration d'urgence qui avait été combattue avec énergie par l'honorable M. René Brice, député d'Ille-et-Vilaine, la loi était votée sans discussion.

Heureusement, les caisses d'épargne pouvaient en appeler au Sénat mieux informé. C'est ce qu'elles firent en se concertant avec la Caisse d'épargne de Paris qui leur avait fait connaître les points sur lesquels il lui semblait que l'assimilation pouvait être utilement demandée. Leurs observations furent écoutées et la loi du 9 avril 1881 qui réglait la constitution de la caisse d'épargne postale rendait applicables aux caisses d'épargne existantes le nouveau maximum de 2,000 francs dont le dépôt pouvait être fait en une ou plusieurs fois, la supputation des intérêts par quinzaine, l'achat d'office de 20 francs de rente trois mois après l'avis donné par lettre chargée au déposant que, par suite de la capitalisation des intérêts, son compte dépassait le maximum, les mesures de faveur prises à l'égard des femmes mariées et des mineurs, la clause de sauvegarde permettant de ne rembourser que 50 francs par quinzaine dans les cas de force majeure reconnus par décret rendu en Conseil des ministres, la faculté de recevoir des dépôts de 8,000 francs de la part des sociétés de secours mutuels et des sociétés assimilées qui seraient autorisées par le ministre à bénéficier de ce maximum, l'autorisation de se décharger de toutes quittances et pièces et de tous livrets ayant plus de trente ans de date, enfin l'exemption des formalités du timbre et de l'enregistrement étendue aux imprimés, écrits et actes de toute nature nécessaires pour leur service.

Ces dispositions, dont quelques-unes étaient demandées et attendues depuis longtemps par la Caisse d'épargne de Paris, venaient pour la plupart compléter heureusement les lois organiques votées depuis 1835. M. le président Bartholony eut la satisfaction de n'avoir pas inutilement combattu pour les faire aboutir, mais il ne devait pas lui être permis d'assister aux effets qu'elles étaient destinées à produire. Il mourait au mois de juin 1881. Pendant soixante-deux ans, sa pensée ne s'était pas détachée un seul jour de la Caisse d'épargne qu'il laissait dans le deuil. Son fils, M. Fernand Bartholony, était digne de faire revivre dans le Conseil l'homme dont l'esprit élevé et généreux avait été une force pour la Caisse d'épargne de Paris, il fut élu directeur.

La loi du 9 avril 1881 allait entrer en vigueur le 1er janvier 1882. A ce moment même, la Caisse d'épargne achevait de reconstruire la partie de ses immeubles qui avaient été atteints par les travaux auxquels donnait lieu l'édification du nouvel hôtel des postes sur des voies larges et spacieuses. La rue du Louvre, dont les plans qui remontaient à 1860 avaient été à cette époque l'objet des préoccupations du Conseil, était enfin ouverte et la Caisse d'épargne, qui voyait s'augmenter les déposants et en même temps le nombre des opérations à effectuer chaque jour, avait pu en étendant sa façade sur la rue nouvelle, élargir ses bureaux et les espaces réservés au public [1].

Elle n'était pas cependant sans quelque appréhension sur les conséquences de la loi du 9 avril. Sans doute l'augmentation du maximum déterminerait l'élévation d'une certaine quantité de comptes, mais les déposants auxquels allaient s'offrir tous les bureaux de poste de Paris et de la banlieue, continueraient-ils à venir aussi nombreux à la Caisse centrale et dans les succursales, et les dépôts ne se ressentiraient-ils pas de la multiplicité des moyens que la poste pouvait offrir au placement de l'épargne? Le doute était permis et le Conseil des directeurs crut prudent de maintenir en 1882 la retenue de soixante-quinze centimes dont le produit était d'autant plus utile que les dépenses s'étaient augmentées en même temps que le nombre des déposants.

Cette année 1882 commençait en frappant la Caisse d'épargne de Paris d'une grande douleur. Le président Davillier mourait le 15 avril. Il n'avait pas l'âge encore où des hommes tels que lui devraient terminer leur carrière! Esprit vif et lumineux, d'un jugement rapide et sûr, aussi ferme dans ses décisions qu'il était net dans la manière de les exprimer, le président Davillier avait été toute sa vie un travailleur infatigable et il remplissait avec une exactitude scrupuleuse tous les devoirs que

1. Le 27 juillet 1882, le Conseil des directeurs tenait, pour la première fois, sa séance dans la salle qui avait été ménagée pour ses délibérations dans les constructions nouvelles.

lui imposaient les charges pour lesquelles son caractère élevé et son expérience le faisaient rechercher; mais il ne les acceptait pas toutes. Il n'avait cessé de présider le Conseil de la Caisse d'épargne que le jour où il devait succomber à la souffrance. Il avait inspiré les améliorations réalisées depuis 1876; il en suivait les résultats avec un intérêt qui ne devait s'éteindre qu'avec sa vie et il a laissé dans le cœur de ceux en qui il mettait sa confiance un souvenir ineffaçable.

M. Denormandie lui succéda. On a vu avec quelle compétence il savait s'occuper des questions qui intéressaient la Caisse d'épargne. Le Conseil qui tenait en grande considération sa personne et son talent lui exprima sa reconnaissance en lui donnant l'unanimité de ses suffrages. M. Denormandie prit possession de la présidence le 25 mai 1882.

Dans la séance du 28 décembre, un membre du comité de censure, M. Charles Berthier, administrateur de la compagnie générale des omnibus, fut élu au siège laissé vacant par la mort de M. Henry Davillier.

Lorsque le Conseil, dans cette réunion de fin d'année, reçut communication des résultats généraux de l'exercice, il eut la preuve que la situation de la Caisse d'épargne n'avait pas été compromise par l'action de la caisse d'épargne postale et qu'il pouvait sans crainte envisager l'avenir. Les versements s'étaient élevés à 46 millions et les remboursements à 30 millions seulement. Le solde atteignait 87 millions et le nombre des déposants, accru de 26,000, restait à 440,700. Enfin l'excédent des recettes sur les dépenses d'administration permettait de porter une somme de 180,000 francs aux fonds de réserve. En présence de cette situation, le Conseil pensa que, tout en veillant à la reconstitution de son fonds capital, il n'était pas utile d'y pourvoir trop rapidement en exerçant plus longtemps sur l'intérêt servi par la Caisse des dépôts et consignations une retenue dont le produit pourrait paraître excessif. Il décida donc qu'à compter du 1er janvier 1883, l'intérêt bonifié aux déposants serait porté à trois et demi pour cent et la retenue réduite à un demi pour cent.

Il ne pensait pas en prenant cette résolution que la Caisse d'épargne allait être exposée à de nouvelles épreuves. Au mois d'avril, il apprenait que le Conseil municipal et le Conseil

général avaient rayé de leurs budgets les subventions que la
ville et le département lui allouaient tous les ans et qui ensemble
avaient été portées à 30,000 francs en 1864. Les charges que lui
imposaient les succursales, auxquelles étaient venues s'ajouter,
dans les dernières années, les dépenses faites pour aider au
développement des caisses d'épargne scolaires, justifiaient suffisamment ces subventions; quelque rigoureux qu'il lui parût,
le Conseil dut accepter le fait accompli. Mais en même temps
il était informé qu'un membre du Conseil municipal, estimant
que la Caisse d'épargne postale devait suffire à tous les besoins
de l'épargne, avait déposé sur le bureau de cette assemblée un
vœu tendant à ce que la jouissance gratuite des locaux occupés
dans les mairies par la Caisse d'épargne de Paris, pour la tenue
des séances de ses succursales, lui fût retirée et que ces locaux
fussent restitués aux services municipaux.

Le Conseil des directeurs s'émut de cette proposition qu'il ne
pouvait attribuer qu'à une connaissance incomplète des services
que rendait la Caisse d'épargne de Paris et des besoins auxquels elle répondait depuis cinquante ans, en allant toutes les
semaines au centre de chaque arrondissement pour recevoir
les économies des travailleurs. Afin de sauvegarder les intérêts
considérables qui lui étaient confiés, il crut devoir présenter
sur les origines des succursales établies dans les diverses mairies de Paris et sur l'aide que l'Institution prêtait à la population, des observations qui furent consignées dans une note
délibérée en séance le 26 avril 1883 et signée par les vingt-cinq
directeurs. Le préfet de la Seine avait consulté les maires de
Paris et les dix-huit réponses qu'il en avait reçues firent valoir
les mêmes raisons qui militaient en faveur du maintien des
succursales établies.

Quand l'affaire fut portée devant le Conseil municipal, le
rapporteur de la commission, après avoir examiné la question
dans tous ses détails, concluait en disant que « Les succursales
avaient une incontestable utilité et qu'en créant les caisses
d'épargne postales on avait simplement voulu étendre les
facilités de versement, particulièrement dans les localités les
plus éloignées; que ces deux institutions étaient appelées à
rendre des services dans le même ordre d'idées et par divers
procédés qui en multipliaient les effets. »

En conséquence, au nom de la commission, il demandait au Conseil de décider qu'il n'y avait pas lieu d'adopter la proposition de M. Manier tendant à la désaffectation des locaux occupés dans les mairies de Paris par les succursales de la Caisse d'épargne.

Puis, par une seconde disposition, due à l'initiative de la commission, il était déclaré qu'en raison du caractère d'institution de bienfaisance que présentait la Caisse d'épargne de Paris, il y avait lieu d'exonérer, pour l'avenir, cet établissement du payement de la somme annuelle de 1,000 francs mise à sa charge par une décision préfectorale du 11 août 1877, pour contribution dans les frais de chauffage en commun des mairies de Paris où ses succursales étaient établies.

Ces conclusions étaient adoptées par le Conseil municipal dans sa séance du 22 octobre 1883 [1] et la Caisse d'épargne accueillit cette décision avec reconnaissance.

L'Institution était rassurée, mais elle restait privée de la subvention qui ne lui avait jamais été contestée, au moment où elle faisait des dépenses nouvelles pour encourager l'épargne scolaire. Un système plus simple et plus pratique que celui des petits cahiers de comptabilité à tenir par les instituteurs avait été introduit dans les écoles du neuvième arrondissement par les soins de la mairie et aux frais de la caisse des écoles. Ce système paraissait avoir conquis la confiance des écoliers et l'approbation de l'instituteur. Celui-ci, au lieu de la comptabilité spéciale à chacun de ses élèves, qu'il avait à tenir, était muni de timbres spéciaux de cinq centimes qui n'acquéraient de valeur qu'au moment où il les remettait aux enfants en échange des sous qu'il recevait d'eux. Ce timbre était collé par l'enfant sur un feuillet où son nom était inscrit et qui était divisé en vingt cases; quand le feuillet était rempli, il était détaché du petit cahier à souche qui appartenait à l'enfant et l'instituteur versait le franc économisé à la Caisse d'épargne.

Les résultats excellents obtenus par cette manière de procéder à la collecte de l'épargne du sou, avaient attiré l'attention de la Caisse d'épargne de Paris qui, pour en favoriser l'expan-

---

1. *Bulletin municipal officiel de la Ville de Paris* des 19 août et 23 octobre 1883.

sion, décida en 1883 que tout en continuant à tenir gratuitement à la disposition des instituteurs les anciens cahiers,
désormais elle fournirait, également sans frais, des timbres
et des feuillets d'épargne à toutes les écoles qui voudraient
en faire usage. Les maires furent prévenus, et il faut reconnaître que les opérations des petites caisses scolaires qui
devenaient déjà un peu plus importantes, prirent dès lors un
développement assez considérable [1]. Cependant le système des
timbres-épargne n'est pas en usage dans toutes les écoles.

Le Conseil ne s'occupait pas seulement de favoriser les versements de l'enfance. Il cherchait à rendre toujours plus facile
l'accès de la Caisse d'épargne. Ayant moins à craindre qu'autrefois des insuffisances de revenus, et le personnel ayant dû
être augmenté pour répondre aux nécessités journalières, il
arrivait peu à peu à compléter l'ensemble des mesures qu'il
s'était proposé de prendre. Les remboursements à vue qui ne se
faisaient à l'origine que du mardi au samedi étaient admis le
lundi depuis le 13 février 1882 et, à compter du 1er janvier 1885,
ils eurent lieu même le dimanche. La Caisse centrale où de
tout temps le public n'avait été admis que de dix heures à
une heure, était ouverte, depuis 1883, de neuf heures à quatre
heures, à toutes les opérations, sauf le dimanche où elle était
fermée à une heure.

1. État des versements scolaires de 1875 à 1890 :

ANNÉES	NOMBRE D'ÉCOLES AYANT UNE CAISSE D'ÉPARGNE SCOLAIRE	VERSEMENTS		
		Livrets nouveaux	Nombres de versements	Sommes
1875	1	130	558	1,808fr
1876	4	155	606	1,812
1877	8	442	1,515	4,591
1878	12	331	2,005	5,856
1879	15	317	2,121	5,741
1880	27	404	1,732	5,503
1881	66	3,330	10,082	30,151
1882	75	1,787	9,010	31,832
1883	233	12,002	74,005	211,722
1884	230	9,077	67,518	202,531
1885	220	6,400	59,720	188,300
1886	232	7,217	60,030	193,055
1887	224	6,224	57,097	186,705
1888	224	5,496	51,398	183,847
1889	213	5,131	40,603	169,121
1890	200	5,146	50,000	172,370
		61,640	504,470	1,598,803fr

Ce fut au moment où s'achevaient toutes les transformations de ses services que la Caisse d'épargne fut, en 1883, visitée pour la première fois par l'Inspection des finances qui, après avoir porté ses investigations sur tous les détails de la comptabilité et de l'administration, après avoir assisté aux séances de la Caisse centrale et des succursales, surveillé les opérations de toute nature qui s'y effectuaient, rapproché un grand nombre de livrets présentés par les déposants des registres de la comptabilité, constatait l'exactitude avec laquelle étaient passées toutes les écritures. Elle vérifiait également la caisse et le portefeuille, le compte courant avec la Banque, les mouvements de fonds avec la Caisse des dépôts et consignations, et elle reconnaissait leur concordance parfaite avec la comptabilité générale.

C'était une satisfaction pour les directeurs de voir que tous les moyens nouveaux qui étaient mis en œuvre par la Caisse d'épargne venaient de subir une épreuve décisive sans avoir donné lieu à la moindre critique.

Le Conseil n'éloignait de ses délibérations aucune question, dès qu'il voyait l'occasion de procurer un bien nouveau aux déposants. Depuis que les caisses d'épargne présentaient un solde qui montait à des chiffres que quelques années auparavant on n'aurait pas osé entrevoir [1], on ne leur opposait plus l'exemple de l'Angleterre qu'elles arrivaient à égaler. D'autres pays fournissaient des points de comparaison dont on se servait pour stimuler leur zèle. On leur montrait l'Italie où les livrets étant au porteur, les déposants n'avaient pas à venir à la caisse d'épargne pour réaliser leurs économies. Il leur suffisait de transmettre leurs titres à qui les acceptait en payement; de la sorte, bien des démarches, bien des pertes de temps étaient évitées, et les heures ainsi gagnées profitaient au travail et favorisaient de nouvelles épargnes. Pourquoi, en France, ne ferait-on pas jouir les déposants d'un semblable avantage?

1. Situation générale des caisses d'épargne y compris la Caisse de Paris :

AU 31 DÉCEMBRE	NOMBRE DE CAISSES	NOMBRE DE DÉPOSANTS	SOLDE	MOYENNES
1882	543	4,431,314	1,754,800,170f	395f75
1883	543	4,502,452	1,816,451,452	398 13
1884	543	4,751,730	2,021,008,201	425 51
1885	544	4,937,006	2,211,350,372	447 86

En Italie, les caisses d'épargne, en effet, ne délivrent guère que des livrets au porteur et les livrets nominatifs paraissent peu recherchés malgré l'intérêt un peu plus élevé qui leur est attribué. Mais chaque peuple a ses mœurs, ses usages et une tournure d'esprit qui le distingue de ses voisins. Sans qu'il fût nécessaire de faire ressortir les dangers que courraient en France les économies d'un déposant si elles étaient inscrites sur un livret au porteur, on répondait que la législation actuelle prescrivait l'ouverture de livrets nominatifs et qu'il faudrait qu'une loi autorisât la délivrance de livrets au porteur. Mais la Caisse d'épargne de Paris accueillait l'idée de faciliter autant que possible les retraits aux déposants. Sans doute il était permis à ceux-ci de charger un tiers de toucher pour eux et les formules de procuration mises à leur disposition leur étaient délivrées sans frais, mais ces formules, on ne les trouvait qu'à la Caisse centrale ou dans les succursales et celui qui, retenu par la maladie ou empêché par toute autre cause, ne pouvait se déranger pour toucher un remboursement, devait imposer plusieurs déplacements à son mandataire. Le Conseil des directeurs, afin de donner au déposant la disponibilité continuelle de son livret sans avoir à venir en personne recevoir un remboursement, décida d'ajouter aux livrets des feuillets destinés à constituer un mandataire. La procuration en blanc que le titulaire n'aurait qu'à remplir et à signer et qui serait signée également par le mandataire serait présentée avec le livret et le remboursement aurait lieu immédiatement. Ainsi, on réalisait une nouvelle et sérieuse amélioration dans les rapports des déposants avec la Caisse d'épargne, tout en évitant les inconvénients très graves qui résulteraient de la perte d'un livret payable au porteur. Ce système de procuration fut mis en pratique le 1er janvier 1885.

Rien n'était négligé pour faciliter aux déposants leurs rapports avec la Caisse d'épargne. Tous les directeurs reconnaissaient l'utilité de ce rajeunissement qui touchait peu à peu à l'ensemble des règles et des usages de l'administration ; les plus anciens qui avaient l'expérience des besoins et des forces de l'Institution, communiquaient leur confiance à ceux qui, nouveaux venus dans le Conseil, étaient appelés à poursuivre la tâche commune.

Le temps, hélas! continuait à faire son œuvre et n'épargnait ni les plus âgés ni les plus jeunes. En 1884, M. Guyot de Villeneuve avait terminé sa carrière à quatre-vingt-sept ans; il avait été l'un des plus laborieux, et les procès-verbaux du Conseil portent de nombreuses traces de ses travaux. M. Edmond Odier succombait presque en même temps. A peine l'année 1885 commençait-elle, qu'on avait à déplorer la mort de M. Frédéric Moreau; devenu régent de la Banque de France après avoir été président du tribunal de commerce, il était enlevé dans la force de l'âge et il emportait l'affection et l'estime de ses collègues qui l'avaient élevé à la vice-présidence en remplacement de M. Denormandie.

Les directeurs élus pour occuper les fauteuils devenus vacants étaient M. Desmarest, sous-gouverneur de la Banque de France, qui depuis vingt ans était administrateur, M. Hussenot-Desenonges, membre du comité de censure, dont le dévouement comme administrateur remontait à 1863, enfin M. Véron-Duverger, inspecteur général des ponts et chaussées en retraite, qui devait faire revivre dans le Conseil un nom et une mémoire chers à la Caisse d'épargne.

Le Conseil s'était beaucoup occupé depuis neuf ans des intérêts des déposants, il les avait protégés par une série de mesures qui demandaient à être exécutées rapidement et exigeaient une attention et une surveillance particulières. On avait dû compter, pour atteindre le but que l'on se proposait, sur le zèle et sur l'assiduité des employés de tout grade. Aussi les améliorations qu'on cherchait à réaliser devaient-elles se porter également sur l'état du personnel. Il ne fut pas oublié. Le surcroît de travail que pouvait amener la présence continuelle d'un public nombreux pendant des journées de sept heures qui se succédaient toute l'année sans interruption, sauf les jours de grande fête, justifiait la sollicitude que l'on avait pour lui. En 1879, les appointements avaient été relevés d'un dixième représentant la retenue opérée pour assurer à l'employé un capital au jour de sa retraite. Depuis, chaque année, une somme importante est consacrée à des augmentations d'appointements et à des gratifications.

Le Conseil avait encore à réaliser un autre projet pour laisser à tous ceux qui lui prêtaient leur collaboration un souvenir durable des liens qui pendant de longues années les rattachaient à la Caisse d'épargne. A plusieurs reprises, il avait entendu exprimer le regret que des jetons de présence ne marquassent pas la participation des administrateurs aux séances qu'ils présidaient dans les succursales. Les statuts, en déclarant la gratuité absolue des fonctions de directeur, de censeur, d'administrateur, avaient posé un principe qui était la force et l'honneur de l'Institution; il fallait bien se garder d'y porter atteinte. Mais le Conseil pensait que la Caisse d'épargne et de prévoyance de Paris avait parcouru une carrière assez longue et assez utile pour en fixer la trace en gravant sur une médaille la date de sa création et l'idée qui l'avait inspirée.

Ce fut à un artiste éminent, à M. Chaplain, membre de l'Institut, que fut confiée l'exécution de cette médaille destinée à perpétuer le souvenir d'un concours prêté avec un désintéressement et un zèle qui honorent à la fois et l'œuvre et celui qui la sert.

La Caisse d'épargne qui n'avait reçu qu'à la veille du jour où la loi du 8 avril 1881 était mise en vigueur, l'autorisation d'employer l'intermédiaire des percepteurs et des receveurs des postes ainsi que l'approbation donnée aux modèles qu'elle avait soumis, en 1876, à l'examen ministériel pour fixer ses rapports avec les comptables de l'État, n'avait pas eu à se servir de ces tardifs auxiliaires et on pourrait croire qu'après l'ouverture de la caisse d'épargne postale, elle n'avait plus été sollicitée d'établir de nouvelles succursales. Cependant des conseils municipaux, se rendant les interprètes des habitants de leurs communes, faisaient encore appel au Conseil des directeurs qui ne croyait pas pouvoir refuser l'aide qu'on réclamait de lui. Ce fut ainsi que la Caisse d'épargne étendit ses services à Issy-sur-Seine en 1884, aux Lilas en 1885, à Noisy-le-Sec en 1888. Le nombre des succursales se trouva ainsi fixé à trente-neuf.

Si toutes ne se faisaient pas remarquer par le nombre et l'élévation de leurs opérations, toutes, du moins, étaient placées dans des centres où elles pouvaient être utiles à la population laborieuse. A Paris, les résultats qu'on n'a jamais cessé d'obtenir par les dix-neuf succursales, sont demeurés considérables, surtout dans les quartiers où la classe ouvrière est le plus concentrée. La première succursale dans l'ordre des créations, qui avait été ouverte Place Royale, n'a pas cessé, lorsque plus tard elle a été transportée dans l'arrondissement de Popincourt, de rester la première par l'importance des versements qu'on y reçoit, et les prévisions de l'honorable maire de 1832 ne se sont pas démenties depuis près de soixante ans.

C'est dans les localités du département de la Seine où l'industrie réunit également de nombreux ouvriers, que les succursales installées hors Paris reçoivent le plus de dépôts. Mais il est regrettable d'avoir à constater qu'aujourd'hui, comme en 1835, c'est dans les communes où la population se livre aux travaux des champs, bien fructueux cependant dans les environs de la capitale, que l'on remarque le moins d'empressement à se servir de la Caisse d'épargne qui, par ses vingt succursales distribuées dans la banlieue, s'est mise cependant à la portée d'un grand nombre de communes rurales.

Au commencement de 1887, au moment où elle venait de s'élever au-dessus du plus haut niveau qu'elle eût encore atteint par le nombre de ses déposants qui dépassait 530,000 et par le solde des capitaux dont elle leur devait compte qui avait monté au-dessus de 117 millions [1], la Caisse d'épargne était frappée dans l'un de ses directeurs qui pendant quarante ans l'avait aidée de son expérience, appuyée de ses avis et soutenue par un continuel concours. Dans le Conseil dont il était le doyen des vice-présidents, M. Moinery était l'un des derniers représentants de cette élite d'hommes de bien qui avaient frayé la route si heureusement parcourue. Comme eux il pensait

[1] Mouvement des opérations de 1882 à 1886 :

ANNÉES	DÉPÔTS	RETRAITS	ACHATS DE RENTE
1882	46,807,415fr	30,901,506fr	3,002,740fr
1883	45,201,823	37,929,055	4,451,010
1884	46,320,814	37,800,540	4,330,786
1885	47,721,020	38,010,640	4,082,704
1886	48,001,010	43,439,375	4,743,818

Situation de la Caisse d'épargne de Paris :

AU 31 DÉCEMBRE	NOMBRE DE DÉPOSANTS	SOLDE	MOYENNES
1882	440,728	87,835,818fr	199fr30
1883	470,536	91,717,512	201 30
1884	492,040	102,070,000	208 00
1885	511,010	111,824,551	218 44
1886	532,270	117,216,511	220 22

24

qu'il fallait être de son temps et savoir poursuivre sans hésitation les réformes nécessaires et les améliorations utiles. Il avait eu la plus grande confiance dans les résultats que devait produire la transformation des services entreprise en 1876 et, avant de mourir, il avait eu la satisfaction de voir se développer l'Institution qu'il aimait et dont il aurait été le président s'il eût permis qu'on fît violence à sa modestie.

L'année n'était pas achevée que le Conseil était frappé d'un nouveau deuil; il perdait M. Eugène Dupont que son expérience notariale avait désigné pour remplir les fonctions de secrétaire après M. Francis Lefebvre et M. le comte de la Panouse.

Le Conseil avait pourvu aux vacances qui venaient de se produire en nommant directeurs les deux plus anciens membres du comité de censure, M. Charles Didiot et M. Maurice Davillier, banquier, administrateur de la compagnie des chemins de fer de l'Est. En 1888, M. Charles Regnault que l'Assemblée générale avait deux fois élu censeur et M. Richard-Bérenger, membre du bureau de bienfaisance du septième arrondissement qui pendant vingt-six ans, en qualité d'administrateur, avait été pour le Conseil un collaborateur assidu à la succursale du Palais-Bourbon, étaient nommés directeurs en remplacement de M. Hussenot-Desenonges et de M. Bercand dont la Caisse d'épargne déplorait la perte.

On commençait alors à remarquer le développement que prenaient les opérations des caisses d'épargne; le solde dont elles étaient redevables à leurs déposants avait dépassé 2 milliards au 31 décembre 1884; depuis, il s'était élevé progressivement à 2 milliards 683 millions en 1889 et en 1890 il allait dépasser 2 millards 900 millions [1].

Les déposants, qui étaient au nombre de 5 millions en 1886, s'étaient augmentés de plus de 500,000 en 1889 et en 1890 on en comptera 5,701,000.

1. Situation générale des caisses d'épargne y compris la Caisse de Paris :

AU 31 DÉCEMBRE	NOMBRE DE CAISSES	NOMBRE DE DÉPOSANTS	SOLDE	MOYENNES
1886	540	5,000,716	2,313,032,285f	451f
1887	544	5,207,351	2,304,454,094	454 06
1888	543	5,301,008	2,405,307,793	405 39
1889	543	5,538,038	2,683,595,803	484 52
1890	543	5,701,408	2,911,722,000	505 38

Le solde qui leur appartient est considérable si on l'envisage dans son ensemble, mais si on le répartit entre tous les déposants il ne présente qu'un léger pécule pour chacun. 484 francs en 1889, 505 francs en 1890, voilà, en définitive, la somme à laquelle se réduit aujourd'hui la part individuelle de ceux qui apportent leurs économies dans les caisses créées pour recueillir et conserver l'épargne populaire. Ces moyennes sont loin encore du maximum fixé au dépôt par la loi du 9 avril 1881.

A la date du 1er janvier 1882, à l'heure où cette loi était mise en vigueur, le solde s'élevait à 1,408,900,000 francs et se trouvait réparti sur 4,199,212 livrets dont le solde moyen était de 335 francs. On comptait alors un déposant sur 8.79 habitants. Depuis cette époque, dans l'espace de neuf années, le solde s'est augmenté par an d'une somme de 166,980,000 francs dans laquelle sont compris les intérêts bonifiés annuellement aux comptes des déposants, et en 1890, quand on compte un déposant sur 6.63 habitants, la part de chaque déposant ne s'est accrue que de 170 francs. Cependant les entraves mises au versement hebdomadaire ont disparu et le maximum que peuvent atteindre les livrets a été porté au double de ce qu'il était précédemment. Il faut reconnaître que les épargnes de la classe laborieuse n'ont éprouvé dans leur progression constante aucun de ces mouvements subits qui pourraient faire douter de leur origine et permettre de supposer que la valeur qu'elles représentent est due à un alliage qui en dénaturerait le véritable caractère.

Ces résultats ne doivent pas surprendre ceux qui s'intéressent à l'amélioration générale des conditions de l'existence et qui observent l'influence que les caisses d'épargne exercent sur les habitudes et sur les mœurs de la population. C'est la pensée qu'exprimait si bien M. le ministre du commerce quand il disait dans le rapport qu'il adressait le 20 décembre 1890 au Président de la République : « Ces résultats attestent l'importance acquise par ces établissements et le soin toujours en éveil avec lequel les directeurs s'occupent des mesures qui peuvent favoriser les déposants. Il est donc juste de leur adresser au nom du gouvernement de la République les remerciements que méritent les services rendus à la fois à leurs concitoyens dont ils gèrent le modeste patrimoine et au pays dont ils développent la puissance économique. »

La Caisse d'épargne de Paris avait vu pendant le cours de ces mêmes années s'élever le solde qu'elle avait à administrer et si le patrimoine commun à tous ses déposants, dont le nombre s'augmentait sans cesse, présentait un capital important, la part proportionnelle de chacun dans ce patrimoine était plus modeste encore que celle des déposants des départements. Les versements, les retraits, les achats de rente donnaient lieu tous les jours à des opérations plus multipliées et cependant les moyennes des dépôts journaliers, comme les moyennes des soldes des livrets non seulement étaient inférieures à la moyenne générale, mais étaient si peu élevées que, dans les rapports officiels où les départements sont rangés suivant l'importance des moyennes des opérations des caisses d'épargne, le département de la Seine ne cesse depuis longtemps d'être classé au dernier rang. La place modeste occupée par la Caisse d'épargne de Paris suffirait à indiquer, si les statistiques annuelles ne l'avaient pas prouvé, que sa clientèle appartient bien toujours aux classes laborieuses [1].

Lorsque la grande Exposition de 1889 s'organisait pour marquer d'une empreinte nouvelle les progrès de l'esprit humain, et qu'elle concentrait dans une classe spéciale tous les documents se rapportant à l'économie sociale, le Conseil des directeurs estima que la Caisse d'épargne de Paris ne pouvait rester absente de ce grand concours où toutes les œuvres utiles à la société et qui avaient contribué à son amélioration matérielle et morale, avaient leur place à côté des produits les plus perfectionnés de l'industrie et des chefs-d'œuvre des arts qui allaient fixer l'attention universelle.

Le temps ne manquait pas comme en 1878, et la Caisse d'épargne put développer d'une manière plus complète l'ensemble de ses opérations en montrant les influences que les changements de législation et la marche des événements pendant une durée de soixante-dix années, avaient pu exercer sur leurs progrès. Elle présentait ainsi sous un aspect particulier un côté de l'histoire économique de Paris. Sa participation à l'Exposition universelle de 1889 lui valut une médaille d'or.

---

1. Voir, page 382, la statistique professionnelle des déposants, 1818-1800.

Elle recueillit de cette exposition des résultats plus importants. Il semble que les déposants en lui apportant en grand nombre leurs économies aient choisi cette année pour lui donner un témoignage plus marqué de leur confiance. Des chiffres inconnus jusqu'alors furent atteints. Les versements dépassèrent 60 millions, des comptes étaient ouverts à 582,000 déposants, et le solde qui s'était augmenté dans l'année de 17 millions, s'élevait au 31 décembre à 130,800,000 francs. La fortune personnelle de la Caisse d'épargne représentée par les fonds de dotation et de réserve atteignait 3,695,000 francs.

Ces résultats furent encore dépassés l'année suivante. Au 31 décembre 1890, la Caisse d'épargne avait 600,496 déposants, soit un déposant sur 4.93 habitants; et le solde de leur créance s'élevait à 148,932,000 francs[1]. Les versements qu'elle avait reçus dans l'année avaient dépassé 64,225,000 francs. De plus elle était dépositaire de 27,338 inscriptions de la dette publique formant ensemble 1,106,783 francs de rentes qui, au cours moyen du dernier jour de l'année, représentaient un capital de 32,205,000 francs. Par une administration prudente et sage le Conseil augmentait de 278,000 francs ses fonds de réserve qui étaient arrêtés à 3,974,000 francs.

Soixante et onze ans auparavant, au 31 décembre 1819, la Caisse d'épargne, après un an et six semaines d'existence, avait reçu 1,044,332 francs et elle devait à 2,871 déposants 503,872 francs. Elle était dépositaire de 379 inscriptions de la dette publique formant ensemble 10,050 francs de rentes dont le prix moyen représentait un capital de 263,000 francs et son fonds capital s'élevait à 148,800 francs.

1. Mouvement des opérations de 1887 à 1890 :

ANNÉES	DÉPÔTS	RETRAITS	ACHATS DE RENTE
1887	47,370,173ʳ	45,502,707ʳ	5,611,080ʳ
1888	50,309,575	45,058,032	6,063,286
1889	60,554,184	43,176,570	6,351,853
1890	61,225,417	51,426,391	6,074,955

Situation de la Caisse d'épargne de Paris :

AU 31 DÉCEMBRE	NOMBRE DE DÉPOSANTS	SOLDE	MOYENNES
1887	547,808	118,508,070ʳ	216ʳ40
1888	561,512	122,950,100	218 05
1889	582,014	130,804,597	240 19
1890	600,496	148,932,661	248 01

Quel chemin parcouru entre ces deux dates 31 décembre 1819-31 décembre 1890! Quelle somme d'économies réalisées par l'intermédiaire de la Caisse d'épargne de Paris! Pendant les soixante-douze ans écoulés depuis le moment où, le 15 novembre 1818, la Caisse d'épargne ouvrait ses portes au public, un milliard 747 millions et demi ont été reçus en dépôt, plus de 21 millions d'arrérages ont été touchés pour être portés aux comptes individuels des déposants titulaires d'inscriptions de rente, 125 millions et demi d'intérêts ont été bonifiés aux déposants.

Pendant le même temps, un milliard 467 millions et demi ont été remboursés en espèces et 1,742,000 francs en bons du Trésor; 633,000 francs ont été placés à la Caisse des retraites et un capital de 275 millions a été employé à acheter pour le compte des déposants des inscriptions de rente nominatives.

Ainsi, la fortune confiée à la Caisse d'épargne s'est élevée à plus d'un milliard 894 millions et cette fortune a été remise à sa garde par 2,183,000 déposants; les remboursements de toute nature qui ont été effectués ont dépassé un milliard 745 millions et la différence entre ces deux chiffres qui est de 148,932,000 francs représentait, au 31 décembre 1890, la richesse de 600,000 déposants.

L'épargne des classes laborieuses de Paris, maintenue comme on l'a vu, dans les limites étroites de 1 franc à 1,000 ou 2,000 francs a donc donné lieu à un mouvement de fonds qui a dépassé 3 milliards 600 millions.

Que de souffrances ont été soulagées, que de situations ont été améliorées, que de familles ont ressenti du bien-être, que de petites fortunes ont dû naître grâce à cet esprit de prévoyance que tout homme porte en soi mais qui a besoin pour s'éveiller, se développer et grandir qu'une Institution comme la Caisse d'épargne s'empare de sa confiance et le sauve de la misère!

Ce n'était pas de vaines paroles que Mirabeau faisait entendre en 1791 du haut de la tribune de l'Assemblée nationale, pour vanter les bienfaits de l'épargne et souhaiter à son pays que les classes élevées aidassent les classes indigentes à apprendre le moyen de se préparer un doux avenir. Des hommes se sont rencontrés qui ont prouvé que l'économie était bien, comme le disait le grand orateur, la seconde providence du genre humain. Ils ont compris que pour encourager le travailleur à penser au lendemain et à amasser un petit pécule, il fallait se mettre à sa portée, créer pour lui une Institution qui fût en quelque sorte sa maison et où l'on s'occuperait spécialement du soin de ses intérêts. Ils ont reconnu que la Banque de France était réservée aux gros capitaux, qu'elle était trop haut placée pour faire monter jusqu'à elle la petite économie, difficile à réaliser, plus difficile encore à amasser et à conserver, trop timide ou trop craintive souvent pour se révéler. Ils ont résolu d'attirer les épargnes dans un courant où elles seraient recueillies goutte à goutte avec un soin religieux, pour en faire profiter la fortune publique et pour les rendre augmentées des intérêts capitalisés à un taux équitable, à leurs propriétaires.

Ces hommes qui avaient dans le cœur une bienfaisance inépuisable, qui étaient animés d'une conviction sincère et d'une foi ardente, ont su agir à l'heure propice et ils ont créé la Caisse d'épargne de Paris.

Ils n'ont pas eu la pensée qu'ils parviendraient à supprimer la misère qu'engendrent les vices et la corruption des mœurs; mais ils ont voulu qu'à tous ceux qui avaient la force de travailler, il fût permis de s'élever au-dessus de la pauvreté, et par l'amélioration sociale des individus ils ont voulu aider au développement de l'esprit de famille et à la solidité de la nation.

En donnant la sécurité aux petits capitaux, ils ont inspiré les moyens de pratiquer l'économie. En cherchant à faire introduire dans la législation des dispositions qui devaient donner à l'Institution de plus grandes facilités pour faire le bien, ils ne travaillaient pas seulement pour les déposants qui se confiaient à eux, mais ils soutenaient en même temps les intérêts de la population laborieuse à laquelle ils ouvraient un champ plus vaste pour acquérir du bien-être et jouir plus sûrement du produit de son travail.

S'ils se réjouissaient des progrès que faisait l'Institution, c'est qu'ils sentaient que par elle les idées saines, honnêtes, fortifiantes se répandaient de proche en proche et que, si tous ne venaient pas à la Caisse d'épargne, beaucoup parmi ceux-là avaient acquis l'esprit de prévoyance et amélioraient leur condition. Par eux, l'existence des classes ouvrières a été mieux assurée, la nation s'est trouvée enrichie.

L'Institution dont ils ont doté leur pays est de celles qui ne doivent pas périr, car toutes les générations qui se succèdent apportent dans la vie de nouvelles infortunes qu'elle sera toujours prête à soulager avec le désintéressement et l'abnégation qui sont la loi de son origine.

Telle est l'œuvre que ces hommes de bien ont constituée en 1818, en créant la Caisse d'épargne de Paris, œuvre éminemment sainte, car elle moralise, elle protège, elle console! Ils ont eu le rare bonheur qu'elle ne déviât pas dans les mains de leurs successeurs. Si les premiers ont eu la gloire de l'avoir fondée, ceux qui les ont suivis, ceux qui les représentent aujourd'hui, ont le mérite et l'honneur de l'avoir conservée intacte et de veiller avec un soin jaloux à ce qu'elle reste digne d'eux et d'elle-même!

STATUTS

DE LA CAISSE D'ÉPARGNE DE PARIS

Approuvés par décret impérial du 6 janvier 1854.

———

ARTICLE PREMIER.

La Caisse d'épargne a pour objet de recevoir et de faire fructifier les économies qui lui sont confiées.

ART. 2.

La Caisse a un fonds de dotation et un fonds de réserve.

Le fonds de dotation se compose :

1° Des souscriptions, dons et legs recueillis en faveur de l'établissement;

2° De l'excédent annuel des recettes sur les dépenses, lorsque le fonds de réserve a atteint le maximum déterminé ci-après.

Le capital du fonds de dotation est employé soit en immeubles, soit en rentes sur l'État.

Il ne peut être aliéné sans l'autorisation du Gouvernement.

Le fonds de réserve se compose de l'excédent annuel des recettes sur les dépenses; son maximum est toujours fixé au double de la somme moyenne des dépenses acquittées par l'administration de la Caisse pendant les trois dernières années.

Les inscriptions de rentes appartenant soit au fonds de dotation, soit au fonds de réserve, ne peuvent être transférées que sur la signature de trois directeurs, sauf, pour les premières, l'autorisation du Gouvernement, ainsi qu'il est dit ci-dessus.

ART. 3.

La Caisse est administrée par un Conseil composé de vingt-cinq directeurs, dont les fonctions durent cinq ans, et qui sont renouvelés par cinquième chaque année.

Les directeurs sortants sont indéfiniment rééligibles.

ART. 4.

Au mois de mars de chaque année, il est pourvu au remplacement des cinq directeurs par les vingt directeurs qui restent en fonctions.

En cas de décès ou de démission d'un directeur, il est pourvu à son remplacement par les autres membres du Conseil, et les fonctions du remplaçant cessent à l'époque où auraient fini celles du directeur décédé ou démissionnaire.

Toutes les nominations de directeurs sont faites au scrutin secret et à la majorité déterminée au § 2 de l'article 6 des présents statuts.

La nomination des directeurs sera soumise à l'approbation du Gouvernement.

ART. 5.

Le Conseil des directeurs nomme, parmi ses membres, au scrutin secret et à la majorité des suffrages :

Un président et des vice-présidents au nombre de deux au moins et de quatre au plus ;

Un secrétaire et des vice-secrétaires au nombre de deux au moins et de quatre au plus.

La durée de leurs fonctions est d'une année ; ils peuvent être réélus.

ART. 6.

Le Conseil des directeurs se réunit au moins une fois par mois.

Ses décisions sont prises à la majorité des membres présents, pourvu toutefois que cette majorité soit au moins de huit voix. En cas de partage, la voix du président est prépondérante.

Toutefois les délibérations relatives à des aliénations d'immeubles ou d'inscriptions de rentes appartenant à la Caisse, à des emprunts à contracter avec ou sans affectation hypothécaire, à des traités, transactions ou compromis, doivent être prises à la majorité absolue des membres qui composent le Conseil.

ART. 7.

Le Conseil des directeurs arrête pour l'administration intérieure de la Caisse un règlement qui sera soumis à l'approbation du ministre de l'agriculture, du commerce et des travaux publics.

Il statue sur toutes les mesures à prendre en exécution de ce règlement, et dans l'intérêt de l'établissement. Il arrête les comptes de la Caisse d'épargne, qui sont établis chaque année au 31 décembre, les présente à l'Assemblée générale mentionnée ci-après et les rend publics.

ART. 8.

Il règle la composition des bureaux, nomme et révoque les employés et fixe leurs traitements.

Il fixe, s'il y a lieu, conformément aux lois et règlements, le cautionnement à fournir par les employés, et délibère sur la nature de ce cautionnement.

Art. 9.

Le Conseil des directeurs s'adjoint, pour coopérer aux divers travaux d'administration de la Caisse, déterminés par lui, des administrateurs dont le nombre n'est pas limité.

Art. 10.

Les administrateurs sont nommés par le Conseil, sur la présentation de trois de ses membres.

La liste des administrateurs est revisée et arrêtée chaque année par le Conseil.

Art. 11.

Le Conseil des directeurs établit, pour exercer un contrôle permanent sur les opérations de la Caisse, un comité de direction composé d'un directeur et de deux administrateurs au moins; le Conseil détermine la durée et la nature de leurs fonctions.

Le comité de direction se réunit deux fois par semaine.

Les administrateurs appelés à faire partie du comité de direction assistent au Conseil des directeurs et y ont voix consultative.

Art. 12.

Trois censeurs sont nommés par l'Assemblée générale, et sont pris parmi les administrateurs.

La durée de leurs fonctions est de trois ans; ils sont renouvelés par tiers chaque année et sont indéfiniment rééligibles.

Les nominations faites par suite de démission ou de décès des censeurs ont lieu pour la durée du temps que les fonctions des membres remplacés avaient encore à courir.

Art. 13.

Les censeurs exercent leur surveillance sur toutes les opérations de la Caisse et sur l'exécution des statuts et règlements; ils vérifient les comptes qui doivent être présentés à l'Assemblée générale, et rendent compte à cette Assemblée de l'exercice de leur surveillance.

Art. 14.

Ils assistent aux séances du Conseil et du comité avec voix consultative.

Ils proposent au Conseil et au comité les mesures qu'ils croient utiles aux intérêts de la Caisse.

Art. 15.

Le Conseil des directeurs nomme un agent général, qui a la direction et la surveillance de tous les bureaux de l'établissement, de la comptabilité et du mouvement des fonds, en se conformant aux décisions du Conseil et du comité.

L'agent général assiste aux séances du Conseil des directeurs et du comité de direction, avec voix consultative. Il y rend compte de toutes les opérations de l'établissement.

Art. 16.

Les directeurs, censeurs et administrateurs se réunissent chaque année, sur la convocation du Conseil des directeurs, en Assemblée générale, sous la présidence du président du Conseil des directeurs.

Art. 17.

L'Assemblée générale entend les rapports présentés par le président du Conseil sur les opérations et les travaux de l'année précédente, et par les censeurs sur l'exercice de leur surveillance.

Elle nomme les censeurs au scrutin secret et à la majorité des suffrages exprimés.

Art. 18.

Les fonctions des directeurs, administrateurs et censeurs sont entièrement gratuites. Il ne peut être établi aucun droit de présence.

Art. 19.

La Caisse ne reçoit pas moins d'un franc.

Le maximum des versements hebdomadaires et celui de chaque compte sont déterminés conformément aux lois et règlements.

Il en est de même pour ce qui concerne la réduction des comptes au-dessous du maximum.

Art. 20.

La Caisse prélèvera, sur le montant des intérêts alloués par la Caisse des dépôts et consignations, une retenue dont la quotité sera déterminée au mois de décembre de chaque année pour l'année suivante, par le Conseil des directeurs, et qui, dans aucun cas, ne pourra dépasser pour le minimum et le maximum les limites fixées par la loi.

Art. 21.

Le taux de l'intérêt des sommes versées à la Caisse est le même que celui qui est alloué par la Caisse des dépôts et consignations, sauf la retenue mentionnée dans l'article 20.

L'intérêt est alloué pour toute somme ronde d'un franc, il commencera à courir du jour de la semaine suivante correspondant à celui du dépôt; il cessera de courir à partir dudit jour de la semaine qui précédera le remboursement.

Il est réglé à la fin de chaque année; il est capitalisé et produit des intérêts pour l'année suivante, conformément à l'article 5 du décret du 15 avril 1852.

Art. 22.

Les dépôts peuvent être retirés en totalité ou en partie, à la volonté des déposants, en prévenant deux semaines à l'avance, et sans préjudice du règlement d'intérêts, ainsi qu'il est fixé ci-dessus. La Caisse se réserve toutefois la faculté de rembourser avant l'expiration de ce délai.

Art. 23.

Les dépôts sont inscrits sur un livret au nom du déposant, numéroté et contresigné par l'un des directeurs et par l'agent général de la Caisse.

Les remboursements successifs sont inscrits au livret, qui est retenu lors du remboursement intégral.

Art. 24.

Les sommes déposées à la Caisse d'épargne sont, dans les vingt-quatre heures, versées en compte courant à la Caisse des dépôts et consignations, conformément à la loi du 31 mars 1837 et au décret du 15 avril 1852.

Art. 25.

Les sommes déposées à la Caisse des dépôts et consignations ne peuvent en être retirées que dans la forme prescrite par l'article 12 du décret du 15 avril 1852.

Art. 26.

Les modifications qui pourraient être faites aux présents statuts devront être délibérées et adoptées par le Conseil des directeurs, à la majorité absolue des membres qui le composent; elles ne seront exécutoires qu'après l'approbation du Gouvernement.

Art. 27.

La dissolution de la Caisse d'épargne arrivant pour quelque cause que ce soit, lorsque le remboursement de tous les dépôts ainsi que le payement de toutes les dettes aura eu lieu, le Conseil des directeurs fera emploi des valeurs qui resteront libres, suivant le mode et dans les proportions qu'il déterminera, sauf l'approbation du Gouvernement.

ANNÉES	OUVRIERS ET ARTISANS PATENTÉS Agriculture, alimentation, bâtiment, vêtement, objets de luxe : meubles, voitures, métaux, etc., Journaliers.			DOMESTIQUES Gens de confiance, valets de chambre, cuisiniers, cochers, jardiniers, portiers.	EMPLOYÉS Employés supérieurs, employés aux écritures, commis marchands, garçons de bureau, facteurs, conducteurs, etc.
	Ouvriers.	Artisans patentés.	Ensemble.		
1818	54	11	65	31	68
1819	395	84	479	577	369
1820	758	163	921	1,010	533
1821	2,201	208	2,409	2,081	898
1822	2,435	317	2,752	2,088	734
1823	1,276	209	1,485	1,146	412
1824	2,000	255	2,255	1,616	535
1825	2,366	217	2,583	1,724	483
1826	2,434	233	2,667	1,991	489
1827	3,423	393	3,816	2,847	748
1828	4,826	491	5,317	3,698	948
1829	4,328	394	4,722	3,201	905
1830	3,141	286	3,427	2,267	587
1831	2,089	197	2,286	1,222	431
1832	3,508	416	3,924	2,074	814
1833	7,887	1,061	8,948	4,034	1,442
1834	9,966	1,752	11,718	6,219	2,302
1835	10,799	1,976	12,775	7,649	2,459
1836	12,046	2,671	14,717	7,012	2,462
1837	11,752	2,274	14,026	6,849	2,500
1838	14,231	2,389	16,620	8,127	2,805
1839	11,988	2,936	14,924	7,448	2,507
1840	12,605	2,465	15,070	7,173	2,391
1841	15,199	3,674	18,873	7,162	2,574
1842	15,943	4,068	20,011	7,349	2,571
1843	16,053	3,998	20,051	7,503	2,893
1844	16,428	4,166	20,594	7,281	2,502
1845	16,147	3,623	19,770	6,724	2,563
1846	15,775	3,399	19,174	6,975	2,432
1847	13,671	2,603	16,274	6,501	2,025
1848	4,776	833	5,609	1,992	848
1849	7,918	1,622	9,540	3,351	1,522
1850	12,900	2,653	15,553	4,803	1,707
1851	12,457	2,977	15,434	5,171	2,095
1852	19,741	4,300	24,041	7,835	3,177
1853	20,036	3,541	23,577	7,390	3,684
1854	14,439	2,204	16,643	6,027	2,785
1855	16,157	2,280	18,437	6,469	2,661
1856	18,283	2,470	20,753	6,998	3,454
1857	18,435	2,066	20,501	6,318	3,047
1858	17,908	2,077	19,985	6,550	3,088
1859	18,269	1,968	20,237	6,464	2,813
1860	19,135	2,119	21,254	6,509	2,937
1861	17,900	1,982	19,882	6,166	2,868
1862	17,475	1,938	19,413	5,942	2,788
1863	19,264	1,985	21,249	5,787	3,139
1864	19,635	1,944	21,579	5,286	3,159
A reporter.	510,452	85,948	596,400	232,833	91,064

MILITAIRES ET MARINS Armée, marine, administration et santé, service de Paris, Invalides, retraités.	PROFESSIONS LIBÉRALES Jurisprudence, médecine, clergé, instruction, beaux-arts, professions diverses.	RENTIERS ET SANS DÉCLARATION DE PROFESSION	SOCIÉTÉS DE SECOURS MUTUELS ET SOCIÉTÉS ASSIMILÉES	ENSEMBLE DES LIVRETS OUVERTS DANS L'ANNÉE	ANNÉES
0	20	148	2	352	1818
57	165	1,209	3	2,859	1819
156	224	1,728	11	4,592	1820
188	413	2,807	15	9,371	1821
233	370	2,202	10	8,986	1822
85	185	1,006	7	4,326	1823
112	210	1,367	4	6,099	1824
114	210	1,054	16	6,184	1825
127	258	1,279	4	6,818	1826
191	268	1,585	16	9,471	1827
280	335	2,116	20	12,711	1828
236	300	1,780	8	11,218	1829
180	197	1,490	11	7,868	1830
194	149	576	3	4,041	1831
177	340	793	4	8,132	1832
208	738	1,436	8	16,901	1833
601	1,167	2,370	74	24,451	1834
570	1,104	2,713	26	27,305	1835
754	1,289	2,461	19	29,600	1836
640	1,359	2,134	20	27,534	1837
823	1,349	2,336	11	32,071	1838
1,126	1,344	2,385	16	29,749	1839
1,562	1,281	2,513	18	30,008	1840
1,642	1,347	2,501	7	34,303	1841
1,800	1,500	2,527	18	35,683	1842
1,362	1,633	2,581	20	35,743	1843
1,220	1,595	2,449	10	36,750	1844
1,282	1,405	2,158	20	33,922	1845
1,328	1,423	2,133	13	33,478	1846
1,124	1,184	1,830	16	28,053	1847
481	418	602	3	9,953	1848
784	754	1,438	26	17,400	1849
1,066	907	1,761	29	26,002	1850
1,048	1,046	1,698	24	26,516	1851
1,300	1,480	2,634	41	40,898	1852
1,001	1,388	2,143	17	30,467	1853
1,161	901	1,399	12	29,018	1854
1,285	978	1,371	8	31,096	1855
1,455	916	1,233	8	34,774	1856
1,304	920	1,430	7	33,227	1857
1,202	847	1,214	1	32,887	1858
1,406	857	1,450	6	32,933	1859
1,849	809	1,411	9	34,838	1860
2,159	779	1,185	10	33,049	1861
1,719	849	1,316	3	32,030	1862
1,362	766	1,249	5	33,546	1863
1,366	762	964	3	33,078	1864
40,292	39,246	79,345	649	1,070,526	

ANNÉES	OUVRIERS ET ARTISANS PATENTÉS Agriculture, alimentation, bâtiment, vêtement, objets de luxe : meubles, voitures, métaux, etc., journaliers.			DOMESTIQUES Gens de confiance, valets de chambre, cuisiniers, cochers, jardiniers, portiers.	EMPLOYÉS Employés supérieurs, employés aux écritures, commis marchands, garçons de bureau, facteurs, conducteurs, etc.
	Ouvriers.	Artisans patentés.	Ensemble.		
Report ...	510,452	85,948	596,400	232,833	91,061
1865	19,326	1,759	21,085	5,017	3,114
1866	20,503	1,550	22,053	5,322	2,900
1867	20,921	1,867	22,788	5,702	3,165
1868	21,577	2,077	23,654	6,419	3,720
1869	21,463	2,274	23,737	6,446	3,749
1870	12,452	1,436	13,888	4,197	2,353
1871	5,203	504	5,797	1,678	1,090
1872	13,949	1,329	15,278	4,087	2,244
1873	14,880	1,402	16,282	4,161	2,705
1874	17,300	1,602	18,902	4,317	3,428
1875	18,678	1,745	20,423	4,552	3,854
1876	19,288	1,733	21,021	5,046	4,109
1877	19,037	2,186	21,223	5,525	4,684
1878	23,162	2,442	25,604	6,037	6,139
1879	25,445	2,513	27,958	7,430	6,561
1880	28,940	2,437	31,377	7,231	7,067
1881	40,099	2,775	42,874	8,223	8,070
1882	40,003	2,886	42,889	7,451	6,332
1883	36,524	2,658	39,182	6,516	5,705
1884	31,154	2,463	33,617	6,069	5,781
1885	26,129	2,173	28,302	5,836	6,349
1886	25,606	2,104	27,710	5,240	6,185
1887	22,669	1,934	24,603	4,086	6,409
1888	20,057	2,473	22,530	4,713	5,678
1889	22,671	3,025	25,696	4,520	6,735
1890	22,075	3,378	25,453	4,584	6,878
TOTAUX..	1,099,653	140,673	1,240,326	374,147	216,905

Division des déposants nouveaux

SUIVANT LE SEXE ET

Hommes

* L'augmentation qui se produit depuis 1882 doit être attribuée à ce que, en général, les femmes mariées agissant seules en vertu de la loi du 9 avril 1881, déclarent n'exercer aucune profession.

MILITAIRES ET MARINS Armée, marine, administration et santé, service de Paris, invalides, retraités.	PROFESSIONS LIBÉRALES Jurisprudence, médecine, clergé, instruction, beaux-arts, professions diverses.	RENTIERS ET SANS DÉCLARATION DE PROFESSION	SOCIÉTÉS DE SECOURS MUTUELS ET SOCIÉTÉS ASSIMILÉES	ENSEMBLE DES LIVRETS OUVERTS DANS L'ANNÉE	ANNÉES
40,202	39,246	79,345	649	1,079,526	
1,258	763	934	5	32,170	1865
1,287	857	1,077	9	33,595	1866
1,393	878	1,149	5	35,170	1867
1,574	916	1,126	8	37,417	1868
1,333	915	1,229	3	37,412	1869
1,150	656	802	5	23,054	1870
357	254	411	»	9,487	1871
749	519	722	2	23,601	1872
768	642	783	5	25,436	1873
871	602	834	7	28,961	1874
815	727	1,189	9	31,579	1875
1,037	1,001	1,529	3	33,836	1876
1,661	1,200	1,886	12	36,281	1877
1,829	1,390	2,487	8	44,094	1878
1,768	1,140	2,514	18	47,398	1879
1,492	1,138	2,165	30	50,500	1880
1,453	1,390	2,639	23	65,281	1881
1,226	1,032	4,191	25	63,446	1882
1,128	927	5,384	27	58,929	1883
780	955	4,796	40	52,044	1884
561	1,007	4,897	29	46,981	1885
614	1,017	4,919	29	45,714	1886
551	973	4,168	24	41,414	1887
490	972	4,860	26	39,269	1888
584	1,070	5,512	36	44,168	1889
572	1,138	5,754	32	44,411	1890
67,509	63,439	147,302	1,069	2,110,877	

compris dans la statistique annuelle

L'ÉTAT CIVIL DE CHACUN

	Femmes		Ensemble
1818-1890. Majeures (célibataires, mariées et veuves).................	651,038	} 686,578	1,642,441
1882-1890. Femmes mariées agissant seules (Loi du 9 avril 1881)...........	35,540		
1818-1890. Mineures..................	209,939	} 235,265	467,367
1882-1890. Mineures agissant seules (Loi du 9 avril 1881).................	25,326		
		921,843	2,109,808
1818-1890. Sociétés......................			1,069
	TOTAL..........		2,110,877

Nombre des déposants auxquels des livrets ont été ouverts par transferts et qui ne sont pas compris dans la statistique... 72,213

Ensemble des déposants, 1818-1890............ 2,183,090

25

TABLE ANALYTIQUE

I. — Fondateurs-Directeurs.

TABLE DES MATIÈRES

CHAPITRE I

CHAPITRE II

CHAPITRE III

CHAPITRE VI

CHAPITRE VII

CHAPITRE VIII

CHAPITRE IX

Coulommiers. — Imp. PAUL BRODARD.

ERRATA

Page 72, ligne 17,   au lieu de : règlements, *lisez* : règlement.

Page 185, ligne 30,   au lieu de : qui suivaient le cours de, *lisez* : qui suivaient les cours de.

Page 172, lignes 22 et 23,   au lieu de : la faiblsese, *lisez* : la faiblesse.

Page 199, ligne 27,   au lieu de : ce n'étaient pas, *lisez* : ce n'était pas.

Page 246, à la note, avant-dernière ligne, au lieu de : 14,1317,66, *lisez* : 14,131,766.

Page 264, lignes 25 et 26,   au lieu de : excédant, *lisez* : excédent.

Page 271, ligne 14,   au lieu de : 6 millions et demi, *lisez* : 7 millions et demi.

Page 275, à la note, ligne 3, au lieu de : particulière, *lisez* : particulières.

Page 275, à la note, ligne 10, au lieu de : des dépôt effectués, *lisez* : des dépôts effectués.

Page 343, à la note, SOLDE, ligne 2, au lieu de : 26,990,603, *lisez* : 30,990,603.

Page 346, à la note, DÉPOTS, ligne 3, au lieu de : 11,433,670, *lisez* : 14,433,670.

Page 356, à la note, RETRAITS, ligne 2, au lieu de : 13,156,480, *lisez* : 15,156,480.

www.ingramcontent.com/pod-product-compliance
Lightning Source LLC
Chambersburg PA
CBHW072004270326
41928CB00009B/1535